MW01260147

PLANETA TIERRA

DK | Penguin Random House

Edición sénior Georgina Palffy
Edición de arte sénior Rachael Grady
Edición Rebecca Fry, Binta Jallow, Ashwin Khurana, Vicky Richards, Rona Skene, Anna Streiffert Limerick
Edición de arte Sheila Collins, Mik Gates, Jim Green, Katy Jakeway, Beth Johnston, Kit Lane, Lynne Moulding, Stefan Podhorodecki
Diseño de cubierta Vidushi Chaudhry
Coordinación de cubiertas Priyanka Sharma
Dirección de desarrollo del diseño de cubiertas Sophia MTT
Edición de producción Robert Dunn
Control de producción Jude Crozier
Edición ejecutiva Francesca Baines
Edición ejecutiva de arte Philip Letsu
Dirección editorial Andrew Macintyre
Subdirección de publicaciones Liz Wheeler
Dirección de arte Karen Self
Dirección de publicaciones Jonathan Metcalf

Redacción Emma Espley, Dr. Peter Inness, Dr. Anthea Lacchia, Martin Redfern, John Woodward
Consultoría Derek Harvey, David Holmes

Ilustración Andrew Beckett @ Illustration Ltd, Adam Benton, Peter Bull @ Art Studio, Gary Hanna, Jason Harding, Stuart Jackson-Carter – SJC Illustration, Jon @ KJA, Arran Lewis, Simon Mumford, Sofian Moumene, Claudia Saraceni @ Art Agency, Simon Tegg

De la edición en español:
Coordinación editorial Marina Alcione
Asistencia editorial y producción Malwina Zagawa

Servicios editoriales Tinta Simpàtica
Traducción Ana Riera Aragay

Publicado originalmente en Gran Bretaña en 2022 por Dorling Kindersley Limited
DK, One Embassy Gardens, 8 Viaduct Gardens, Londres, SW11 7BW
Parte de Penguin Random House

Copyright © 2022 Dorling Kindersley Limited
© Traducción española: 2022 Dorling Kindersley Limited

Título original: *Knowledge Encyclopedia Earth!*
Primera edición: 2023

Reservados todos los derechos.
Queda prohibida, salvo excepción prevista en la ley, cualquier forma de reproducción, distribución, comunicación pública y transformación de esta obra sin la autorización escrita de los titulares de la propiedad intelectual.

ISBN: 978-0-7440-6461-2

Impreso y encuadernado en Emiratos Árabes Unidos

Para mentes curiosas

www.dkespañol.com

FSC www.fsc.org
MIXTO
Papel | Apoyando la selvicultura responsable
FSC™ C018179

Este libro se ha impreso con papel certificado por el Forest Stewardship Council ™ como parte del compromiso de DK por un futuro sostenible.
Para más información, visita www.dk.com/our-green-pledge

DK

PLANETA TIERRA

CONTENIDOS

PLANETA TIERRA

EN EL TIEMPO **8**
Big Bang 10
Nace la Tierra 12
La Tierra en el espacio 14
La Luna 16
Evolución 18
Historia de la vida 20
Meteoritos 22
Glaciaciones 24
Tierra habitada 26

PLANETA ROCOSO

OBSERVAR LA TIERRA **30**
Estructura de la Tierra 32
La corteza 34
Placas tectónicas 36
Rifts en expansión 38
Choque de continentes 40
Capas interiores 42
Magnetismo 44
Terremotos y tsunamis 46
Volcanes 48
Capa de ceniza 50
Estratovolcanes 52
Géiseres y fuentes termales 54
El ciclo de las rocas 56
Minerales 58
Desgaste y erosión 60
Geología viva 62
Acantilados blancos 64
Fósiles 66

PLANETA AZUL

EL AGUA DE LA TIERRA **70**
El ciclo del agua 72
Glaciares 74
Cueva gélida 76
Ríos 78
Cascadas 80
Lagos 82
Cuevas 84
Aguas oceánicas 86

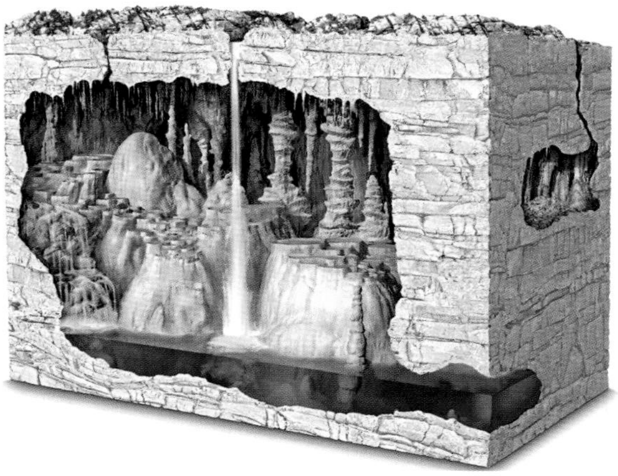

TIEMPO Y CLIMA

¿TIEMPO O CLIMA? **90**
Circulación atmosférica 92
Causas del cambio climático 94
Gases de efecto invernadero 96
Efectos del cambio climático 98
El tiempo 100
Nubes 102
Tormentas 104
Tornados 106
Arena 108
Inundaciones 110
Incendios 112

VIDA EN LA TIERRA

LOS BIOMAS **116**
Tundra ártica 118
Climas gélidos 120
Bosques 122
Bosques templados 124
Bosque tropical húmedo 126
Prados templados 128
Prados tropicales y desiertos 130
Desiertos 132
Humedales 134
Hábitats costeros 136
Bajo el agua 138
Océano abierto 140
Ecosistemas 142
Hábitats amenazados 144
Plantas amenazadas 146
Protección animal 148

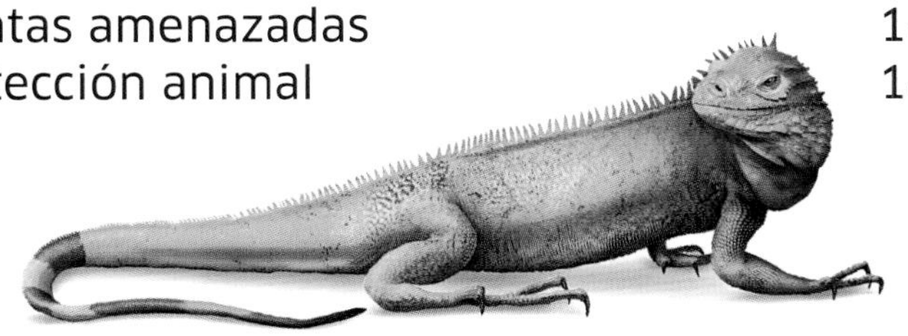

PLANETA HABITADO

HUMANOS Y TIERRA **152**
Agricultura y ganadería 154
En armonía con la tierra 156
Población 158
Ciudades sostenibles 160
Un mundo conectado 162
Energía 164
Globalización 166
Zona industrial 168
La vida en la costa 170
Turismo 172
Contaminación 174
Construyendo el futuro 176

LOS CONTINENTES

CONTINENTES Y OCÉANOS **180**
América del Norte 182
América del Sur 184
Europa 186
África 188
Asia 190
Cascada de piscinas 192
Australia y Oceanía 194
Antártida 196
El Ártico 198
Países del mundo 200

Glosario 202
Índice 204
Agradecimientos 208

Escala y tamaño

El recuadro de datos de cada animal incluye un dibujo a escala que indica su tamaño. Se basa en la altura media de un hombre adulto y en su mano, tal como se muestra aquí. Los tamaños indicados en este libro son los **máximos típicos**. Si no se dice otra cosa, las tallas indicadas corresponden a la longitud del animal, desde la parte delantera de la cabeza o la punta del pico, hasta la parte trasera del cuerpo –o la punta de la cola o los tentáculos, si los tiene–. La forma de algunos animales hace que su anchura sea una medida más útil que su longitud, por lo que esta se indica en su lugar en estos casos.

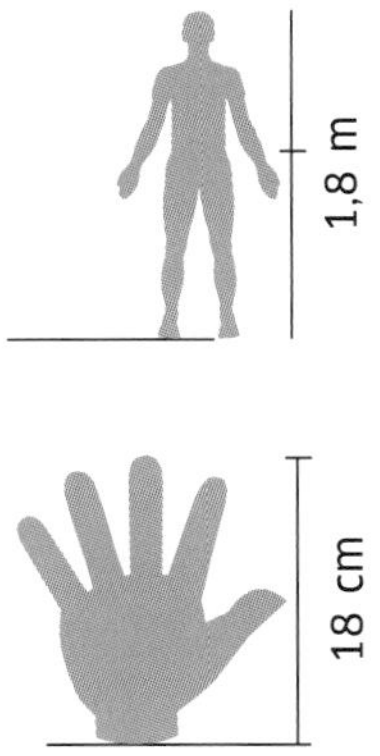

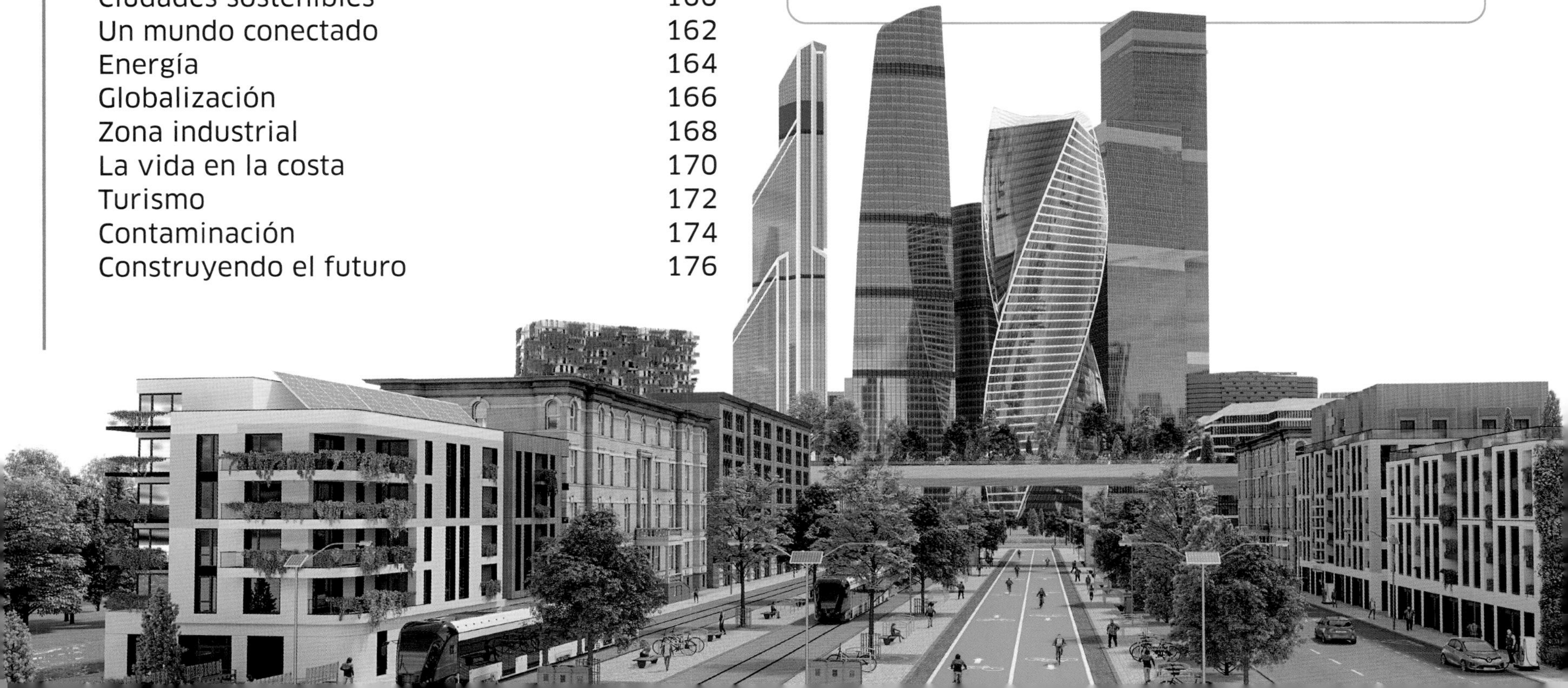

PLANETA TIERRA

En la zona habitable del sistema solar, conocida como zona «ricitos de oro», la Tierra ha evolucionado hasta convertirse en el planeta que conocemos hoy. En sus 4540 millones de años, ha sobrevivido al impacto de meteoritos, a cambios climáticos y a extinciones masivas, y continúa girando.

Dinosaurios
¡Los dinosaurios vivieron casi 175 millones de años en la era Mesozoica, apenas media hora en esta escala temporal, y las aves (dinosaurios aviares) ¡todavía viven!

Primeros animales
Los primeros indicios son de animales de grupos que siguen existiendo hoy (esponjas y corales).

Plantas terrestres
Musgos y helechos crecen en tierra firme; poco después, insectos y anfibios.

Mamíferos
Al desaparecer los dinosaurios, evolucionaron los mamíferos.

Procariotas
Las primeras formas de vida sobre la Tierra –bacterias y arqueas– aparecieron bastante temprano.

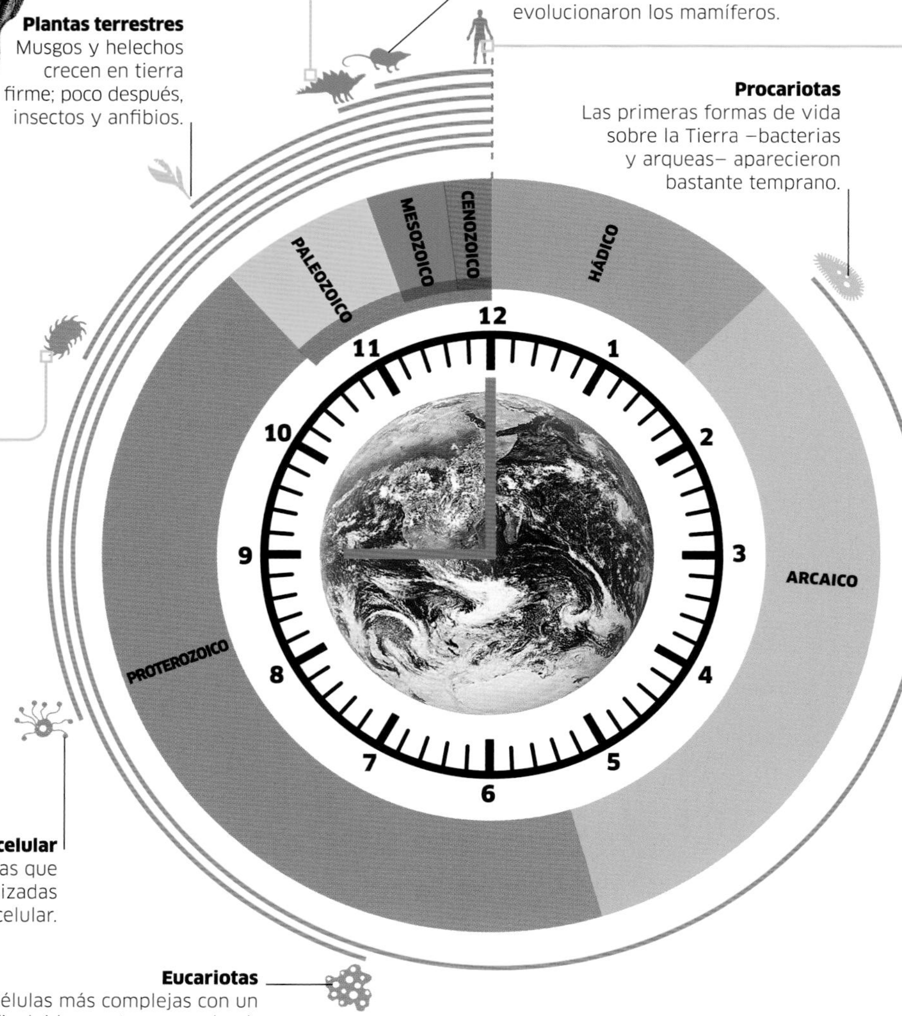

Vida multicelular
Primer signo de células que asumen funciones especializadas en un organismo multicelular.

Eucariotas
Células más complejas con un núcleo (incluidos protozoos y algas).

Humanos
Nuestros ancestros empezaron a andar erguidos hace unos 4 millones de años –hace solo unos 30 segundos en este reloj–, pero los humanos modernos aparecieron justo un segundo antes de las 12.

TIEMPO PROFUNDO

El secreto para entender la Tierra está en comprender el tiempo. Si la existencia de la Tierra se mostrara en un reloj de 12 horas, toda tu vida ocuparía solo la diezmilésima parte de un segundo. En las primeras horas, la Tierra estuvo tomando forma. Luego, poco a poco, la vida empezó a desarrollarse. A lo largo del tiempo, se dan continuamente procesos como el desplazamiento de los continentes, y el ascenso y descenso de las cordilleras montañosas y del nivel del mar.

EN EL TIEMPO

Desde que se formó a partir del gas y el polvo del sistema solar, el planeta ha experimentado muchos cambios, que han determinado su superficie, su clima y la vida que se ha desarrollado en él. Y sigue cambiando. Tenemos suerte de estar aquí. Si las leyes de la física hubieran sido algo distintas, no se habrían formado las estrellas ni el hidrógeno se habría convertido en los elementos que constituyeron la Tierra y nosotros mismos. Si el planeta fuera más grande o más pequeño, o el Sol menos estable, no dispondríamos de atmósfera ni agua, y la vida no sería posible.

EÓN	MA	
FANEROZOICO	66	
	252	
	542	
PROTEROZOICO	2500	PRECÁMBRICO
ARCAICO	4000	PRECÁMBRICO
HÁDICO	4600	PRECÁMBRICO

EONES, ERAS, PERÍODOS Y ÉPOCAS

Eón, era y época suelen usarse para hablar de períodos de tiempo muy largos. En geología, su significado es más preciso. Los eones son los más largos y son las divisiones básicas del Precámbrico. Luego vienen las eras, que dividen los últimos 540 millones de años en tres partes. Las eras se dividen en períodos (como el Jurásico), que a su vez se subdividen en partes más pequeñas llamadas épocas.

ERA	PERÍODO	ÉPOCA	MA
CENOZOICO	CUATERNARIO	HOLOCENO	0,01
		PLEISTOCENO	2,6
	NEÓGENO	PLIOCENO	5,3
		MIOCENO	23
	PALEÓGENO	OLIGOCENO	33,9
		EOCENO	56
		PALEOCENO	66
MESOZOICO	CRETÁCICO		145
	JURÁSICO		201
	TRIÁSICO		252
PALEOZOICO	PÉRMICO		299
	CARBONÍFERO		359
	DEVÓNICO		419
	SILÚRICO		444
	ORDOVÍCICO		485
	CÁMBRICO		541

EL JUEGO DE LA DATACIÓN

Una cosa es dividir el tiempo geológico en períodos y otra muy distinta es poner fechas exactas a dichos períodos. Por suerte, los científicos han aprendido a interpretar la mayor parte de la información oculta en las rocas, es decir, los tipos de roca, la forma de las capas, el tipo de fósiles o incluso el número de átomos. La materia orgánica, como los árboles centenarios, también contiene pistas muy útiles sobre el pasado.

Datación por anillos

Los árboles producen cada año un anillo de crecimiento, así que el número de anillos indica su edad. Los anillos varían según las condiciones de crecimiento. Comparando las secuencias de anillos de árboles vivos centenarios con árboles antiguos conservados en ciénagas, pueden recuperarse registros de miles de años.

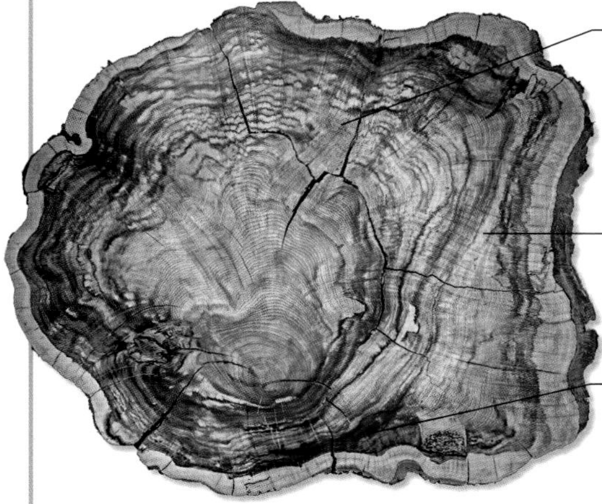

Un mal año
Los anillos muy juntos indican que ha crecido poco (debido al frío o la sequía).

Un buen año
Anillos separados indican inviernos suaves y que no hubo sequías.

Daños
La zona oscura sugiere un incendio forestal.

Identificación de las capas

Las rocas sedimentarias suelen depositarse en estratos o capas horizontales, a menudo bajo el agua. La capa superior suele ser más joven que la de debajo. En algunos sitios, los movimientos tectónicos han creado capas en diagonal o plegadas.

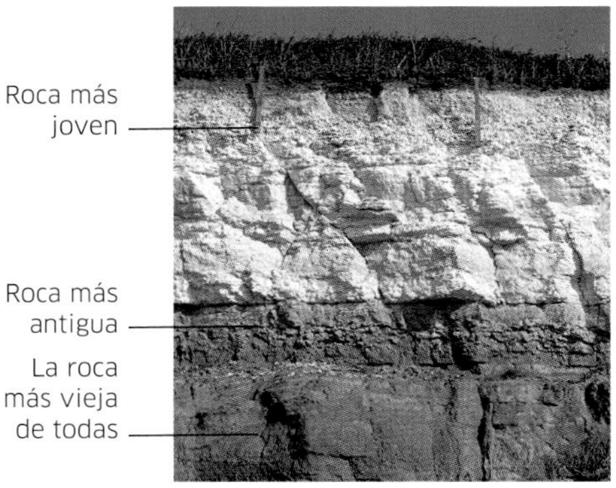

Capas horizontales
Estas capas de roca sedimentaria de Hunstanton, en Norfolk, Inglaterra, apenas han cambiado desde que se formaron. La más joven, de caliza blanca, se asentó encima de dos capas más antiguas del Cretácico.

Plegamiento rocoso
Estas capas de arenisca roja del Devónico, en Pembrokeshire, Gales, se han deformado por las fuerzas tectónicas y han quedado formas retorcidas. Pero las franjas de las capas originales se distinguen claramente.

ROCAS ESPACIALES

Los meteoritos que han caído en la Tierra contienen muchos de los elementos presentes en sus rocas, lo que nos da algunas pistas de cómo se formaron los planetas (ver páginas 12–13). Los meteoritos también pueden fecharse. La mayoría son de hace unos 4600 millones de años, la edad del sistema solar.

METEORITOS RAROS

Pallasita roco-ferrosa con cristales de olivino

Antiguo como una roca

Las rocas se pueden fechar por los átomos radiactivos (isótopos) que contienen. Cada elemento tiene una vida media concreta: el tiempo que la mitad de los átomos tardan en decaer, o transformarse en otro elemento. Con un espectrómetro de masas pueden contarse los átomos, y así los geólogos pueden calcular la edad de las rocas.

Cristal antiguo
Con el tiempo, los átomos de uranio atrapados en el cristal de circón van decayendo y se transforman en átomos de plomo. La proporción de plomo respecto al uranio nos dice cuántas vidas medias han pasado desde que se formó el cristal.

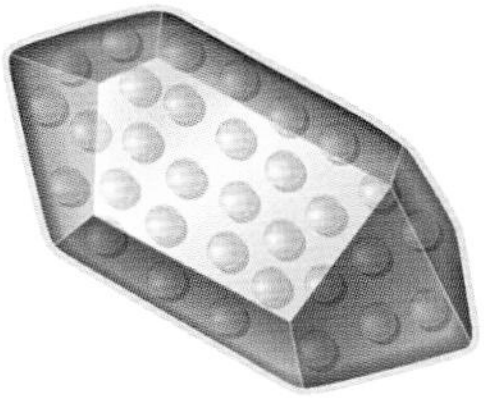

1. Recién formado
Al cristalizar a partir de roca fundida, este cristal de circón tenía mucho uranio, pero nada de plomo.

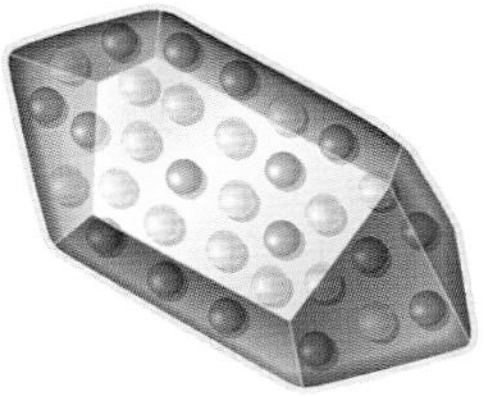

2. 700 millones de años
La mitad del uranio, o U235 (amarillo), ha decaído transformado en plomo 207 (azul): la vida media del U235 son 700 millones de años.

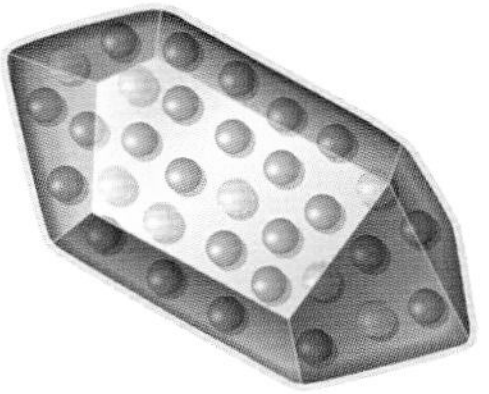

3. 1400 millones de años
La mitad del uranio que quedaba ha decaído, así que ha transcurrido otra vida media (700 millones de años) desde que el cristal se formó.

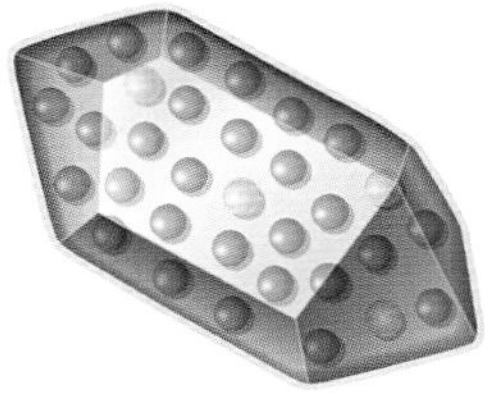

4. 2100 millones de años
La mayor parte del uranio ha decaído. Este cristal es muy viejo: ha existido durante tres vidas medias, o tres veces 700 millones de años.

Fósiles esclarecedores

Las rocas también pueden fecharse a partir de los fósiles que contienen (ver páginas 62–63). Las especies que han existido en un período breve (en términos geológicos eso son unos pocos millones de años) son muy útiles para emparejar capas de rocas de distintas localizaciones y pueden mostrar si falta alguna capa.

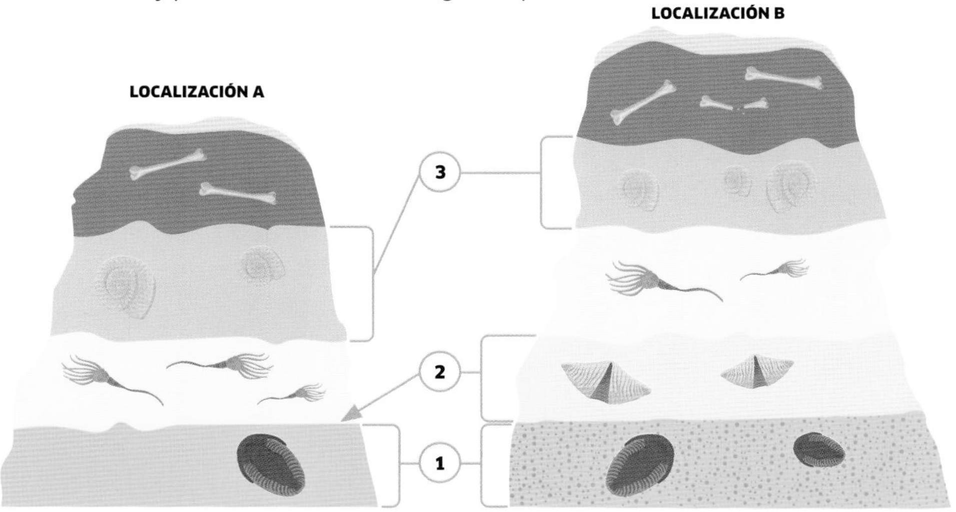

1. Capas más antiguas
Las capas más profundas de las dos localizaciones se componen de distintos tipos de roca, pero los trilobites que contienen son cámbricos en ambos casos.

2. Capa ausente
A la localización A le falta la capa de fósiles devónicos de caparazones, quizá debido a la erosión o a que el terreno estuviera entonces por encima del nivel del mar.

3. Capas coincidentes
Esta especie de amonita solo existió en una etapa concreta del Jurásico, y por eso podemos saber que las dos capas tienen la misma edad.

HD1, la **galaxia más distante** descubierta, está a **13 500 millones de años luz**.

2 billones: **número** aproximado de **galaxias** en el **universo observable**.

Un universo en expansión

La historia del universo puede representarse como una trompeta, con el tiempo a lo largo y el espacio a lo ancho. Usando telescopios y satélites, podemos contemplar los 13 770 millones de años que se extiende la trompeta y ver cómo ha cambiado el universo con el paso del tiempo.

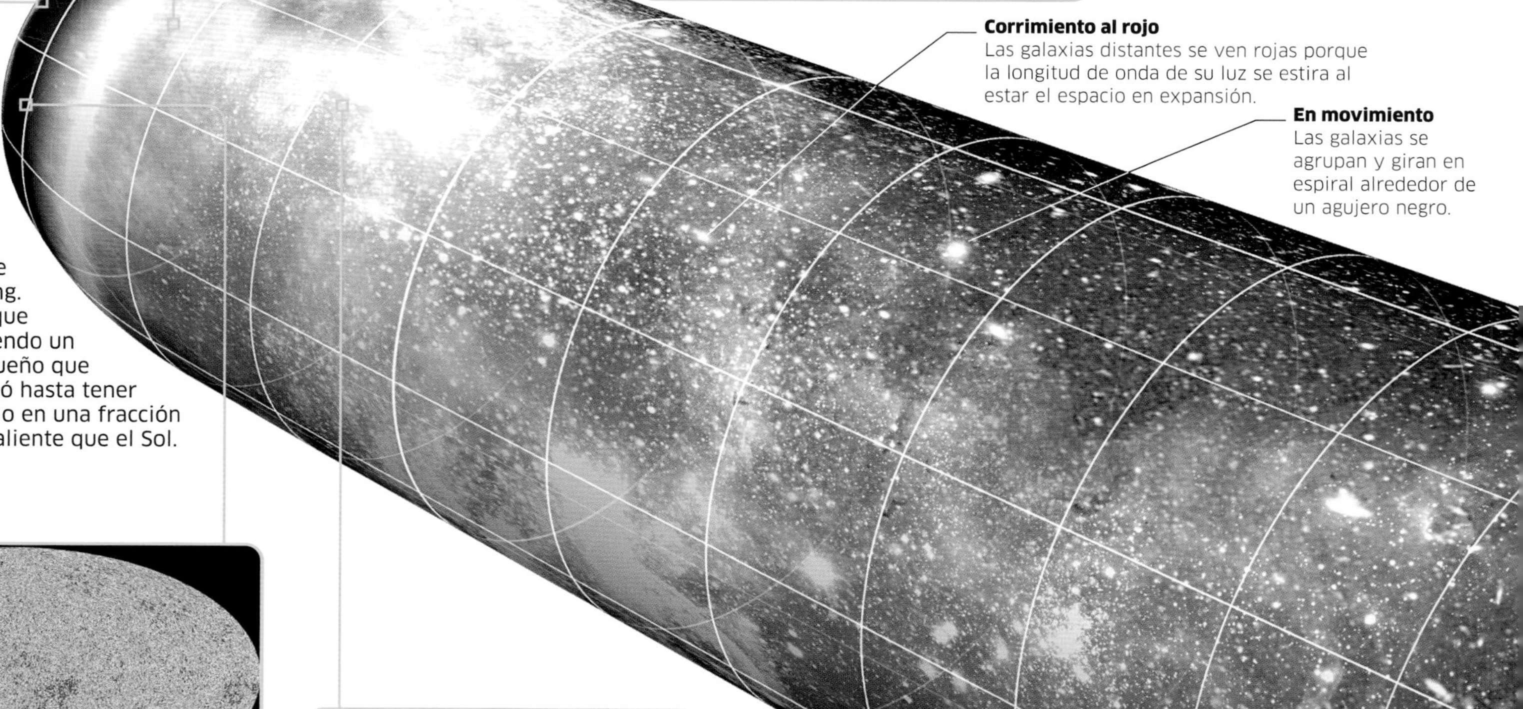

3 Primeras galaxias El universo entró en una edad oscura que duró millones de años, hasta que las nubes de hidrógeno empezaron a unirse por la gravedad y formaron las primeras estrellas y galaxias. Las zonas moradas de esta red cósmica muestran supercúmulos y vacíos formando millones de galaxias.

Corrimiento al rojo Las galaxias distantes se ven rojas porque la longitud de onda de su luz se estira al estar el espacio en expansión.

En movimiento Las galaxias se agrupan y giran en espiral alrededor de un agujero negro.

1 El Big Bang Nadie sabe qué fue lo que causó el Big Bang. Lo que sí sabemos es que el universo empezó siendo un punto mucho más pequeño que un átomo y se expandió hasta tener el tamaño de un pomelo en una fracción de segundo. Era más caliente que el Sol.

2 Posluminiscencia del Big Bang 380 000 años más tarde, se formaron los primeros átomos y el universo se enfrió lo suficiente como para volverse transparente. Actualmente, con los satélites podemos captar esa luz temprana de entonces, que se ve como una radiación de fondo de microondas en el cielo. Este mapa térmico muestra patrones que formaron las primeras agrupaciones de galaxias.

4 Estrellas supergigantes Las primeras estrellas eran grandes, brillantes y azules. Vivían rápido y morían jóvenes, agotando su combustible nuclear de hidrógeno y helio en unos pocos millones de años. Los nuevos elementos que creaban formarían después nuevas estrellas y planetas.

Big Bang

Todo, o al menos nuestro universo actual, empezó hace 13 770 millones de años. El nacimiento y la expansión del universo fueron tan repentinos y rápidos que ha dado en llamarse el Big Bang.

El universo no se expandió en un espacio preexistente. Apareció de repente de la nada y el propio espacio creció con él. Al principio estaba demasiado caliente para que pudiera haber átomos. A medida que se fue expandiendo, se empezaron a formar átomos de hidrógeno y helio, que comenzaron a agruparse formando nubes de las que surgieron las primeras estrellas y galaxias. Estas formaron nuevos elementos y se crearon más estrellas y los planetas. Uno de estos planetas es la Tierra.

Clave

- Oxígeno 65 %
- Carbono 18,5 %
- Hidrógeno 9,5 %
- Nitrógeno 3,2 %
- Calcio 1,5 %
- Fósforo 1 %
- Potasio 0,4 %
- Azufre 0,3 %
- Sodio 0,2 %
- Cloro 0,2 %
- Oligoelementos como el magnesio, el boro y el cobre 0,2 %

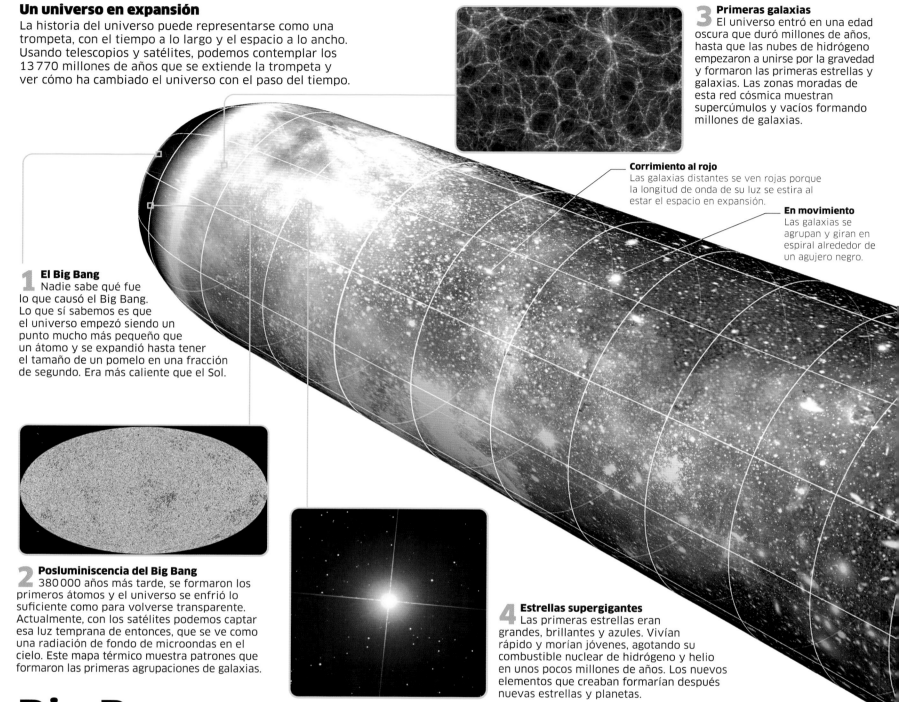

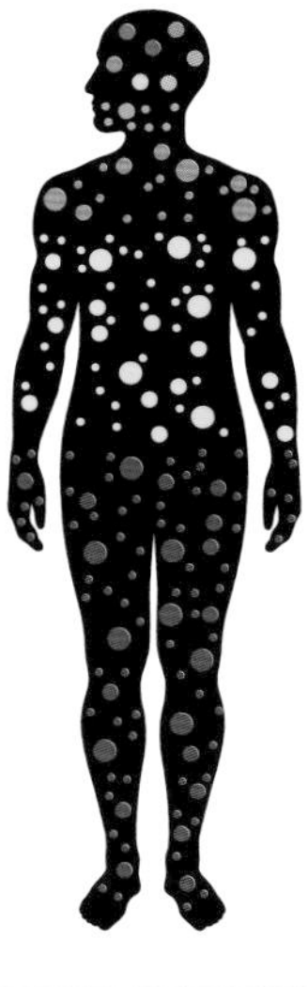

Somos polvo de estrellas

Prácticamente todos los elementos del cuerpo humano se formaron originalmente en estrellas y supernovas a lo largo de miles de millones de años. Tras el Big Bang, no había más que hidrógeno y helio, los dos elementos más ligeros. El resto de los elementos se coció en los hornos de fusión nuclear de las estrellas y se reciclaron en nuevos sistemas planetarios. Están presentes en nuestro sistema solar, nuestro planeta y en nosotros.

100–400 **miles de millones**: número estimado de **estrellas** de la **Vía Láctea**.

3200 **sistemas planetarios descubiertos** hasta la fecha.

11

5 Explota una supernova Cuando una estrella grande se queda sin combustible ya no soporta su propio peso. Colapsa y crea una supernova, una potente explosión estelar, y disemina nuevos elementos por el espacio. Elementos de los que dependemos, como el carbono, el nitrógeno y el oxígeno, se originaron todos en las estrellas.

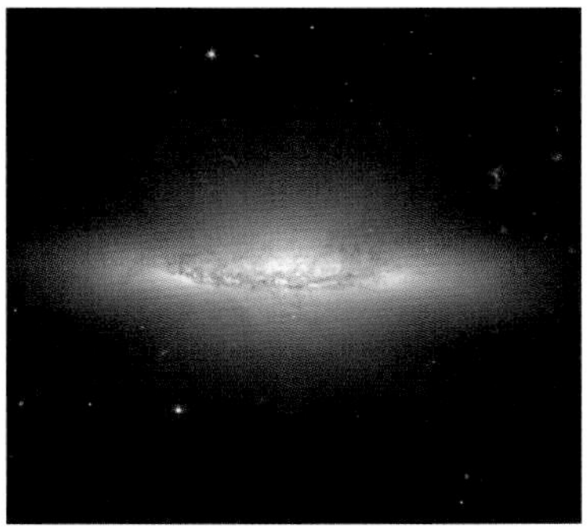

Mirar hacia el pasado

Un telescopio es una máquina del tiempo. La luz viaja a 300 000 km/s, pero tarda millones de años en llegar hasta nosotros desde otras galaxias. Un año luz, la distancia que recorre la luz en un año, es una unidad que sirve para medir la distancia. Esta imagen muestra la galaxia NGC 5010, que está a 140 millones de años luz. Así pues, vemos esta galaxia tal y como era hace 140 millones de años.

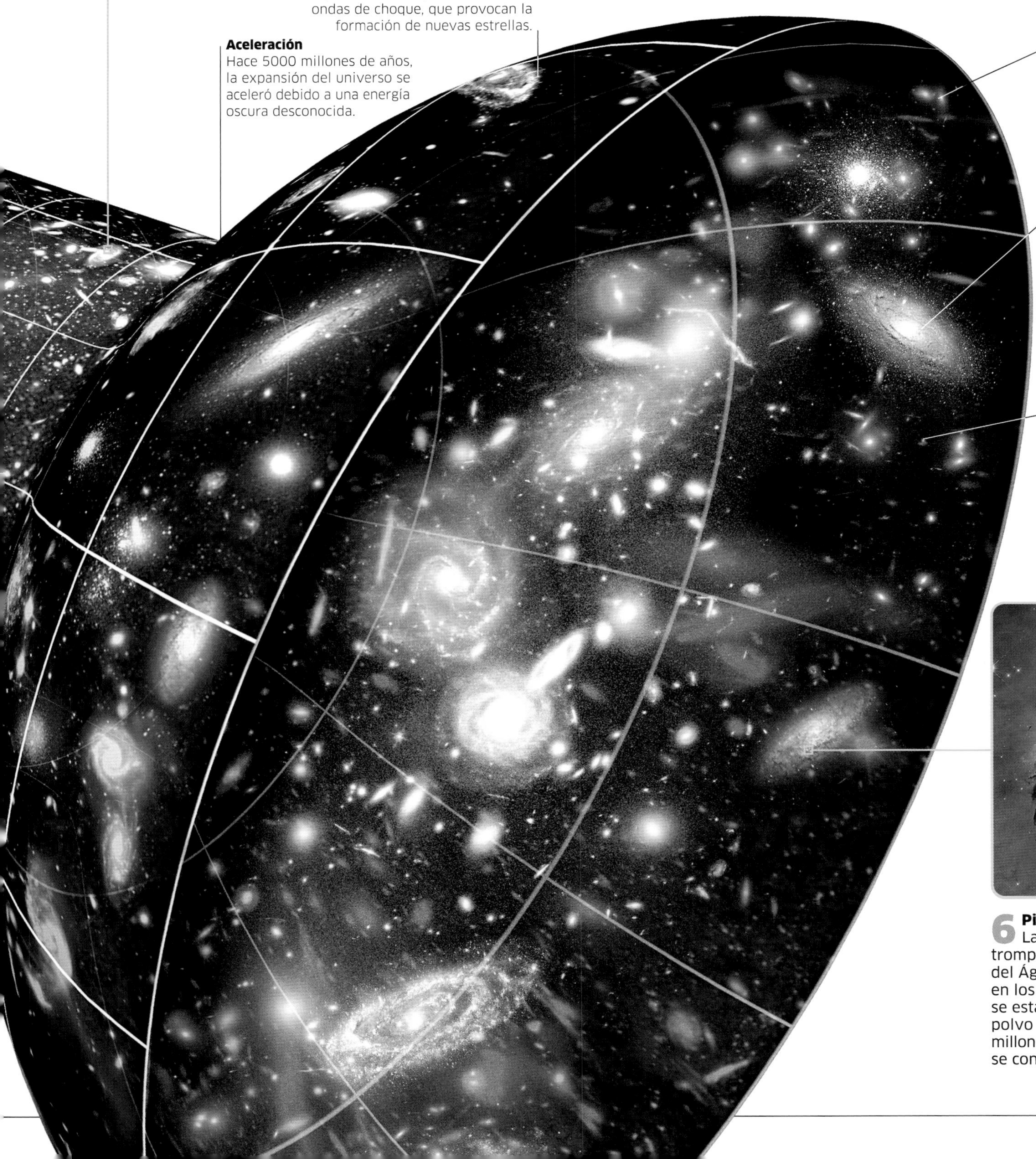

6 Pilares de la creación Las nubes de polvo en forma de trompa de elefante de la nebulosa del Águila son viveros de estrellas en los que nuevos sistemas solares se están condensando a partir de polvo y gas reciclados. Hace 5000 millones de años, una nube parecida se convirtió en el sistema solar.

Formación de un nuevo planeta
Los planetas se forman en el anillo más oscuro del centro del disco, donde el polvo ha desaparecido.

Disco protoplanetario (hace 4568 millones de años)
Los planetas se forman a partir de un disco protoplanetario, un disco de gas y polvo que gira alrededor de una estrella joven. La estrella impulsa el gas y el hielo hacia fuera, donde se condensa formando planetas gaseosos gigantes como Júpiter y Saturno. Más cerca de la estrella están las rocas resistentes al calor, que pueden formar planetas más pequeños, como la Tierra.

Nace la Tierra

Hace casi 4600 millones de años empezó a formarse la Tierra a partir de una nube gigante de gas y polvo, los restos de estrellas muertas.

Una perturbación, quizá la explosión de una estrella cercana, envió ondas de choque a través de la nube de polvo y gas haciendo que esta colapsara y se transformara en un disco protoplanetario. Una nueva estrella, el Sol, se formó en su centro. El material sobrante poco a poco fue confluyendo y creando una serie de planetas, uno de los cuales es la Tierra.

Formación de la Tierra
Tras la creación del sistema solar, enormes nubes de polvo y gas colapsaron en una esfera densa que se transformó en el Sol. Las rocas que orbitaban el Sol colisionaban y a veces se juntaban. Al cabo de millones de años, algunas empezaron a formar planetas, como la Tierra. La gravedad mantenía las rocas unidas, haciendo que se contrajeran y se fundieran formando una esfera. Con el tiempo, el hierro denso se hundió y formó el núcleo.

Trozos de roca a la deriva
Hay rocas de todos los tamaños procedentes del disco protoplanetario, desde polvo hasta objetos de varios kilómetros de diámetro.
Erupción volcánica
Con la mayor parte del planeta fundido, salían grandes cantidades de gas y vapor en grandes erupciones volcánicas.
Formación de la corteza
En algunos lugares, la superficie se empieza a enfriar lo suficiente como para que se forme una corteza rocosa.
Colisión repentina
Cuando se produce un impacto, la roca se vaporiza, formando un cráter en la nueva corteza y lanzando escombros al espacio.

1 Acreción (4540 millones de años)
El polvo y los trozos de roca presentes en el disco protoplanetario colisionan y se agrupan debido a la gravedad. Esto hace que se forme un nuevo planeta, en su mayor parte líquido. Montones de escombros siguen flotando a su alrededor, incluidas rocas del tamaño de una montaña que forman cráteres en la superficie.

19 000 millones de km de diámetro: **tamaño medio** de un **disco protoplanetario**.

1386 millones de km³: **volumen total del agua presente en la Tierra** que salió de **cometas caídos** y **gases volcánicos**.

13

Más del 99 por ciento de la masa del **sistema solar** se encuentra en el Sol.

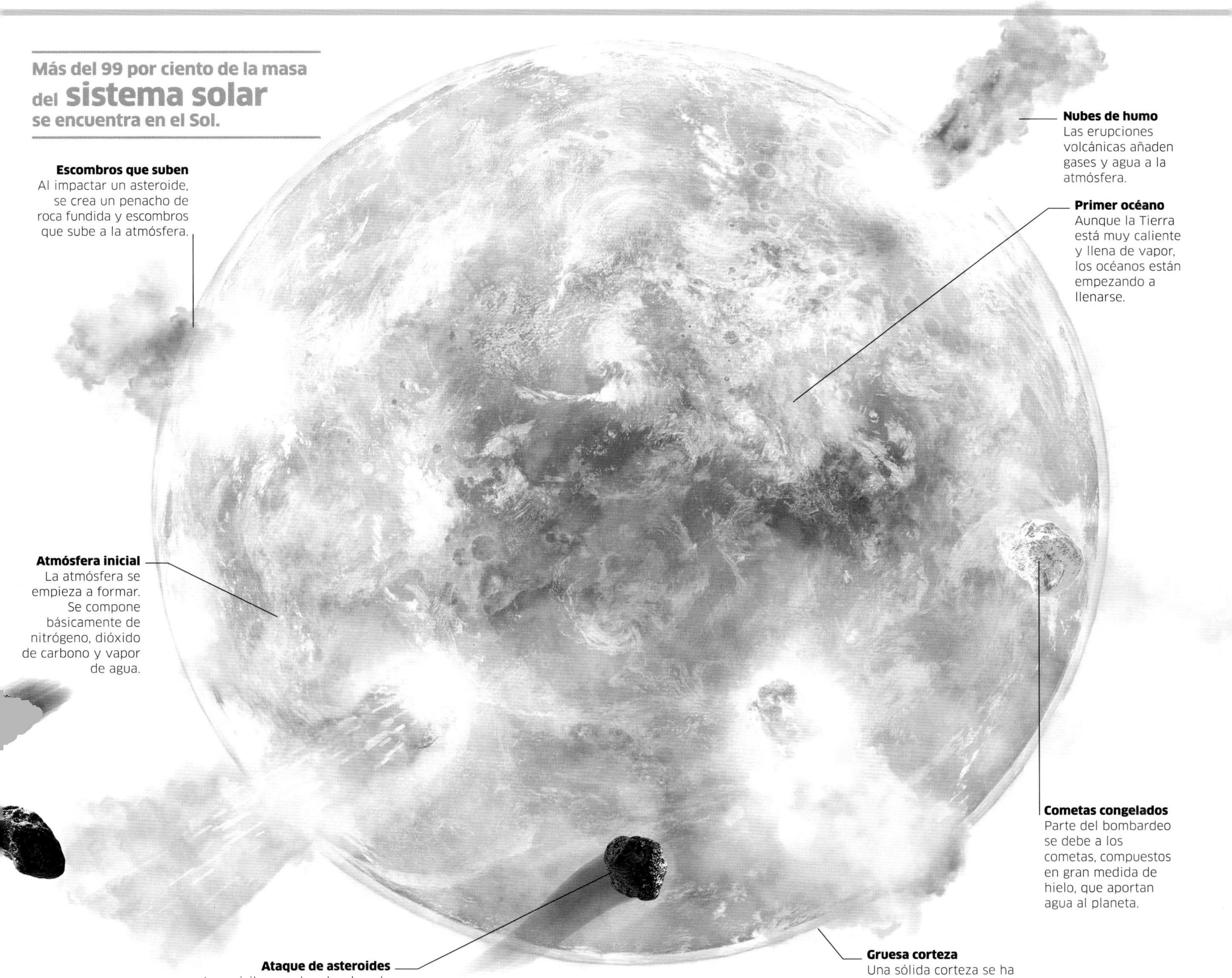

2 Último Gran Bombardeo (hace 4000 millones de años)

Muchos investigadores creen que unos 500 millones de años después de que se formara la Tierra, una lluvia de planetas fallidos bombardeó su superficie. Este período, que se conoce como Último Gran Bombardeo, podría haber durado entre 20 y 200 millones de años. Cometas helados y asteroides que contenían grandes cantidades de agua en sus minerales impactaron con la Tierra, y poco a poco fueron formando océanos de agua y creando las condiciones que hicieron posible la vida en la Tierra.

Primera atmósfera de la Tierra (hace 4200 millones de años)

Al formarse la Tierra, se creó una atmósfera compuesta de hidrógeno y helio. Cuando el Sol comenzó a brillar intensamente y a liberar energía nuclear, empezó a soplar un fuerte viento solar que se llevó la primera atmósfera de la Tierra. El aire que respiramos nosotros llegó más tarde, y procede de los cometas, las erupciones volcánicas y la propia vida. El viento solar sigue soplando en la actualidad, pero nuestra atmósfera está protegida por el campo magnético de la Tierra.

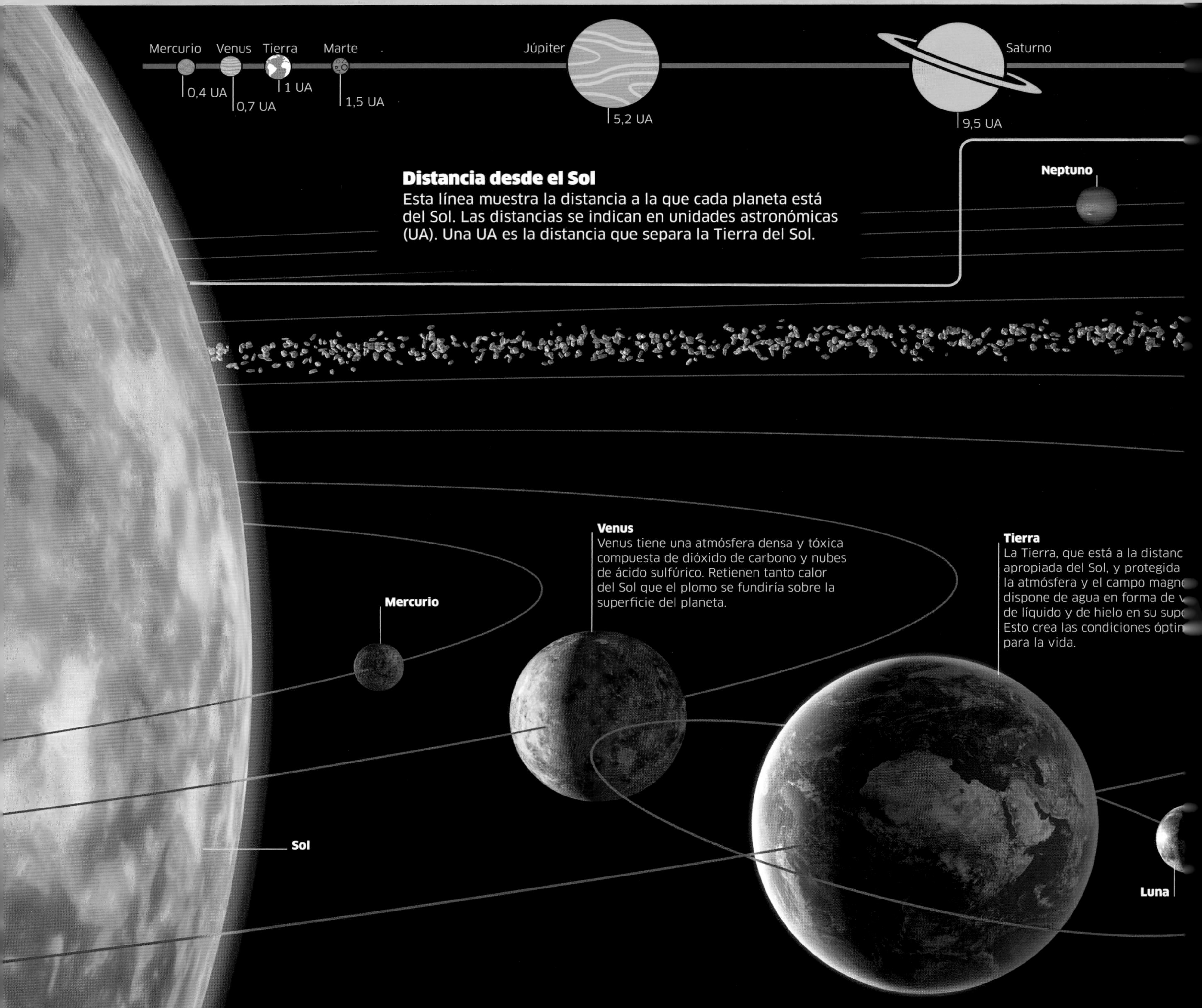

Distancia desde el Sol

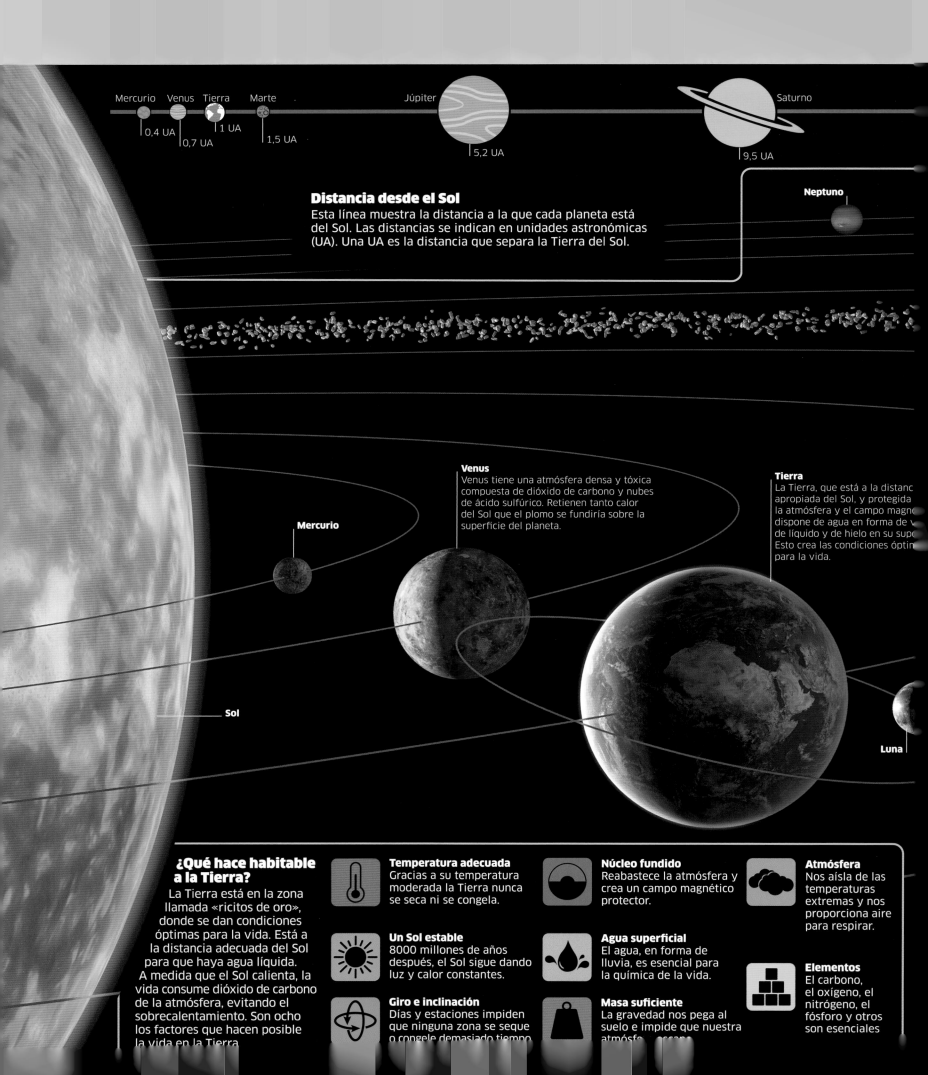

Esta línea muestra la distancia a la que cada planeta está del Sol. Las distancias se indican en unidades astronómicas (UA). Una UA es la distancia que separa la Tierra del Sol.

Venus

Venus tiene una atmósfera densa y tóxica compuesta de dióxido de carbono y nubes de ácido sulfúrico. Retienen tanto calor del Sol que el plomo se fundiría sobre la superficie del planeta.

Tierra

La Tierra, que está a la distanc apropiada del Sol, y protegida la atmósfera y el campo magne dispone de agua en forma de v de líquido y de hielo en su supe Esto crea las condiciones óptim para la vida.

¿Qué hace habitable a la Tierra?

La Tierra está en la zona llamada «ricitos de oro», donde se dan condiciones óptimas para la vida. Está a la distancia adecuada del Sol para que haya agua líquida. A medida que el Sol calienta, la vida consume dióxido de carbono de la atmósfera, evitando el sobrecalentamiento. Son ocho los factores que hacen posible la vida en la Tierra.

Temperatura adecuada
Gracias a su temperatura moderada la Tierra nunca se seca ni se congela.

Un Sol estable
8000 millones de años después, el Sol sigue dando luz y calor constantes.

Giro e inclinación
Días y estaciones impiden que ninguna zona se seque o congele demasiado tiempo.

Núcleo fundido
Reabastece la atmósfera y crea un campo magnético protector.

Agua superficial
El agua, en forma de lluvia, es esencial para la química de la vida.

Masa suficiente
La gravedad nos pega al suelo e impide que nuestra atmósfe... escape.

Atmósfera
Nos aísla de las temperaturas extremas y nos proporciona aire para respirar.

Elementos
El carbono, el oxígeno, el nitrógeno, el fósforo y otros son esenciales

1 billón de cometas se estima que hay en la **periferia del sistema solar**.

Venus tarda más en **rotar sobre su eje** que en completar una **órbita alrededor del Sol**, así que allí un día dura más que un año.

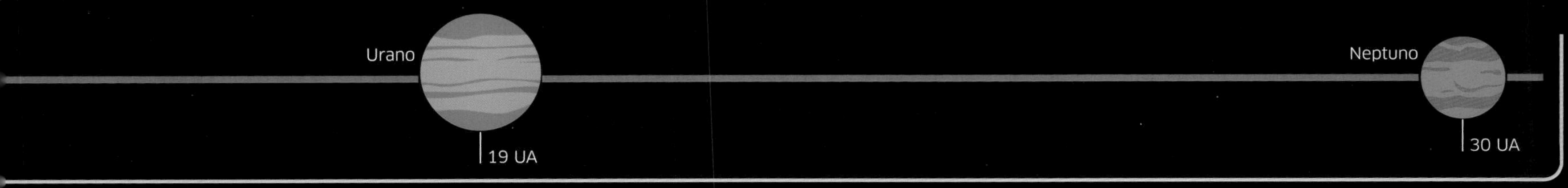

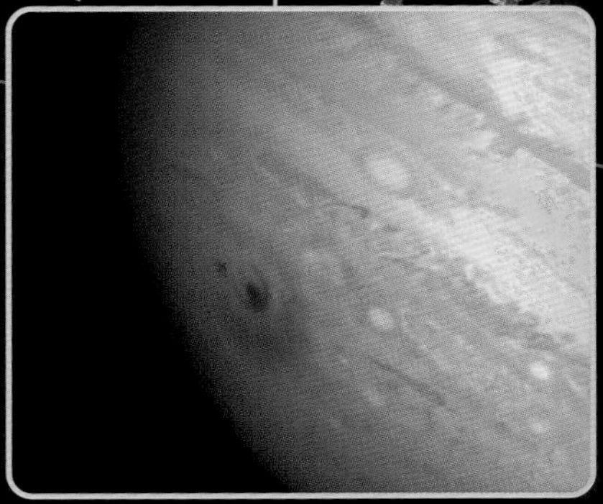

Júpiter protege la Tierra
Júpiter, con el doble de masa que el resto de los planetas juntos, protege la Tierra de los impactos, ya que su gravedad atrae los asteroides y los cometas. Su «ojo negro» muestra el lugar donde el cometa Shoemaker-Levy 9 cayó en 1994.

Planetas en orbita
El sistema solar tiene ocho planetas que giran alrededor del Sol. Los cuatro primeros (Mercurio, Venus, la Tierra y Marte) están formados principalmente por roca, y los cuatro exteriores (Júpiter, Saturno, Urano y Neptuno) se componen de gas. Cuanto más lejos están del Sol, más fríos son. La única excepción es Venus, cuya superficie alcanza los 464 °C debido a su densa atmósfera.

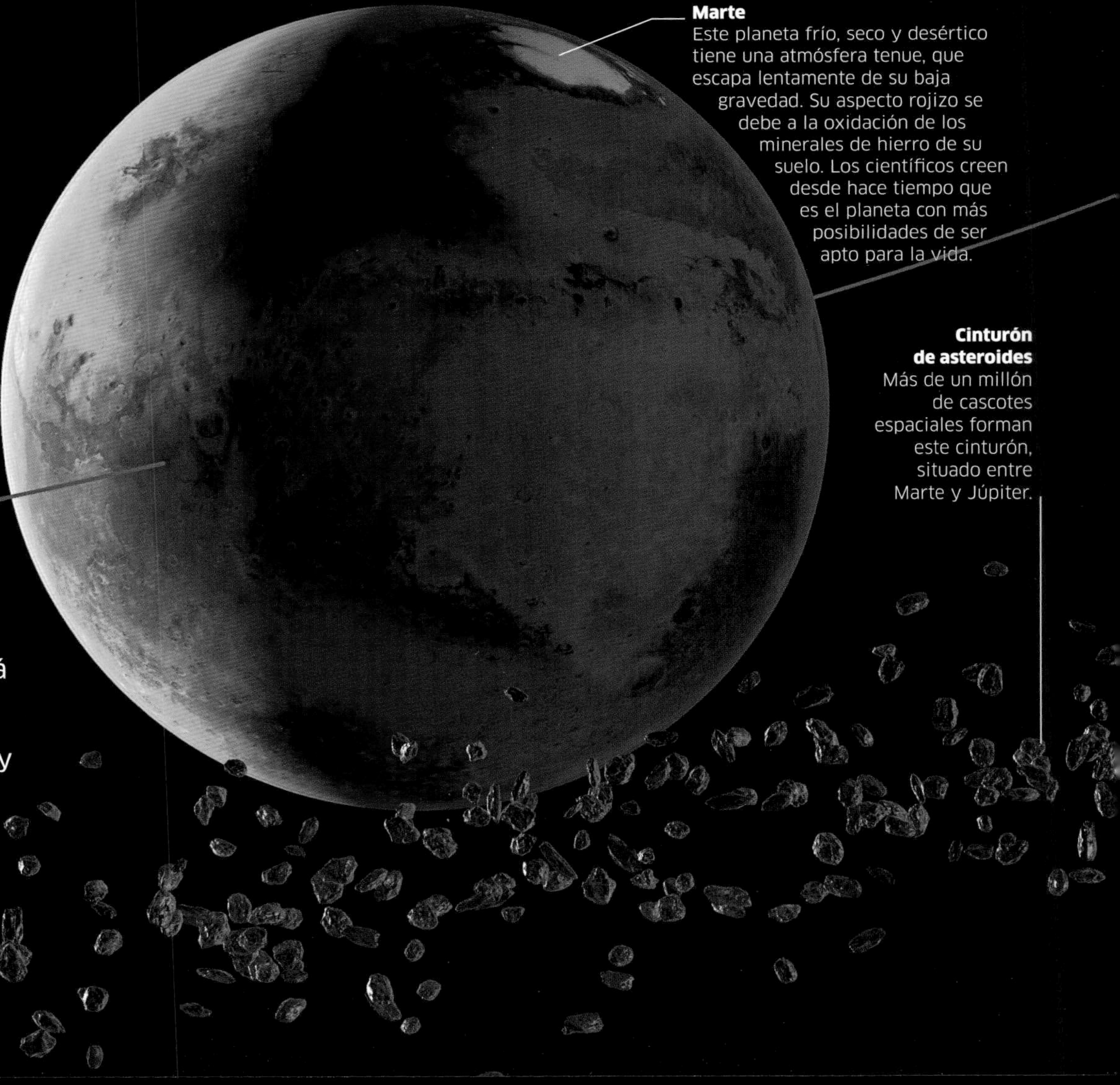

Marte
Este planeta frío, seco y desértico tiene una atmósfera tenue, que escapa lentamente de su baja gravedad. Su aspecto rojizo se debe a la oxidación de los minerales de hierro de su suelo. Los científicos creen desde hace tiempo que es el planeta con más posibilidades de ser apto para la vida.

Cinturón de asteroides
Más de un millón de cascotes espaciales forman este cinturón, situado entre Marte y Júpiter.

La Tierra en el espacio

La Tierra es uno de los ocho planetas que orbitan alrededor del Sol, y el único con las condiciones para que haya vida.

Los astrónomos han descubierto más de 3000 sistemas planetarios (estrellas con planetas que orbitan a su alrededor), pero son entornos inhóspitos. Incluso en nuestro propio sistema, los planetas exteriores, como Júpiter y Saturno, son enormes bolsas de gas caliente. La Tierra está en una posición privilegiada, ya que ocupa una zona habitable estable, algo que no le ocurre ni siquiera a nuestros vecinos más cercanos, Venus y Marte. Si la Tierra estuviera donde está Urano, el océano se congelaría por completo. Si ocupara el lugar que ocupa Mercurio, estaría tan cerca del Sol que el agua crearía una atmósfera vaporosa.

La Luna

La Luna es nuestro vecino más cercano. Ilumina nuestras noches, determina los meses del calendario e influye en las mareas.

Las lunas son objetos espaciales naturales que orbitan los planetas o los asteroides. La Tierra es atípica porque tiene una sola luna grande. Venus no tiene ninguna, Marte tiene dos lunas pequeñas y Júpiter tiene unas 80. La nuestra nos ofrece una hermosa visión en el cielo nocturno. Además, es el único objeto espacial que ha visitado el ser humano en persona, la primera vez en 1969 con el *Apolo 11*. La Luna, sin viento, agua o fuerzas tectónicas que alteren su superficie, conserva las antiguas cicatrices de su historia temprana y nos da información sobre la Tierra.

1 EN EL BLANCO
Tan solo 50 millones de años después de que se formara la Tierra (ver páginas 12–13), nuestro planeta seguía estando al rojo vivo. Theia, un objeto del tamaño de Marte, viajaba a toda velocidad hacia ella.

2 IMPACTO
Theia impactó con la Tierra con un ángulo pronunciado, haciendo que ambos cuerpos se fundieran o incluso se vaporizaran en parte. La mayor parte del núcleo y el manto de Theia se fusionó con la Tierra.

FORMACIÓN DE LA LUNA

Cada tipo de luna se forma de forma distinta. Algunas son asteroides capturados por la gravedad de un planeta. Las rocas de nuestra Luna son demasiado parecidas a las de la Tierra para que ese sea el caso. Algunas lunas se separan de la masa de un planeta pero no tienen un núcleo de hierro. Lo más probable es que nuestra Luna se formara cuando la Tierra recibió el impacto de un objeto llamado Theia, cuyo núcleo pasó a formar parte tanto de la Tierra como de la Luna.

GEOLOGÍA DE LA LUNA

La roca traída de la Luna se parece mucho a varias rocas de la Tierra, lo que sugiere un origen común. La roca más abundante en las regiones más oscuras es el basalto y en las tierras altas, la anortosita rica en feldespato, un tipo de roca ígnea antigua que también se encuentra en la Tierra.

Capas lunares

La Luna en un principio era líquida y luego se fue depositando en capas. Los materiales más densos se hundieron formando un núcleo, lo que le proporcionó una estructura como la de la Tierra. El núcleo de la Luna es pequeño (un 20 por ciento de su diámetro total). El diámetro del núcleo de la Tierra, en cambio, mide casi la mitad de su diámetro total.

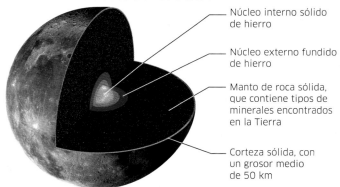

Polvo lunar

Tras 4000 millones de años recibiendo impactos de meteoritos, sobre la superficie de la Luna hay una gruesa capa de polvo muy fino, llamada regolito. Es rica en una forma rara de helio y podría usarse como combustible nuclear. Los cráteres del polo sur de la Luna contienen agua en forma de hielo.

Una pisada en la Luna
Al no haber viento, las huellas de 1969 permanecerán millones de años.

GEOGRAFÍA DE LA LUNA

Dado que no tiene atmósfera, ni deriva continental, ni vegetación, apenas se producen cambios en la Luna. La superficie que vemos es antigua y está cubierta de cráteres de impacto. También hay grietas, probablemente causadas por el encogimiento de la Luna a medida que se enfría. En la cara que podemos ver, hay unas grandes manchas oscuras que parecen una cara o un conejo.

Luna bombardeada

Los comienzos de la Luna fueron difíciles, ya que fue bombardeada por las rocas y los asteroides sobrantes de la formación del sistema solar. Algunos cráteres tienen otros cráteres encima, lo que ayuda a los astrónomos a calcular su antigüedad relativa. Algunos cráteres, como el Tycho (ver debajo), son más recientes, y en algunos aún pueden verse los rayos radiantes de los restos.

Uno de los más de 100000 cráteres por impacto de la superficie lunar

Mare Serenitatis
El Mar de la Serenidad es uno de los cráteres de impacto llenos de basalto, de los más pequeños formados en el Último Gran Bombardeo.

Montes Apenninus
Esta agreste cordillera montañosa tiene picos de 5000 m. El *Apolo 15* alunizó cerca de allí en 1971.

Cráter Tycho
Este impacto relativamente reciente se produjo hace unos 108 millones de años.

Mares y montañas

Antiguamente se creía que las zonas oscuras de la Luna eran mares y de ahí que se les llamara *maria*. En realidad, son vastas cuencas de impacto, que se inundaron de lava basáltica hace unos 3900 millones de años, en un período de impactos conocido como el Último Gran Bombardeo.

12 Número de **personas** que han **pisado la Luna**.

382 kg – cantidad de **roca lunar** que **trajeron** consigo los **astronautas del *Apolo***.

3,78 cm al año: **ritmo** al que la **Luna** se está **alejando** de la Tierra.

17

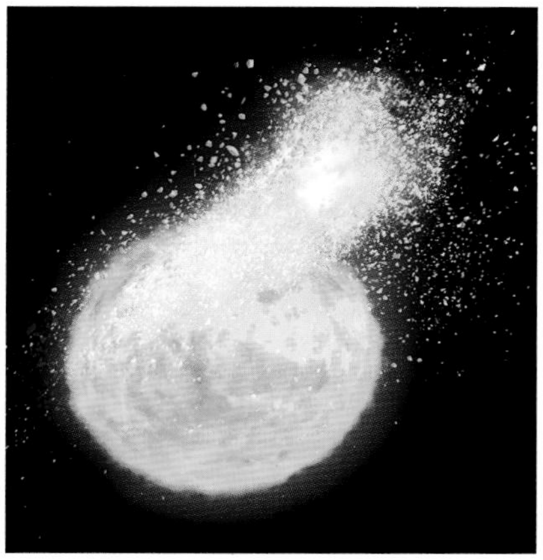

3 FRAGMENTOS FUNDIDOS
Fragmentos de roca fundida son lanzados al espacio. Algunos vuelven a caer, pero la mayoría forman un resplandeciente anillo caliente alrededor de la Tierra.

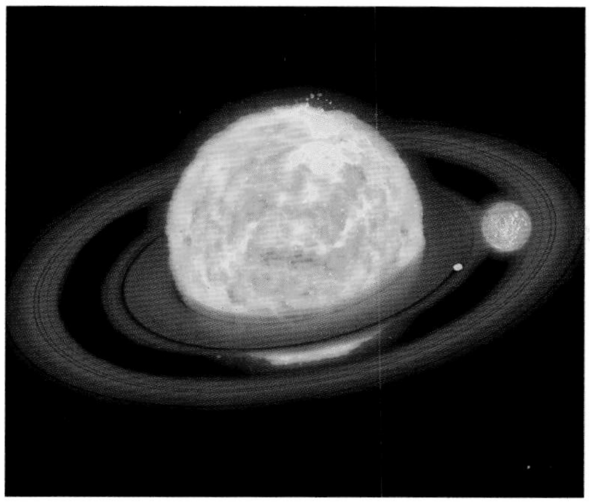

4 LA LUNA CRECE
La parte más gruesa del anillo empezó a confluir (unirse) y con el tiempo formó un único cuerpo pequeño de roca fundida que recogió el material restante del anillo.

5 INTENSO BOMBARDEO
La Tierra y la Luna se enfriaron. Hace 3900 millones de años, los impactos de los asteroides formaron cráteres en la Luna, que se cubrieron de basalto fundido.

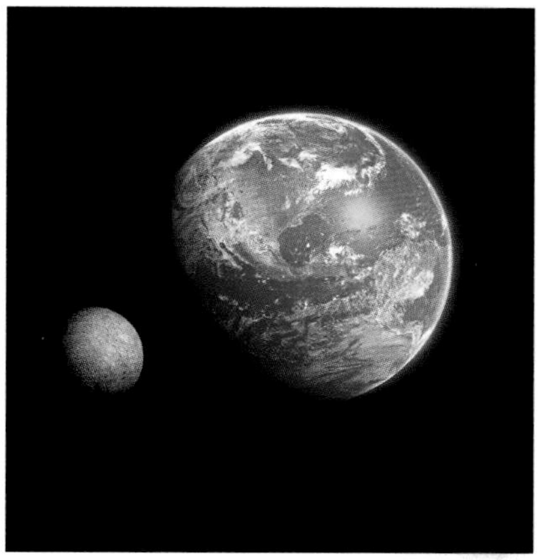

6 LA TIERRA Y LA LUNA HOY
Actualmente, la Luna se parece mucho a cómo era hace miles de millones de años, mientras que en la Tierra, los continentes, los océanos, la atmósfera y la vida han seguido evolucionando.

BLOQUEO DE GIRO-ÓRBITA

La Tierra y la Luna se mantienen unidas en órbita por la gravedad. La atracción gravitatoria entre las dos tiene efectos sorprendentes. Provoca las mareas de la Tierra (ver página 87) y los terremotos lunares. También ralentiza la rotación de ambas. La Luna presenta un bloqueo de marea con respecto a la Tierra: tarda lo mismo en rotar que en orbitar la Tierra, así que siempre mira a la Tierra la misma cara. El bloqueo ha ralentizado la Tierra: ¡hace 4500 millones de años, giraba tan rápido que un día duraba tan solo unas horas!

Órbita de la Luna

La Luna orbita la Tierra, pero no describe un círculo perfecto. En el punto más cercano, está más de 50 000 km más cerca que en el punto más alejado. La Luna tarda lo mismo en girar alrededor de su propio eje que en orbitar la Tierra: unos 28 días.

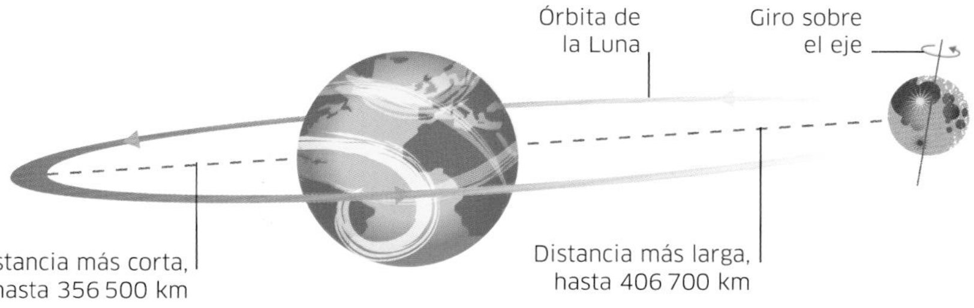

La Tierra sin la Luna

La atracción gravitatoria de la Luna estabiliza el eje de rotación de la Tierra. Sin ella, el polo Norte podría llegar a oscilar hasta 85 grados, sumiendo la mitad del mundo en millones de años de gélida oscuridad y dejando que la otra mitad se cociera al sol.

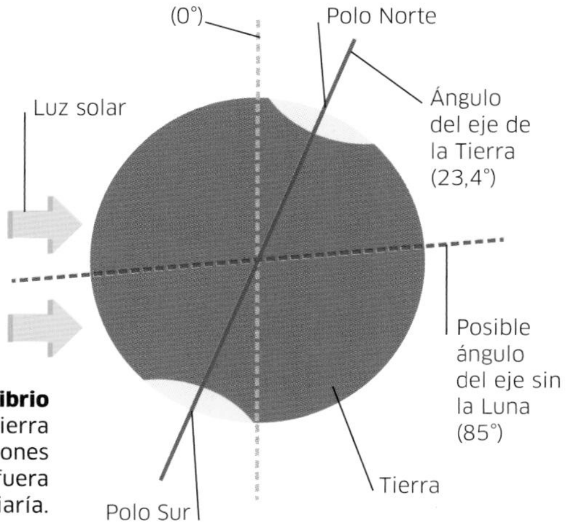

Sin equilibrio
El ángulo actual del eje de la Tierra basta para crear las estaciones (ver página 91). Si el ángulo fuera mayor, la cosa cambiaría.

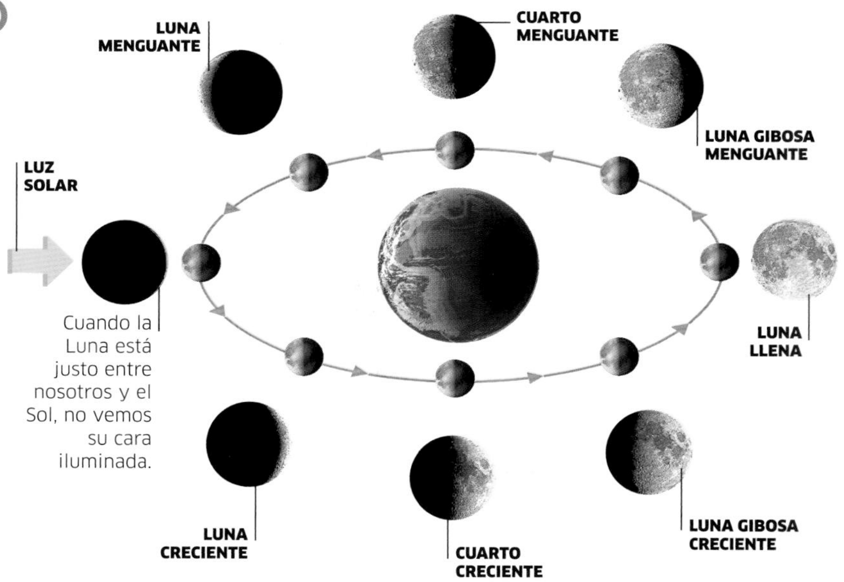

FASES DE LA LUNA

El círculo interior de este diagrama muestra la Luna orbitando la Tierra, iluminada por el Sol. Desde la Tierra, la vemos iluminada desde distintos ángulos durante su ciclo de 28 días. Pasa de luna nueva, o luna creciente, a luna llena y luego de nuevo a luna menguante, como se muestra en el círculo exterior. Nosotros solo vemos una cara de la Luna. La otra cara no es oscura, excepto cuando nosotros la vemos llena.

Eclipse lunar

En un eclipse lunar total, cuando la Tierra se interpone entre el Sol y la luna llena, la única luz que llega a la Luna es el resplandor rojo procedente de la atmósfera polvorienta de la Tierra, lo que origina la «luna de sangre», como la que se ve en esta fotografía. Cuando la Luna se interpone entre la Tierra y el Sol se produce un eclipse solar.

0 cantidad de **oxígeno** en la **atmósfera** hace 4000 millones de años.

La atmósfera de la Tierra ha experimentado cuatro grandes cambios.

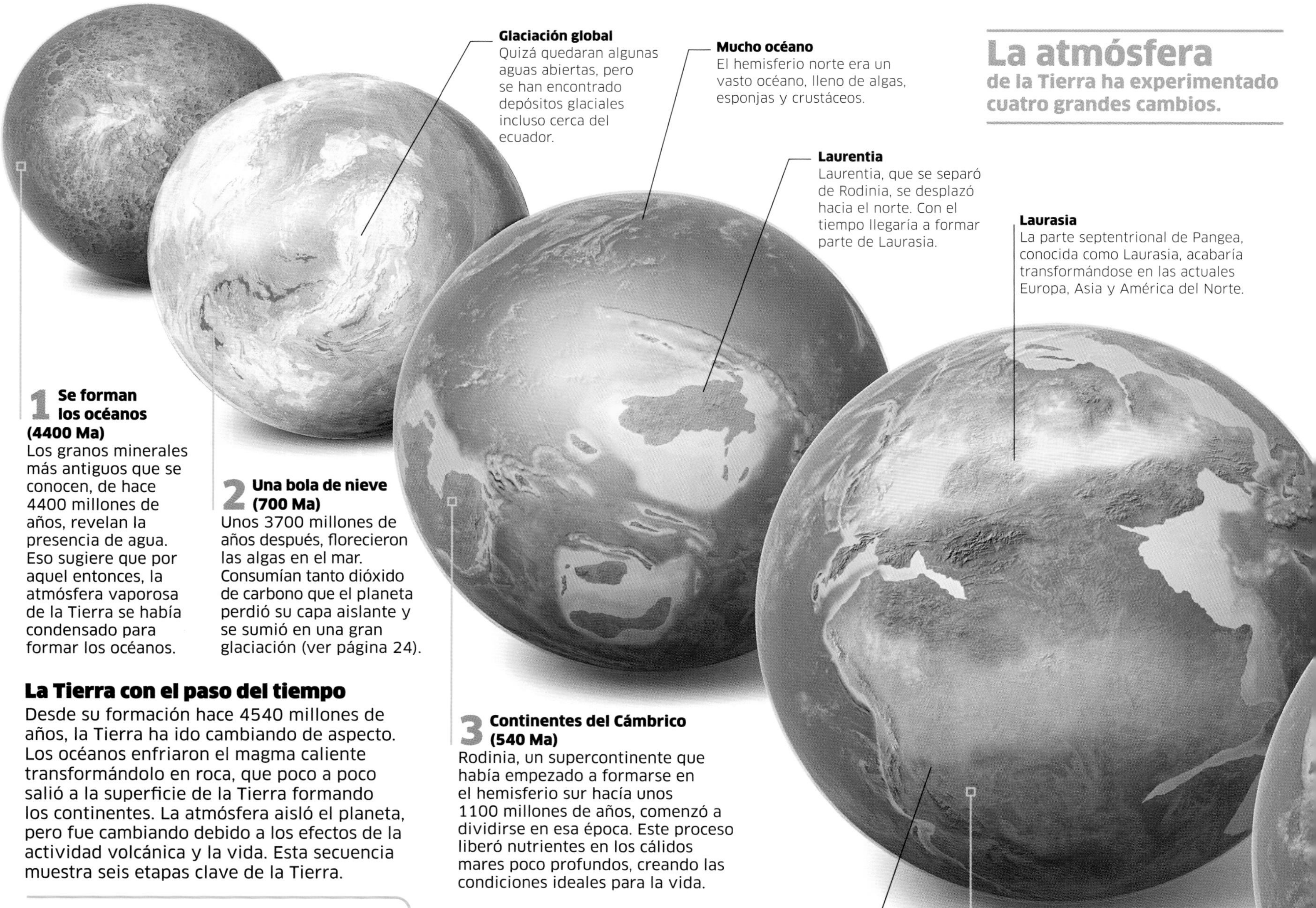

Glaciación global
Quizá quedaran algunas aguas abiertas, pero se han encontrado depósitos glaciales incluso cerca del ecuador.

Mucho océano
El hemisferio norte era un vasto océano, lleno de algas, esponjas y crustáceos.

Laurentia
Laurentia, que se separó de Rodinia, se desplazó hacia el norte. Con el tiempo llegaría a formar parte de Laurasia.

Laurasia
La parte septentrional de Pangea, conocida como Laurasia, acabaría transformándose en las actuales Europa, Asia y América del Norte.

1 Se forman los océanos (4400 Ma)
Los granos minerales más antiguos que se conocen, de hace 4400 millones de años, revelan la presencia de agua. Eso sugiere que por aquel entonces, la atmósfera vaporosa de la Tierra se había condensado para formar los océanos.

2 Una bola de nieve (700 Ma)
Unos 3700 millones de años después, florecieron las algas en el mar. Consumían tanto dióxido de carbono que el planeta perdió su capa aislante y se sumió en una gran glaciación (ver página 24).

3 Continentes del Cámbrico (540 Ma)
Rodinia, un supercontinente que había empezado a formarse en el hemisferio sur hacía unos 1100 millones de años, comenzó a dividirse en esa época. Este proceso liberó nutrientes en los cálidos mares poco profundos, creando las condiciones ideales para la vida.

Gondwana
Gondwana, la porción meridional de Pangea, incluía lo que luego sería América del Sur, África, Australia, India y la Antártida.

4 Un continente gigante (250 Ma)
Los anteriores continentes se habían vuelto a unir formando Pangea, un supercontinente que se extendía al norte y al sur del ecuador. Lo rodeaba el vasto océano Pantalasa.

La Tierra con el paso del tiempo

Desde su formación hace 4540 millones de años, la Tierra ha ido cambiando de aspecto. Los océanos enfriaron el magma caliente transformándolo en roca, que poco a poco salió a la superficie de la Tierra formando los continentes. La atmósfera aisló el planeta, pero fue cambiando debido a los efectos de la actividad volcánica y la vida. Esta secuencia muestra seis etapas clave de la Tierra.

La Gran Oxidación

Hace unos 2450 millones de años, las algas provocaron el mayor incidente contaminante que el mundo ha conocido. Liberaron un gas tóxico para las bacterias primitivas: el oxígeno. Ello cambió la composición de la atmósfera y, con el tiempo, hizo que aparecieran muchas especies nuevas que respiraban oxígeno.

Hierro bandeado
El primer oxígeno liberado dejó su huella en gruesas capas de hierro bandeado, que se formaron cuando el lodo rico en hierro reaccionó y se oxidó.

Evolución

Hace unos 4000 millones de años, la Tierra era muy distinta. El planeta fue tomando forma a medida que el clima cambiaba y se desplazaban los continentes. Las reacciones químicas crearon los minerales en las rocas y las condiciones se volvieron adecuadas para la vida.

Al principio, la Tierra no era apta para la vida. Llovían meteoritos, erupcionaban los volcanes y su atmósfera era irrespirable. Poco a poco, el planeta se enfrió y se formaron los océanos. Los terremotos y la erosión cubrieron las cicatrices de su violenta creación. Las bacterias unicelulares empezaron a usar la luz del sol para consumir dióxido de carbono y producir oxígeno, lo que hizo que el aire se volviera respirable. Pero el dióxido de carbono era la manta que mantenía el planeta caliente y, al haber menos en el aire, los mares se congelaron. Con el tiempo, el clima se estabilizó y los continentes se desplazaron hasta conformar el globo que conocemos.

170 millones de km^2: **superficie** terrestre del **supercontinente Pangea**.

4000 millones de años: **tiempo** transcurrido hasta que los **animales grandes** aparecieron en la **Tierra**.

Primera vida

No sabemos dónde, cuándo o cómo se originó la vida en la Tierra. Quizá fuera en algún sistema hidrotérmico subterráneo o bajo el mar; en pozas poco profundas, o en forma de semillas llegadas con los meteoritos. Lo que sí sabemos es que las primeras formas de vida tienen 3700 millones de años y que en los 3000 millones de años siguientes no pasaron de ser bacterias microscópicas y algas.

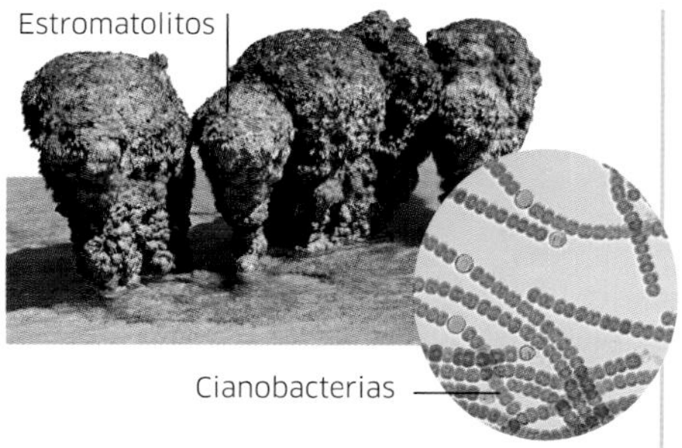

Vida unicelular
Filamentos de cianobacterias unicelulares parecidos a algas flotaban en el mar o se acumulaban en capas formando estromatolitos, los fósiles más antiguos que se conocen.

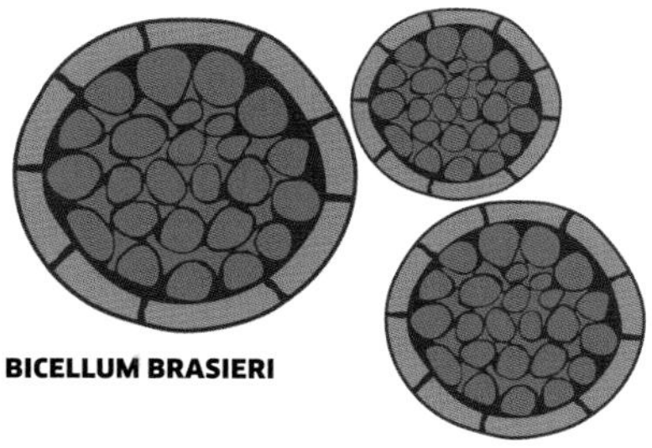

Vida multicelular
Una masa amorfa de 1000 millones de años encontrada en una piedra de arenisca escocesa muestra el primer indicio de células especializadas en un mismo organismo.

Esponjas
La diminuta Eocyathispongia, de 1 mm de diámetro y 600 millones de años, representa uno de los primeros fósiles conocidos de un animal actual.

Separación
América del Norte se separó de los otros continentes, lo que permitió que las corrientes cálidas circularan desde el Pacífico hasta el Atlántico Norte.

La vida en tierra firme
El mundo cretácico es un invernadero con una gran cantidad de dióxido de carbono, bosques, desiertos y dinosaurios.

Océano tropical
El océano Tetis tiene cálidas aguas tropicales rebosantes de vida, flanqueadas por arrecifes de coral.

Cambio de clima
América del Norte y del Sur se unieron, bloqueando las corrientes cálidas del Pacífico y enfriando el clima de Europa.

Islas europeas
El nivel del mar era alto, de modo que las partes más bajas del continente europeo estaban cubiertas de agua y solo las zonas más elevadas eran visibles. Tardaría otros 20 millones de años en tener la forma actual.

El mar del Sáhara
La mayor parte de lo que sería el desierto del Sáhara era un mar poco profundo, rebosante de vida. En la era moderna, se han encontrado fósiles de criaturas marinas enormes en dicho desierto.

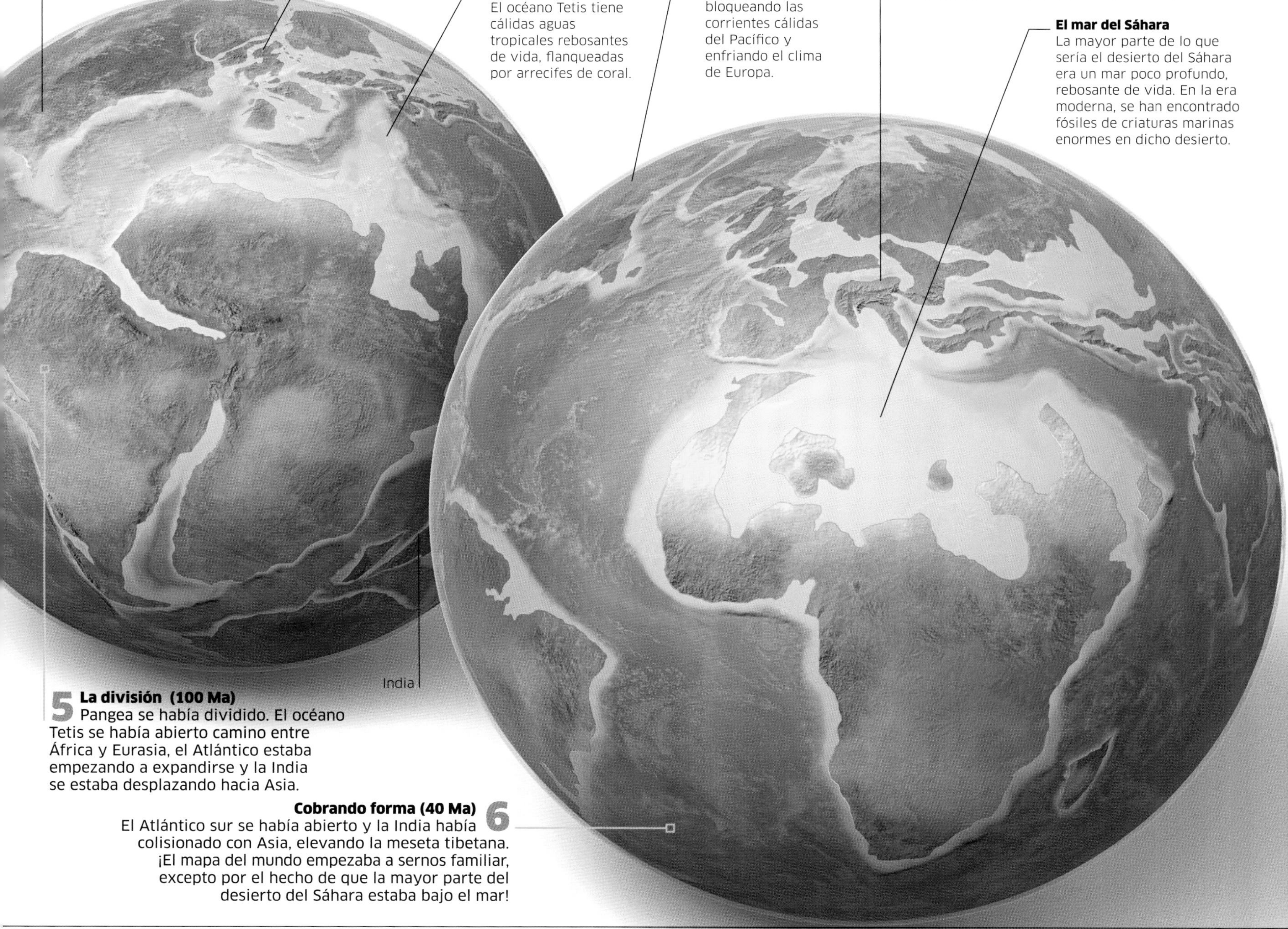

5 La división (100 Ma)
Pangea se había dividido. El océano Tetis se había abierto camino entre África y Eurasia, el Atlántico estaba empezando a expandirse y la India se estaba desplazando hacia Asia.

Cobrando forma (40 Ma) 6
El Atlántico sur se había abierto y la India había colisionado con Asia, elevando la meseta tibetana. ¡El mapa del mundo empezaba a sernos familiar, excepto por el hecho de que la mayor parte del desierto del Sáhara estaba bajo el mar!

De entre las más de 4000 millones de especies que han vivido en la Tierra, el 99,8 por ciento se han extinguido.

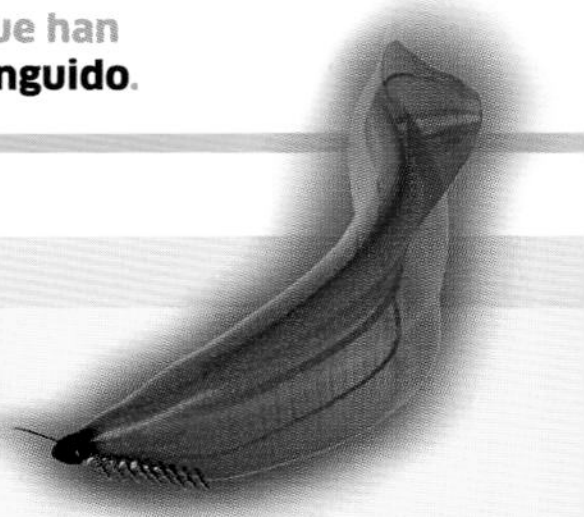

HACE 575 MILLONES DE AÑOS

Período Ediacárico
En los mares poco profundos recién descongelados aparecieron los primeros animales multicelulares. Unos organismos marinos fijos (Charnia) filtraban el alimento, y las Dickinsonia se alimentaban de limo bacteriano.

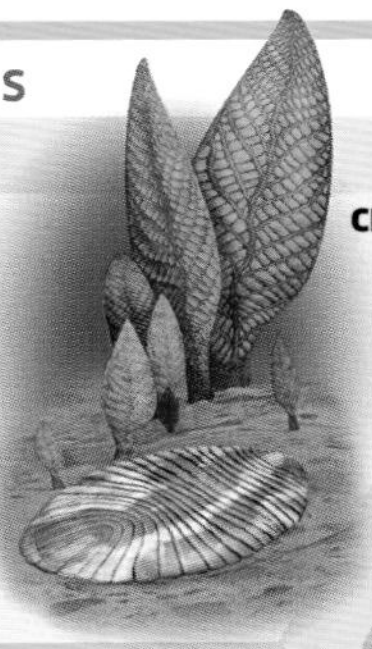

CHARNIA

DICKINSONIA

541 MA

CÁMBRICO

Período Cámbrico
Hace 541 millones de años hubo una explosión de vida y gran diversidad de especies. Los crustáceos desarrollaron mandíbulas, y otros animales tuvieron que desarrollar caparazones o espinas para sobrevivir.

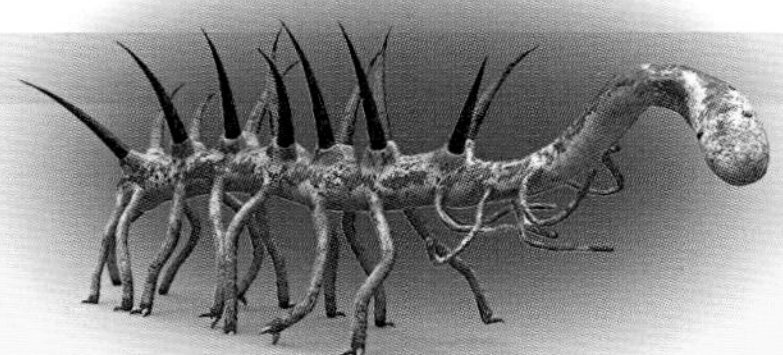

Hallucigenia
Esta criatura parecida a un gusano tenía unas espinas protectoras y pies tubulares como la estrella de mar.

Pikaia
La pikaia, un ancestro de todos los vertebrados, tenía médula espinal, pero no tenía huesos.

Cronología de la vida

Esta cronología, dividida en períodos geológicos (ver página 8), muestra tan solo algunos ejemplos de la gran diversidad de especies que han surgido y desaparecido a lo largo de los últimos 600 millones de años.

Edaphosaurus
Este enorme reptil herbívoro pertenece a un grupo conocido como terápsidos, ancestros de los mamíferos.

299 MA

PÉRMICO

Período Pérmico
La mayor parte del supercontinente Pangea era desértica. Apareció un nuevo grupo de reptiles, pero enormes erupciones volcánicas pusieron fin al período, causando la mayor extinción de la historia.

Meganeura
Cuando el nivel de oxígeno del aire aumentó del 20 al 35 por ciento, las libélulas evolucionaron y se volvieron gigantes.

TRIÁSICO

Período Triásico
La extinción dio paso a nuevas formas de vida. Los bosques de coníferas se extendieron y los dinosaurios tomaron el relevo de los terápsidos. Con el tiempo nuevas erupciones volcánicas marcaron el fin del período.

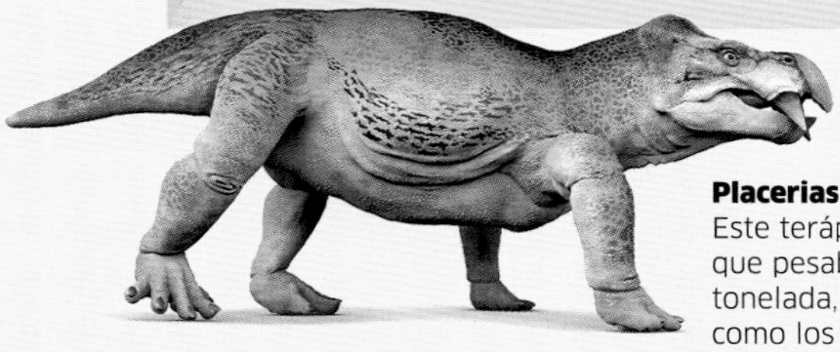

Placerias
Este terápsido herbívoro, que pesaba alrededor de una tonelada, tenía forma de barril como los hipopótamos.

Nothosaurus
Este reptil marino disponía de dientes afilados como agujas para atrapar a los peces.

252 MA

Los dinosaurios de cuello largo, conocidos como saurópodos, eran vegetarianos, enormes y lentos.

145 MA

CRETÁCICO

Período Cretácico
Las plantas y los animales prosperaron en este período cálido, y en los mares poco profundos se formó la caliza. Los dinosaurios eran muy comunes; a algunos les salieron plumas y levantaron el vuelo.

Diplodocus
Este enorme saurópodo, que se alimentaba de hojas, podía llegar a pesar 15 toneladas.

Allosaurus
Este dinosaurio bípedo de 12 m de largo tenía numerosos dientes de sierra para desgarrar la carne.

Argentinosaurus
Este saurópodo de Argentina, uno de los animales terrestres más grandes que han existido, podía alcanzar los 35 m de largo.

Pterosaurios
Durante el período Cretácico hubo muchos reptiles voladores distintos, algunos con una envergadura de hasta 7 m.

Confuciusornis
Esta ave primitiva de China, una especie de dinosaurio con plumas, fue la primera en tener un pico sin dientes.

Extinción
Los dinosaurios desaparecieron al chocar un meteorito con la Tierra (ver páginas 22-23).

PALEÓGENO

2,5 m **media** un **escorpión marino gigante** adulto, el artrópodo **más grande** que ha existido jamás.

El **90** por ciento de las **especies marinas** y el 70 por ciento de las **terrestres perecieron** en la extinción pérmica/triásica hace **250 millones** de años.

21

Historia de la vida

La vida en la Tierra se remonta a 3700 millones de años, pero los fósiles que se encuentran son de los últimos 600 millones de años.

Los primeros animales más grandes que una cabeza de alfiler se arrastraban por el lecho marino comiendo limo. Luego, en el período Cámbrico, desarrollaron mandíbulas duras y caparazones protectores, y la evolución se disparó. Desde entonces, se ha producido una lucha constante por colonizar nuevos hábitats, comer sin ser comido y sobrevivir al cambio climático y a los desastres naturales, algunos de los cuales provocaron extinciones en masa. Por el camino, la naturaleza ha producido criaturas asombrosas. La mayoría de ellas ya están extintas, mientras que otras tienen parientes cercanos entre las especies modernas.

485 MA

ORDOVÍCICO

Período Ordovícico
En los mares cálidos y poco profundos había crustáceos y peces sin mandíbula. Las plantas primitivas se desplazaron a tierra firme. El período terminó con una glaciación que provocó extinciones en masa.

Astraspis
Este pez primitivo no tenía mandíbulas. Estaba cubierto de escamas.

Las líneas rojas indican extinciones en masa.

444 MA

SILÚRICO

Período Silúrico
En los mares cálidos y poco profundos había arrecifes de coral y los primeros peces con huesos y mandíbulas. Las plantas vasculares (que transportan agua) colonizaron la tierra firme con los hongos, los milpiés y las arañas.

Guiyu oneiros
Conocido por unos fósiles hallados en China, fue uno de los primeros peces con esqueleto óseo.

CORAL TABULADO HALYSITES

419 MA

DEVÓNICO

Período Devónico
Los peces, que dominaban el mar, se arrastraron a tierra firme. Aparecieron los primeros árboles, pero los desiertos se extendieron cerca del ecuador. El período terminó con una extinción en masa.

Tiktaalik
Este pez podía moverse por tierra firme.

Fuertes aletas delanteras para desplazarse por tierra firme

Euriptéridos
En los mares había escorpiones marinos gigantes.

359 MA

CARBONÍFERO

Período Carbonífero
Las plantas eliminaron el carbono del aire, que acabó como piedra caliza bajo el mar y como carbón en tierra firme. Insectos gigantes, anfibios y reptiles vagaban por los pantanos.

Bosques de carbón
El lepidodendron y los calamites crecían altos, caían en los pantanos y con el tiempo se transformaban en carbón.

201 MA

JURÁSICO

Período Jurásico
Pangea se dividió en dos continentes y el clima cálido permitió que crecieran bosques cerca de los polos. Los dinosaurios dominaban la tierra firme, los reptiles marinos el mar y los pterosaurios el cielo.

Megazostrodon
Esta pequeña criatura peluda, nocturna y rápida, fue uno de los primeros mamíferos de verdad.

Liopleurodon
Esta especie de pliosaurio era el principal depredador marino del Jurásico superior.

Belemnita, un tipo primitivo de calamar

Stenopterygius
Pertenecía a un grupo de reptiles marinos llamados ictiosaurios. Podía llegar a medir 4 m de largo, tenía afilados dientes y se alimentaba de peces, calamares y amonites.

66 MA

Período Paleógeno
Gracias a un clima más frío y a la ausencia de dinosaurios, los mamíferos de sangre caliente y las aves se diversificaron rápidamente. En tierra firme se propagaron las hierbas y las plantas con flores.

Mesohippus
La mayoría de los grupos de mamíferos surgieron en el Paleógeno. Este caballo primitivo medía solo unos 60 cm de alto.

23 MA

NEÓGENO

Período Neógeno
El clima se enfrió, los pastizales aumentaron y evolucionaron los grandes mamíferos. Nuestros ancestros humanos empezaron a fabricar herramientas de piedra.

Deinotherium
Del tamaño de los elefantes, se extinguieron cuando los pastizales reemplazaron a los bosques.

2,6 MA

CUATERNARIO

Período Cuaternario
El último período geológico fue testigo de una serie de glaciaciones, del apogeo y la decadencia de los mamíferos gigantes, como los mamuts, y de los primeros humanos modernos.

 258 000 km/h: **velocidad** máxima **de un meteorito.**

Sigue el bombardeo

Las rocas se siguen desplazando alrededor del sistema solar. Los astrónomos han identificado casi 30 000 que cruzan la órbita terrestre. La mayoría miden menos de 1 km de diámetro. Está previsto que algunas de tamaño pequeño alcancen nuestro planeta.

Cráter Barringer, Arizona, Estados Unidos
Este cráter por impacto, que está en buen estado de conservación, lo formó hace unos 50 000 años un meteorito metálico. Mide 1,2 km de diámetro.

Meteorito de Chelyabinsk, Rusia
El 15 de febrero de 2013, miles de personas vieron esta bola de fuego sobrevolando Rusia. El objeto medía unos 30 m de diámetro y explotó en la atmósfera.

Meteoritos

El sistema solar está lleno de restos de su creación. El polvo espacial cae constantemente sobre la Tierra. De vez en cuando, un pedazo mucho más grande alcanza nuestro planeta.

Mira la Luna y verás que presenta numerosos cráteres ocasionados por impacto, que tienen miles de millones de años. Seguro que la Tierra fue bombardeada del mismo modo, por asteroides, cometas y meteoroides, pero con el paso del tiempo las pruebas han desaparecido. En la actualidad siguen cayendo meteoros inofensivos, pero cada tanto una roca del tamaño de una montaña se dirige a gran velocidad hacia nosotros, con consecuencias potencialmente devastadoras.

El impacto del Chicxulub

Un asteroide de 10 km de diámetro chocó con la Tierra hace 66 millones de años. Cayó cerca de donde hoy está México e hizo un cráter de 20 km de profundidad. Los dinosaurios se extinguieron y las criaturas que sobrevivieron a la explosión tuvieron que hacer frente a incendios forestales y al subsiguiente cambio climático y período de carestía.

2 Momento del impacto
El asteroide se vaporiza, fundiendo el lecho marino y produciendo ondas de choque. Hay restos que pasan la atmósfera y empiezan a dar vueltas alrededor del globo.
Estela del asteroide
Mientras viaja a 20 000 km/h, el asteroide deja una estela que brilla más que el Sol.
1 ¡Entrando!
Un asteroide más grande que el Everest se precipita hacia la zona de tierra y mar que hoy ocupa la península de Yucatán, en México.
Onda de choque
El impacto provoca vientos huracanados que arrasan la vegetación durante cientos de kilómetros.
Descenso pronunciado
El asteroide se dirige hacia la Tierra con una inclinación de unos 60 grados, en dirección a un mar poco profundo.

3 Tras la tormenta

Al cabo de unos cuantos miles de años, el polvo se ha asentado y el cráter se ha enfriado. Aunque muchas especies, entre ellas los dinosaurios y los pterosaurios, se han extinguido, poco a poco la vida se abre camino de nuevo.

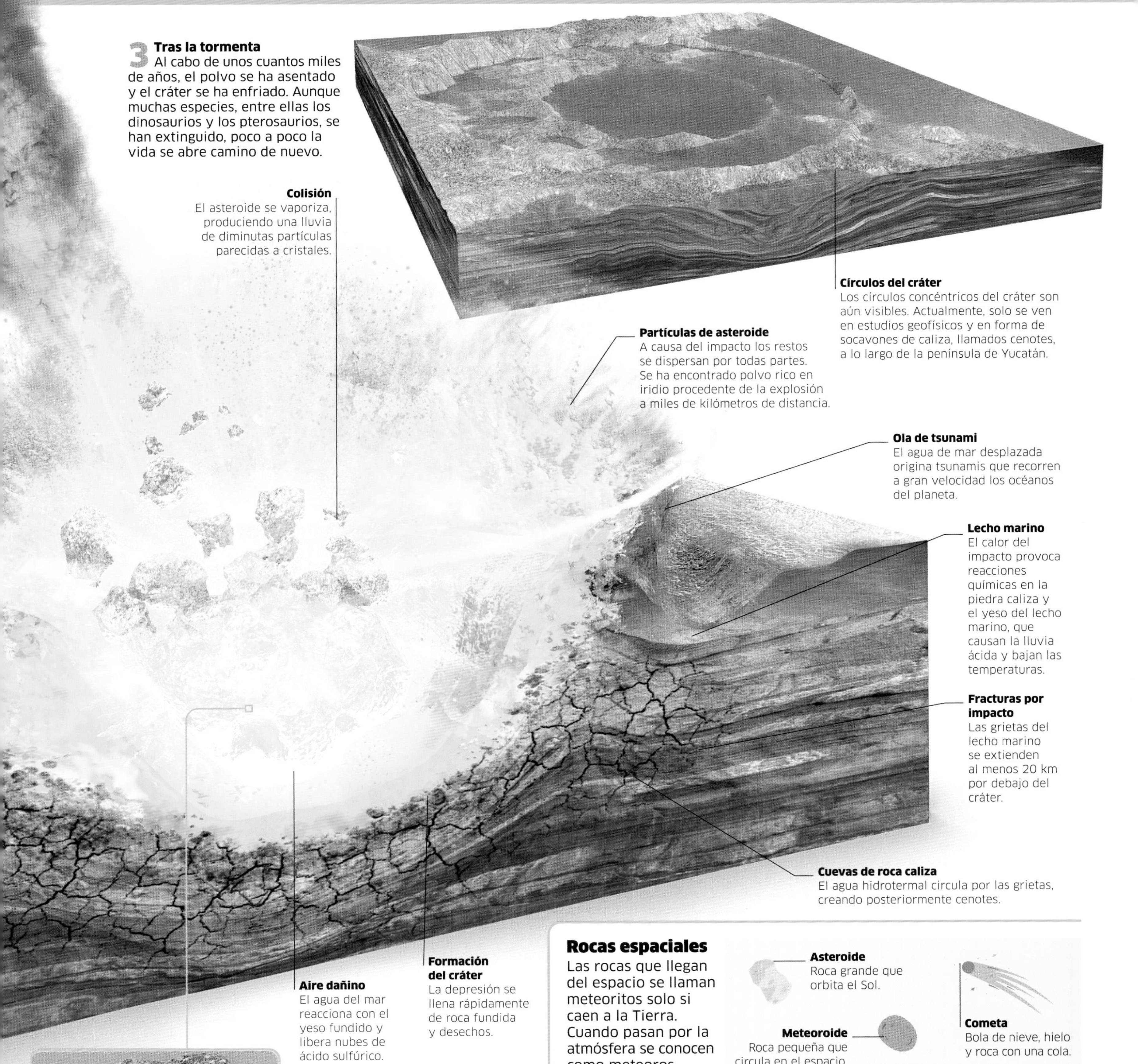

Colisión
El asteroide se vaporiza, produciendo una lluvia de diminutas partículas parecidas a cristales.

Círculos del cráter
Los círculos concéntricos del cráter son aún visibles. Actualmente, solo se ven en estudios geofísicos y en forma de socavones de caliza, llamados cenotes, a lo largo de la península de Yucatán.

Partículas de asteroide
A causa del impacto los restos se dispersan por todas partes. Se ha encontrado polvo rico en iridio procedente de la explosión a miles de kilómetros de distancia.

Ola de tsunami
El agua de mar desplazada origina tsunamis que recorren a gran velocidad los océanos del planeta.

Lecho marino
El calor del impacto provoca reacciones químicas en la piedra caliza y el yeso del lecho marino, que causan la lluvia ácida y bajan las temperaturas.

Fracturas por impacto
Las grietas del lecho marino se extienden al menos 20 km por debajo del cráter.

Cuevas de roca caliza
El agua hidrotermal circula por las grietas, creando posteriormente cenotes.

Aire dañino
El agua del mar reacciona con el yeso fundido y libera nubes de ácido sulfúrico.

Formación del cráter
La depresión se llena rápidamente de roca fundida y desechos.

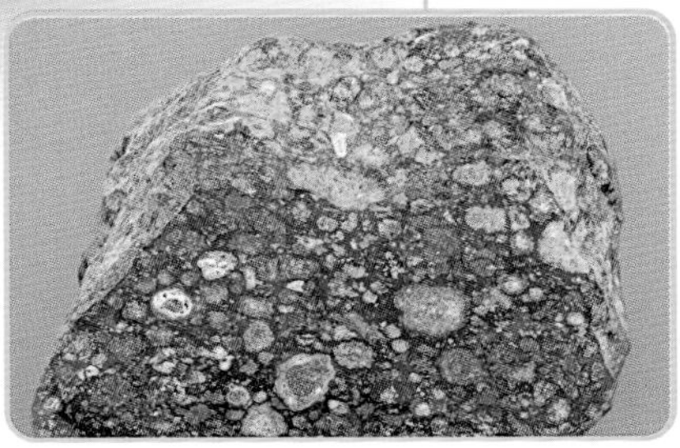

Condrita carbonácea
Las rocas espaciales se clasifican en tres grupos: metálicas, metálicas-pedregosas y pedregosas. El asteroide Chicxulub era rico en compuestos de carbono y se parecía a esta condrita carbonácea pedregosa.

Rocas espaciales

Las rocas que llegan del espacio se llaman meteoritos solo si caen a la Tierra. Cuando pasan por la atmósfera se conocen como meteoros (estrellas fugaces), y mientras aún están en el espacio se llaman meteoriodes. Los cometas y los asteroides son unos objetos mucho más grandes.

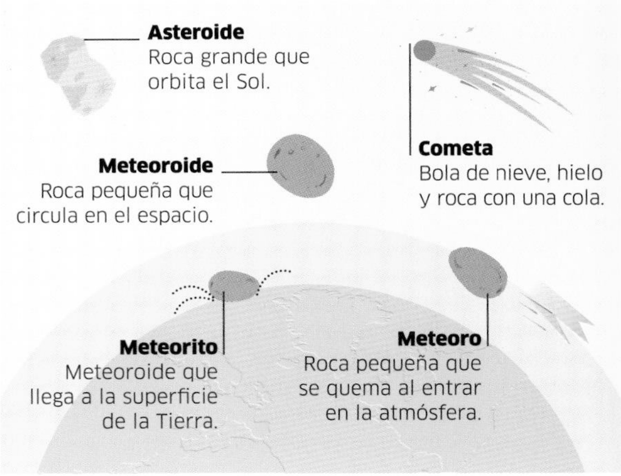

Asteroide
Roca grande que orbita el Sol.
Cometa
Bola de nieve, hielo y roca con una cola.
Meteoroide
Roca pequeña que circula en el espacio.
Meteorito
Meteoroide que llega a la superficie de la Tierra.
Meteoro
Roca pequeña que se quema al entrar en la atmósfera.

34 000 años atrás: primer indicio de que había **humanos** viviendo en **Beringia** en el **último período glacial**.

Glaciaciones

El clima de la Tierra mantiene un equilibrio delicado, pero desde sus inicios el planeta ha experimentado épocas gélidas extremas que se conocen como glaciaciones.

Las glaciaciones se producen al disminuir la cantidad de dióxido de carbono de la atmósfera, o si un cambio en la órbita de la Tierra la aleja del Sol. La temperatura media cae y las capas de hielo se expanden. Los períodos más fríos de una glaciación se conocen como glaciales. En el glacial más frío de la última glaciación, los mamuts y otros animales vagaban cerca del límite de la capa de hielo.

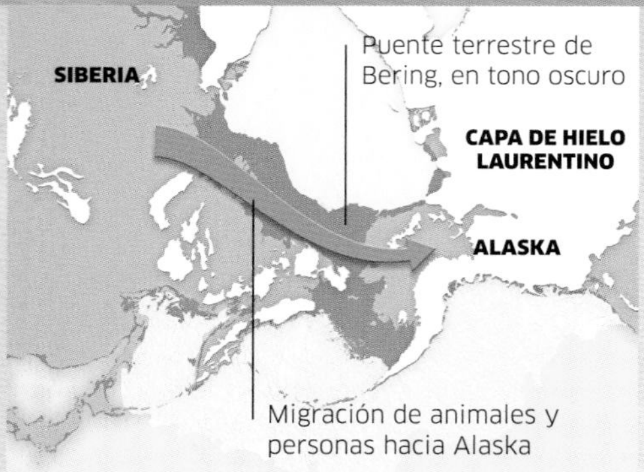
SIBERIA
Puente terrestre de Bering, en tono oscuro
CAPA DE HIELO LAURENTINO
ALASKA
Migración de animales y personas hacia Alaska

Beringia

En el último período glacial, mucha agua quedó congelada en los casquetes polares y las capas de hielo, lo que hizo bajar el nivel del mar. Siberia (Asia) estaba unida a Alaska (América del Norte) por un puente terrestre. Esta región se conoce como Beringia. A través de ella, los animales y las personas pudieron migrar de Asia a América del Norte.

Muro de hielo
La capa de hielo, que aquí tiene hasta 1,6 km de grosor, se eleva por encima de los animales, situados en la estepa que hay debajo.
Mamut lanudo
El mamut lanudo, que podía llegar a pesar 6 toneladas y tenía enormes colmillos curvados, tenía un pelaje muy grueso. Estaba adaptado para vivir en la vasta y fría estepa.
León de las cavernas
Estos leones, que vivían en Europa, el norte de Asia y Beringia, eran grandes carnívoros. Pero no tenían muchas posibilidades frente a un mamut que defendía a su cría encarnizadamente.

Cronología de las glaciaciones

La historia del clima de la Tierra es un ejercicio de equilibrio entre glaciaciones y períodos de calentamiento, que a menudo dependen de lo que hay en la atmósfera. Ha habido seis grandes glaciaciones desde la formación de la Tierra. Nosotros estamos viviendo en la última, aunque por suerte durante un período interglacial.

Formación de la Tierra, hace 4560 millones de años (Ma)
El planeta, aún sin vida, estaba en su mayor parte fundido, con una atmósfera densa y vaporosa que estaba compuesta de dióxido de carbono y nitrógeno.

Glaciación Pongola 2900–2780 Ma
El dióxido de carbono reaccionó con las rocas volcánicas y fue absorbido por las primeras cianobacterias. La Tierra se enfrió mucho.

Glaciación Huroniana 2400–2100 Ma
Tras un período más cálido, los mares rebosaban de algas y bacterias, que consumían dióxido de carbono y liberaban oxígeno, y las temperaturas volvieron a descender.

122 m **más bajo** estaba el **nivel del mar hace 20 000 años**.

4000 años atrás **murió el último mamut** en la isla de Wrangel, Siberia.

25

El Último Máximo Glacial

El pico del último período glacial se produjo hace unos 20 000 años. Una capa de hielo de 3-4 km de grosor se extendió desde el polo Norte hacia el norte de Europa, América del Norte y partes de Siberia. Llegó casi hasta la actual ciudad de Londres y la de Nueva York. El hielo marino antártico se extendió hacia el norte, acercándose a África.

Águila real
El águila real, una superviviente que aún se encuentra en la mayor parte del hemisferio norte, se alimenta de carroña y pequeños animales.

Bisonte estepario
El bisonte estepario, ancestro del bisonte americano moderno, llegó a Beringia hace unos 160 000 años y se extinguió hace solo unos 400 años.

Lobo común
El lobo de Beringia es una subespecie extinta del lobo moderno. Cazaba en manadas y podía derribar a un bisonte o incluso a una cría de mamut. Este lobo está pendiente de los caballos.

Caballo del Yukón
Este caballo salvaje, una de las especies más comunes de los pastizales esteparios de Beringia, medía solo unos 120 cm de alto.

Fauna de las glaciaciones

La mayor parte de la zona que rodea el puente terrestre de Bering no estaba cubierta de hielo durante el último pico glacial. Manadas de animales se desplazaron desde Asia hasta lo que actualmente es la región de Yukón en Alaska, Estados Unicos. Aquí, las nevadas eran suaves y se encontraba alimento bajo la fina capa helada, aunque la capa de hielo Laurentino formó un alto muro, que impidió que siguieran migrando a América del Norte. Los cazadores humanos siguieron los pasos de los animales y consiguieron encontrar el camino más allá de la capa de hielo.

Suslic ártico
Este animal, que sigue habitando las regiones subárticas, vive en madrigueras subterráneas, donde hiberna durante los meses más fríos del año.

Glaciación Criogénica 715–635 Ma
Este período, conocido como Tierra bola de nieve (ver página 18), tuvo dos glaciaciones en que seguramente se congeló la mayor parte del planeta.

Glaciación Andina-Sahariana, 450–420 Ma
Las primeras plantas terrestres consumían mucho dióxido de carbono. El enfriamiento resultante aniquiló el 61 por ciento de las especies marinas.

Glaciación de Karoo 360–289 Ma
La formación del supercontinente Pangea bloqueó las corrientes oceánicas cálidas, lo que provocó la aparición de una vasta capa de hielo en el hemisferio sur.

Glaciación Cuaternaria 2,6 Ma–presente
En la glaciación actual, los seis períodos glaciales y los cinco períodos interglaciales de esta gráfica podrían deberse a los ciclos de Milankovitch, ligados al eje y la órbita de la Tierra (ver página 94).

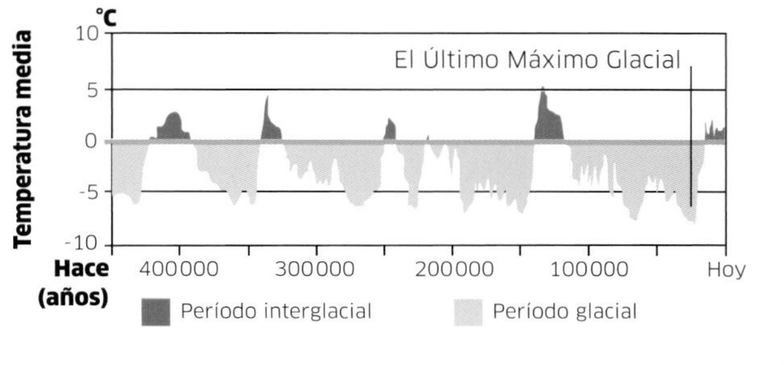

Tierra habitada

Hace 300 000 años surgió en África una nueva subespecie que se extendería por el mundo. Era el *Homo sapiens*, los humanos modernos.

Eran reflexivos, desarrollaron el lenguaje, fabricaban utensilios y hacían arte rupestre. Esta pintura de la cueva Sumpang Bita, en Sulawesi, es una de las muchas encontradas en Indonesia. Varias datan de hace 45 000 años, por lo que están entre las más antiguas del mundo. Esta muestra un búfalo enano llamado anoa, endémico de la isla, junto con varias huellas de manos hechas apoyando la mano en la roca y aplicando pintura sobre ella.

PLANETA ROCOSO

El planeta parece sólido, pero en realidad está en constante movimiento. De vez en cuando, las erupciones volcánicas y los terremotos nos hacen ver sus mecanismos internos, pero ocurren muchas más cosas. Las rocas se transforman sin parar y fragmentos de la corteza se desplazan por la superficie.

OBSERVAR LA TIERRA

La geología es el estudio de la estructura y la historia de la Tierra a partir de las rocas. Puede que los seres humanos no podamos viajar nunca hasta el centro de la Tierra, pero los geólogos pueden decirnos muchas cosas estudiando las rocas de la superficie u observando el planeta desde el espacio. Las muestras de las rocas y los minerales que los volcanes sacan a la superficie, así como las simulaciones hechas en laboratorio, pueden revelar detalles sorprendentes sobre los mecanismos internos de nuestro planeta.

TRABAJO DE CAMPO

Muchos estudios geológicos comienzan saliendo con un martillo y una libreta para examinar las rocas y recoger muestras. Un ojo entrenado puede descubrir muchas cosas sobre lo que hay bajo nuestros pies. Con una lupa manual pueden verse los minerales y los fósiles que hay en una roca, de lo que podremos deducir cómo se formó y su edad aproximada. El ángulo de las capas y las grietas muestra la historia de la formación de los pliegues y las montañas. Los primeros mapas geológicos se hicieron así.

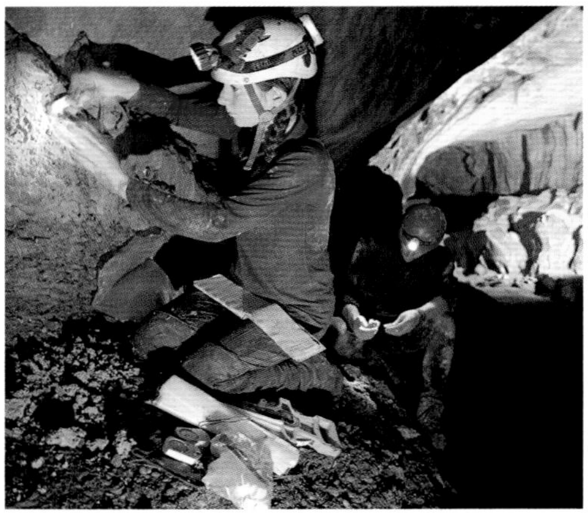

Lo que haga falta
Los geólogos irán allí donde haga falta a buscar muestras de rocas, ya sea la cima de una montaña o a mucha profundidad bajo el suelo. Con un pequeño martillo pueden dejarse al descubierto los minerales. Con una brújula y un clinómetro se pueden medir el ángulo y la dirección de los estratos (capas).

ESTUDIO MÁS MINUCIOSO

Si llevas una muestra de roca al laboratorio, te revelará más secretos. Proyectando una luz que vibre en cierta dirección a través de un trozo de roca pulida, puede verse cada grano mineral o microfósil. Con un microscopio electrónico se puede inspeccionar incluso de más cerca. Y vaporizando la muestra con un rayo láser en un aparato llamado espectrómetro de masas, pueden contarse las partículas más pequeñas.

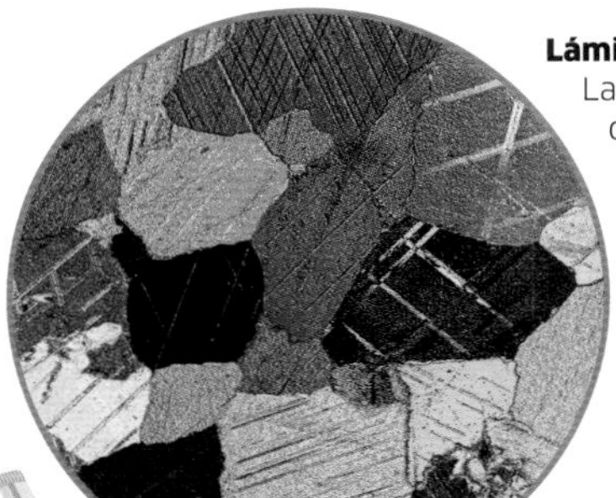

Lámina de mármol aumentada x20
La luz polarizada (luz que vibra en una dirección determinada) revela cómo han crecido los granos del mineral calcita unos alrededor de otros hasta formar la dura roca metamórfica, el mármol. La forma y la dirección de los granos muestran la cantidad de calor y presión ejercidos sobre la roca original.

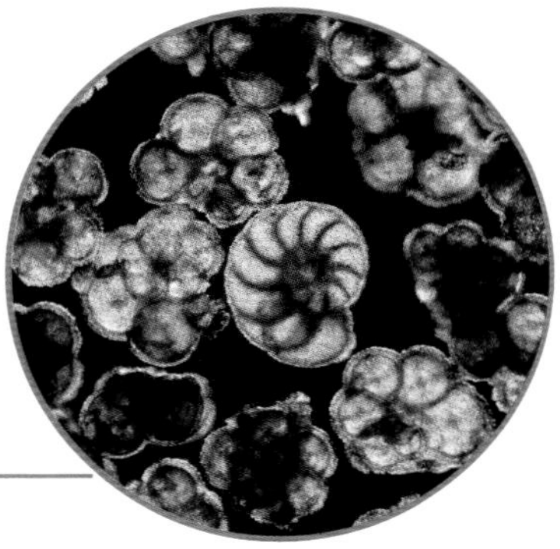

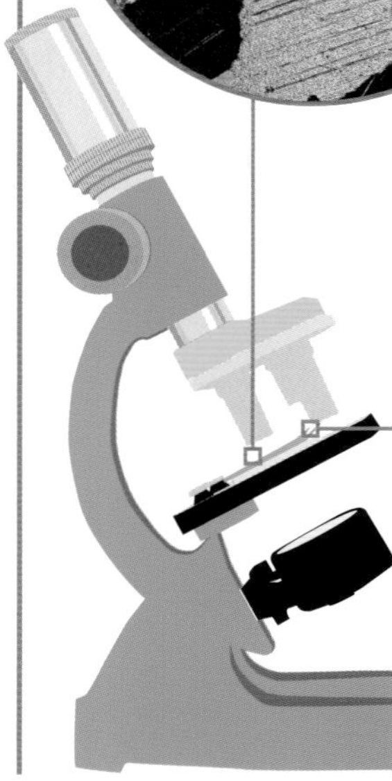

Microfósiles aumentados x50
Estos foraminíferos (organismos marinos unicelulares) se encuentran en la piedra caliza. Examinando los caparazones, los geólogos pueden calcular la temperatura de los mares donde vivieron hace millones de años.

ONDAS SÍSMICAS

Cuando el suelo tiembla a causa de un terremoto, lo que sentimos son las ondas sísmicas. Cerca del lugar donde se produce el terremoto, las ondas pueden resultar destructivas, pero los tiempos de llegada a lugares más alejados ayudan a los geólogos a conocer los tipos de roca que han atravesado por el camino.

Ondas P y S

Existen dos tipos básicos de ondas sísmicas, las ondas P y las ondas S. Las ondas P, o de presión, hacen que las rocas se compriman y se estiren en el sentido del movimiento. La P también significa primarias, ya que estas ondas viajan más rápido y llegan primero. La S se refiere a secundarias o a ondas de corte («shea» en inglés), que mueven las rocas hacia arriba y hacia abajo. Las ondas S solo pueden viajar a través de la roca sólida.

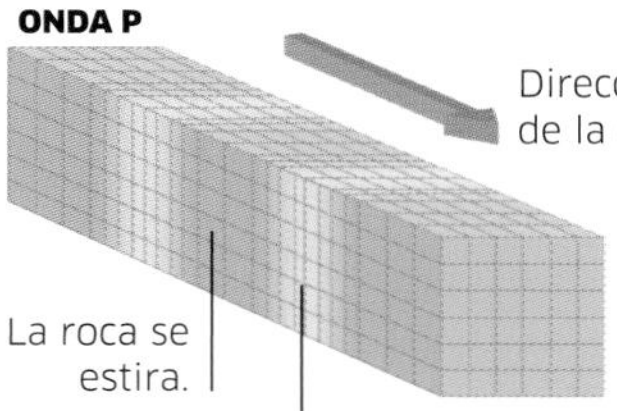

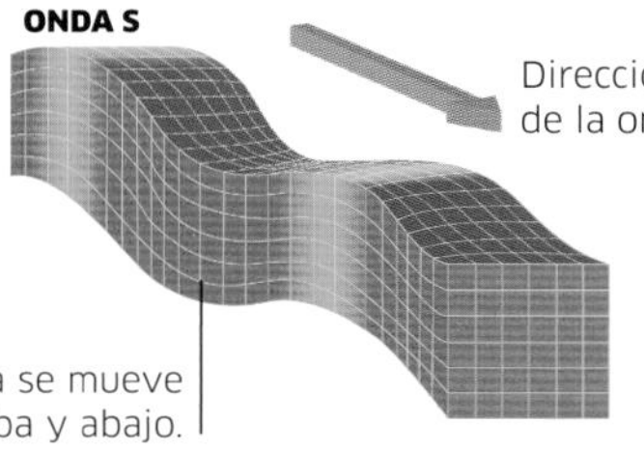

LA DISCONTINUIDAD DE MOHO

En 1909, durante un terremoto en Croacia, el sismólogo local Andrija Mohorovičić advirtió que las ondas sísmicas llegaban a las estaciones sísmicas en dos fases, lo que sugería que unas ondas habían viajado más rápido que otras.

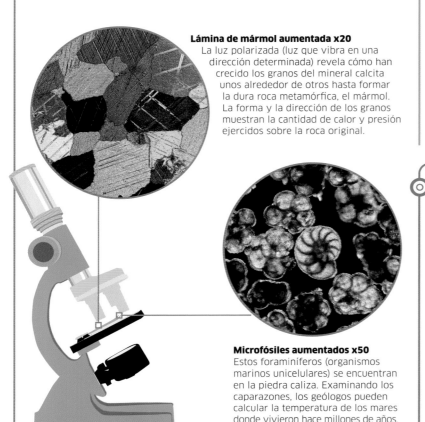

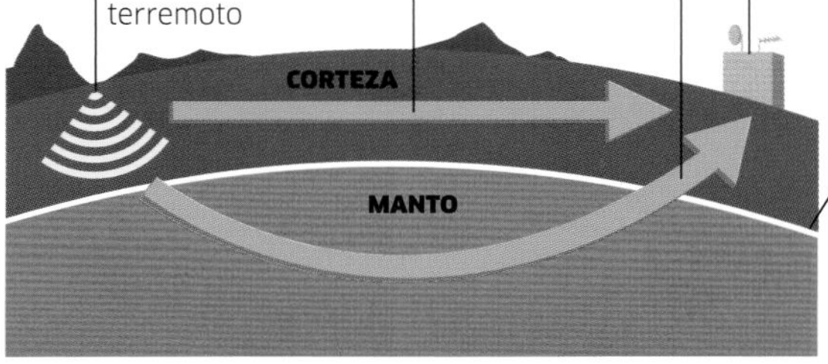

Hallado el límite
Mohorovičić concluyó que las distintas velocidades de las ondas P indicaban que habían viajado a través de rocas con distintas densidades. Se había descubierto el límite entre la corteza y el manto de la Tierra (la discontinuidad de Moho).

Escáner de todo el planeta

Así como los médicos usan los rayos X para ver el interior del cuerpo humano, los geólogos usan las ondas sísmicas para «ver» el interior de la Tierra. Las ondas P reflejan algunas capas, se desplazan rápidamente por la roca dura y más despacio por la roca blanda. Las ondas S, por su parte, no pueden atravesar la roca fundida (líquida).

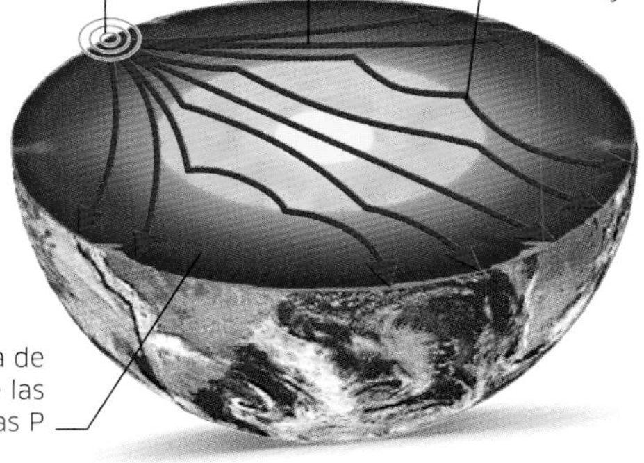

Trayectoria de las ondas P
Las ondas P que viajan por la Tierra pasarán por el núcleo externo fundido, pero cambiarán repentinamente de dirección cuando alcancen el límite entre rocas en distintos estados. Esto crea zonas de sombra, donde no se detectan las ondas P.

Trayectoria de las ondas S
Las ondas S de ese terremoto no pasarán por el núcleo externo fundido, por lo que dejarán una zona de sombra mucho más amplia en la mitad del planeta.

Núcleo interno sólido
En 1936, la sismóloga danesa Inge Lehmann detectó ondas P muy débiles en la zona de sombra de las ondas P. Llegó a la conclusión de que debían haber reflejado algo del interior del núcleo de la Tierra. Fue la primera prueba de la existencia de un núcleo interno sólido.

PERFORACIÓN

Extraer una muestra directamente del núcleo nos da pruebas del tipo de rocas que hay bajo nuestro pies. Las empresas mineras lo hacen regularmente al buscar nuevas reservas y algunos proyectos científicos han perforado el suelo oceánico para examinarlo. Se ha intentado perforar hasta alcanzar la discontinuidad de Moho, pero es caro y, hasta la fecha, no se ha logrado. La profundidad récord alcanzada es de unos 12 000 m.

BAJO PRESIÓN

Los científicos no pueden estudiar directamente el calor y la presión extremos del interior de la Tierra. Lo que hacen es tratar de reproducir estas condiciones en un laboratorio, usando materiales duros como el diamante, que puede soportar grandes presiones. Ejerciendo presión sobre una muestra mineral colocada entre dos pequeños diamantes (que miden menos de ancho que tu uña), los geólogos recrean las presiones de las entrañas de la Tierra y calculan sus efectos.

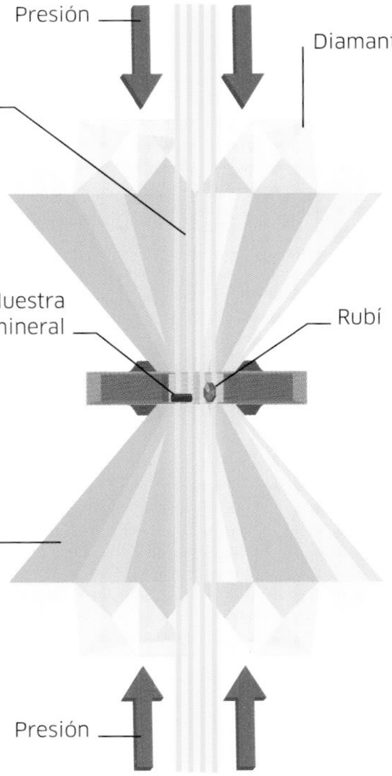

Celda de yunque de diamante
Los geólogos pueden ver lo que sucede entre las puntas transparentes de los dos diamantes con un microscopio o con rayos X. También pueden calentar la muestra con un rayo láser. Un rubí diminuto junto a la muestra cambia de color, revelando la temperatura.

LA TIERRA DESDE EL ESPACIO

Para tener una imagen general, a veces hay que alejarse. Si observamos la Tierra desde el espacio tendremos una nueva perspectiva, no solo de las características de la superficie, sino también de su interior. La agencia espacial de la NASA confeccionó este mapa de la gravedad de nuestro planeta midiendo la atracción de la Tierra desde dos satélites. Las variaciones de gravedad suelen deberse a cambios en la masa de una región. Por ejemplo, las montañas, donde aumenta la gravedad, o las fosas oceánicas, donde disminuye.

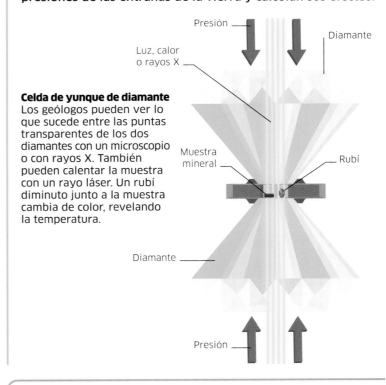

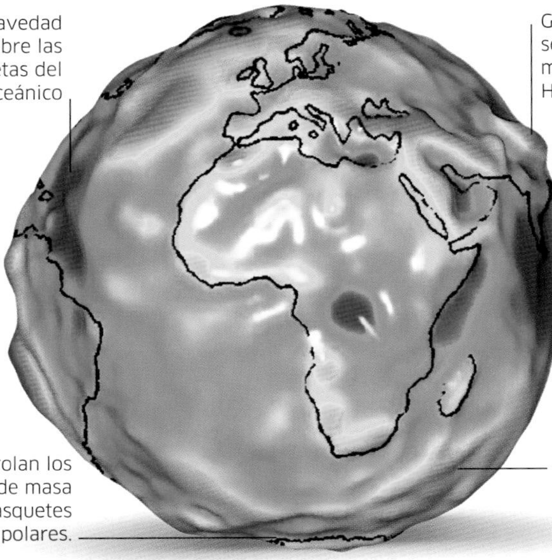

5500 °C **Temperatura** del núcleo **interno**. Es tan **elevada como la de la superficie del Sol**.

Estructura de la Tierra

La Tierra planeta es como una cebolla gigante compuesta por capas de rocas o metales sólidos o semisólidos. Es un globo vivo y dinámico. El movimiento que se produce en sus entrañas hace posible la vida en su superficie.

Si viajaras al centro de la Tierra, tendrías que atravesar el fino velo de la atmósfera y el océano para llegar a la roca sólida. El calor y la presión irían aumentando a medida que descendieras. Tras recorrer unos 35 km, atravesarías la corteza externa y entrarías en el manto, formado por rocas más densas. En el manto, que es prácticamente sólido, las rocas calientes ascienden y las frías descienden. A unos 2890 km de profundidad, llegarías al núcleo formado por hierro fundido, que poco a poco se cristaliza hasta formar un núcleo interno de hierro sólido.

Planeta cebolla

La Tierra nació hace unos 4540 millones de años, pero tardó cientos de miles de años en enfriarse y dividirse en distintas capas. Presenta seis capas principales: el núcleo interno sólido, el núcleo externo líquido, el manto semisólido, la corteza dura, cubierta en buena parte por océanos líquidos, y la atmósfera gaseosa que lo envuelve todo.

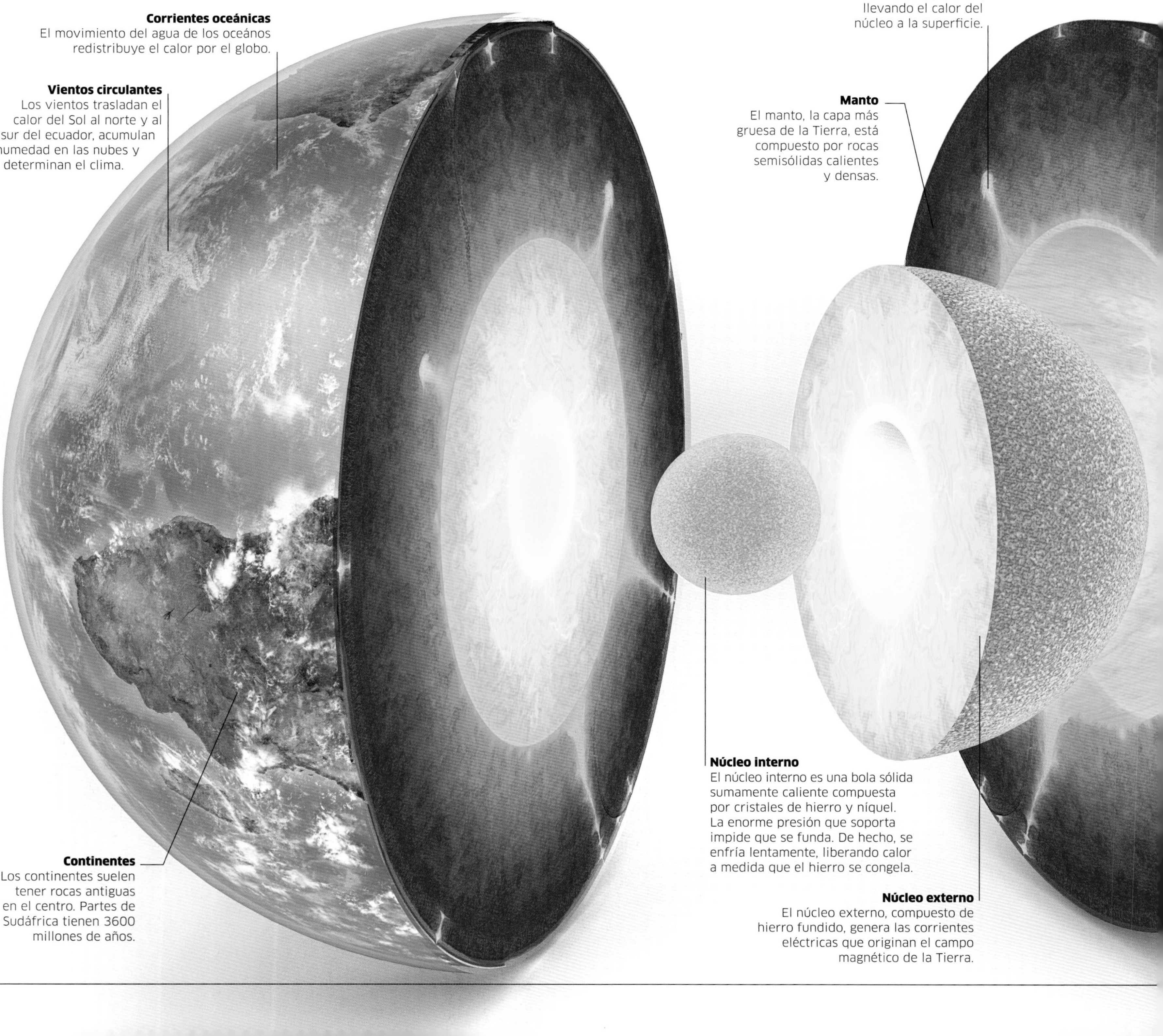
Corrientes oceánicas
El movimiento del agua de los océanos redistribuye el calor por el globo.
Vientos circulantes
Los vientos trasladan el calor del Sol al norte y al sur del ecuador, acumulan humedad en las nubes y determinan el clima.
Rocas calientes
Las rocas calientes del manto se elevan, llevando el calor del núcleo a la superficie.
Manto
El manto, la capa más gruesa de la Tierra, está compuesto por rocas semisólidas calientes y densas.
Núcleo interno
El núcleo interno es una bola sólida sumamente caliente compuesta por cristales de hierro y níquel. La enorme presión que soporta impide que se funda. De hecho, se enfría lentamente, liberando calor a medida que el hierro se congela.
Continentes
Los continentes suelen tener rocas antiguas en el centro. Partes de Sudáfrica tienen 3600 millones de años.
Núcleo externo
El núcleo externo, compuesto de hierro fundido, genera las corrientes eléctricas que originan el campo magnético de la Tierra.

1000 °C **Temperatura media** allí donde la **corteza coincide con el manto**.

-55 °C **Temperatura del aire** en la **base de la estratosfera**.

La Tierra es el **único planeta** que tiene **agua** en forma de **vapor**, de **agua líquida** y de **hielo sólido** en su superficie.

Corteza continental
Los continentes flotan sobre el manto como balsas gigantes, arrastradas por las corrientes submarinas.

Corteza oceánica
Bajo los océanos la corteza es más delgada y densa, y más joven, que en los continentes. Está en constante formación y se hunde de nuevo en el manto tras unos 100 millones de años.

Aire
Solo en la parte inferior de la atmósfera hay aire que podemos respirar.

Agua
Los océanos, ríos, lagos, lluvia, nubes y agua subterránea son esenciales para la vida en la Tierra.

Tierra
El suelo y las rocas que hay sobre la superficie terrestre y bajo el mar, además de la parte superior sólida del manto, albergan millones de plantas, animales y microorganismos.

La biosfera

La biosfera (literalmente «esfera de la vida») incluye todos los microorganismos, plantas y animales que viven en la tierra, el mar y el aire. El aire que respiramos, la corteza y la capa superior del manto, y el agua de la Tierra crean las condiciones propicias para el desarrollo de la vida, lo que hace que el planeta sea único en el sistema solar. La supervivencia de todas las especies depende del equilibrio entre los tres.

Troposfera
La troposfera, la capa inferior de la atmósfera, contiene el aire que respiramos y es donde se producen las nubes y las tormentas.

Litosfera
Las placas rocosas de la corteza están unidas al manto superior duro, que se asienta sobre el manto inferior, más caliente y blando.

Hidrosfera
Los océanos cubren el 70 por ciento de la superficie de la Tierra y tienen de media 4 km de profundidad. Junto con los lagos, los ríos y la lluvia, forman la hidrosfera.

La atmósfera

La atmósfera es la capa de gases que rodea la Tierra. Si saltas en paracaídas, parece un océano de aire. Vista desde arriba, no obstante, no es más que una fina capa que nos protege de los objetos del espacio y nos proporciona el oxígeno que respiramos.

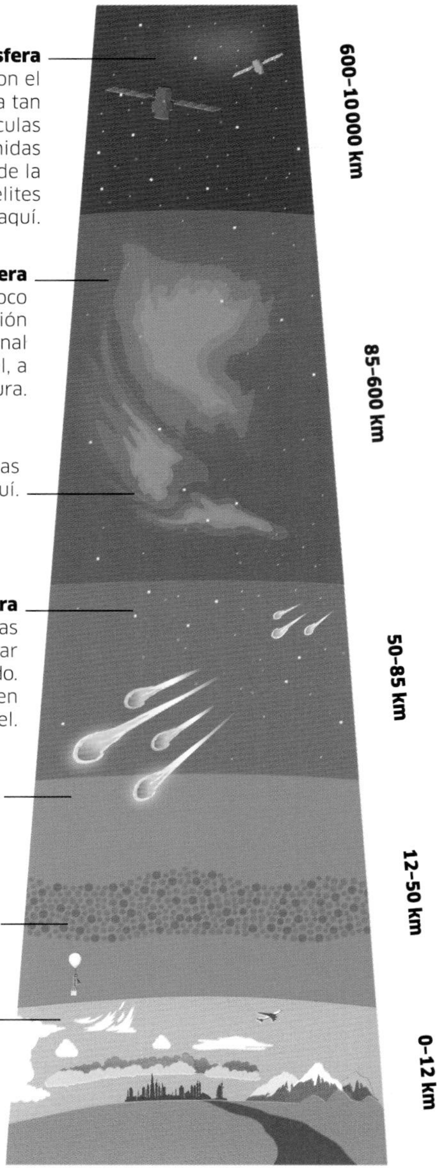

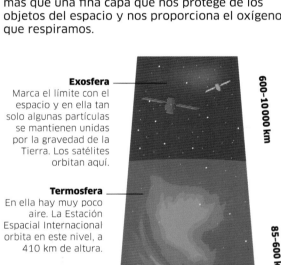

Exosfera
Marca el límite con el espacio y en ella tan solo algunas partículas se mantienen unidas por la gravedad de la Tierra. Los satélites orbitan aquí.

Termosfera
En ella hay muy poco aire. La Estación Espacial Internacional orbita en este nivel, a 410 km de altura.

Las auroras brillan aquí.

Mesosfera
En ella necesitarías oxígeno para respirar y un traje presurizado. Los meteoros se ven en este nivel.

Estratosfera
Los aviones espía y los globos meteorológicos vuelan por aquí.

La capa de ozono está a 15–35 km de altura.

Troposfera
Es la capa en la que vivimos y en la que vuelan los aviones de pasajeros.

4280 millones de **años**: edad de la **roca** continental **más vieja** de la Tierra.

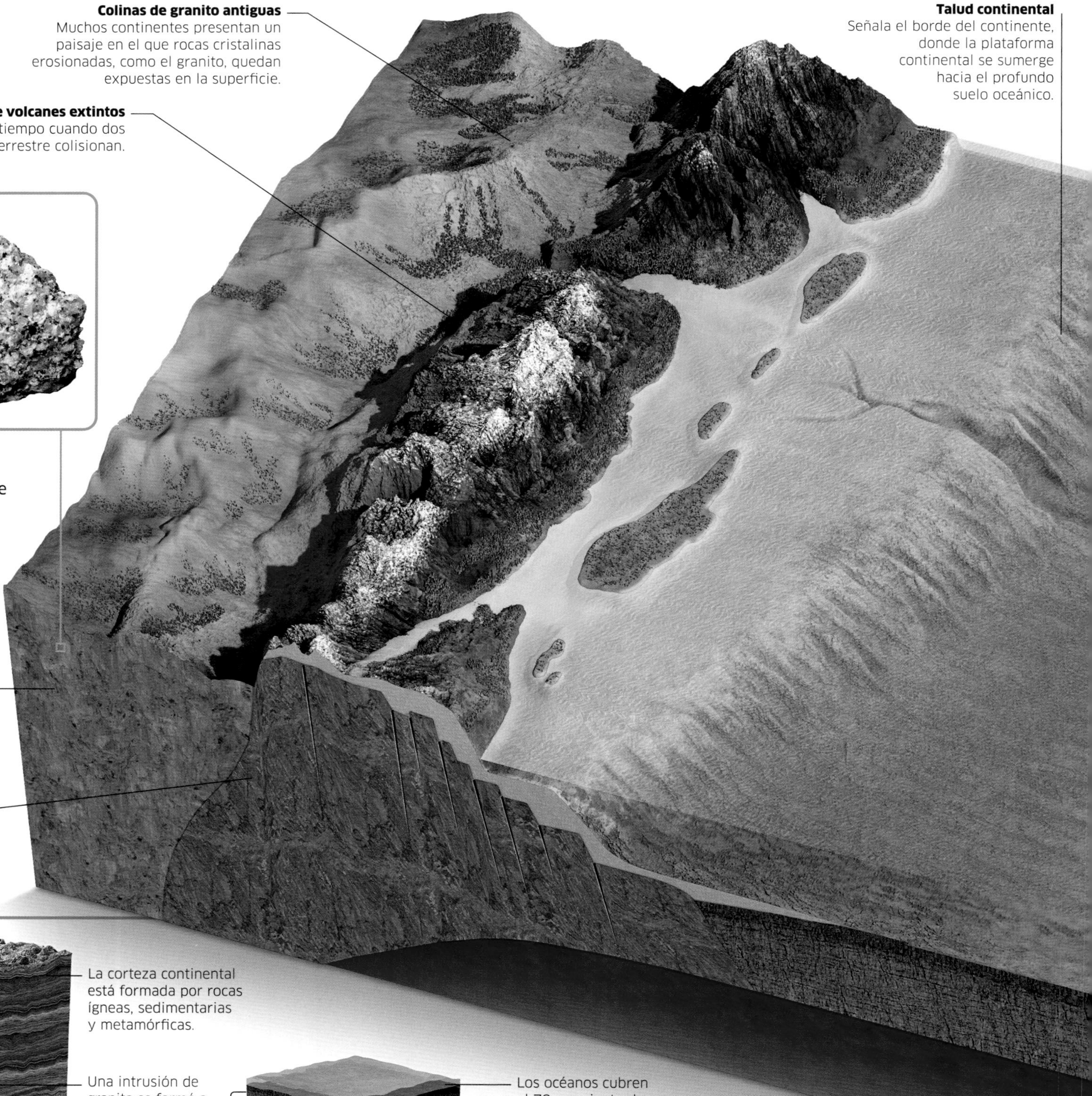
Colinas de granito antiguas
Muchos continentes presentan un paisaje en el que rocas cristalinas erosionadas, como el granito, quedan expuestas en la superficie.
Una cadena de volcanes extintos
Se forman con el tiempo cuando dos trozos de corteza terrestre colisionan.
Talud continental
Señala el borde del continente, donde la plataforma continental se sumerge hacia el profundo suelo oceánico.
Rocas antiguas
Algunos continentes tienen un núcleo de roca cristalina de hasta 4000 millones de años.
Bordes continentales
Capas sedimentarias plegadas se amontonan debido a millones de años de colisiones continentales.

Granito
El granito, que se formó cuando el calor procedente del manto y el vapor de agua se combinaron fundiendo las rocas de la corteza, constituye el 80 por ciento de la corteza continental de la Tierra.

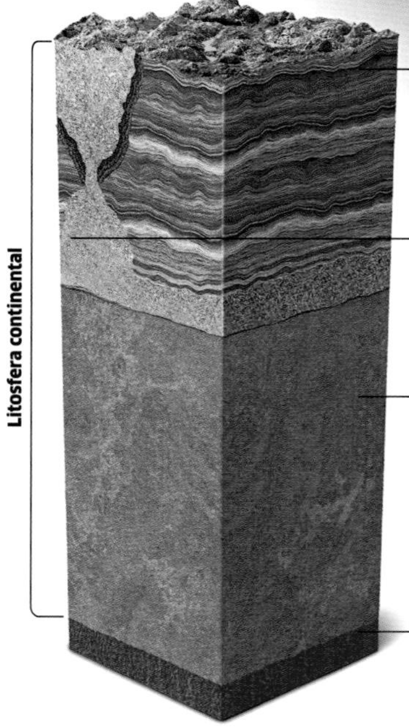
Litosfera continental
La corteza continental está formada por rocas ígneas, sedimentarias y metamórficas.
Una intrusión de granito se formó a partir de magma que se enfrió lentamente.
Debajo de la corteza está el rígido manto superior, y juntos forman la litosfera.
La caliente y blanda astenosfera

CORTEZA CONTINENTAL

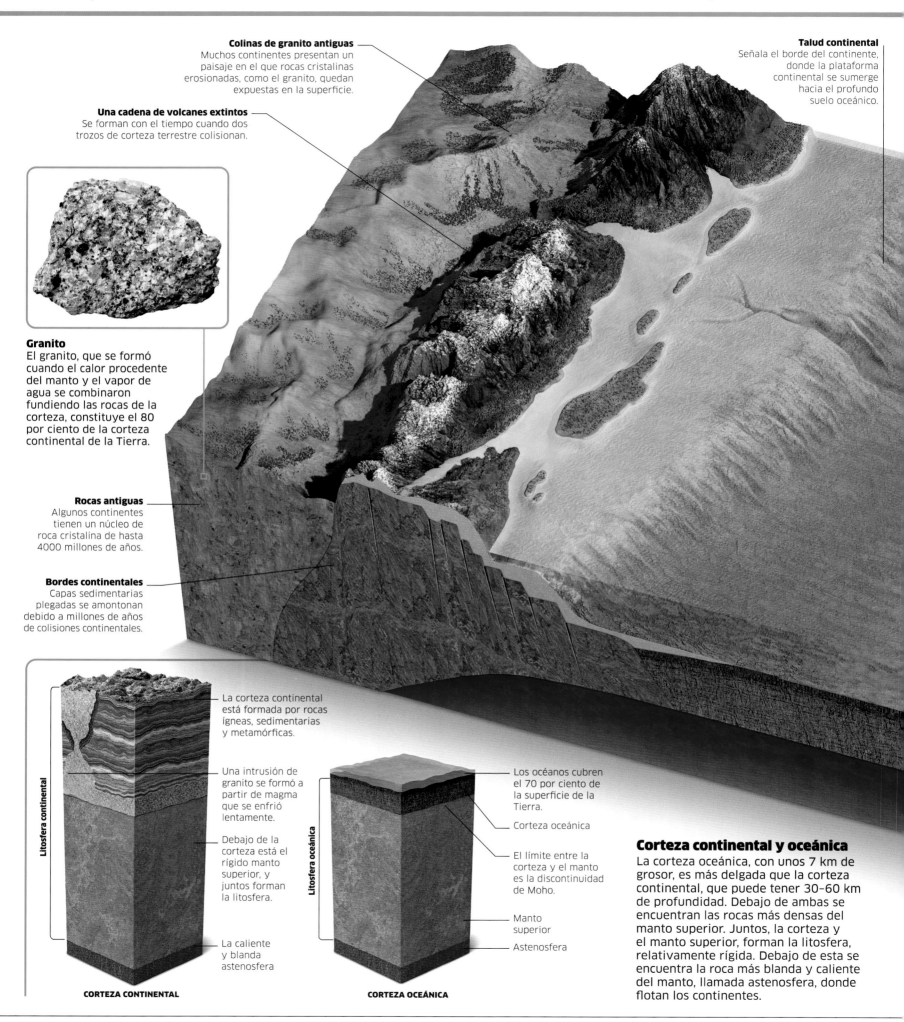

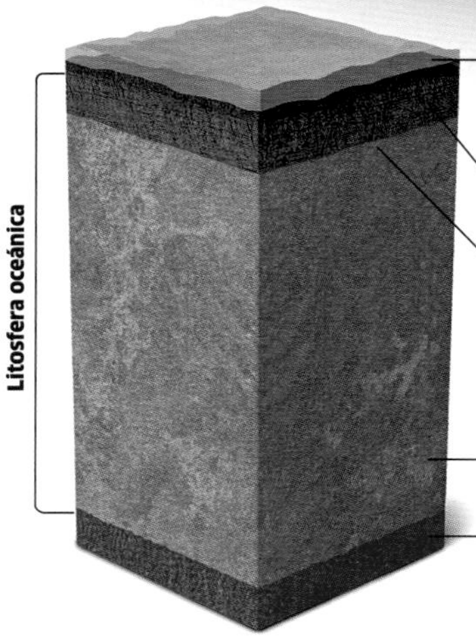
Litosfera oceánica
Los océanos cubren el 70 por ciento de la superficie de la Tierra.
Corteza oceánica
El límite entre la corteza y el manto es la discontinuidad de Moho.
Manto superior
Astenosfera

CORTEZA OCEÁNICA

Corteza continental y oceánica

La corteza oceánica, con unos 7 km de grosor, es más delgada que la corteza continental, que puede tener 30–60 km de profundidad. Debajo de ambas se encuentran las rocas más densas del manto superior. Juntos, la corteza y el manto superior, forman la litosfera, relativamente rígida. Debajo de esta se encuentra la roca más blanda y caliente del manto, llamada astenosfera, donde flotan los continentes.

La corteza oceánica no suele tener más de 200 millones de años. 1250 °C Punto de fusión del granito a presión ambiente. 650 °C Punto de fusión del granito con un alto contenido de agua bajo la presión de la corteza. 35

La corteza

Parece de roca sólida pero, a escala planetaria, el suelo que hay bajo nuestros pies es solo una fina capa que ha emergido a la superficie.

La Tierra tiene dos tipos de corteza: la oceánica y la continental. La oceánica se crea constantemente a partir de la roca fundida que sale de las grietas bajo el mar. Se compone de rocas densas como el basalto, con mucho hierro y magnesio. Tras unos 100 millones de años, se enfría y es tan densa que se hunde de nuevo en el manto. La continental es sobre todo de granito y es más ligera. Se mantiene a flote y se acumula formando grandes masas de roca con una base profunda.

Volcanes submarinos

Hay miles de volcanes bajo el mar formados por el hundimiento de la corteza oceánica. Cuando el volcán Hunga Tonga-Hunga Ha'apai, en el sur del océano Pacífico entró en erupción en 2022, la onda expansiva pudo verse desde el espacio.

Fosa oceánica
Allí donde la vieja corteza oceánica se hunde, puede crearse una profunda fosa oceánica en el lecho marino.

Arco insular volcánico
Es cuando se forma una cadena de volcanes submarinos sobre la corteza oceánica hundida, paralela a la fosa oceánica.

Rocas fundidas
El agua de dentro de la corteza oceánica hundida baja el punto de fusión de la roca, creando una hilera de volcanes en el lecho marino.

Subducción
La vieja y fría litosfera oceánica es demasiado densa como para flotar en la astenosfera y se hunde de nuevo en el manto.

Astenosfera

Gabro
La parte superior de la corteza oceánica está compuesta de basalto. Más abajo las rocas se enfrían más lentamente formando el gabro, con cristales más grandes de feldespato y piroxeno, pero muy poco cuarzo.

9 millones de toneladas de **basalto arroja** anualmente la **dorsal mediooceánica.**

Placas tectónicas

La superficie de la Tierra no es tan sólida y estática como parece. El globo es esférico y su capa superior está fracturada en varias piezas curvas, llamadas placas tectónicas. Hay siete placas principales y ocho secundarias, y todas ellas están en movimiento.

Observa el océano Atlántico en el mapa y verás que Sudamérica y África pueden encajarse como si fueran piezas de un rompecabezas; hace 110 millones de años (Ma) estaban encajados. Los continentes se desplazan lentamente por la superficie del globo, separándose y chocando entre sí donde coinciden las placas. Los océanos se expanden y encogen continuamente para llenar los huecos que quedan.

Desplazamiento hacia el norte
Hace 300 Ma, las islas británicas estaban en el ecuador. Hace 500 Ma, cerca de la Antártida.

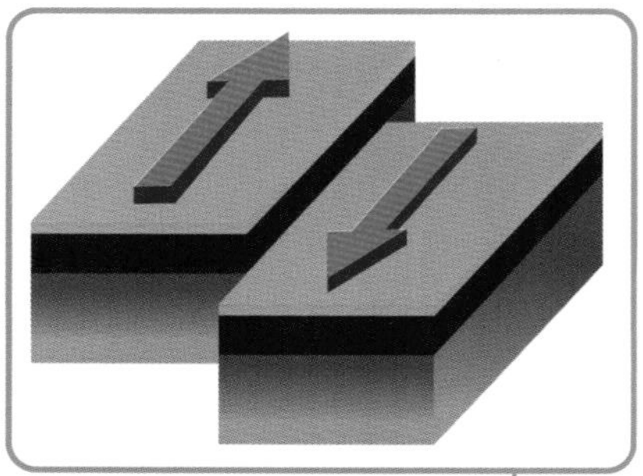

Borde de placa transformante
La placa pacífica se desliza hacia el norte más allá de California a lo largo de la falla de San Andrés. A veces queda atascada y luego avanza de nuevo, y provoca terremotos.

Archipiélago del Caribe
La placa caribeña se está deslizando bajo la placa norteamericana, haciendo que la roca se funda en la parte superior del manto y creando una cadena de islas volcánicas, que incluye el volcán Soufrière Hills en la isla Montserrat.

Dorsal Mesoatlántica
Está en el punto en que se forma nueva corteza oceánica al separarse los continentes.

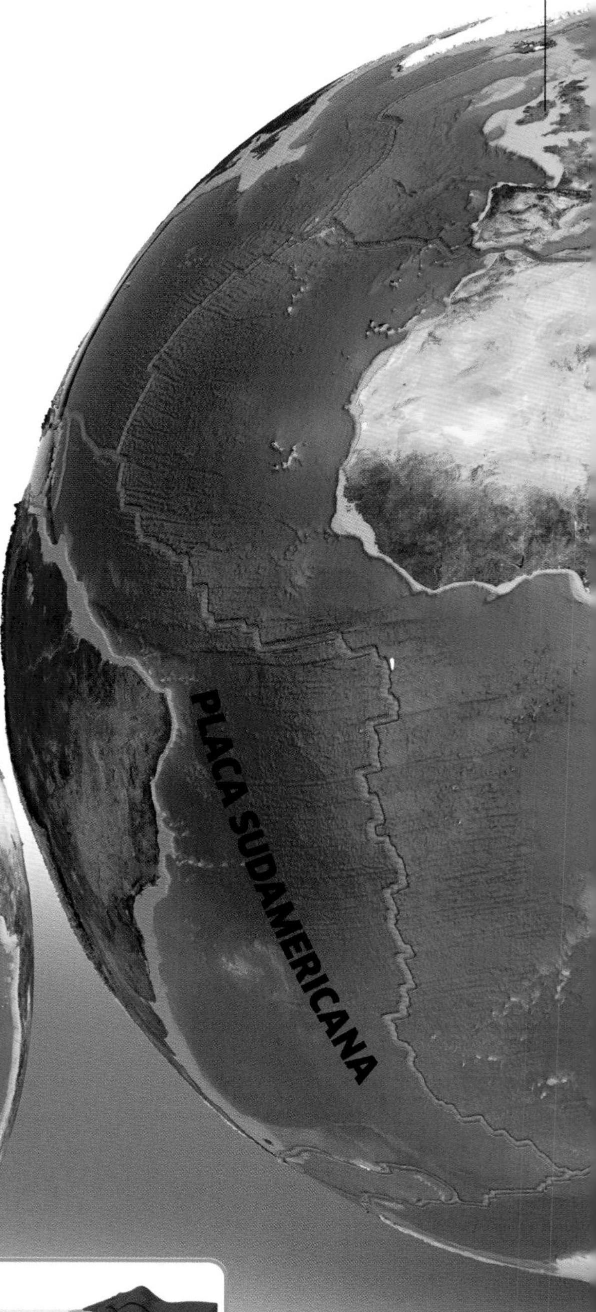

Placa pacífica
Es la placa tectónica más grande, con 100 millones de km².

Borde de placa convergente
La cordillera montañosa terrestre más larga, los Andes, se extiende a lo largo de 7000 km. Cuando la roca oceánica húmeda de la placa de Nazca se desliza bajo Sudamérica, se funde, creando volcanes.

La montaña más alta de la superficie terrestre, el monte Everest, mide 8849 m de alto. Está en la cordillera del Himalaya, que se formó hace 40 Ma, cuando la placa índica chocó con la euroasiática (ver páginas 40–41).

Hace tiempo hubo un gran océano entre África y Eurasia: era el mar de Tetis, actual Mediterráneo.

Japón
Japón, que está cerca del punto en el que coinciden cuatro placas, es propenso a los terremotos, las erupciones volcánicas y los tsunamis.

Océano nuevo
El mar Rojo es uno de los océanos más jóvenes. Empezó a formarse hace unos 5 Ma. Antes de eso, durante 20 Ma, fue un rift continental.

Antártida
La Antártida, que hace 45 Ma estaba conectada a Sudamérica, África, Australia y la India, quedó aislada a causa de las corrientes oceánicas y se congeló.

Continentes en danza

Los geólogos siguen la pista a los continentes con unas partículas magnéticas que quedaron atrapadas señalando el norte al solidificarse las rocas volcánicas. Estas partículas muestran un complejo baile a lo largo de cientos de millones de años. Las placas en las que se asientan coinciden de distintas formas al separarse, acercarse o pasar una junto a la otra, provocando terremotos y originando volcanes.

Fosa oceánica más profunda de la Tierra
La fosa de las Marianas se formó al deslizarse la placa del Pacífico debajo de la placa Filipina. Mide 2550 km de largo y hasta 11 km de profundidad. Si el monte Everest se sumergiera en la fosa, su cima quedaría 1,6 km por debajo de la superficie del agua.

Piezas de puzle
El perfil de Sudamérica y el de África encajan perfectamente. Las rocas y los fósiles demuestran que estaban unidos hace unos 140 Ma.

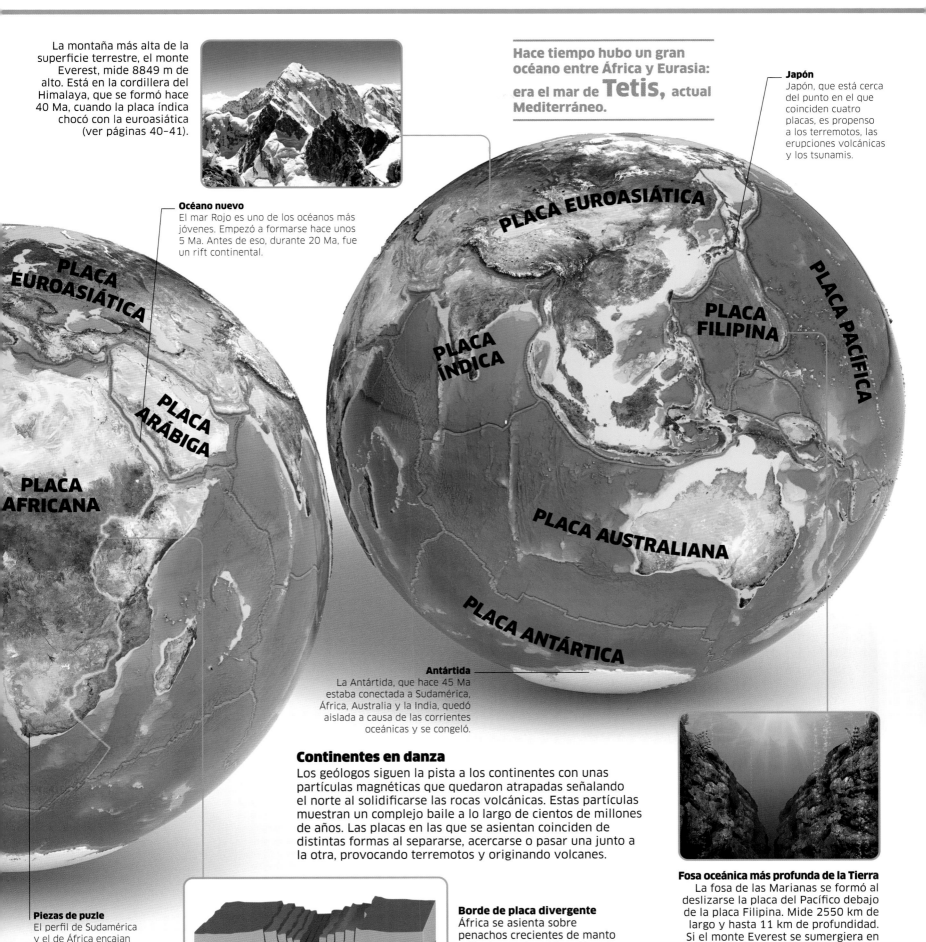

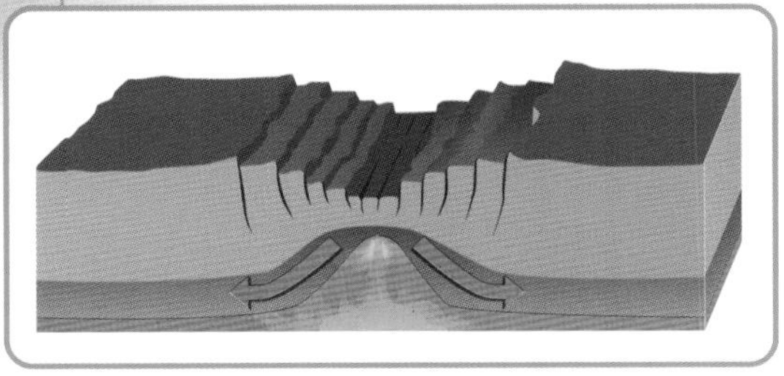

Borde de placa divergente
África se asienta sobre penachos crecientes de manto caliente que la están estirando a lo largo del Gran Valle del Rift, en África oriental. En un futuro, ello podría dividir el continente y formar un nuevo océano.

16 cm al año se **expande el lecho marino** en puntos de ambos lados de la **cresta mediooceánica** de la Dorsal del Pacífico Oriental.

Rifts en expansión

La cordillera montañosa más larga del planeta está en las profundidades del océano. Serpentea a lo largo de 65 000 km por el océano Atlántico, y por los océanos Pacífico e Índico, como si fuera la costura de una pelota de tenis gigante.

Esta cordillera submarina, conocida como Dorsal Mediooceánica, se formó a lo largo de millones de años en una grieta existente en la capa externa de la Tierra, donde dos placas tectónicas se están separando. A medida que las placas se alejan, el magma semifundido se eleva entre ellas, formando una corteza oceánica nueva. Las placas se desplazan muy lentamente: el océano Atlántico se ensancha unos 2–5 cm al año (al ritmo que crecen tus uñas), pero lo cierto es que a lo largo de los últimos 100 millones de años ha crecido más de 3000 km.

Bucear entre continentes
En algunos puntos de Islandia la dorsal es tan profunda que queda cubierta por las aguas transparentes, de modo que los buzos pueden explorar este enorme rift entre continentes.

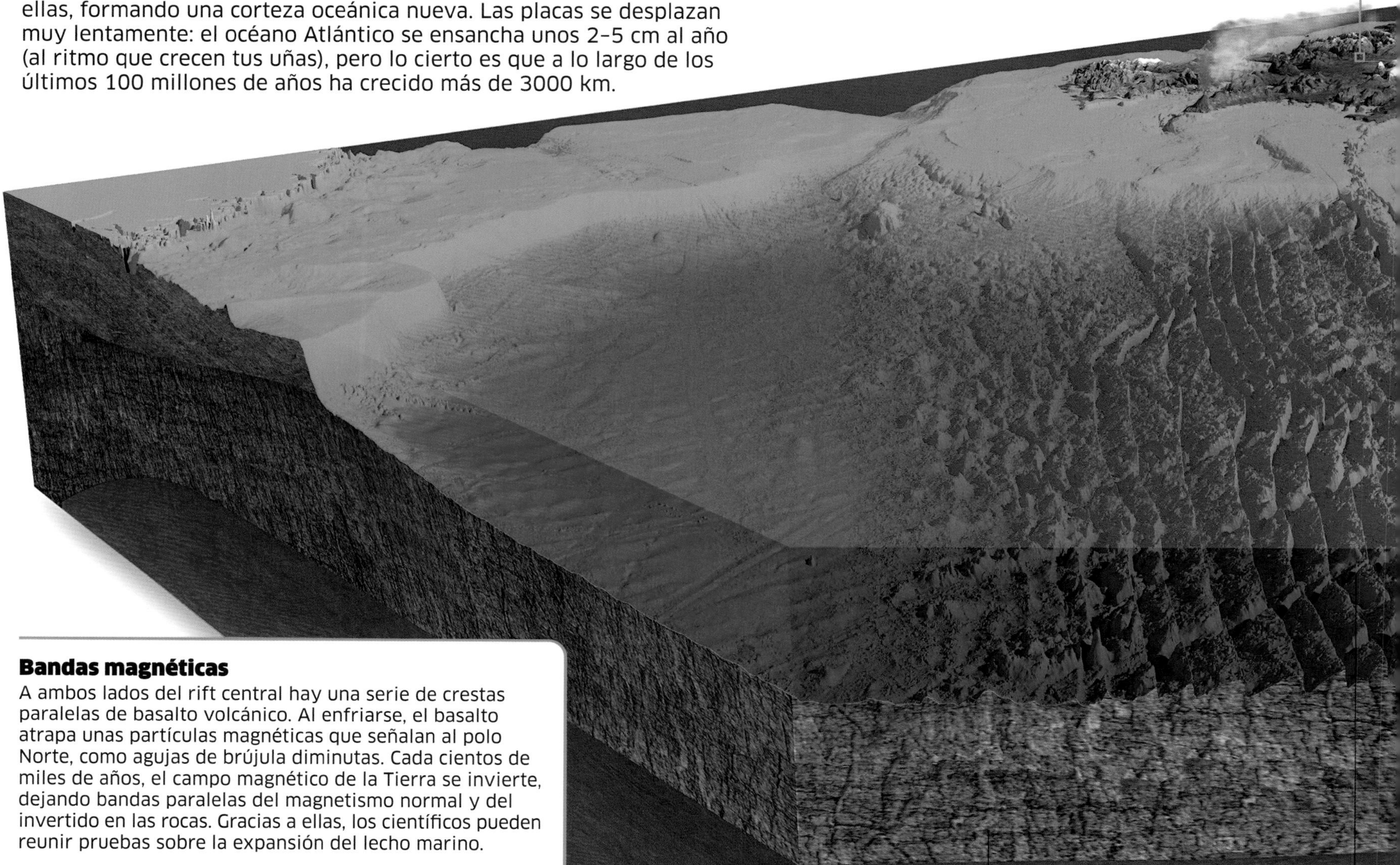

Placa norteamericana
La placa norteamericana se prolonga por ese continente.

Como grietas en una cáscara de huevo
Cuando las placas planas se deslizan por la superficie curva de la Tierra, las placas a ambos lados de la cresta se agrietan.

Bandas magnéticas

A ambos lados del rift central hay una serie de crestas paralelas de basalto volcánico. Al enfriarse, el basalto atrapa unas partículas magnéticas que señalan al polo Norte, como agujas de brújula diminutas. Cada cientos de miles de años, el campo magnético de la Tierra se invierte, dejando bandas paralelas del magnetismo normal y del invertido en las rocas. Gracias a ellas, los científicos pueden reunir pruebas sobre la expansión del lecho marino.

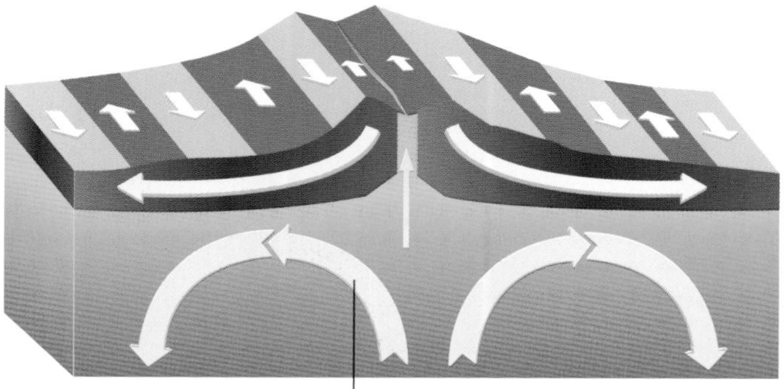

Sur
Norte

Corrientes del manto
Las corrientes circulantes del manto empujan las placas tectónicas.

400 °C es la **temperatura del agua** que sale de las **fumarolas** del fondo de las **dorsales medioceánicas**.

1963 Año en que nació la isla de **Surtsey**, cuando un **volcán submarino** situado frente a Islandia **emergió** a la superficie.

Dorsal Mesoatlántica

El océano Atlántico tiene una profundidad media de 4000 m. En el centro del mismo se encuentra la Dorsal Mesoatlántica, que se extiende desde el océano Ártico hasta más allá del extremo sur de África. El centro de la dorsal se eleva 2500 m sobre el lecho marino y presenta una fosa tectónica a lo largo de la cresta, allí donde la placa euroasiática y la placa norteamericana se separan.

Emerger sobre las olas

La mayor parte de la Dorsal Mesoatlántica está bajo el agua, pero en Islandia resulta claramente visible. Se debe a que un penacho de roca caliente se eleva desde el manto bajo la isla, haciendo que la dorsal sobresalga por encima de las olas. La actividad volcánica proporciona además energía geotérmica que hace funcionar la red eléctrica de Islandia.

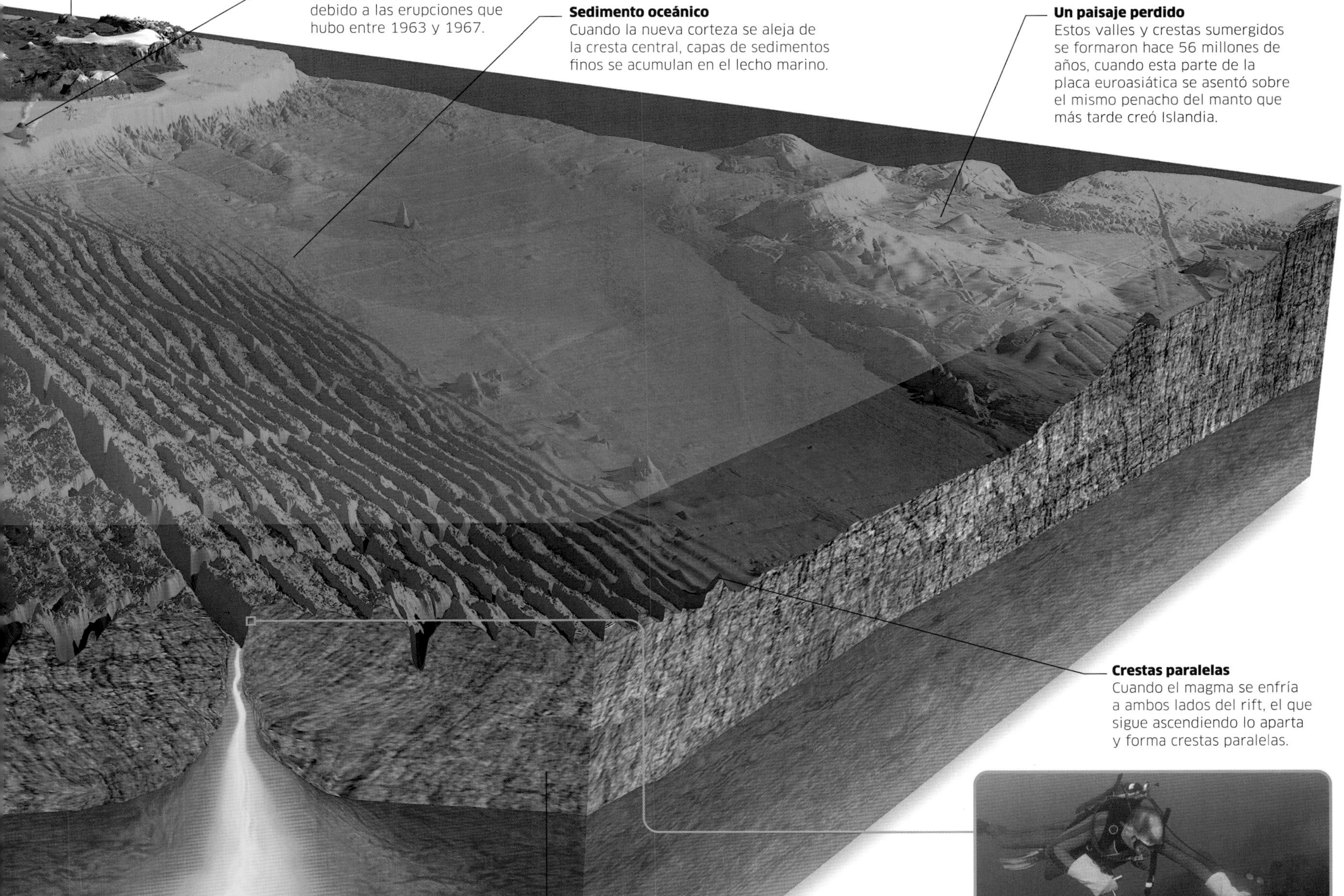
Actividad volcánica
En Islandia hay más de 100 volcanes. Algunos están extintos, pero más de 30 siguen activos.
Surtsey
Esta isla volcánica se formó debido a las erupciones que hubo entre 1963 y 1967.
Sedimento oceánico
Cuando la nueva corteza se aleja de la cresta central, capas de sedimentos finos se acumulan en el lecho marino.
Un paisaje perdido
Estos valles y crestas sumergidos se formaron hace 56 millones de años, cuando esta parte de la placa euroasiática se asentó sobre el mismo penacho del manto que más tarde creó Islandia.
Crestas paralelas
Cuando el magma se enfría a ambos lados del rift, el que sigue ascendiendo lo aparta y forma crestas paralelas.
Capa plástica y blanda
La dura litosfera oceánica se desliza sobre la astenosfera, más caliente y blanda.
Magma ascendente
El magma semifundido asciende continuamente desde debajo de la corteza para llenar el hueco entre ambas placas.
Placa euroasiática
La placa tectónica euroasiática se extiende desde la Dorsal Mesoatlántica hasta Siberia.

Lava acojinada

La actividad volcánica a lo largo de una dorsal mediooceánica suele ser bastante suave: el basalto fundido rezuma como pasta de dientes y el mar lo enfría rápidamente y forma cojines de lava dentro de la fosa tectónica central.

3600 **millones de años** tiene la cadena montañosa más antigua (montañas **Makhonjwa** en **Sudáfrica**).

Choque de continentes

El Himalaya, las montañas más altas de la Tierra en la actualidad, y la meseta tibetana son el resultado de una colisión frontal entre la India y Asia, que tuvo lugar hace unos 40 millones de años.

Las montañas tardan millones de años en formarse. Las placas tectónicas se desplazan y se detienen muy poco a poco. La corteza oceánica, que es muy pesada, se hunde cuando coincide con la corteza continental, pero cuando dos continentes coinciden, ambos se deforman y se elevan, formando una cadena montañosa. El Himalaya es uno de los ejemplos más recientes, pero todos los continentes están llenos de montañas surgidas de choques pasados.

1 Placa escindida (80 Ma)
La placa tectónica India se desprendió de Gondwana y empezó a separarse de Madagascar, formando una nueva dorsal oceánica entre ellas. El suelo del océano Tetis comenzó a subducir (hundirse) debajo de Asia.

Océano menguante
El antiguo océano Tetis se fue cerrando a medida que la placa India se desplazaba hacia el norte.

Nueva dorsal

La corteza oceánica se hundía por debajo de Asia.

A toda máquina
India se desplazaba hacia Asia rápidamente, a razón de unos 15 cm al año.

Volcanes en puntos calientes
Hicieron que India se desplazara aún más rápido hacia el norte y sus gases ayudaron a aniquilar los dinosaurios.

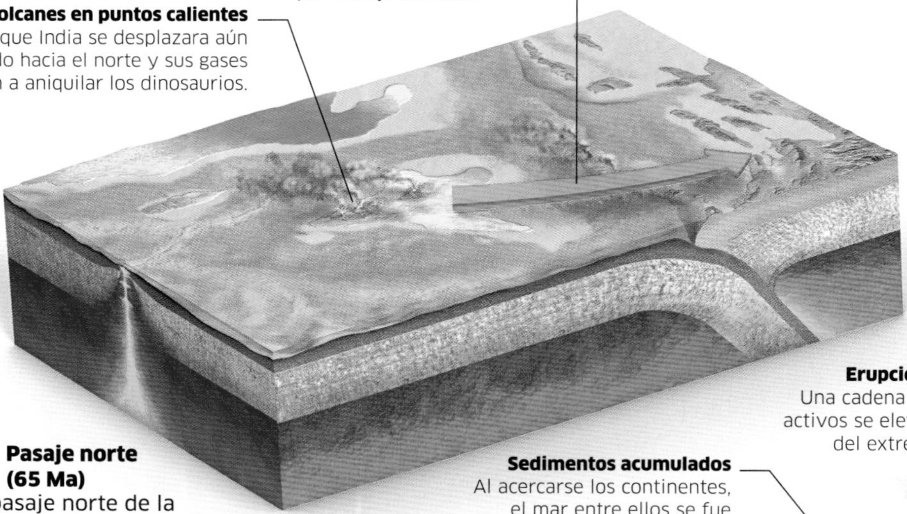

2 Pasaje norte (65 Ma)
El pasaje norte de la India fue impulsado por enormes erupciones volcánicas. La mitad de la lava formó una vasta meseta volcánica en India y la otra mitad se extendió frente a la costa de África, bajo las actuales islas Comoras.

India se desplaza hacia el norte

Hace 80 millones de años (Ma), tras la escisión del supercontinente Gondwana (ver página 18), India se desplazaba lentamente hacia el norte cuando el impulso de un punto caliente del manto hizo que colisionara con Asia. En el proceso, desapareció un océano entero y sus sedimentos acabaron en elevadas montañas. Dichas montañas alteraron la circulación del aire en todo el planeta, secando el norte y el este de África y llevando lluvias monzónicas a la India.

Lecho marino en las alturas
Sabemos que el suelo oceánico ascendió y formó el Himalaya porque se han encontrado fósiles marinos, como esta amonita, a 5000 m de altura en las montañas.

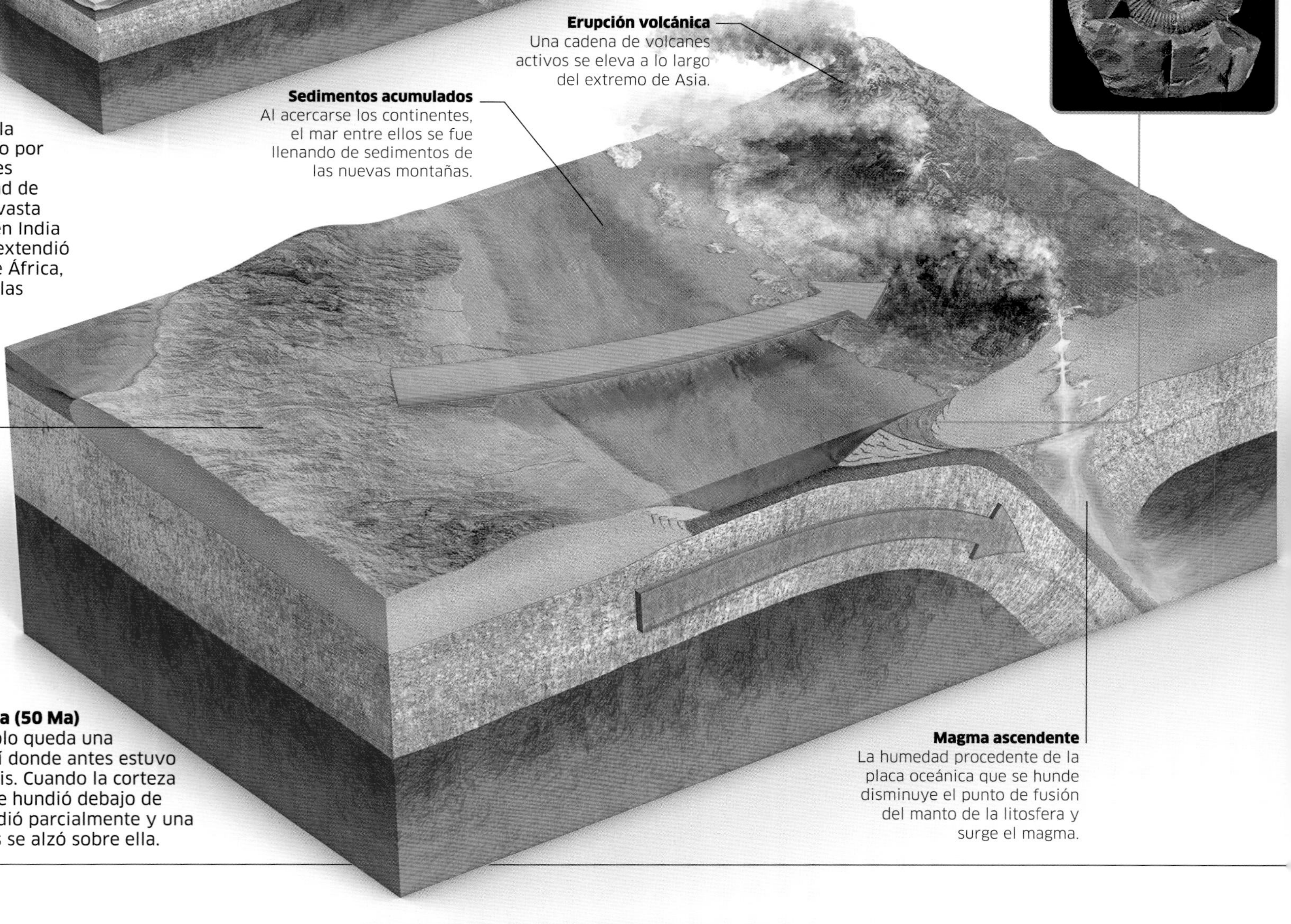

Erupción volcánica
Una cadena de volcanes activos se eleva a lo largo del extremo de Asia.

Sedimentos acumulados
Al acercarse los continentes, el mar entre ellos se fue llenando de sedimentos de las nuevas montañas.

Desaceleración
Para entonces, el desplazamiento de la India hacia el norte se había ralentizado y era de unos 4-6 cm al año.

Magma ascendente
La humedad procedente de la placa oceánica que se hunde disminuye el punto de fusión del manto de la litosfera y surge el magma.

3 Cuenca estrecha (50 Ma)
Actualmente solo queda una estrecha cuenca allí donde antes estuvo el vasto océano Tetis. Cuando la corteza oceánica húmeda se hundió debajo de Asia, la roca se fundió parcialmente y una cadena de volcanes se alzó sobre ella.

Montañas jóvenes y viejas

Los continentes tienen marcas de colisiones. Las cadenas montañosas relativamente recientes, como el Himalaya en Asia y las Rocosas en Estados Unidos, siguen siendo empinadas y accidentadas. Las cadenas más viejas se han ido desgastando y son casi planas. Algunas cadenas montañosas se han dividido por movimientos tectónicos posteriores. Así, por ejemplo, la cadena Caledoniana en Escocia, Reino Unido, y los montes Apalaches en Estados Unidos, están hoy separados por el océano Atlántico.

Montañas jóvenes
El Himalaya ha estado ascendiendo durante más de 40 millones de años –lo que significa que son montañas jóvenes– y sigue creciendo a razón de 1 cm al año. Si no fuera por la erosión, sus montañas serían dos veces más altas.

Montañas viejas
Los Apalaches, en Estados Unidos, son el resultado de varias colisiones continentales, una hace 480 Ma y otra hace 270 Ma. Como todas las montañas viejas, han sido erosionadas y forman filas de colinas bajas y suaves.

Rocas plegadas
En esta ladera de montaña de la región de Ladakh, en el norte de la India, se distinguen claramente las capas sedimentarias plegadas que antiguamente estaban en el suelo del océano Tetis.

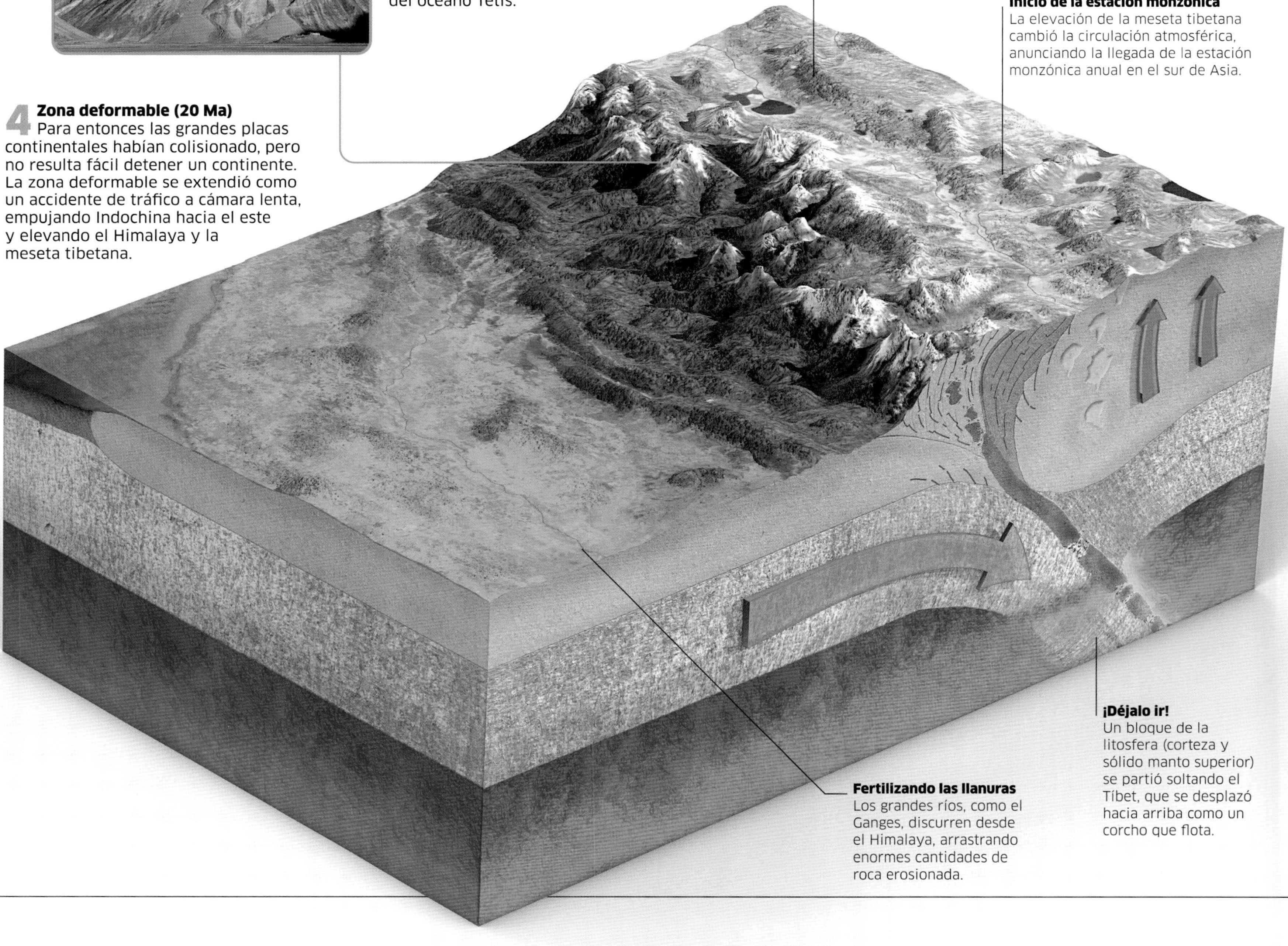

Bien arriba
La meseta tibetana se fue elevando gradualmente hasta alcanzar los 20 km durante 20 millones de años.

Inicio de la estación monzónica
La elevación de la meseta tibetana cambió la circulación atmosférica, anunciando la llegada de la estación monzónica anual en el sur de Asia.

4 Zona deformable (20 Ma)
Para entonces las grandes placas continentales habían colisionado, pero no resulta fácil detener un continente. La zona deformable se extendió como un accidente de tráfico a cámara lenta, empujando Indochina hacia el este y elevando el Himalaya y la meseta tibetana.

¡Déjalo ir!
Un bloque de la litosfera (corteza y sólido manto superior) se partió soltando el Tíbet, que se desplazó hacia arriba como un corcho que flota.

Fertilizando las llanuras
Los grandes ríos, como el Ganges, discurren desde el Himalaya, arrastrando enormes cantidades de roca erosionada.

6000 °C **Temperatura** del punto en el que **coinciden** el núcleo interno y el externo.

Reciclado de la roca

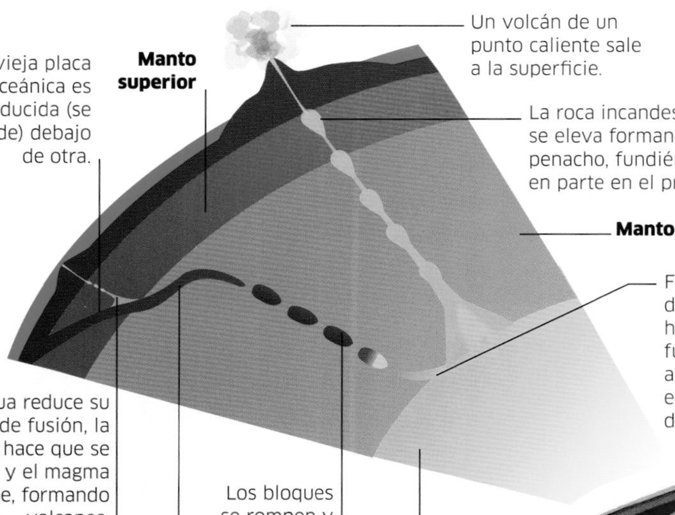
Un volcán de un punto caliente sale a la superficie.
Una vieja placa oceánica es subducida (se hunde) debajo de otra.
Manto superior
La roca incandescente se eleva formando un penacho, fundiéndose en parte en el proceso.
Manto inferior
Fragmentos de roca y hierro fundido se acumulan en la base del manto.
El agua reduce su punto de fusión, la fricción hace que se funda y el magma sube, formando volcanes.
Los bloques se rompen y se hunden rápidamente en el manto inferior.
Núcleo externo
La placa va más lenta aquí hasta que los minerales se adaptan a la presión.

Núcleo sólido metálico
Este meteorito metálico probablemente se parece al núcleo interno sólido de la Tierra, de cristales entrelazados de hierro y níquel. En el pasado formó parte del núcleo de un planetesimal, un pequeño protoplaneta, que se descompuso en una etapa temprana de la historia del sistema solar.

Cristales gigantes
Las ondas sísmicas que atraviesan el núcleo sugieren que podría tener una estructura de enormes cristales de hierro de muchos kilómetros de largo.

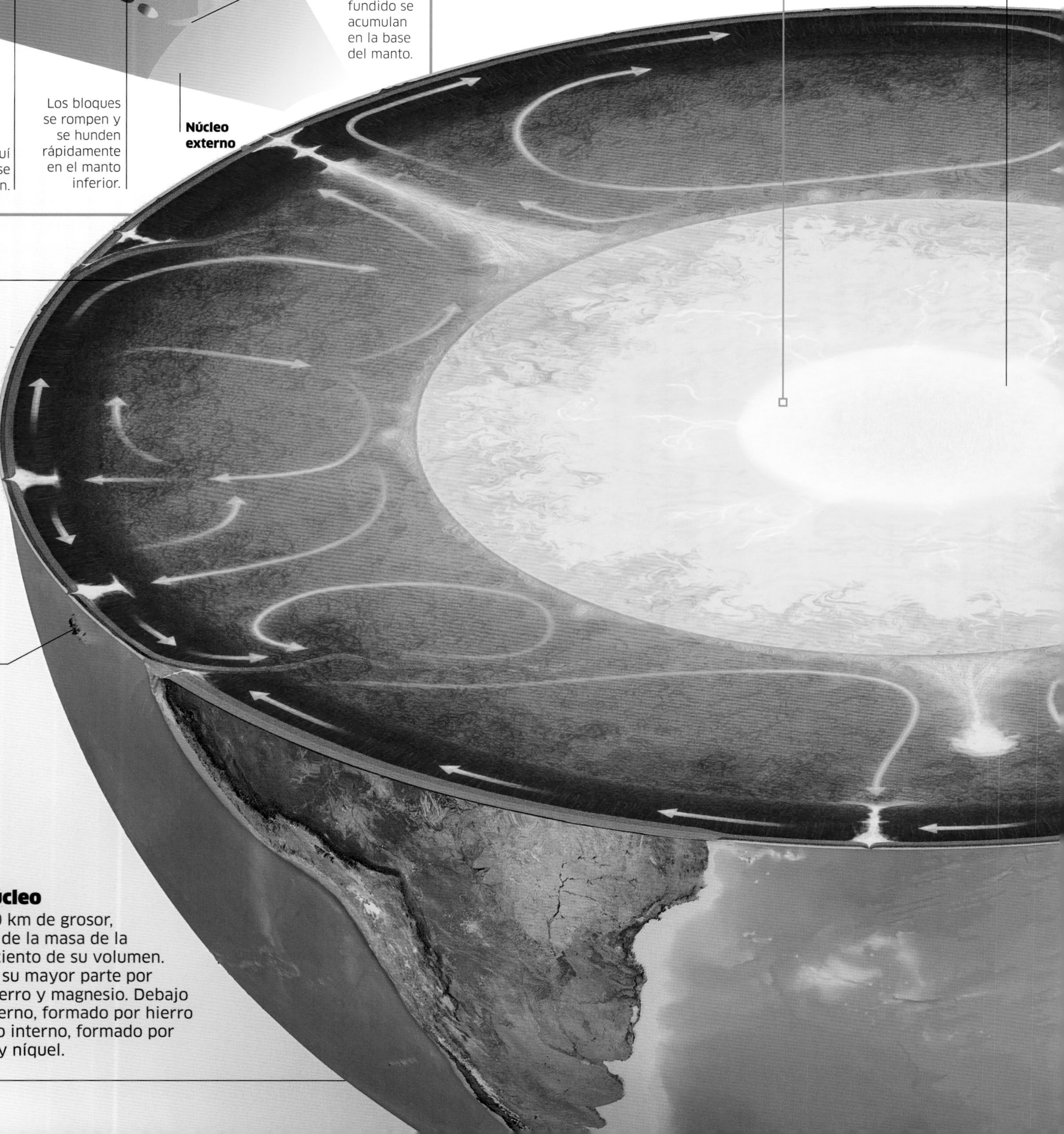

Corrientes circulantes
La roca del manto circula lentamente como un motor térmico gigante, calentado por el núcleo fundido y la desintegración radiactiva que se produce en la corteza y el manto.

Isla volcánica
Cuando un penacho (un afloramiento de roca caliente en el manto) se eleva bajo la corteza oceánica, crea un punto caliente, normalmente con una cadena de islas volcánicas, como las islas Galápagos, encima.

El manto y el núcleo

El manto, con 2900 km de grosor, es el 67 por ciento de la masa de la Tierra y el 84 por ciento de su volumen. Esta compuesto en su mayor parte por silicatos ricos en hierro y magnesio. Debajo están el núcleo externo, formado por hierro fundido, y el núcleo interno, formado por cristales de hierro y níquel.

47 teravatios: **potencia calorífica** de la Tierra, que equivale a **miles de centrales nucleares**.

200 millones de años: **tiempo que tarda** la roca en **pasar de la subducción a la erupción**.

Capas interiores

Hemos explorado la superficie de nuestro planeta e incluso hemos viajado a la Luna, pero desconocemos el mundo a 50 km bajo nuestros pies. Recientemente, no obstante, los geólogos han empezado a desentrañar los secretos del interior de la Tierra.

Bajo la corteza se encuentra el manto. Su capa superior es de roca dura y está soldada a la corteza (juntas forman la litosfera), pero debajo de esta capa, el manto se vuelve más caliente y blando. Sigue siendo de roca sólida, pero es blanda, como la masilla, y puede fluir lentamente. Todo el manto circula constantemente, tragándose la corteza oceánica fría y vieja, y regurgitando material calentado por el núcleo que hay debajo.

Salir a la superficie
Allí donde la placa australiana se desliza debajo de Asia, la húmeda corteza oceánica reduce el punto de fusión de la roca del manto, y el magma se eleva y erupciona. La erupción del Krakatoa de 1883 fue una de las más devastadoras de la historia. Actualmente está emergiendo un nuevo volcán en el mar.

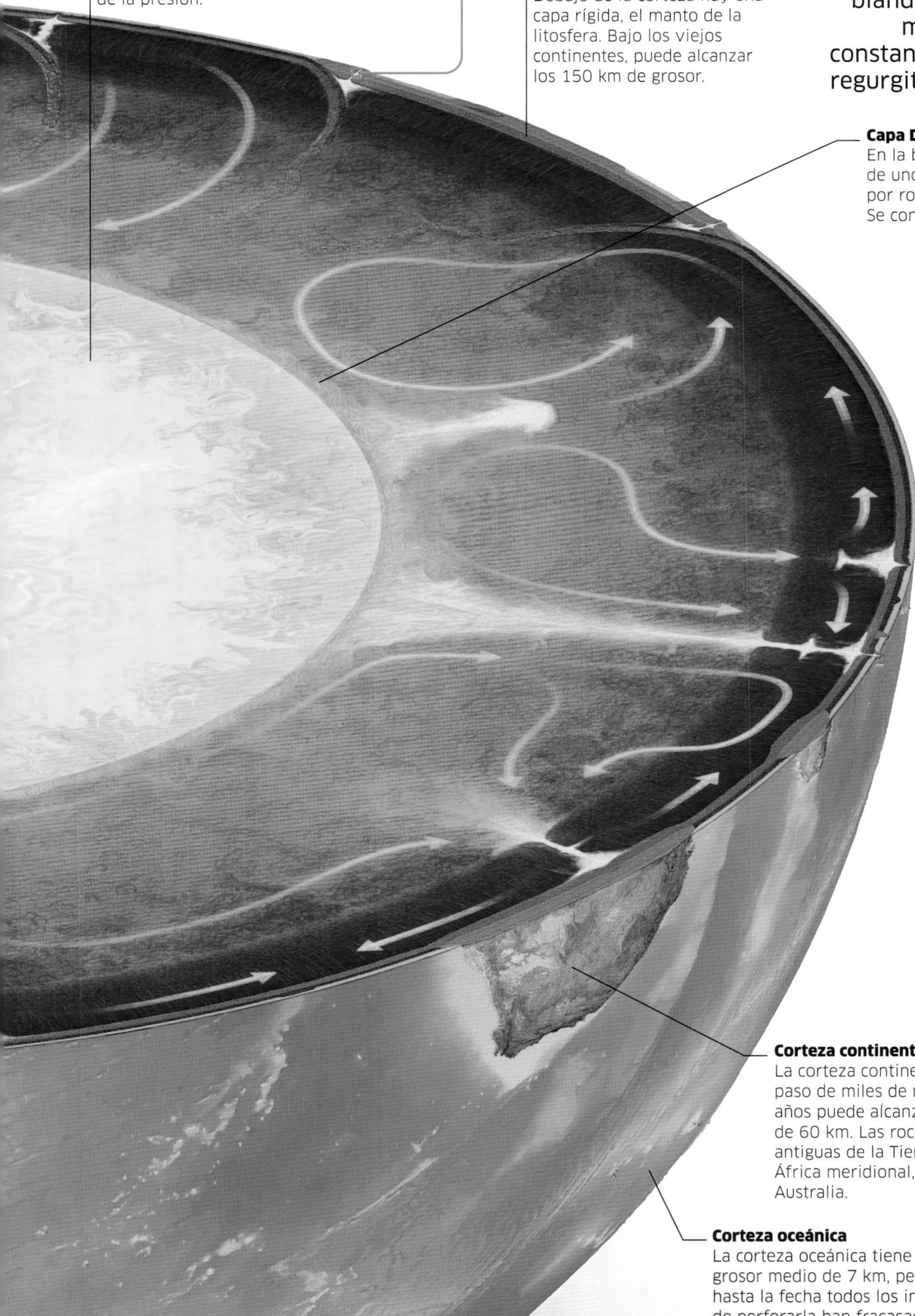

El núcleo
El núcleo externo está compuesto de níquel y hierro líquido. Tiene un grosor de unos 2200 km. El núcleo interno es sólido a causa de la presión.

Manto superior duro
Debajo de la corteza hay una capa rígida, el manto de la litosfera. Bajo los viejos continentes, puede alcanzar los 150 km de grosor.

Capa D
En la base del manto hay una densa capa discontinua de unos 200 km de grosor, probablemente compuesta por roca impregnada de hierro procedente del núcleo. Se conoce como capa D (D doble prima).

Corteza continental
La corteza continental con el paso de miles de millones de años puede alcanzar un grosor de 60 km. Las rocas más antiguas de la Tierra están en África meridional, Canadá y Australia.

Corteza oceánica
La corteza oceánica tiene un grosor medio de 7 km, pero hasta la fecha todos los intentos de perforarla han fracasado.

Secretos del manto

No podemos tomar muestras directamente del manto, pero de vez en cuando las erupciones volcánicas expulsan muestras procedentes del manto que los geólogos pueden estudiar.

Tesoros centelleantes
La kimberlita es una roca volcánica erupcionada de los volcanes antiguos a velocidad supersónica. Procede del manto y puede contener diminutas muestras de carbono formado bajo alta presión, es decir, diamantes.

Salir de las profundidades
Se cree que el manto superior está compuesto en su mayor parte por una roca llamada peridotita, rica en un denso mineral verde llamado olivino. Los trozos que se encuentran en el magma volcánico se conocen como xenolitos del manto.

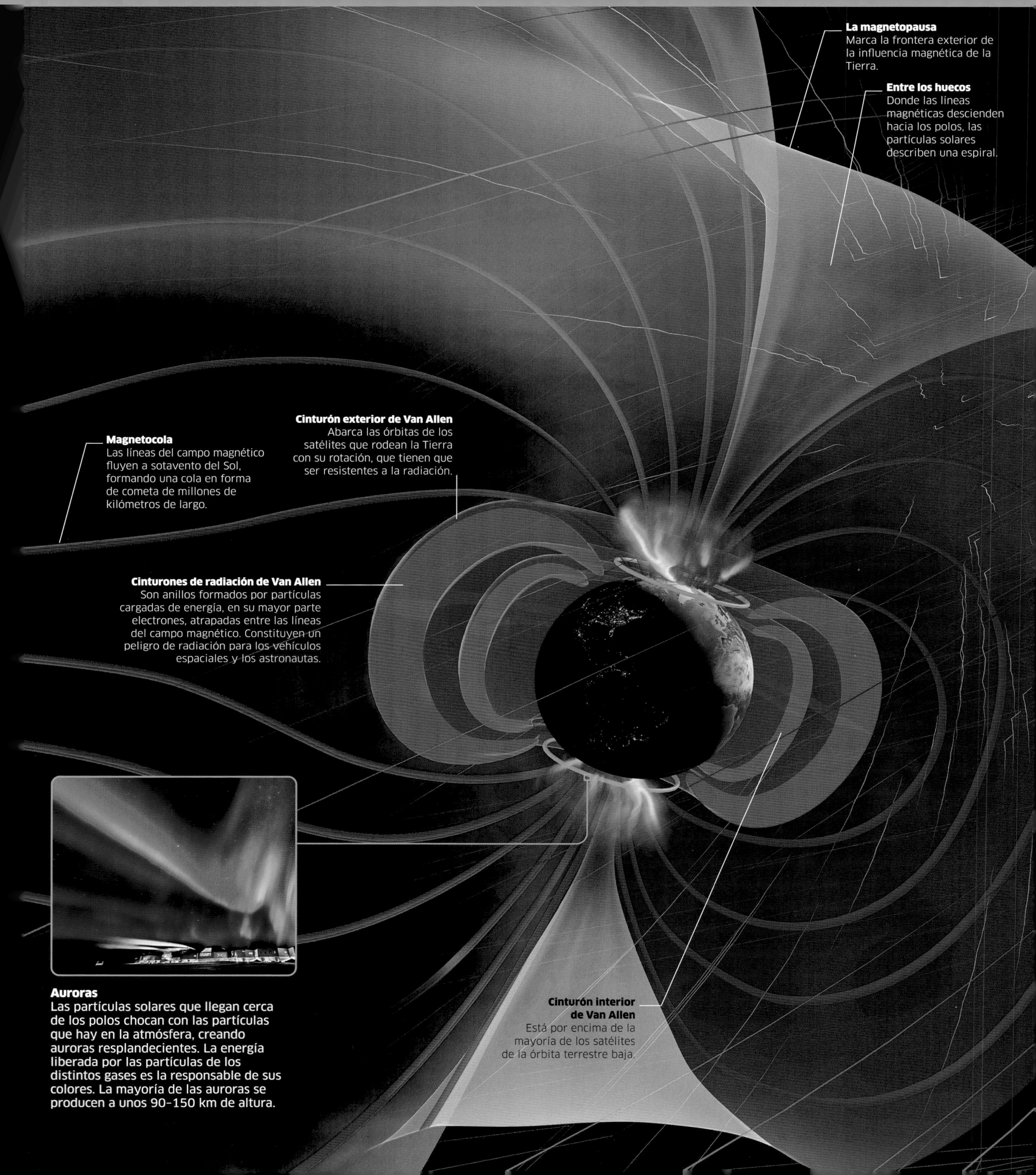
La magnetopausa
Marca la frontera exterior de la influencia magnética de la Tierra.
Entre los huecos
Donde las líneas magnéticas descienden hacia los polos, las partículas solares describen una espiral.
Cinturón exterior de Van Allen
Abarca las órbitas de los satélites que rodean la Tierra con su rotación, que tienen que ser resistentes a la radiación.
Magnetocola
Las líneas del campo magnético fluyen a sotavento del Sol, formando una cola en forma de cometa de millones de kilómetros de largo.
Cinturones de radiación de Van Allen
Son anillos formados por partículas cargadas de energía, en su mayor parte electrones, atrapadas entre las líneas del campo magnético. Constituyen un peligro de radiación para los vehículos espaciales y los astronautas.
Cinturón interior de Van Allen
Está por encima de la mayoría de los satélites de la órbita terrestre baja.

Auroras
Las partículas solares que llegan cerca de los polos chocan con las partículas que hay en la atmósfera, creando auroras resplandecientes. La energía liberada por las partículas de los distintos gases es la responsable de sus colores. La mayoría de las auroras se producen a unos 90–150 km de altura.

Burbuja magnética

El campo magnético de la Tierra puede visualizarse como una serie de líneas de campo que fluyen alrededor del globo. Un viento cargado de partículas procedentes del Sol bombardea esta magnetosfera. comprimiéndola por el lado de la Tierra donde es de día; por el lado opuesto, se aleja del Sol. El campo magnético desvía las partículas cargadas eléctricamente y protege la Tierra de la radiación.

El viento solar
Un flujo constante de partículas cargadas sopla desde el Sol, impulsado por las tormentas solares.

Magnetismo

La Tierra tiene un fuerte campo magnético, como si fuera un imán gigante, que hace que las partículas magnéticas y la aguja de las brújulas señalen al norte. También protege el planeta de rayos cósmicos y partículas.

La Tierra no es un imán permanente, sino una dinamo magnética. Las corrientes arremolinadas del hierro fundido del núcleo externo generan una corriente eléctrica que produce un campo magnético. Este crea una burbuja magnética invisible, la magnetosfera, alrededor del planeta. Por razones que se desconocen, la dirección del campo se invierte más o menos cada 800 000 años y el norte se convierte en el sur.

Bombardeo de partículas
La mayoría de las partículas están cargadas positivamente (protones). Se unen gracias a los rayos cósmicos energéticos procedentes de distantes estrellas en explosión.

Arco de choque
El viento solar alcanza la magnetosfera a velocidad supersónica y luego disminuye bruscamente la velocidad.

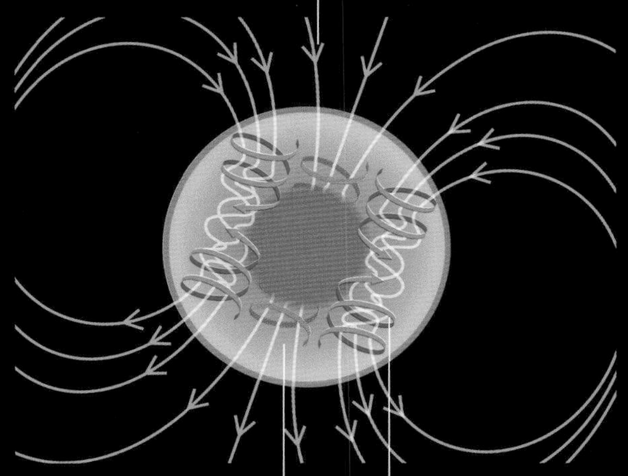

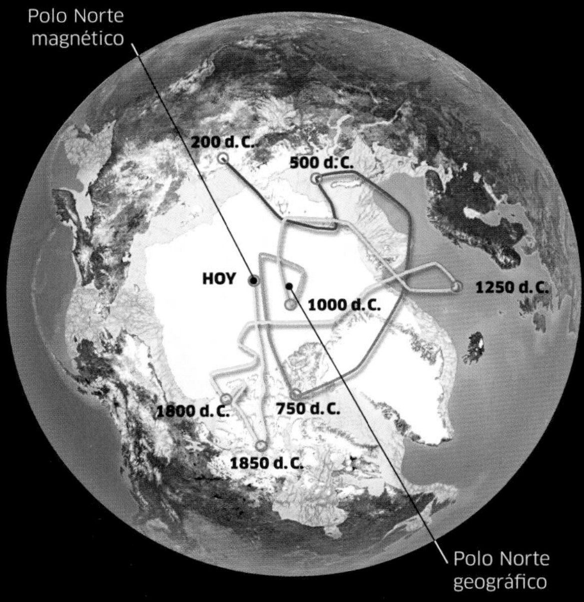

Vaina magnética
Las partículas cargadas no pueden atravesar las líneas del campo magnético y son desviadas, formando una vaina magnética.

Efecto dinamo

El hierro fundido del núcleo externo de la Tierra está siempre en movimiento. Esto es debido a las constantes corrientes de convección que transfieren calor a través del núcleo y a la rotación del planeta alrededor de su eje. Este movimiento genera corrientes eléctricas en el fluido metálico, que crean el campo magnético.

Polo errante

En este mapa se muestra la ubicación del polo Norte geográfico, visto desde arriba, así como las distintas posiciones del polo Norte magnético, que en los últimos 2000 años se ha ido moviendo por el círculo polar ártico. El núcleo interno y el manto estabilizan en cierta medida el campo magnético de la Tierra, pero este no tiene fuerza ni dirección fijas.

Terremotos y tsunamis

Las placas tectónicas de la corteza están en constante movimiento. Se mueven muy despacio, y a veces quedan atascadas, pero nunca se detienen. La presión se acumula y con el tiempo provoca un terremoto.

Los pequeños temblores son frecuentes y pueden darse casi en cualquier sitio, pero los grandes terremotos son más habituales en las fronteras entre placas tectónicas. Puede predecirse dónde son más probables, pero no cuándo van a producirse. A pesar de ello, muchas ciudades se han construido en zonas propensas a los terremotos.

Fallas

Cuando las placas tectónicas de la corteza de la Tierra se alejan, chocan o se deslizan una junto a otra, las grietas que se crean se llaman fallas. Existen tres tipos básicos.

Transformante
Se forma cuando las placas se deslizan una junto a la otra horizontalmente, como la falla de San Andrés en California, Estados Unidos.

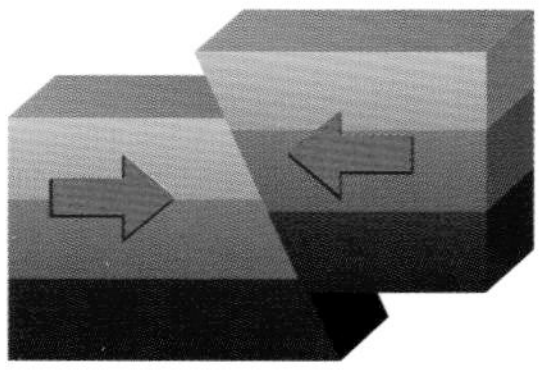

Inversa o de empuje
Se origina cuando las placas se aplastan y acortan haciendo que una placa se eleve, como en el Cabalgamiento de Glarus en Suiza.

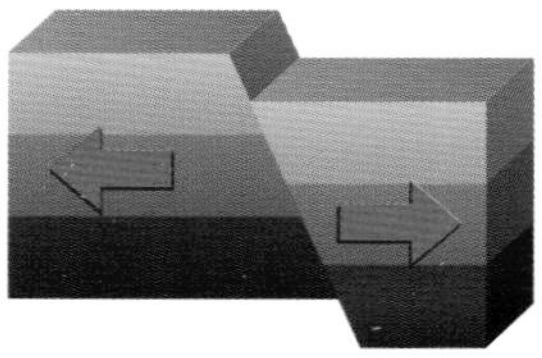

Normal
Ocurre cuando las placas se alejan y la corteza se extiende, como en el Gran Valle del Rift, en el este de África.

Cómo se miden los terremotos

Existen dos formas de medir un terremoto: la magnitud (la energía liberada) y la intensidad (sus efectos). La escala Modificada de Mercalli (abajo) mide la intensidad de un terremoto.

Intensidad	Temblor y daños
I	No se nota.
II–III	Débil. Los objetos colgados se balancean.
IV–V	Daño mínimo. Se siente fuera de los edificios. Los vehículos parados se balancean.
VI–VII	Daño moderado. Lo sienten todos. La gente camina de forma inestable.
VIII–IX	Daño considerable. Grietas visibles en el suelo. Tuberías rotas.
X	Daño total. Grandes deslizamientos de tierra. Los objetos salen volando.

Un panorama desolador

Acaba de producirse un terremoto. Ha partido este árbol por la mitad y ha provocado una gran destrucción. El único edificio que queda en pie fue especialmente diseñado para resistir terremotos.

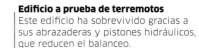

Edificio a prueba de terremotos
Este edificio ha sobrevivido gracias a sus abrazaderas y pistones hidráulicos, que reducen el balanceo.
Coches accidentados
Al temblar el suelo, los vehículos salen disparados, lo que provoca accidentes.
Conductos de gas
Si un conducto de gas se rompe, hay un alto riesgo de incendio o incluso de explosión.
Epicentro
Punto de la superficie de la Tierra que está sobre el foco.
Soportes de caucho
Este edificio soporta el temblor debido a sus resistentes cimientos de caucho.
Movimiento de las placas
Esta es una falla normal. La presión ha ido aumentando hasta que el suelo se ha desplazado varios metros.
Foco
Punto de la corteza en que una falla empieza a resquebrajarse.

Paso elevado colapsado
Aunque los diseños van mejorando, cuando el terremoto es fuerte los puentes pueden derrumbarse.
Tubería rota
Con el temblor, las tuberías se rompen y el agua se derrama.
Edificio dañado
El temblor transmite ondas de choque a través de los edificios con armazón de acero. A veces deben ser demolidos debido a los daños.
Tendidos eléctricos caídos
Los cables pueden partirse y caer, provocando incendios, cortes de corriente y electrocuciones.
¡Fuego!
Hay incendios al dañarse cocinas, lámparas y conductos de gas.
Deslizamiento de tierra
Si una pendiente ya es algo inestable, el temblor causado por el terremoto puede hacer que montones de tierra y escombros se deslicen.

Antes del terremoto
Los granos de arena se sostienen entre sí y el suelo se mantiene firme.

Durante el terremoto
El temblor afloja los granos y deja que el agua entre. La casa se hunde.

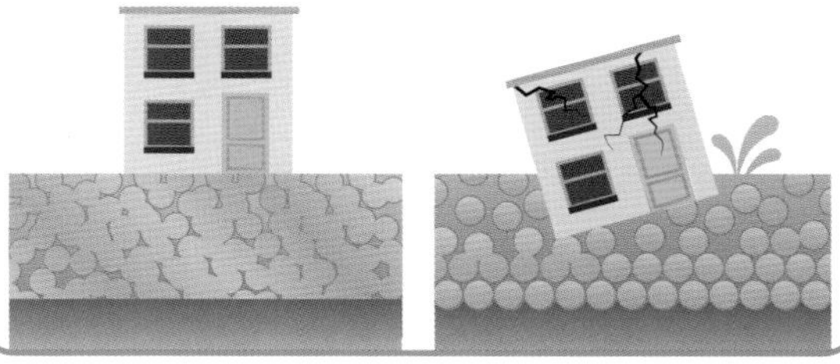

Licuefacción
En un terremoto, el barro húmedo o la arena, al agitarse, pueden transformarse en lodo líquido o arena movediza. ¡Si los cimientos no son buenos, pueden tragarse edificios enteros!

Tsunamis

Un terremoto bajo el mar puede desplazar mucha agua, creando olas que recorren miles de kilómetros. Al aproximarse a tierra firme, la ola del tsunami crece en altura. Cuando rompe en la orilla puede medir varias decenas de metros de alto.

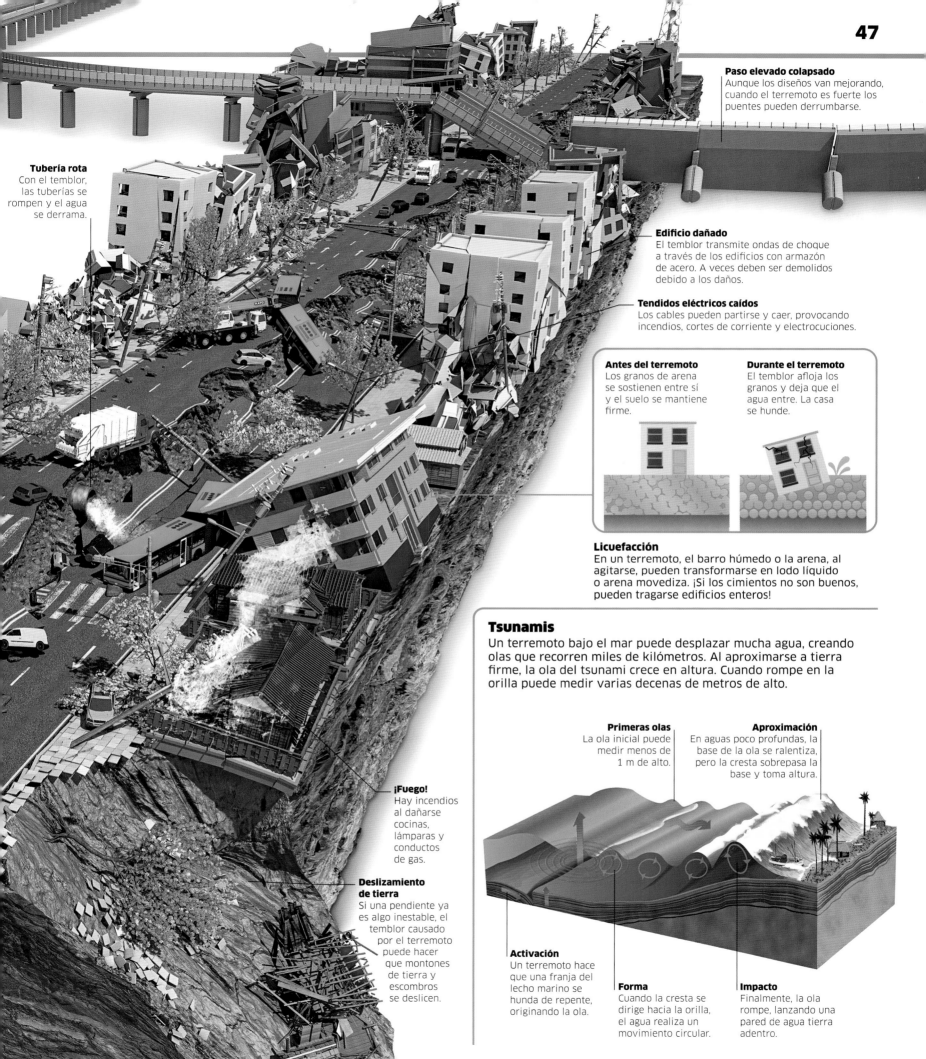

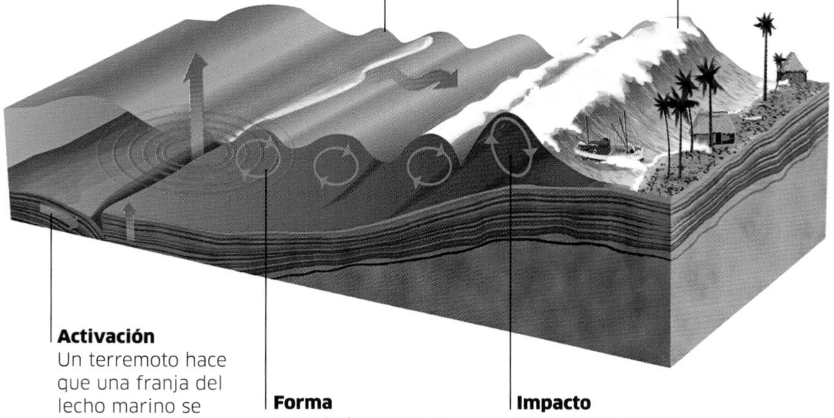

Primeras olas
La ola inicial puede medir menos de 1 m de alto.
Aproximación
En aguas poco profundas, la base de la ola se ralentiza, pero la cresta sobrepasa la base y toma altura.
Activación
Un terremoto hace que una franja del lecho marino se hunda de repente, originando la ola.
Forma
Cuando la cresta se dirige hacia la orilla, el agua realiza un movimiento circular.
Impacto
Finalmente, la ola rompe, lanzando una pared de agua tierra adentro.

4800 km: **distancia** a la que pudo **oírse la explosión** del volcán indonesio **Krakatoa** en 1883.

Volcanes

Un volcán es una abertura en la corteza de la Tierra, a través de la que erupciona roca fundida. En el manto, la roca caliente asciende. Cerca de la superficie, la presión disminuye y parte de la roca se funde, es impulsada hacia arriba y sale por el volcán.

La roca fundida se llama magma mientras está bajo tierra y lava cuando ha erupcionado. La composición del magma no es la misma que la de la roca de la que procede, ya que la roca solo se funde parcialmente, expulsando el magma entre los granos.

EL CINTURÓN DE FUEGO

La mayor parte de los volcanes se encuentran alrededor de los bordes de las placas tectónicas. El mapa de volcanes de la placa más grande, la pacífica, muestra lo que se conoce como el Cinturón de Fuego del Pacífico.

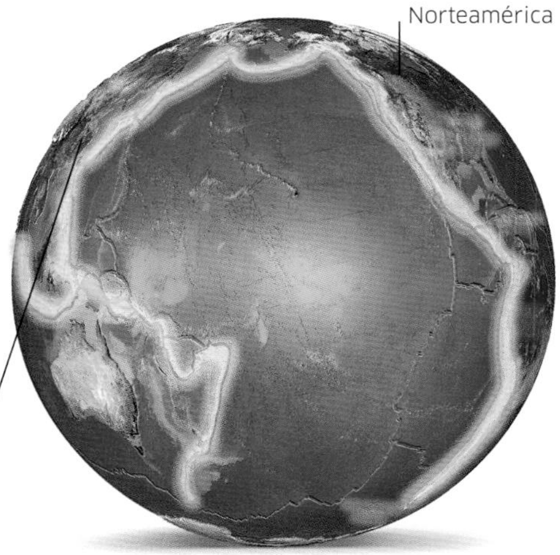

Sudeste de Asia
Aquí, la placa pacífica se desliza debajo de la placa euroasiática.

TIPOS DE VOLCÁN

La forma del volcán y la violencia de sus erupciones dependen de la naturaleza del magma que hay debajo. Si contiene más sílice (un compuesto de silicio y oxígeno), es más pegajoso y no fluye tan fácilmente. Si tiene mucha agua o gas disuelto, las erupciones son más explosivas y pulverizan la lava en carbonilla y ceniza.

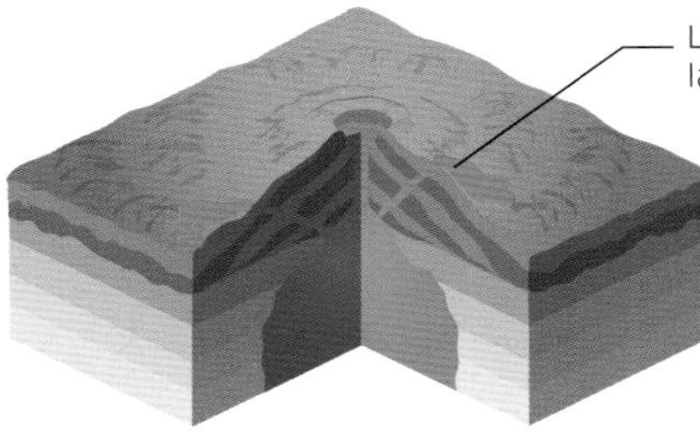

La lava muy líquida procede de las profundidades del manto.

Volcán en escudo
Estos volcanes son grandes y presentan coladas lávicas que cubren una vasta zona en todas direcciones. También pueden ser altos, aunque suelen quedar ocultos en su mayor parte bajo el mar, como en Hawái.

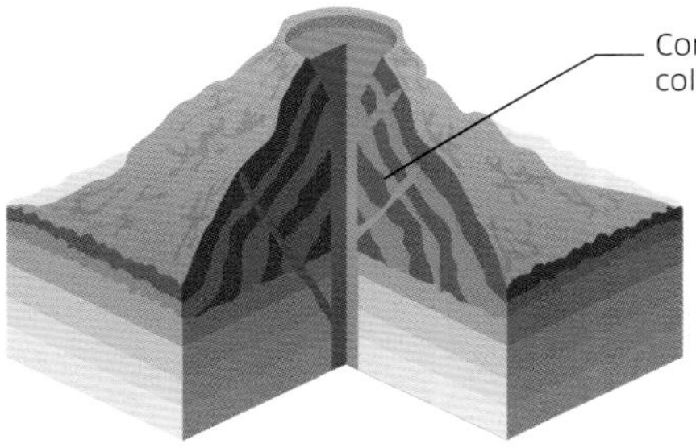

Compuesto de capas alternas de colada lávica, carbonilla y ceniza

Estratovolcán
Son los volcanes típicos en forma de pirámide, como el monte Fuji en Japón. Suelen erigirse sobre la corteza oceánica en subducción que lleva agua, que se transforma explosivamente en vapor y pulveriza el magma.

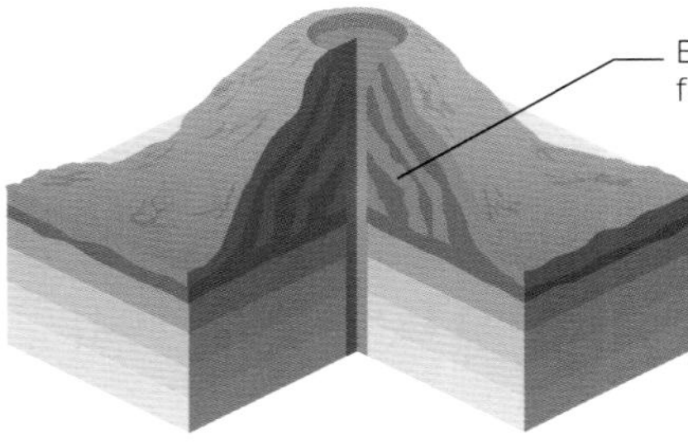

El cono está compuesto de fragmentos proyectados.

Cono de ceniza y carbonilla
Suele ser el primer indicio de un nuevo volcán, o de un nuevo cráter, en el flanco de uno ya existente. Puede producir espectaculares fuentes de fuego.

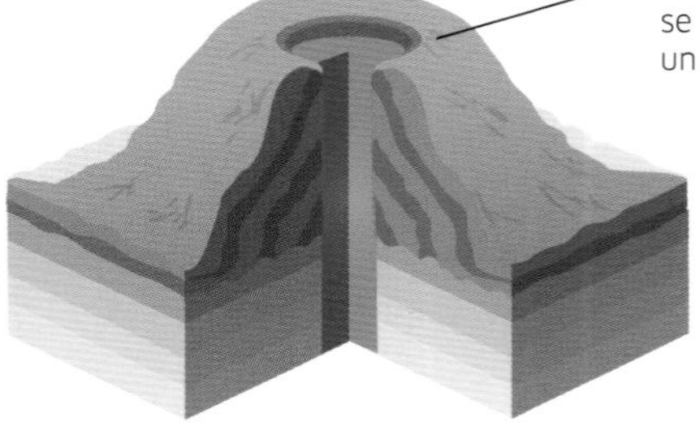

La lava es tan pegajosa que a menudo se enfría allí donde erupciona, formando un borde redondeado.

Domo de lava
El magma procedente de la corteza continental es rico en sílice y es muy viscoso (pegajoso). Así que, en vez de fluir hacia fuera, se eleva formando un enorme montículo, que estalla de forma explosiva o se solidifica allí mismo.

ROCAS VOLCÁNICAS

Las rocas volcánicas se conocen como rocas ígneas extrusivas, ya que han sido extruidas de la Tierra, como si fueran pasta dentífrica. Las hay de muchos tipos, según su composición y su textura.

Esta roca densa y oscura es rica en magnesio y hierro.

Basalto
El basalto, la roca volcánica más común de la Tierra, se produce en gran cantidad bajo el mar y en los volcanes en escudo.

Suele tener una textura fina.

Riolita
Típica en los volcanes continentales, presenta una tonalidad clara y es rica en sílice (cuarzo) y feldespato.

Las bolsas de gas hacen que sea tan liviana que puede flotar en el agua.

Pumita
La pumita, parecida en su composición a la riolita, es expulsada en forma de espuma y se enfría rápidamente.

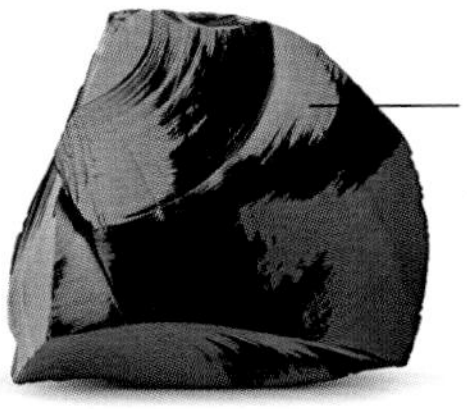

Se conoce como «vidrio volcánico», por su textura.

Obsidiana
La obsidiana, muy rica en sílice, se enfría tan rápido que los minerales no tienen tiempo de cristalizar en granos.

CALDERA

Una caldera es una gran depresión en la parte superior de un volcán, causada por una erupción explosiva que hace volar la parte superior o al hundirse una cámara magmática cuando el magma ha desaparecido. Algunas son más grandes que el volcán mismo y algunas contienen lagos.

Estos volcanes extinguidos de Lanzarote, España, se llaman Caldereta y Caldera Blanca.

VOLCANES EN ESCUDO

Se forman en puntos calientes sobre plumas de roca caliente que asciende por el manto. La roca empieza a fundirse a 150 km de profundidad. Tan solo se funde un tanto por ciento, creando ríos de lava que pueden cubrir una amplia zona. En el pasado de la Tierra, los volcanes en escudo han producido millones de kilómetros cúbicos de basalto y han causado cambios climáticos que pueden haber provocado extinciones en masa de animales y plantas.

Traps del Decán

Esta meseta del oeste de la India la creó un volcán en escudo gigante que entró en erupción hace unos 66 millones de años. Ocupa una superficie de unos 200 000 km² y en algunos puntos presenta capas de basalto de más de 2 km de grosor.

Tipos de lava

Existen dos tipos básicos de lava basáltica procedente de volcanes en escudo, que tienen un aspecto muy distinto entre sí. Son de un tipo u otro según la temperatura de la lava, la velocidad a la que fluye y lo rápido que se enfría su superficie. Ambas lavas tienen un nombre hawaiano que describe su aspecto: ʻaʻā significa «lava pedregosa y áspera», y pāhoehoe se traduce como «lava suave sin romper».

Lava ʻAʻā
Esta lava fluye deprisa, causando una pérdida rápida de calor en su superficie, lo que crea masas de lava irregulares que se repliegan mientras avanzan. Estas masas mantienen la roca de debajo caliente, de modo que puede fluir lejos.

Lava pāhoehoe
Esta lava erupciona ligeramente más caliente y fluye más rápido que la lava ʻaʻā. Suele denominarse lava cordada porque la capa externa al enfriarse se arruga de forma que recuerda una cuerda. Al igual que la lava ʻaʻā, puede recorrer grandes distancias.

Cadenas de islas volcánicas

Los puntos calientes pueden darse en medio de las placas tectónicas bajo el océano, creando una cadena de islas volcánicas. Se debe a que el punto caliente es fijo, mientras que la placa tectónica se desplaza lentamente sobre él a un ritmo constante. El archipiélago de Hawái es un ejemplo de este proceso. Hawái (o Isla Grande) se asienta sobre el punto caliente y tiene tres volcanes activos, pero la cadena incluye más de 130 islas más antiguas, atolones y montes submarinos.

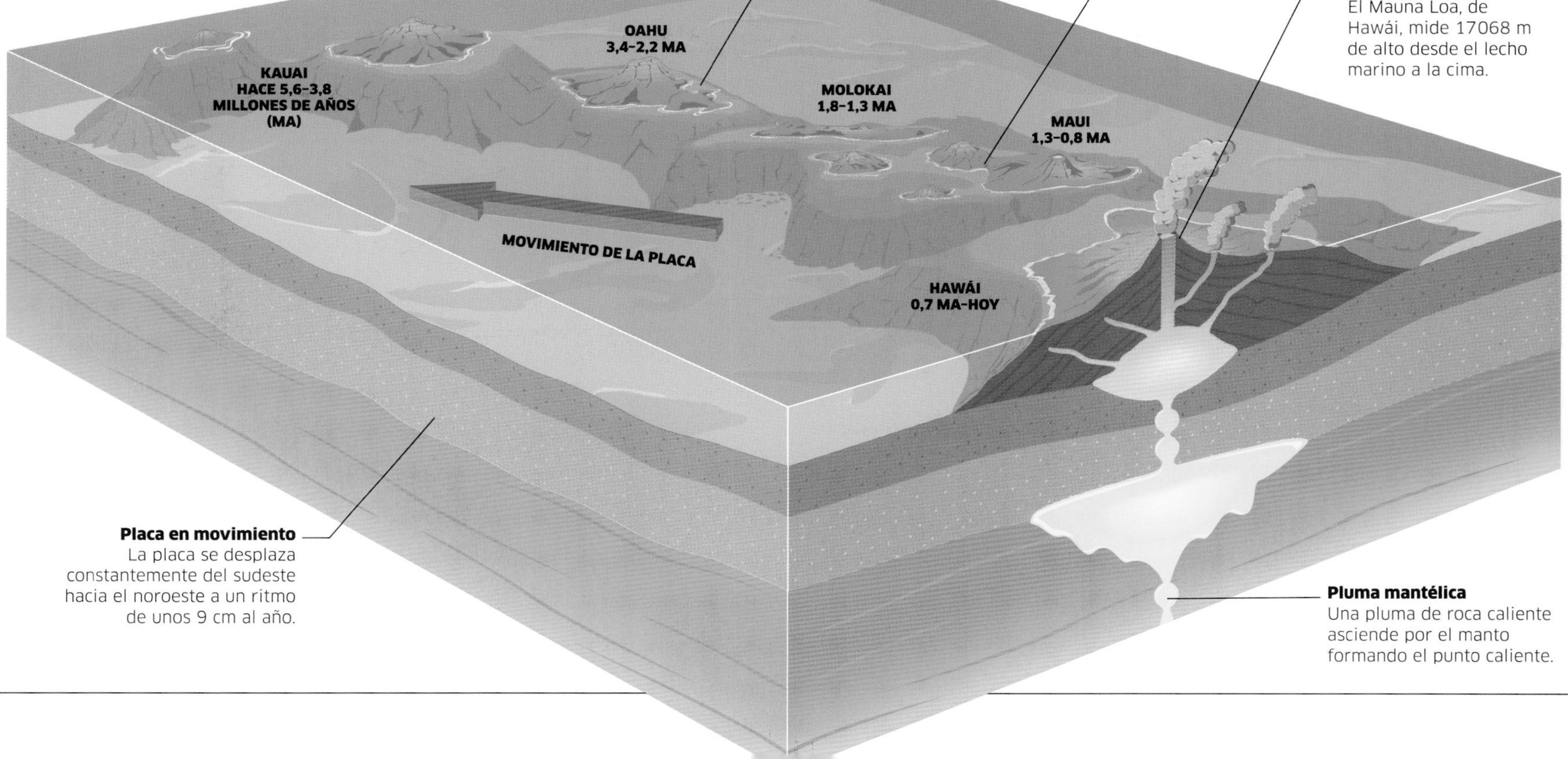

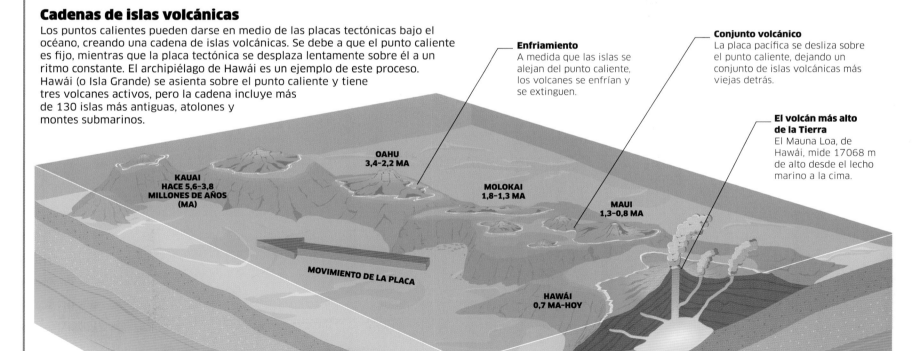

Enfriamiento
A medida que las islas se alejan del punto caliente, los volcanes se enfrían y se extinguen.

Conjunto volcánico
La placa pacífica se desliza sobre el punto caliente, dejando un conjunto de islas volcánicas más viejas detrás.

El volcán más alto de la Tierra
El Mauna Loa, de Hawái, mide 17068 m de alto desde el lecho marino a la cima.

Placa en movimiento
La placa se desplaza constantemente del sudeste hacia el noroeste a un ritmo de unos 9 cm al año.

Pluma mantélica
Una pluma de roca caliente asciende por el manto formando el punto caliente.

Capa de ceniza

El volcán Cumbre Vieja, en la isla de la Palma, de las Canarias, entró en erupción en 2021. El flujo de lava destruyó más de 3000 edificios y una gruesa capa de ceniza lo cubrió todo.

Las islas Canarias son una cadena de islas volcánicas y de montañas volcánicas submarinas que están frente a la costa noroeste de África. Las erupciones empezaron hace unos 70 millones de años y probablemente se deben a un punto caliente del manto que hay debajo de la placa africana (que se desplaza lentamente hacia el este). La Palma es una de las islas volcánicas más jóvenes y más activas.

Estratovolcanes

El monte Etna, en Sicilia, es el volcán más grande y activo de Europa. Es un estratovolcán con múltiples capas de flujos de lava, ceniza y carbonilla que forma un pináculo cónico que se eleva 3357 m sobre el nivel del mar. Hoy los geólogos están descubriendo su anatomía interna.

El Etna es un volcán complejo. Probablemente empezó siendo un volcán submarino sobre un penacho del manto hace 500 000 años. Posteriormente se transformó en un estratovolcán, cuando la placa del antiguo océano Tetis se deslizó bajo Europa. Hace unos 8000 años, el flanco oriental del Etna se derrumbó, provocando un enorme tsunami en el mar Mediterráneo. En los archivos históricos aparecen documentadas numerosas erupciones, que a veces sepultaban pueblos enteros. En 1669, la lava alcanzó las murallas de la ciudad de Catania, a unos 30 km al este del volcán.

Trabajo de riesgo

Los vulcanólogos que monitorizan el Etna confían en conseguir muestras de los gases volcánicos, para conocer la fuente de la lava y para saber cuándo va a entrar en erupción. Deben estar preparados. ¡Y vigilar dónde pisan! Sus trajes y botas termorresistentes les protegen, y también las máscaras antigás, pero no bastan ante las bombas de lava, que pueden ser del tamaño de un balón de fútbol.

Problemas a la vista
El magma puede acumularse bajo la superficie sin erupcionar, haciendo que el flanco se hinche. Si la zona se derrumba, el magma puede salir en un chorro lateral letal.

Vivir a la sombra del Etna
Miles de sicilianos viven en localidades en las laderas del Etna. Están acostumbrados a las erupciones y a que las calles se cubran de ceniza o rocas volcánicas.

Orígenes antiguos
Bajo las raíces del actual estratovolcán se encuentra un antiguo volcán en escudo, parecido a la isla de Hawái.

Monte Etna

Un volcán como el monte Etna está compuesto por capas alternas de flujos de lava, ceniza y carbonilla. Su estructura subterránea es compleja. Hay muchos diques (que cortan las capas de rocas) y soleras (entre las capas) de lava. Además, dispone de varios cráteres, ya que el magma trata de encontrar un lugar por el que salir. Sus erupciones son frecuentes y pueden durar meses o incluso años, pero no suelen ser devastadoras.

Sepultado bajo la lava
En 2001, se abrieron fisuras que amenazaron la pequeña localidad de Nicolosi, que había quedado destruida en 1669. Por fortuna, la lava se detuvo antes de llegar allí. Esta casa no tuvo tanta suerte.

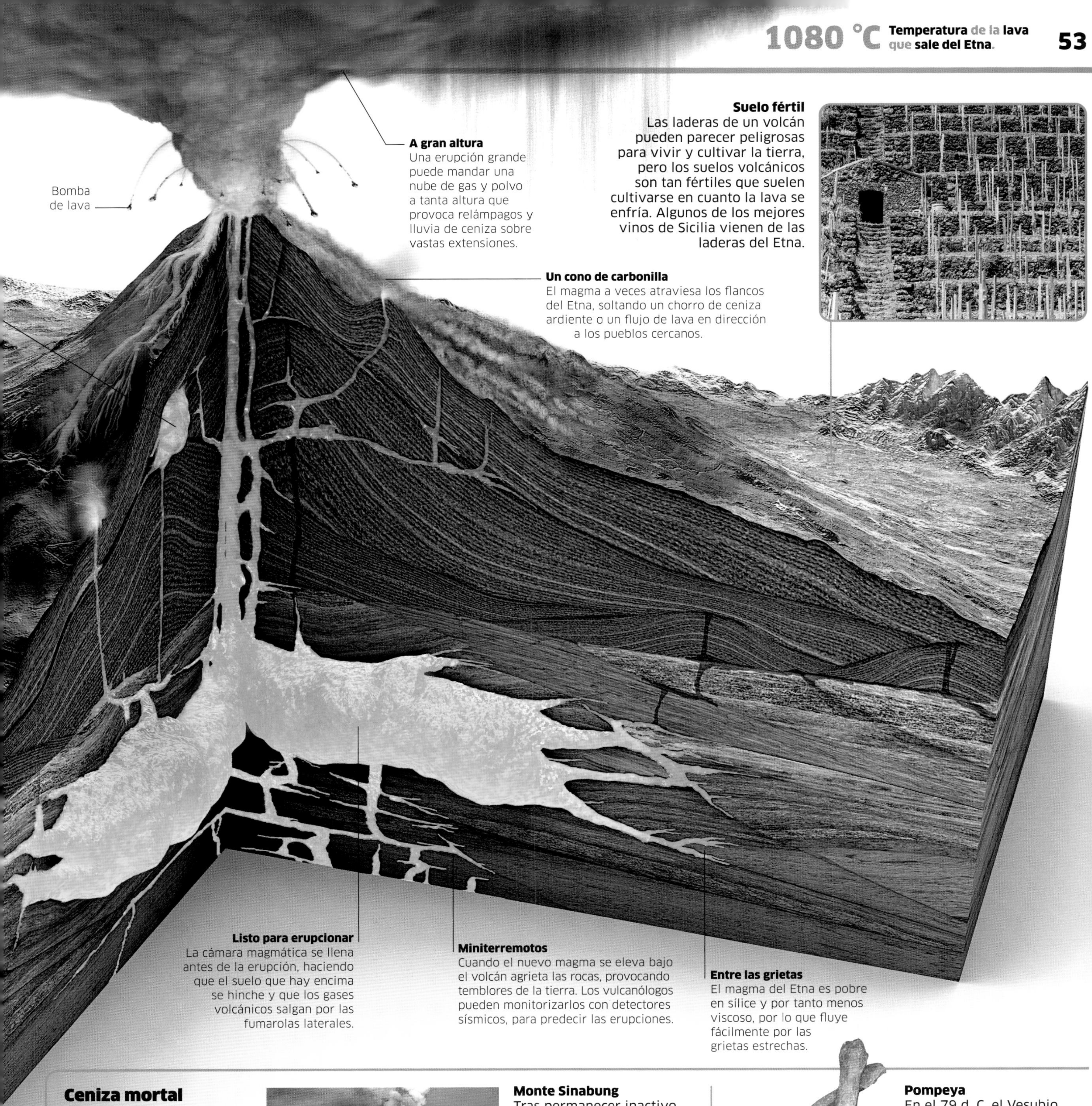

A gran altura
Una erupción grande puede mandar una nube de gas y polvo a tanta altura que provoca relámpagos y lluvia de ceniza sobre vastas extensiones.

Suelo fértil
Las laderas de un volcán pueden parecer peligrosas para vivir y cultivar la tierra, pero los suelos volcánicos son tan fértiles que suelen cultivarse en cuanto la lava se enfría. Algunos de los mejores vinos de Sicilia vienen de las laderas del Etna.

Un cono de carbonilla
El magma a veces atraviesa los flancos del Etna, soltando un chorro de ceniza ardiente o un flujo de lava en dirección a los pueblos cercanos.

Listo para erupcionar
La cámara magmática se llena antes de la erupción, haciendo que el suelo que hay encima se hinche y que los gases volcánicos salgan por las fumarolas laterales.

Miniterremotos
Cuando el nuevo magma se eleva bajo el volcán agrieta las rocas, provocando temblores de la tierra. Los vulcanólogos pueden monitorizarlos con detectores sísmicos, para predecir las erupciones.

Entre las grietas
El magma del Etna es pobre en sílice y por tanto menos viscoso, por lo que fluye fácilmente por las grietas estrechas.

Ceniza mortal

La ceniza que pesa demasiado para subir al cielo puede bajar por las laderas del estratovolcán a una velocidad de más de 100 km/h, impulsada por el gas y el vapor en expansión, a una temperatura de más de 800 °C. Se conoce como flujo piroclástico.

Monte Sinabung
Tras permanecer inactivo durante 400 años, este estratovolcán indonesio entró en erupción en 2010. En 2021, produjo una serie de flujos piroclásticos, que obligaron a evacuar a 27 000 personas en un radio de 2 km.

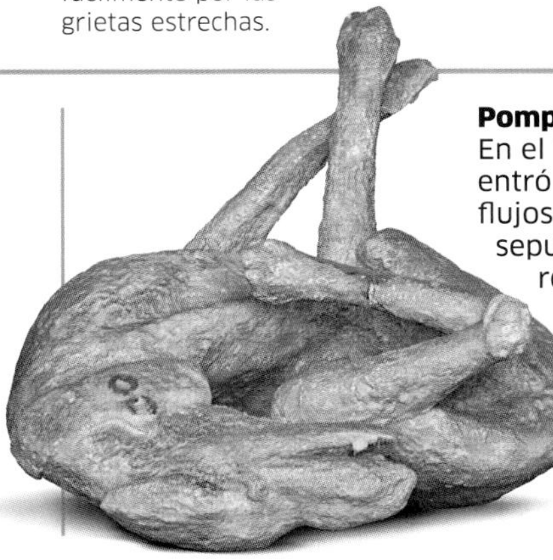

Pompeya
En el 79 d. C. el Vesubio entró en erupción y sus flujos piroclásticos sepultaron la ciudad romana de Pompeya bajo más de 6 m de ceniza. Se hizo un molde de escayola de la figura dejada por este perro, que murió cubierto por la ceniza incandescente.

El géiser Old Faithful, en Yellowstone, erupciona cada 50-100 minutos.

Barro burbujeante
Fenómenos frecuentes de las zonas geotérmicas tales como las fuentes termales forman piscinas de barro fino, que burbujean a causa del vapor y los gases volcánicos, como calderos gigantes.

Géiseres y fuentes termales

El calor volcánico no siempre origina fuegos y coladas lávicas. También puede activar una caldera subterránea y producir géiseres y fuentes termales.

Las rocas calientes que hay debajo de la corteza de la Tierra pueden originar fenómenos geotérmicos en la superficie. La lluvia que se filtra desde arriba, o el agua subterránea, se calienta a medida que va penetrando o se acerca a una fuente de magma poco profunda. Entonces la presión hace que ascienda creando fuentes termales. Uno de los fenómenos más espectaculares son los géiseres, que lanzan periódicamente un chorro de agua caliente y vapor hacia el cielo.

Terrazas de piedra
A medida que el agua caliente saturada de sustancias químicas se enfría, va depositando terrazas de piedra, algunas de sílice y otras de calcita (carbonato de calcio).
Géiser
Un chorro humeante sale disparado cuando el agua alcanza el punto de ebullición, liberando la presión.
Baño del Diablo
El agua de color verde fosforescente de esta piscina debe su color a partículas de azufre y a las sales de hierro. Huele a huevos podridos a causa del sulfuro de hidrógeno gaseoso.
Aumento de presión
El agua se acumula en las cámaras y se calienta. Al final, empieza a hervir y lanza un chorro a presión hacia la tubería revestida de mineral que hay encima.
Depósito de agua caliente
A varios cientos de metros de profundidad, la presión impide que el agua hierva, por muy caliente que esté.

Un chapuzón caliente

En la nieve del invierno japonés, los macacos disfrutan de un baño caliente en el parque de Jigokudani, que se conoce con el nombre de «valle del infierno» a causa de sus fuentes geotérmicas. El agua está a una temperatura media de 50 °C, que no solo calienta a los monos de nieve, sino que se ha demostrado que disminuye sus niveles de estrés.

130 °C **Temperatura más alta** a la que algunas **bacterias termófilas** pueden **sobrevivir**.

1000 km^3: **volumen de magma** de la **última gran erupción** del **supervolcán** de **Yellowstone**.

Salto de agua hirviendo

Supervolcán de Yellowstone

Los turistas acuden al Parque Nacional de Yellowstone a ver el volcán, en Wyoming, Estados Unidos. Hace unos 640 000 años, no obstante, entró en erupción como un supervolcán, miles de veces más violento que cualquier erupción volcánica actual. La caldera se erige sobre dos cámaras magmáticas, y sube y baja como un dragón dormido que pudiera despertarse en cualquier momento.

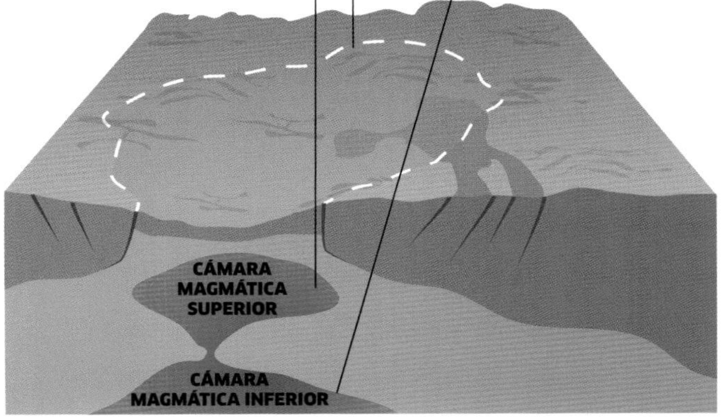
La cámara magmática superior mide 90 x 40 km y tiene una profundidad de 12 km.
Caldera
La cámara inferior es unas 4,5 veces más grande que la cámara superior.
CÁMARA MAGMÁTICA SUPERIOR
CÁMARA MAGMÁTICA INFERIOR

Fumarolas
Una fumarola es un respiradero volcánico que emite vapor y gases volcánicos. A su alrededor puede formarse un cono de depósitos, a menudo moteado de azufre amarillo.

Bacterias que aman el calor
Las bacterias termófilas sobreviven a los 75 °C de la piscina de Champán, llamada así por sus burbujas de dióxido de carbono. El borde naranja de la piscina se debe a una acumulación de compuestos de arsénico y antimonio que se depositan cuando el agua se enfría y evapora.

Agua fría
El agua superficial fría se filtra por las grietas del suelo hacia la roca volcánica caliente que hay debajo, calentándose por el camino.

Ascenso
El agua asciende hasta el lago que hay encima, donde se enfría debido a la evaporación.

Agua caliente
El agua presurizada se calienta a más de 230 °C, disolviendo los minerales de la roca.

Rotorua, Nueva Zelanda

Hay fuentes termales en muchas partes del mundo. Según la leyenda maorí, los fenómenos geotérmicos que hay en Rotorua, Nueva Zelanda, los dejaron los diablos del fuego. Los maoríes siguen siendo los guardianes de las fuentes, que calienta la caldera derrumbada (cráter) de una enorme erupción volcánica que se produjo hace 140 000 años.

 65,5 **billones de toneladas de carbono** contienen las rocas **del mundo**.

El ciclo de las rocas

Las rocas parecen sólidas y estables, pero cambian sin parar. Las montañas se elevan y se erosionan; las rocas quedan sepultadas, soportan gran presión y se funden, para luego volver a emerger formando picos nuevos.

Hay cientos de rocas distintas en nuestro planeta, pero pueden dividirse en tres tipos básicos según cómo se hayan formado: ígneas, sedimentarias y metamórficas. Las ígneas han estado fundidas. Las sedimentarias son restos disueltos o erosionados de otras rocas o de plantas y animales. Ambas pueden transformarse con el calor y la presión en rocas metamórficas.

ROCAS RECICLADAS

Las rocas más antiguas de la Tierra son mucho más jóvenes que la mayoría de las que hay en la Luna. Se debe a que aquí en la Tierra tenemos el clima y placas tectónicas activas (ver páginas 36-37). Nuestras rocas se desgastan continuamente a causa del viento y las olas, se disuelven debido a la lluvia ácida y son arrasadas. Quedan sepultadas, son presionadas, se funden y erupcionan de nuevo en un ciclo interminable de cientos de millones de años. Es el ciclo de las rocas o litológico.

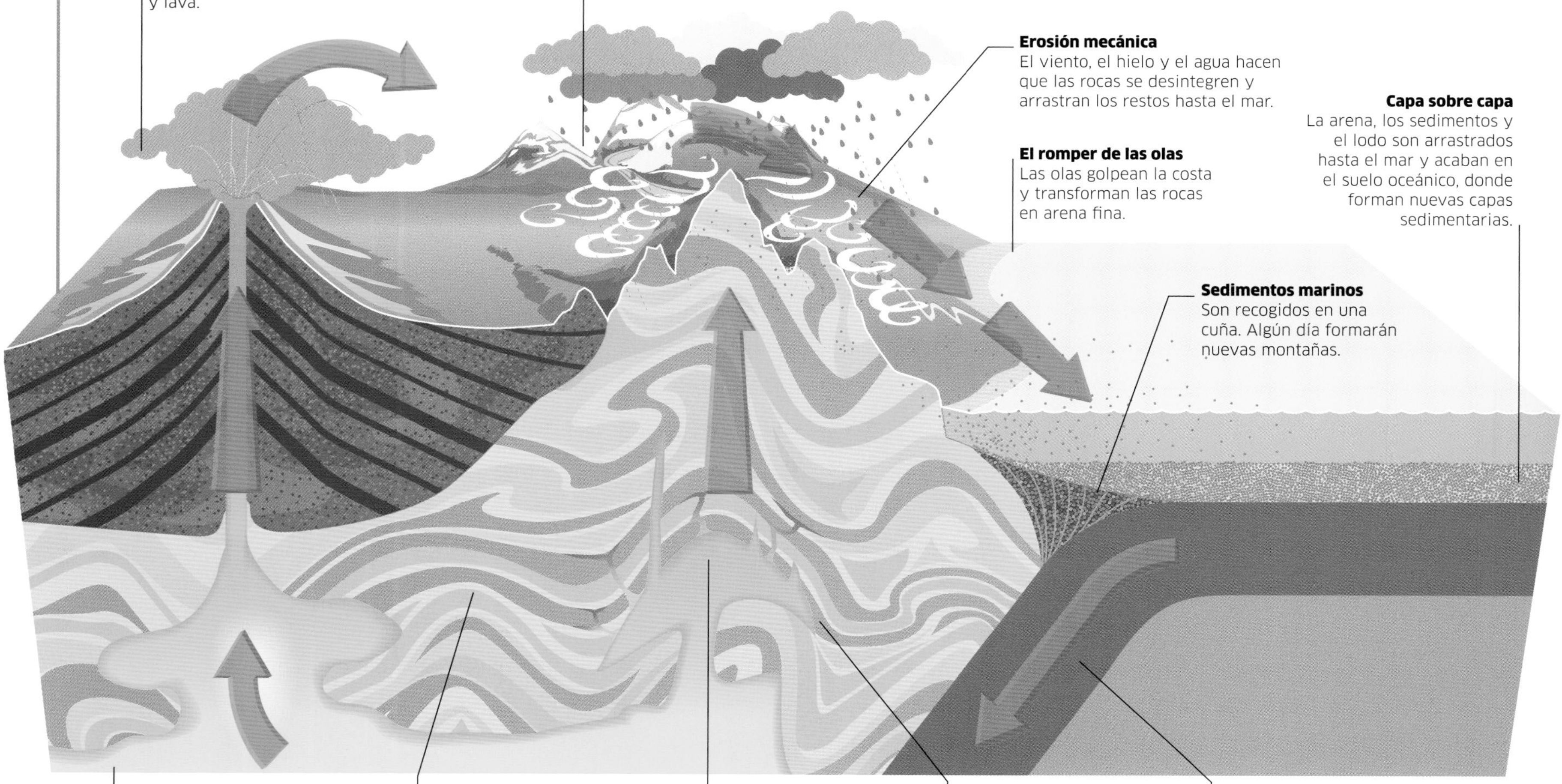
Roca nueva
Las rocas ígneas erupcionan de los volcanes y se extienden en forma de capas de ceniza y lava.
Erosión química
La lluvia ácida disuelve algunas rocas o reacciona con ellas, convirtiéndolas en tierra.
Erosión mecánica
El viento, el hielo y el agua hacen que las rocas se desintegren y arrastran los restos hasta el mar.
Capa sobre capa
La arena, los sedimentos y el lodo son arrastrados hasta el mar y acaban en el suelo oceánico, donde forman nuevas capas sedimentarias.
El romper de las olas
Las olas golpean la costa y transforman las rocas en arena fina.
Sedimentos marinos
Son recogidos en una cuña. Algún día formarán nuevas montañas.
Granito fundido
El calor y la humedad funden las rocas de la corteza, que ascienden como una gran masa de magma.
Metamorfismo regional
Estas capas se han transformado en rocas metamórficas a causa del calor y la presión.
Un lacolito
El granito fundido se abre camino y asciende entre las capas de roca.
Metamorfismo de contacto
Las rocas en contacto con el magma en ascenso se transforman con el calor.
Hundimiento de la corteza oceánica
La corteza oceánica se hunde y el basalto acaba de nuevo en el manto.

ROCAS ÍGNEAS

Las rocas ígneas, como el basalto y el granito, empiezan siendo magma fundido. Las rocas ígneas intrusivas ascienden por el subsuelo, llenando grietas (diques y soleras) y cámaras más grandes (batolitos y lacolitos), pero no erupcionan en la superficie. Con el tiempo pueden quedar expuestas a causa del desgaste y la erosión. Las rocas ígneas extrusivas erupcionan a través de los volcanes terrestres o submarinos. Ambos tipos pueden ser ricos en sílice (granito y riolita) o pobres en sílice (gabro y basalto).

Calzada del Gigante, Irlanda del Norte
Es un flujo ígneo extrusivo de basalto. La lava al enfriarse se contrajo y se resquebrajó formando enormes columnas hexagonales.

Cordillera de Sierra Nevada, California
Estas intrusiones ígneas de granito expuestas se formaron hace unos 100 millones de años (Ma) en las profundidades de la corteza de la Tierra.

4374 **millones de años** de antigüedad tiene el **grano mineral** conocido más antiguo (un **circón** de **Australia septentrional**).

720 **millones de toneladas** de **sedimento al año** **transporta** el río **Brahmaputra**, en Asia.

57

El Desierto Pintado, Arizona
Estas coloridas capas de arenisca y lutolita se formaron durante el período Triásico, hace unos 230 Ma.

Los Acantilados Blancos de Dover, Inglaterra
La caliza está compuesta por carbonato de calcio, es decir, los restos del plancton diminuto que extraía dióxido de carbono del mar.

ROCAS SEDIMENTARIAS

Las rocas sedimentarias se forman cuando la materia se deposita en capas, a menudo en el lecho marino. Tras millones de años, se comprimen a causa del peso de las capas superiores. Algunas, como la sal de roca, se forman al evaporarse el agua de mar. Otras, como el carbón y la caliza, son orgánicas (restos de plantas o animales). Muchas son fragmentos de roca triturada, que se forman cuando el desgaste y la erosión rompen las rocas en trozos más pequeños. Estas se clasifican por su tamaño, y van desde el lodo fino hasta la arena gruesa y la gravilla. Todas pueden endurecerse y formar roca sólida.

ROCAS METAMÓRFICAS

Estas rocas han sido transformadas por la inmensa presión ejercida por la roca de las capas superiores o por el calor subterráneo, o por ambos. La presión alinea los granos y el calor hace que los minerales se conviertan en cristales entrelazados. La roca resultante suele estar plegada y fallada. Las rocas que se encuentran a poca profundidad pueden transformarse por el mero contacto con una intrusión ígnea (metamorfismo de contacto). Regiones enteras pueden volverse metamórficas si se hunden lo suficiente (metamorfismo regional).

Acumulación continental

Las rocas más antiguas del centro de los continentes son grandes depósitos de escombros acumulados en millones de años. El metamorfismo ha transformado lo que empezó siendo granito en capas replegadas de gneis. Nos dan pistas sobre su larga y violenta historia, caracterizada por el hundimiento, las colisiones entre los continentes y la erosión.

Bahía de Achmelvich, noroeste de Escocia
Puede decirse que estas rocas son los restos de los cimientos de un continente de 3000 millones de años.

Fiordo del Rey Óscar, Groenlandia
Algunas de las rocas más antiguas de la Tierra se encuentran en Groenlandia, a menudo expuestas por la erosión.

Siempre cambiantes

Las intrusiones de granito calientes, como este lacolito (en forma de cúpula), al abrirse camino entre las capas de roca, transforman la roca con el calor y la presión. También arrastran agua salada supercaliente y cargada de minerales por la roca agrietada que hay encima, depositando vetas ricas en minerales.

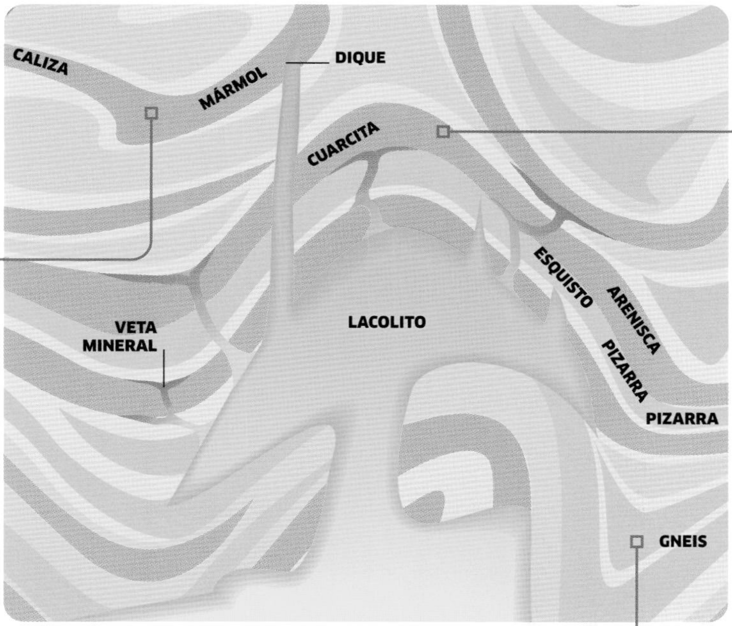

Mármol
El calor y la presión moderados transforman la caliza en mármol. Si la caliza es carbonato de calcio puro, el mármol puede ser blanco puro.

Cuarcita
Los granos de arena se componen de cuarzo (dióxido de silicio). Con el calor y la presión, los granos se unen y forman la cuarcita.

Gneis
Si los minerales de las rocas arcillosas sedimentarias se someten a presión y calor, primero se alinean formando la pizarra; luego aparecen brillantes cristales de mica, que forman el esquisto. Finalmente, al fundirse casi por completo, la roca se transforma en gneis.

3000 millones de **toneladas de hierro** se **extraen** en el mundo **todos los años**.

Minerales

Nuestro planeta está formado por rocas, y estas, por minerales. Un mineral es un elemento o compuesto con una composición química específica y una estructura cristalina característica. Muchos dan las menas y las materias primas para la industria.

Los granos minerales de las rocas a veces son tan pequeños que solo pueden verse con un microscopio, pero pueden formar cristales espectaculares, normalmente en las entrañas de la Tierra. En la naturaleza los minerales cristalizan de dos formas básicas: al enfriarse la lava y el magma; o al evaporarse de una solución, en la superficie o en las grietas y vetas que hay entre las capas de roca subterráneas.

Escala de dureza de Mohs

Los minerales pueden identificarse por su resistencia a ser rayados. Los geólogos usan la escala de Mohs y unos lápices de dureza especiales, pero los objetos corrientes también sirven. Por ejemplo, con la uña puedes rayar el yeso, pero no la calcita; y con un cuchillo puedes rayar la apatita pero no la ortoclasa. El diamante no puede rayarse con nada.

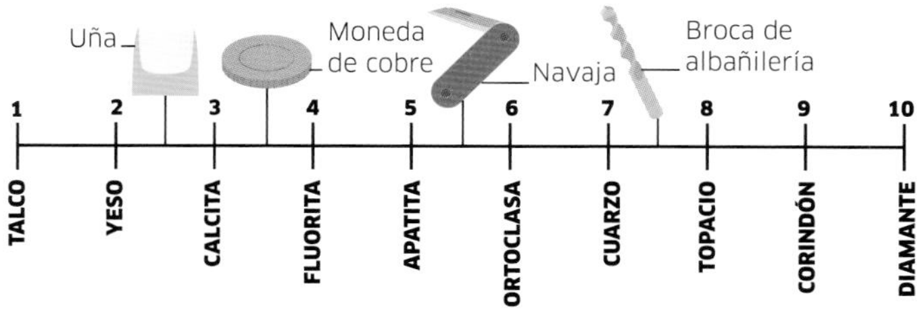

SE FORMA LA ROCA

La mayoría de las rocas de la corteza de la Tierra están compuestas por minerales de distintos grupos. El más corriente es el de los silicatos (compuestos de oxígeno y silicio, además de metales como aluminio y magnesio).

AUGITA

Dureza: 7

Pertenece al grupo de los piroxenos y es un componente básico del basalto, así que es uno de los minerales más corrientes de la corteza terrestre.

OLIVINO

Dureza: 6-6,5

Este mineral denso y verde, que contiene magnesio y silicatos de hierro, es corriente en las rocas del manto superior. En su forma pura es la gema peridoto.

FELDESPATO

Dureza: 6

Suele encontrarse en las rocas ígneas, incluido el granito, y sus dos formas más comunes son la ortoclasa (en la imagen) y la plagioclasa.

CUARZO

Dureza: 7

El cuarzo, el mineral más abundante en la corteza de la Tierra, es uno de los principales componentes de las rocas continentales como el granito. También se encuentra en la arena y tiene muchos usos, entre ellos la fabricación del vidrio.

MICA

Dureza: 2,5-4

Se encuentra en las rocas ígneas y allí donde los minerales arcillosos de las rocas sedimentarias se han metamorfoseado. Su estructura cristalina plana la hace un buen aislante industrial.

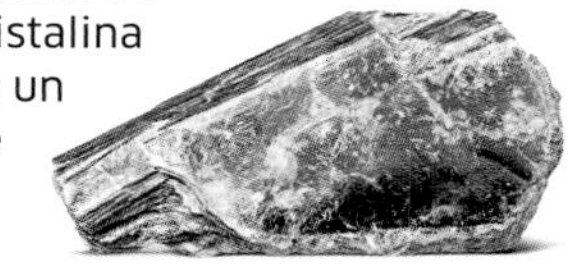

MENAS METÁLICAS

Una mena es un mineral que contiene la cantidad suficiente de un metal como para que valga la pena extraerlo. Tras la extracción, puede concentrarse por flotación o lavado, con sustancias químicas como los disolventes, o con calor. Las menas, como el oro, el estaño, el cobre y el platino, se encuentran como menas nativas, que significa que el metal se encuentra en su estado puro y natural sin necesidad de extracción.

ORO

Dureza: 2,5-3

Suele encontrarse en forma de metal puro, es decir, de oro nativo. Se saca de las vetas minerales que hay entre las capas de roca o de la grava de los ríos, donde se concentra.

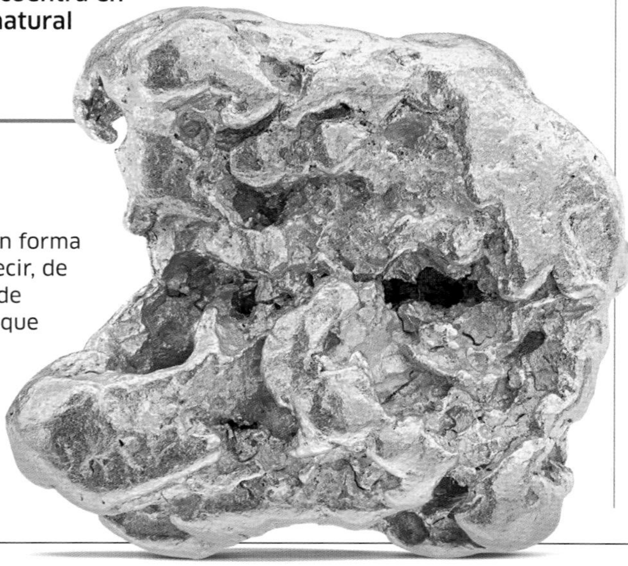

COBRE

Dureza: 3

La forma más abundante es el sulfuro de cobre, pero a veces se da en forma de metal nativo. El cobre es un buen conductor de la electricidad, así que se usa en los cables eléctricos.

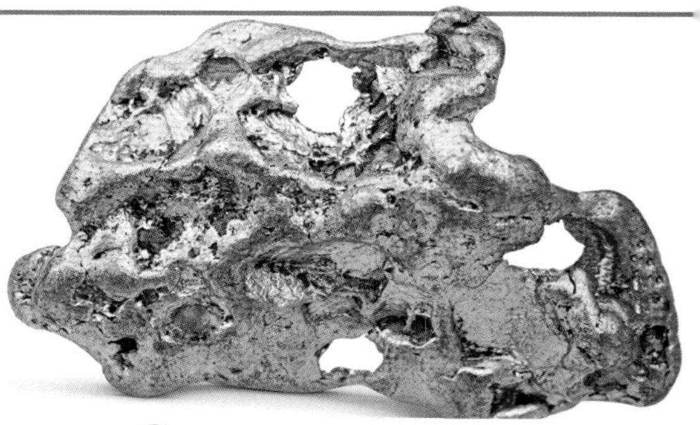

ILMENITA

Dureza: 5-6

La ilmenita, un mineral corriente en las rocas ígneas, se ha encontrado incluso en la Luna. Es la mena principal del titanio y sus densos cristales se hunden y van a parar al fondo de las cámaras magmáticas.

BAUXITA

Dureza: 1-3

La bauxita, que en realidad es un tipo de tierra y no un mineral puro, es la principal mena del aluminio. Dado que el aluminio se une a otros elementos, extraerlo es un proceso complicado en que se usa la electrólisis, un método bastante caro.

71 **millones de dólares** es el precio máximo pagado por una piedra preciosa (la Estrella Rosa, un **diamante,** en 2017).

5780 **especies minerales** ha **reconocido** la **Asociación Internacional de Mineralogía**.

PRECIOSOS Y SEMIPRECIOSOS

Muchos minerales tienen un aspecto atractivo. Suelen ser translúcidos y refractan la luz, así que al tallarlos para alinearlos con su estructura cristalina natural brillan. Algunos también son duros y duraderos, y son considerados valiosos como joyas.

ZAFIRO
Dureza: 9

Compuesto de corindón, u óxido de aluminio, es el segundo mineral más duro, después del diamante. El zafiro debe su color azul a las trazas de hierro y titanio, aunque algunas gemas son incoloras.

RUBÍ
Dureza: 9

El rubí, compuesto también de corindón, debe su color a las trazas de cromo. Tanto los rubíes como los zafiros se forman en las rocas ígneas o mediante metamorfismo de contacto.

AMATISTA
Dureza: 7

Esta forma de cuarzo presenta un llamativo color morado, y es una piedra semipreciosa muy popular. El color se debe a las trazas de hierro u otros metales. Puede presentarse en grandes cristales, pero el mejor tono suele estar solo en las capas exteriores. La mayoría se extraen en Brasil.

TOPACIO
Dureza: 8

El topacio es el silicato natural más duro. Suele ser marrón o amarillo pálido, y muy rara vez morado o azul. Estas últimas variedades son tan valiosas que suelen crearse artificialmente irradiando el topacio transparente.

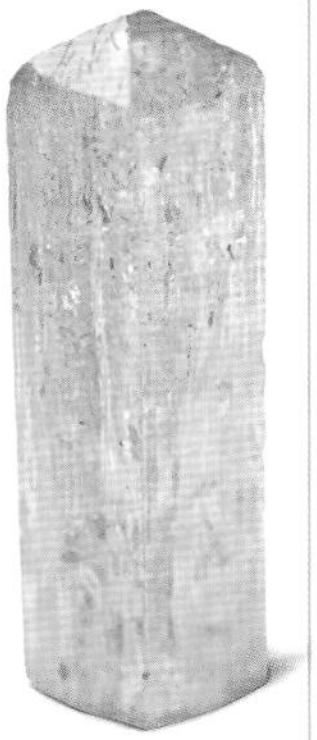

TURMALINA
Dureza: 7

Los especímenes más grandes y valiosos de turmalina crecen en las bolsas de los sistemas hidrotermales. Este complejo silicato del boro suele ser negro, aunque también puede adoptar otros colores.

CIRCÓN
Dureza: 7

El silicato de circonio es uno de los minerales más extendidos. Suele ignorarse, pues sus granos son pequeños. El circón es uno de los minerales más antiguos de la Tierra.

ESMERALDA
Dureza: 7,5-8

Es el mineral más valioso tras el diamante y es una forma de berilo. Debe su color verde al cromo o al vanadio, elementos que no suelen ir juntos, así que es bastante raro.

DIAMANTE
Dureza: 10

Es el más duro de los minerales y el más valioso, porque solo se forma bajo una inmensa presión en el manto. Refracta la luz, así que brilla con destellos de muchos colores.

MALAQUITA
Dureza: 3,5-4

Esta mena es carbonato de cobre y suele encontrarse en grietas y cuevas de piedra caliza. Lleva más de 4000 años extrayéndose por el cobre, pero en la actualidad suele usarse sobre todo en joyería, por su llamativa estructura en capas y su color verde intenso.

GALENA
Dureza: 7

Con sus característicos cristales en forma de cubo de sulfato de plomo, la principal mena del plomo es fácil de reconocer. También puede contener trazas de un metal más valioso, la plata, y lleva extrayéndose por ambos desde hace 2000 años.

CASITERITA
Dureza: 6-7

Este insólito y denso mineral es la principal mena del estaño. Por su resistencia y densidad puede concentrarse en la grava de río, la principal fuente comercial en la actualidad.

CINABRIO
Dureza: 5-6

Este mineral está compuesto de sulfato de mercurio, evaporado de la solución de las vetas minerales. Es la única mena del mercurio, que se extrae comercialmente mediante el calor.

HEMATITA
Dureza: 6,5

Este mineral de óxido de hierro es la mena más importante del hierro y se extrae en grandes cantidades. En su forma pura, se pule y se usa en joyería por su brillo y textura inusuales.

Los científicos están estudiando los microbios de las zonas más secas del desierto para ver si Marte podría permitir la vida.

Desgaste y erosión

El desgaste por exposición a la intemperie disuelve o rompe las rocas de la superficie. La erosión desplaza las rocas y la tierra a una nueva ubicación. Elementos como el viento o el agua pueden hacer ambas cosas.

Son cuatro los principales elementos que causan el desgaste y la erosión: el agua, el viento, el hielo y la gravedad. El agua, en forma de lluvia, arroyos, ríos, cascadas y mares, puede esculpir la roca. El viento transporta pequeñas partículas de roca y arena, que desgastan las rocas que golpean. El hielo, una fuerza poderosa, puede erosionar la roca o formar cristales dentro de las rocas agrietándolas o crear grandes glaciares que esculpen valles arrastrando rocas consigo. La gravedad atrae las rocas hacia abajo, configurando el paisaje.

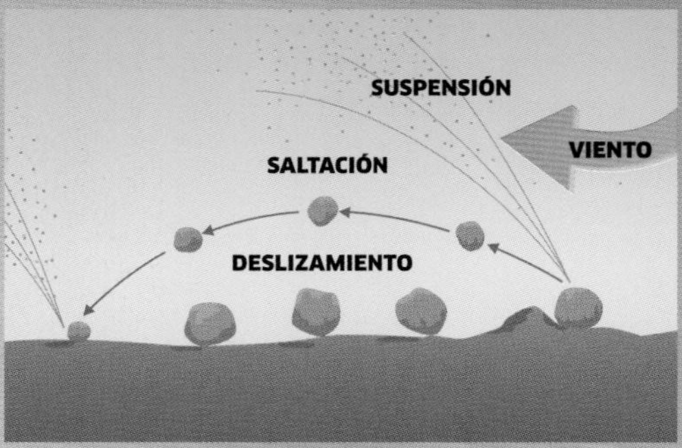

El viento mueve la arena
El polvo de arcilla, los granos de arena y las rocas se mueven de distinta forma en el desierto. El fino polvo de arcilla viaja suspendido en el aire en nubes. La arena se levanta y da saltos cortos (saltación), en general a poca distancia del suelo. Las partículas de roca más pesadas se deslizan por la superficie.

Cordillera de la Costa de Chile
El océano Pacífico se encuentra al oeste de estas montañas costeras. Aquí las corrientes oceánicas frías enfrían el aire, de modo que no retiene demasiada humedad.

Cavernas y pilares de arcilla
Además de arenisca y caliza, el desierto también tiene capas de arcilla, compuestas de minerales de grano fino. La arcilla se erosiona fácilmente formando pilares y cuevas subterráneas.

El Anfiteatro
Esta enorme forma rocosa ha sido esculpida por el viento procedente de los Andes. El extremo más alejado de esta corriente de aire caliente es más elevado y está menos erosionado.

Pilares de arenisca
La arena y los cristales de hielo que se forman en las grietas de las rocas han moldeado estos pilares.

Polvo blanco misterioso
Los científicos pensaban que esta corteza blanca era consecuencia de la bruma marina, pero ahora saben que procede del agua subterránea. La meseta de Atacama antaño fue un lago y el calor saca el agua y los minerales a la superficie.

Hipertrofiado
Las rocas de los desiertos arenosos suelen tener la parte superior ancha y la base estrecha. El viento levanta la arena y hace que golpee las rocas, pero no puede levantar mucho los granos más pesados.

Rocas piramidales
Con el tiempo incluso las rocas ígneas duras, menos propensas a ser esculpidas que las sedimentarias, acaban agrietadas y pulidas.

El desierto de Atacama

Este desierto de Chile, en Sudamérica, es uno de los desiertos más antiguos y secos de la Tierra. Las cadenas montañosas que tiene a ambos lados impiden que la lluvia llegue a la zona y su paisaje es esculpido por el viento y por las intensas tormentas ocasionales. El desgaste de las montañas volcánicas de los Andes hace que lleguen nuevas rocas al desierto, donde el viento las descompone y las arrastra por la alta meseta, erosionando las rocas y formando dunas.

1 mm: **precipitación media anual** en el desierto de **Atacama**.

3750 m: **altura** media del desierto de **Atacama** sobre el **nivel del mar**.

72 km/h: velocidad **máxima** a la que **sopla** el **viento** en el desierto de **Atacama**.

61

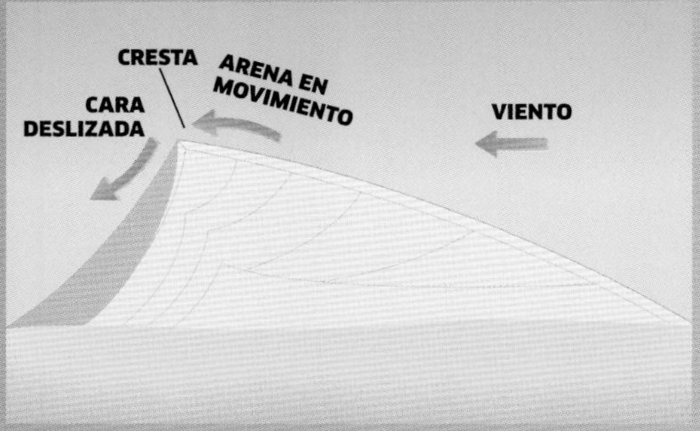

Cómo se forman las dunas
Para mover la arena y formar una duna, tiene que toparse con un obstáculo, como un guijarro. La duna empieza siendo un pequeño bulto, al que se va añadiendo más arena. Con el tiempo, el lado por el que sopla el viento forma una cresta y los granos más pequeños se deslizan por el otro lado creando la duna. Este proceso puede llevar varios años.

Aire caliente y seco
El desierto de Atacama es un desierto de sombra de lluvia (ver página 131). El viento se eleva para cruzar los Andes y se enfría, y la humedad se condensa y cae como lluvia en la parte oriental de la cadena. El viento, que ahora es seco, se calienta al descender hacia el desierto, absorbiendo toda la humedad.

Montañas volcánicas
Los Andes Chilenos están dominados por volcanes, muchos de los cuales están activos. La arena del desierto de Atacama es mayormente cuarzo, procedente de rocas ígneas producidas por la actividad volcánica y luego erosionadas.

Erosión de las montañas
El viento, la nieve derretida y las lluvias intensas erosionan las laderas de las montañas más altas, transportando partículas de roca hacia el desierto.

Dunas de arena
Las dunas pueden ser muy altas, alcanzando una altura de cientos de metros.

Las tres Marías
Los habitantes locales suelen poner nombre a las rocas que tienen formas curiosas y se parecen a personas u objetos.

Cascotes que caen
Las rocas rotas, o pedregales, al pie del acantilado son el resultado del desgaste provocado por la helada, que agrieta la roca, y la erosión causada por la gravedad.

Canales gastados por el agua
Rara vez llueve, pero si lo hace, el agua desciende veloz por las laderas, esculpiendo canales profundos en la roca.

Tierra agrietada
Las plantas no sobreviven en las zonas agostadas del desierto. Sin las raíces de las plantas para mantener en su sitio la tierra y la arena, el suelo está todavía más expuesto al desgaste y la erosión.

6 millones de años tardó el río Colorado en **tallar el Gran Cañón**.

Geología viva

Los procesos que moldean la Tierra no solo tienen que ver con la creación de las rocas, sino también con la transformación de los paisajes rocosos a causa del desgaste y la erosión.

Hay pocos sitios donde esto pueda verse más claramente que en el Gran Cañón, en Arizona, Estados Unidos. Esta espectacular garganta mide 1,8 km en su punto más profundo. Eso nos permite ver cómo se dispusieron las rocas capa a capa a lo largo de cientos de millones de años, para luego ser elevadas por las fuerzas tectónicas y desgastadas por el agua.

El Gran Cañón

Hace unos 65 millones de años, el río Colorado serpenteaba mansamente por una planicie. Pero entonces las fuerzas tectónicas empezaron a levantar el suelo. El río tuvo que abrirse camino y esculpió un nuevo cauce entre las rocas, dejando al descubierto 1700 millones de años de la historia de la Tierra para que los geólogos pudieran analizarla.

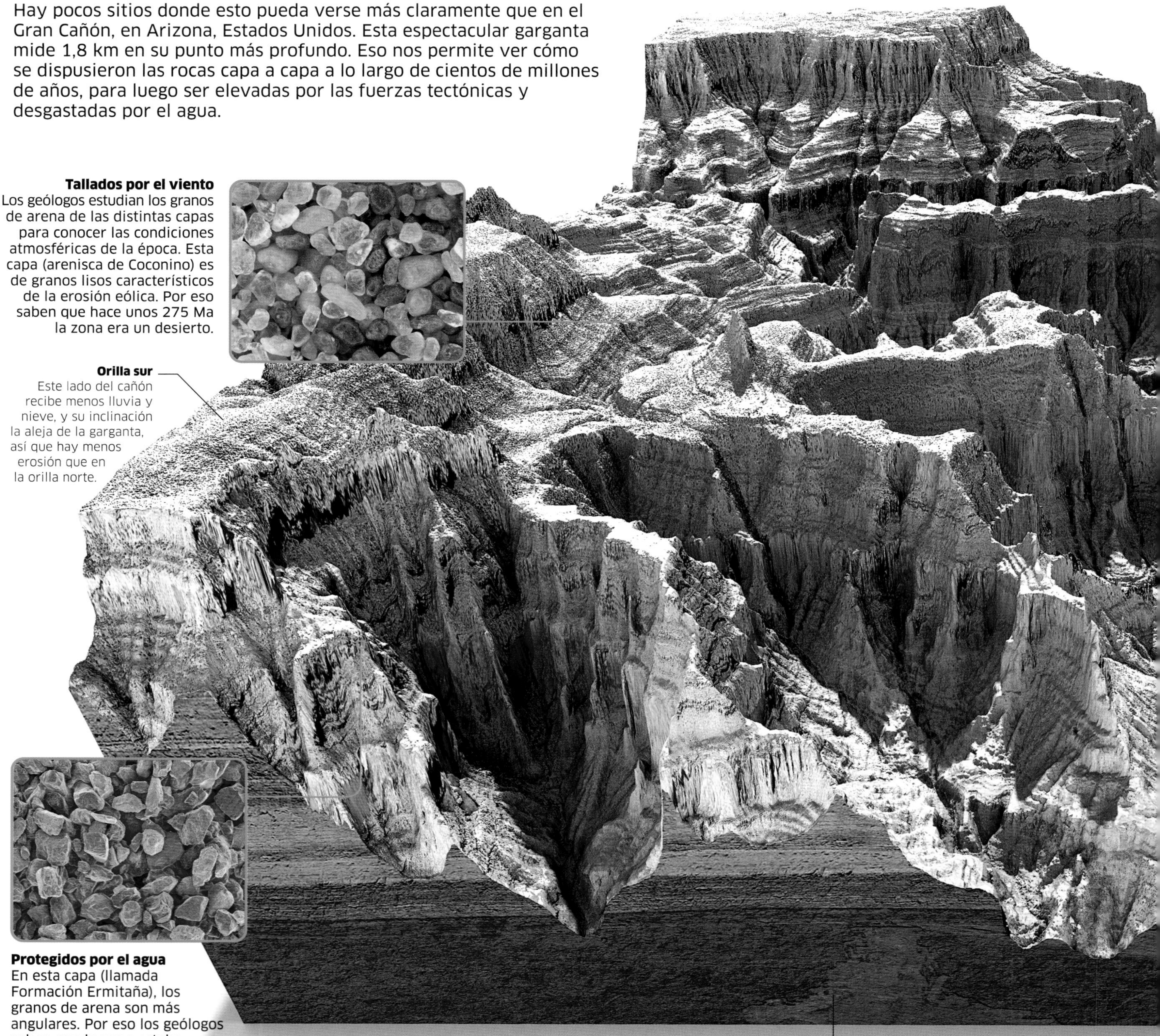

Tallados por el viento
Los geólogos estudian los granos de arena de las distintas capas para conocer las condiciones atmosféricas de la época. Esta capa (arenisca de Coconino) es de granos lisos característicos de la erosión eólica. Por eso saben que hace unos 275 Ma la zona era un desierto.

Orilla sur
Este lado del cañón recibe menos lluvia y nieve, y su inclinación la aleja de la garganta, así que hay menos erosión que en la orilla norte.

Protegidos por el agua
En esta capa (llamada Formación Ermitaña), los granos de arena son más angulares. Por eso los geólogos saben que la zona estaba cubierta por el mar hace 280 Ma. El agua pule los guijarros grandes y protege los granos más pequeños de la abrasión.

Solo se han explorado algunas de las cuevas de las 1000 que se cree que hay en el cañón.

Bajo presión
Hace más de 1700 millones de años, la roca ígnea (granito) del manto salió a la superficie, transformando las capas sedimentarias en esquisto metamórfico.

Mojado y seco

Muchas de las capas del cañón son de tipo sedimentario, de arenisca (de cuando la zona era un desierto de arena), o de caliza (que se hallaba debajo de los mares cálidos y poco profundos que cubrían la Tierra).

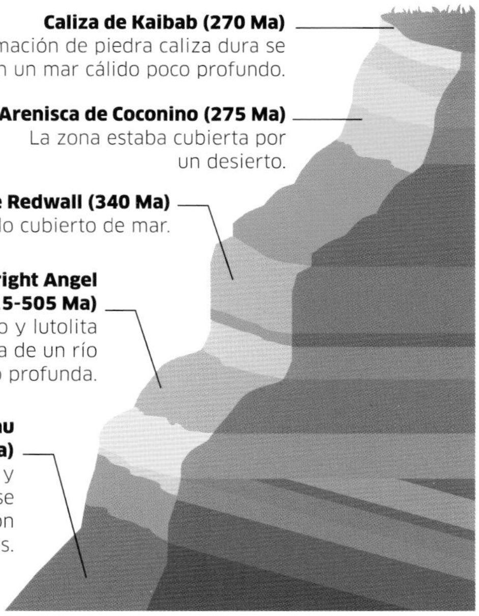

Caliza de Kaibab (270 Ma)
Esta formación de piedra caliza dura se formó en un mar cálido poco profundo.
Arenisca de Coconino (275 Ma)
La zona estaba cubierta por un desierto.
Caliza de Redwall (340 Ma)
Otro período cubierto de mar.
Esquisto de Bright Angel (515-505 Ma)
Esta capa de cieno y lutolita se formó en el delta de un río o en una costa poco profunda.
Rocas del Complejo Vishnu (+1680 Ma)
Estas rocas ígneas y metamórficas se formaron por presión y calor intensos.

Parte superior plana
Las capas de roca dura no se erosionan tan fácilmente y forman promontorios planos por la parte superior (montículos).
Lados desmenuzados
En millones de años, el agua se ha ido filtrando por los huecos de la roca. El agua se expande al congelarse, agrietando la roca y partiéndola en pedazos.
Orilla norte
Esta orilla, casi 300 m más alta que la sur, es más fría, y está más expuesta a la lluvia y a la nieve. Así, el cañón está más erosionado por este lado.
Inclinadas y agrietadas
Hace unos 1400 millones de años, estas rocas antiguas se inclinaron, se rajaron (agrietaron) y se elevaron, y posteriormente se erosionaron.

Un capítulo del libro desaparecido
En algún momento entre hace 1500 y 550 Ma, el suelo se inclinó y se erosionó, y luego nuevas capas planas fueron añadiéndose encima. Entre medias faltan 1000 millones de años de capas de rocas. Los científicos están intentando averiguar el porqué.

Acantilados blancos

¡No todas las rocas son duras! La pumita blanca de estos acantilados es blanda, se erosiona con facilidad y se forma una red de barrancos cada vez que llueve.

Iturup es parte de un archipiélago de islas volcánicas, las islas Kuriles, frente a la costa de Japón, en el Cinturón de Fuego del Pacífico. Los volcanes se nutren de basalto denso y oscuro, pero como la lava se enfría rápidamente, las burbujas de gas quedan atrapadas y forman una roca ligera y porosa llamada pumita.

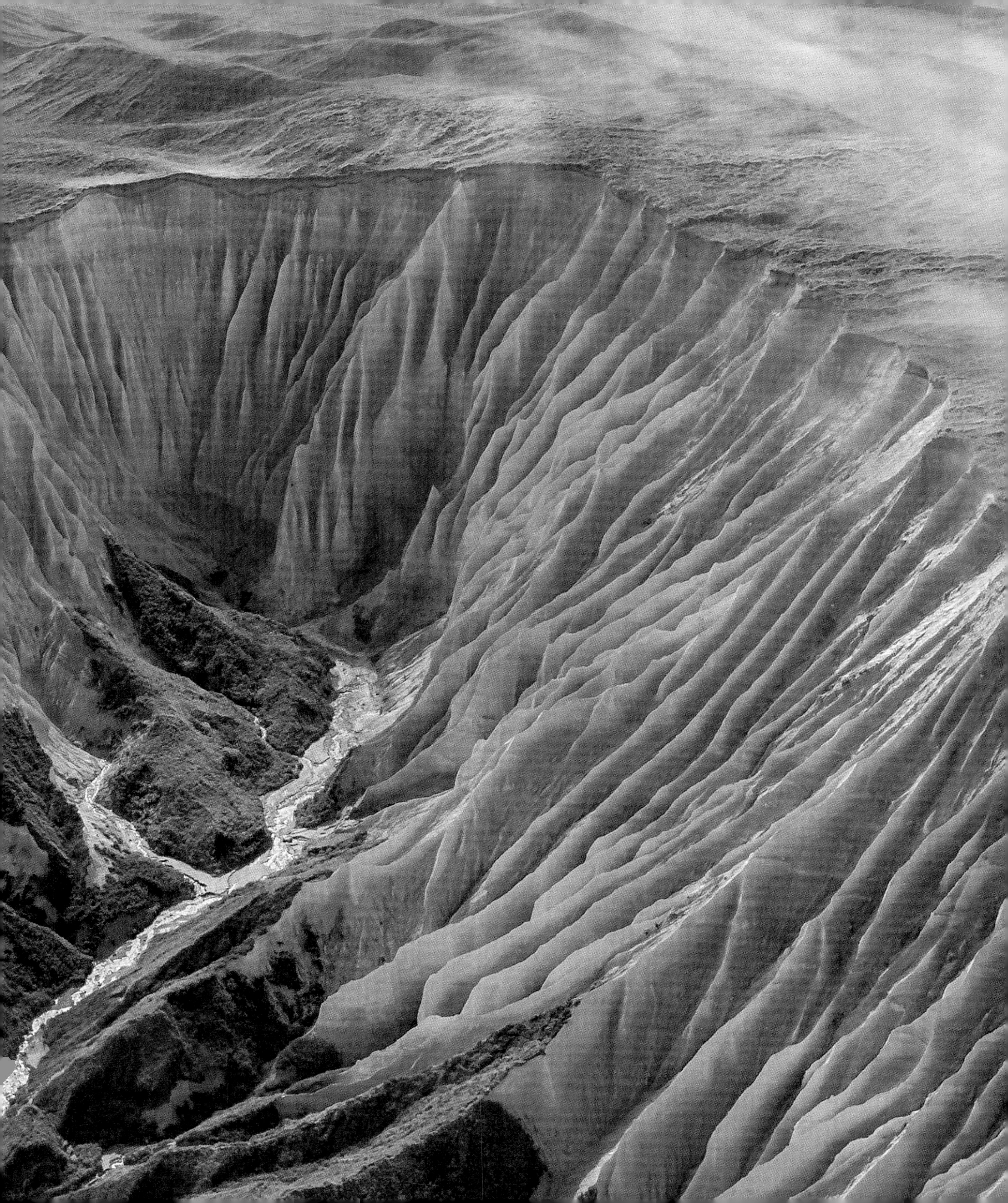

Fósiles

Los fósiles son los restos preservados de plantas y animales sepultados en los sedimentos. Con ellos, los paleontólogos pueden explorar mundos pasados.

Las capas de roca sedimentaria pueden leerse como las páginas de un libro. Muestran la historia de la vida, desde la primera esponja hasta los seres humanos pasando por los dinosaurios. Las partes duras del cuerpo, como huesos, dientes y caparazones, es más fácil que se conserven como fósiles. A veces se encuentran también huellas de partes blandas, como piel o plumas.

En busca de dinosaurios

Hace unos 125 millones de años (Ma), los volcanes de la provincia de Liaoning, en el noreste de China, produjeron densas nubes de ceniza y flujos piroclásticos, asfixiando a muchos animales y sepultándolos. En la actualidad, se han hallado fósiles magníficos en la zona, sobre todo de dinosaurios. Esto es un corte transversal de una roca del Cretácico Inferior (131–120 Ma), que ha quedado al descubierto en una excavación.

Cría de mamut

En 2007, se descongeló una tumba helada en el permafrost siberiano, dejando a la vista una cría de mamut perfectamente conservada. Aunque este animal murió hace 42 000 años, los científicos encontraron la leche de su madre en su estómago. Se ha recuperado más de una cuarta parte del ADN del mamut lanudo (las instrucciones genéticas de cualquier ser vivo).

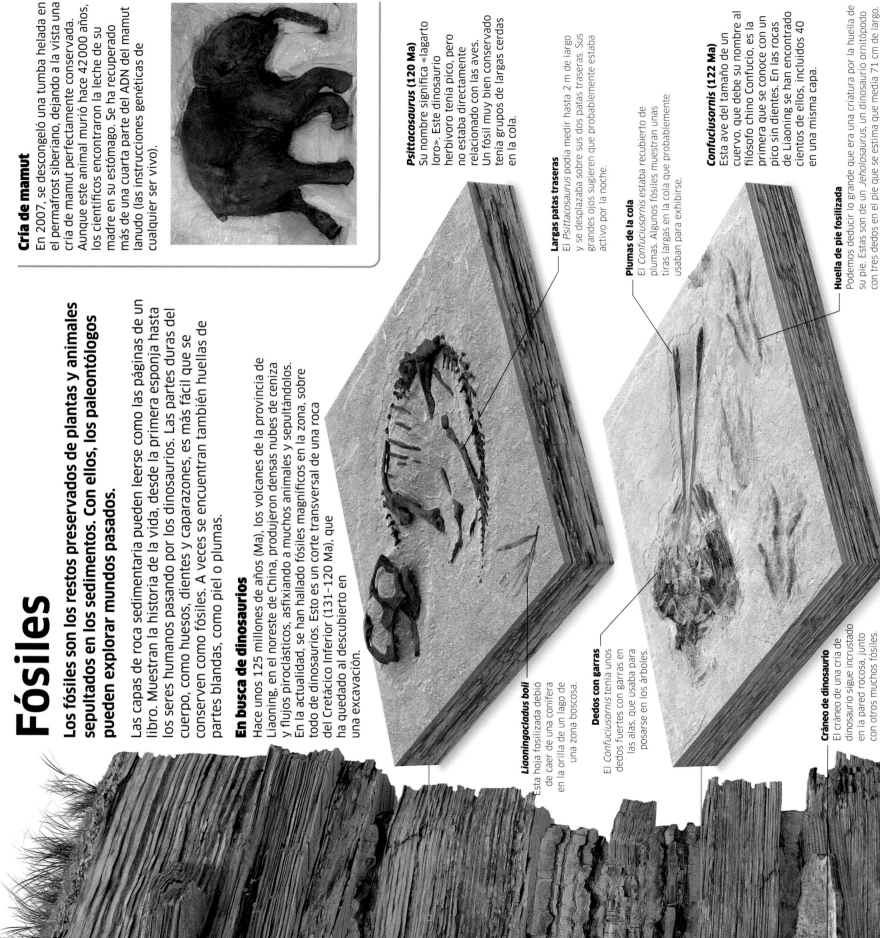

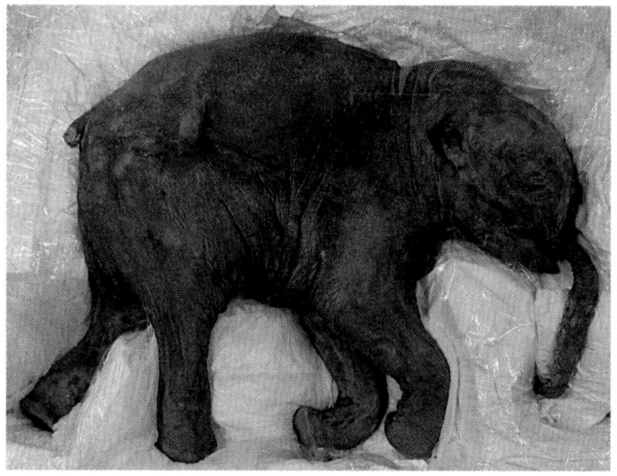

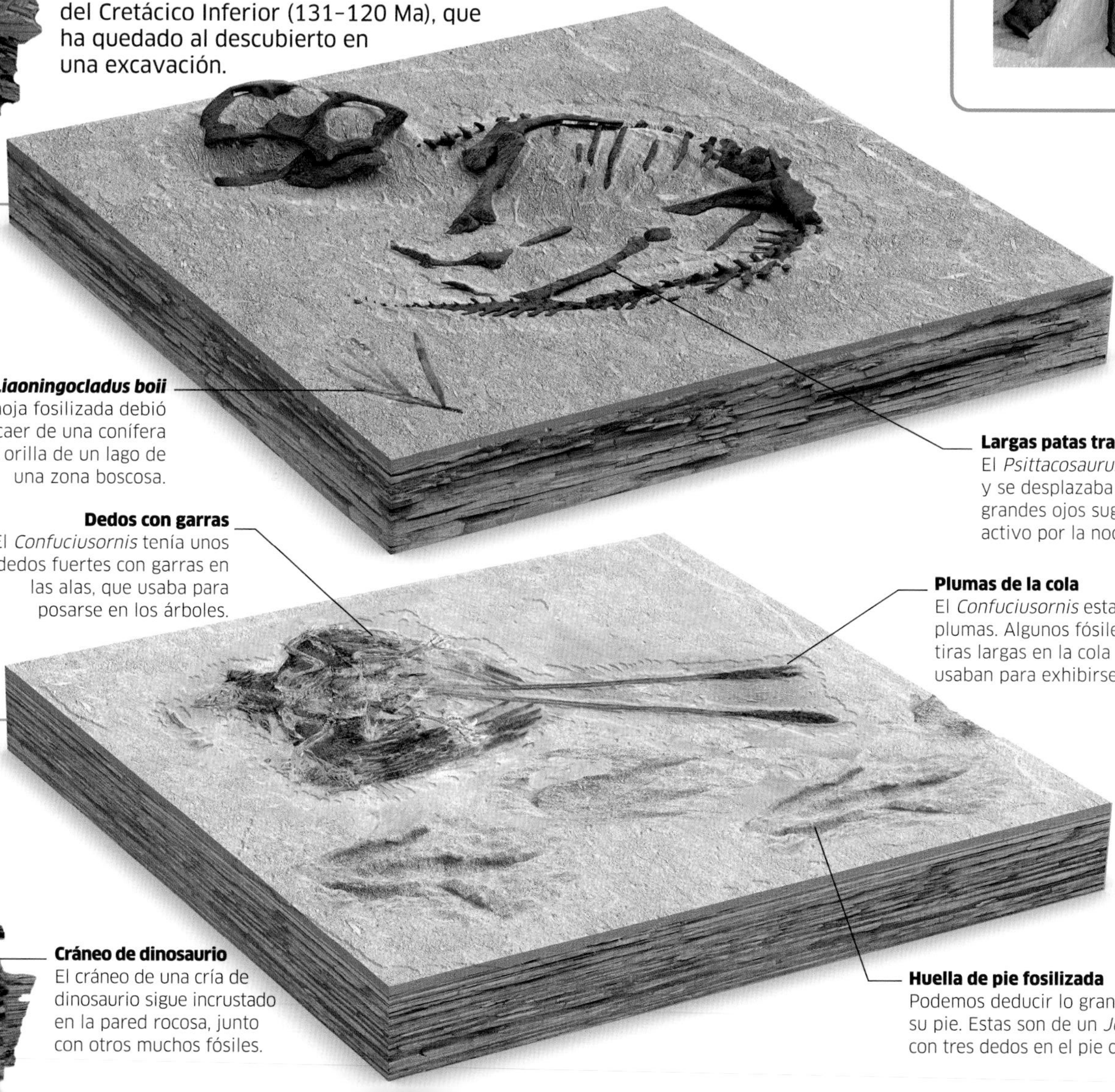

***Psittacosaurus* (120 Ma)**
Su nombre significa «lagarto loro». Este dinosaurio herbívoro tenía pico, pero no estaba directamente relacionado con las aves. Un fósil muy bien conservado tenía grupos de largas cerdas en la cola.

Liaoningocladus boii
Esta hoja fosilizada debió de caer de una conífera en la orilla de un lago de una zona boscosa.

Largas patas traseras
El *Psittacosaurus* podía medir hasta 2 m de largo y se desplazaba sobre sus dos patas traseras. Sus grandes ojos sugieren que probablemente estaba activo por la noche.

Dedos con garras
El *Confuciusornis* tenía unos dedos fuertes con garras en las alas, que usaba para posarse en los árboles.

Plumas de la cola
El *Confuciusornis* estaba recubierto de plumas. Algunos fósiles muestran unas tiras largas en la cola que probablemente usaban para exhibirse.

***Confuciusornis* (122 Ma)**
Esta ave del tamaño de un cuervo, que debe su nombre al filósofo chino Confucio, es la primera que se conoce con un pico sin dientes. En las rocas de Liaoning se han encontrado cientos de ellos, incluidos 40 en una misma capa.

Cráneo de dinosaurio
El cráneo de una cría de dinosaurio sigue incrustado en la pared rocosa, junto con otros muchos fósiles.

Huella de pie fosilizada
Podemos deducir lo grande que era una criatura por la huella de su pie. Estas son de un *Jeholosaurus*, un dinosaurio ornitópodo con tres dedos en el pie que se estima que medía 71 cm de largo.

70 toneladas se estima que **pesaba el *Argentinosaurus*,** uno de los **dinosaurios más pesados** que se han identificado.

75 cm de envergadura tiene un **fósil de libélula** de hace **275 millones de años**. Más o menos, el **tamaño de un cuervo**.

67

Araña grande
Los fósiles de araña son poco habituales ya que su cuerpo blando se descompone en seguida.

Improntas de plumas
Este dinosaurio quedó sepultado rápidamente bajo la ceniza caliente, por lo que todavía pueden verse restos de sus plumas.

Plumas brillantes
Las células pigmentarias (del color) de las plumas fosilizadas del *Microraptor* sugieren que tenía un plumaje negro y brillante.

Coprolitos
Las heces fosilizadas son muy comunes y nos dan información sobre la dieta de su dueño.

Microraptor (125 Ma)
Este dinosaurio, del tamaño de una gallina, tenía cuatro «alas», largas plumas en las patas y una cola con plumas. Sus largas garras sugieren que trepaba a los árboles para planear entre ellos.

Saciado de carne
Este mamífero solía comer pequeños dinosaurios. Se han encontrado huesos de crías de *Psittacosaurus* en el estómago de varios ejemplares fosilizados.

***Repenomamus giganticus* (130 Ma)**
Los fósiles revelan que los mamíferos coexistieron con los dinosaurios. Este carnívoro del tamaño de un tejón era uno de los mamíferos más grandes en el Cretácico.

Planta con flores
La planta con flores más antigua que se conoce, llamada angiosperma, fue descubierta en China. Tiene 164 millones de años.

Libélula
Esta libélula tiene una envergadura de 10 cm y sus venas todavía son visibles.

Se descubren unas 45 nuevas especies de dinosaurio al año.

Cómo se forma un fósil

Al morir una criatura, sus restos pueden ser ingeridos por otra o descomponerse. Pero en ciertas condiciones, puede convertirse en un fósil, conservando su forma en la piedra. De vez en cuando, se conserva parte de la criatura original, como los minerales de un caparazón.

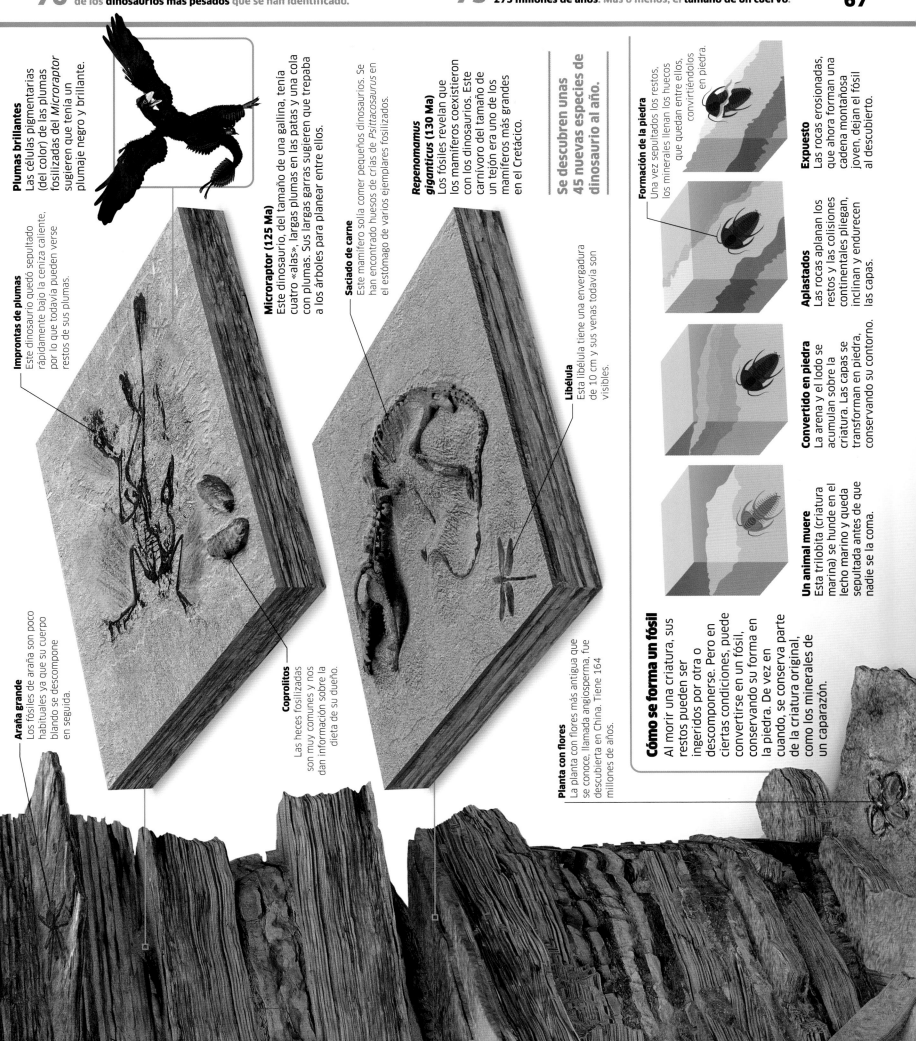

Formación de la piedra
Una vez sepultados los restos, los minerales llenan los huecos que quedan entre ellos, convirtiéndolos en piedra.

Un animal muere
Esta trilobita (criatura marina) se hunde en el lecho marino y queda sepultada antes de que nadie se la coma.

Convertido en piedra
La arena y el lodo se acumulan sobre la criatura. Las capas se transforman en piedra, conservando su contorno.

Aplastados
Las rocas aplanan los restos y las colisiones continentales pliegan, inclinan y endurecen las capas.

Expuesto
Las rocas erosionadas, que ahora forman una cadena montañosa joven, dejan el fósil al descubierto.

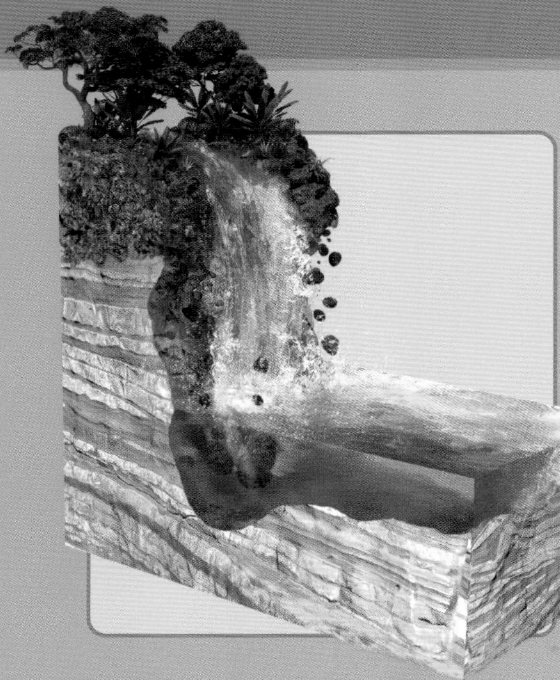

PLANETA AZUL

El agua de la Tierra, que fluye desde los ríos de montaña hasta los océanos, es un recurso en constante movimiento que hace posible la vida. Al viajar, va esculpiendo los elementos del paisaje, desde las cuevas de montaña hasta los grandes lagos que se extienden por los continentes.

EL AGUA DE LA TIERRA

El agua, desde las gotas de lluvia de las nubes hasta las fosas oceánicas más profundas, y desde la nieve de la cima de las montañas hasta los ríos, los lagos y los océanos, siempre se abre camino, moldeando el paisaje. Sin agua, la vida no sería posible en la Tierra.

¿QUÉ ES EL AGUA?

Si pensamos en el agua, pensamos en un líquido incoloro, inodoro e insípido, pero es una de las pocas sustancias que encontramos en la naturaleza en tres estados distintos: sólido, líquido y gaseoso. Es un compuesto formado por dos elementos: hidrógeno y oxígeno. Existe en forma de moléculas. Cada molécula está compuesta por dos átomos de hidrógeno unidos a un átomo de oxígeno.

Sólida, líquida y gaseosa

El agua cambia de estado dependiendo de su temperatura. Puede encontrarse en forma de hielo sólido (por debajo de 0 °C), como agua líquida o como vapor de agua (por encima de los 100 °C).

Nubes Las nubes están formadas por diminutas gotas de agua.

Vapor de agua En la atmósfera se encuentra en forma de vapor de agua.

Mar La mayor parte del agua de la Tierra es líquida y está en los océanos.

Hielo Al congelarse, el agua adopta forma de hielo.

Estados cambiantes

El agua puede congelarse y transformarse en hielo, y el hielo al derretirse se convierte en agua. El agua líquida puede asimismo evaporarse y formar vapor de agua, o condensarse y volver a ser agua. A través de la deposición, el vapor de agua puede transformarse en hielo sin llegar a derretirse y sin pasar por el estado líquido. El proceso contrario se llama sublimación.

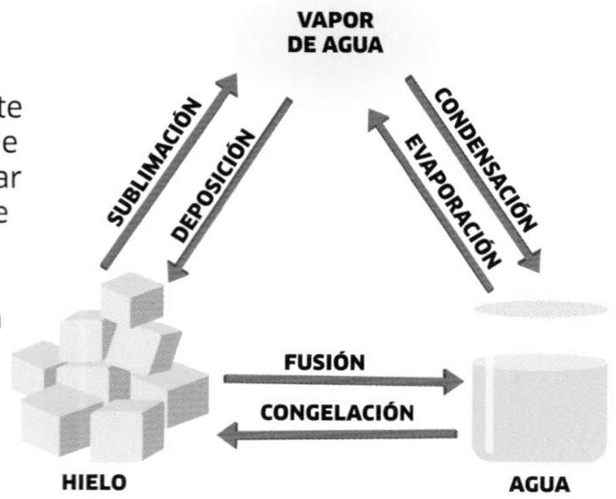

¿DÓNDE ESTÁ EL AGUA DE LA TIERRA?

Alrededor del 97 por ciento del agua está, como agua salada, en los mares y océanos. El resto es agua dulce e incluye la de los casquetes polares, la nieve y los glaciares, el agua subterránea y la de lagos, ríos y arroyos. La atmósfera contiene más o menos un 0,004 por ciento del agua total, de la que las nubes transportan una proporción minúscula (menos de un 0,001 por ciento).

Distribución del agua en la Tierra

Puede parecer que en la Tierra hay agua de sobra, pero la mayor parte se encuentra en el océano. Algunos animales, como las gaviotas y los leones marinos, pueden beber agua de mar, pero para la mayoría de los mamíferos terrestres resulta insalubre a causa de su elevada salinidad.

Agua total de la Tierra Comparado en tamaño con la Tierra en su conjunto, el volumen total de agua líquida es muy pequeño.

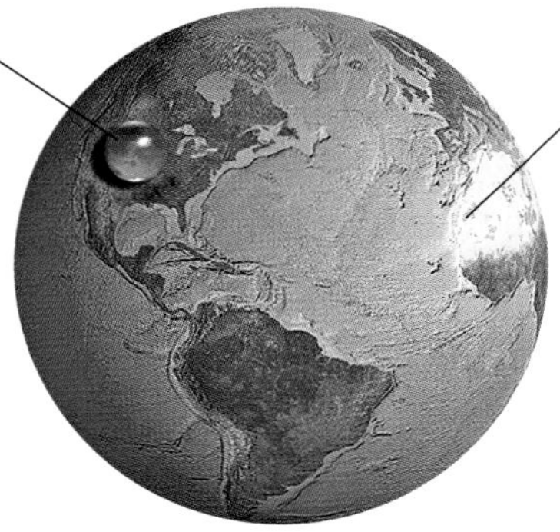

Superficie de la Tierra Aproximadamente el 71 por ciento de la superficie de la Tierra está cubierta de agua. El 29 por ciento restante es tierra firme.

Agua dulce Solo el 3 por ciento del agua de la Tierra es agua dulce. Esto incluye el agua que hay debajo de la superficie, llamada agua subterránea.

Agua salada La mayor parte (el 97 por ciento) del agua de la Tierra es agua salada y está en los océanos.

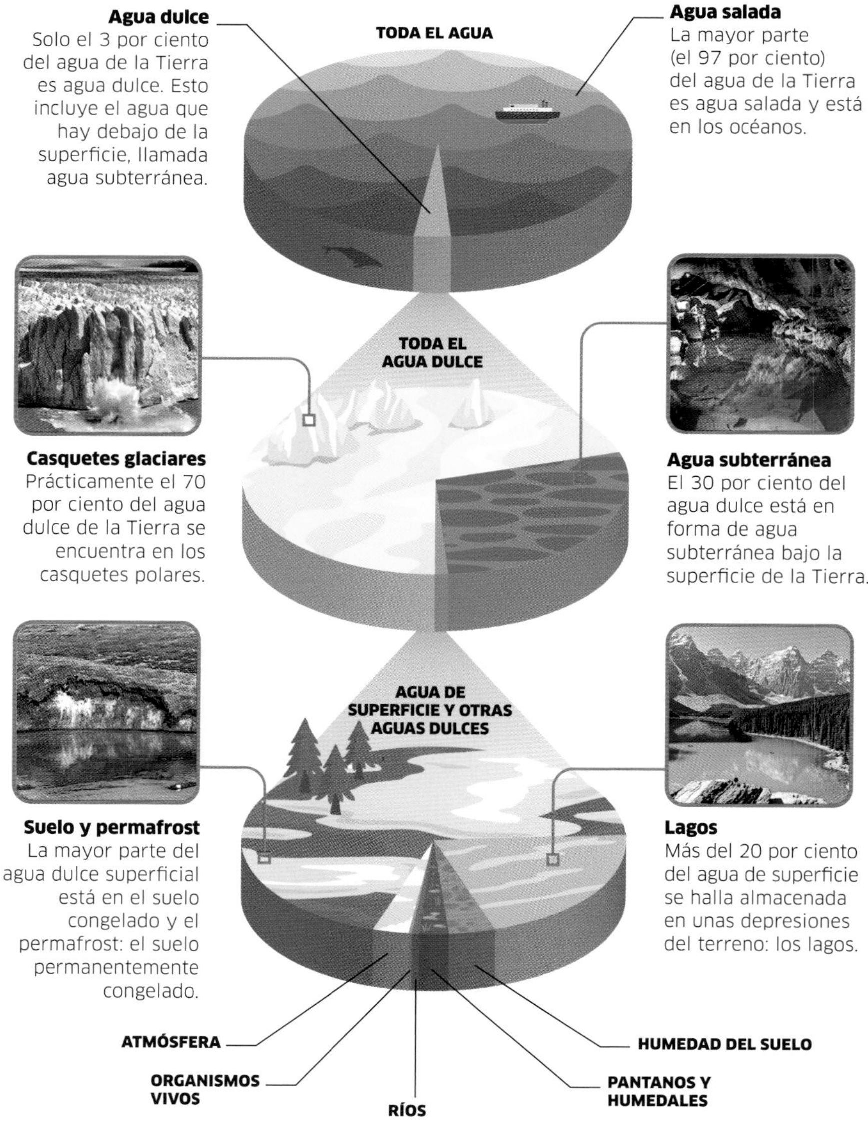

Casquetes glaciares Prácticamente el 70 por ciento del agua dulce de la Tierra se encuentra en los casquetes polares.

Agua subterránea El 30 por ciento del agua dulce está en forma de agua subterránea bajo la superficie de la Tierra.

Suelo y permafrost La mayor parte del agua dulce superficial está en el suelo congelado y el permafrost: el suelo permanentemente congelado.

Lagos Más del 20 por ciento del agua de superficie se halla almacenada en unas depresiones del terreno: los lagos.

CUENCAS FLUVIALES Y DIVISORIAS DE AGUA

El agua dulce fluye por los ríos desde su nacimiento hasta el mar. Una cuenca fluvial es una zona de territorio drenada por un río y sus afluentes. Puede variar mucho en forma, tamaño y complejidad en función de su localización. El límite de una cuenca fluvial se llama divisoria de agua.

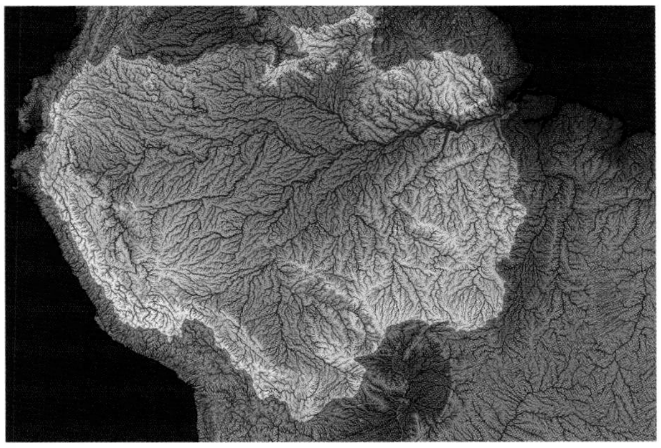

Cuenca del Amazonas
El río Amazonas y sus afluentes drenan una gran extensión de terreno desde sus cabeceras en los Andes peruanos hasta su delta en Brasil, donde desemboca en el océano Atlántico. Es el sistema de drenaje más extenso del mundo.

Salinidad del océano

La composición química media del océano es de aproximadamente 35 g de sales por cada litro de agua. El cloruro de sodio constituye el grueso de las sales que hay en el agua de mar, seguido del magnesio, el sulfato y la calcita.

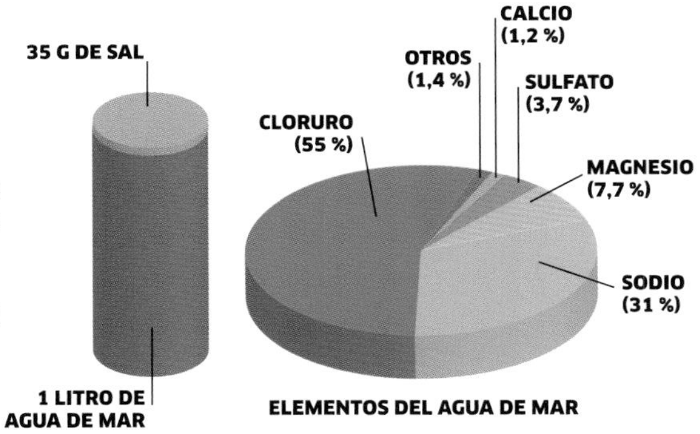

AGUA OCEÁNICA

Los océanos del mundo contienen una enorme cantidad de agua de mar. Esta presenta una serie de propiedades que varían según la profundidad, el lugar y las estaciones. La concentración de sales cambia junto con la temperatura, originando corrientes que influyen en el clima de la Tierra.

Temperatura del océano

Esta sección transversal del Atlántico Norte en verano muestra cómo varía la temperatura del océano con la profundidad. La capa superficial, de 30–300 m de profundidad, es más cálida que las aguas subyacentes, más frías y saladas.

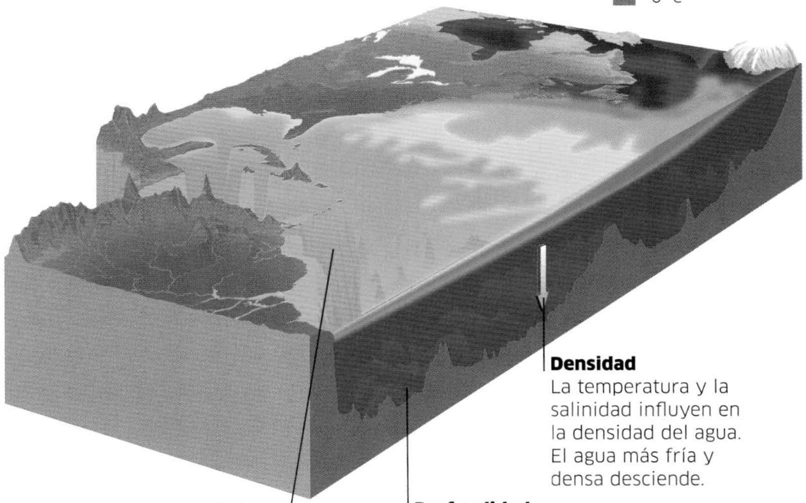

Densidad
La temperatura y la salinidad influyen en la densidad del agua. El agua más fría y densa desciende.

Temperatura de superficie
Los océanos son más cálidos cerca de la superficie y en las regiones tropicales, donde el Sol los calienta.

Profundidad
La temperatura del agua es constante por debajo de 1005 m y hasta una profundidad de 3990 m.

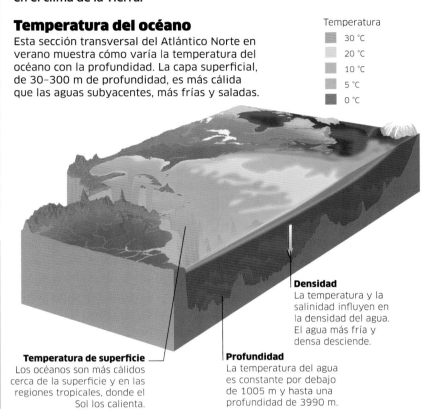

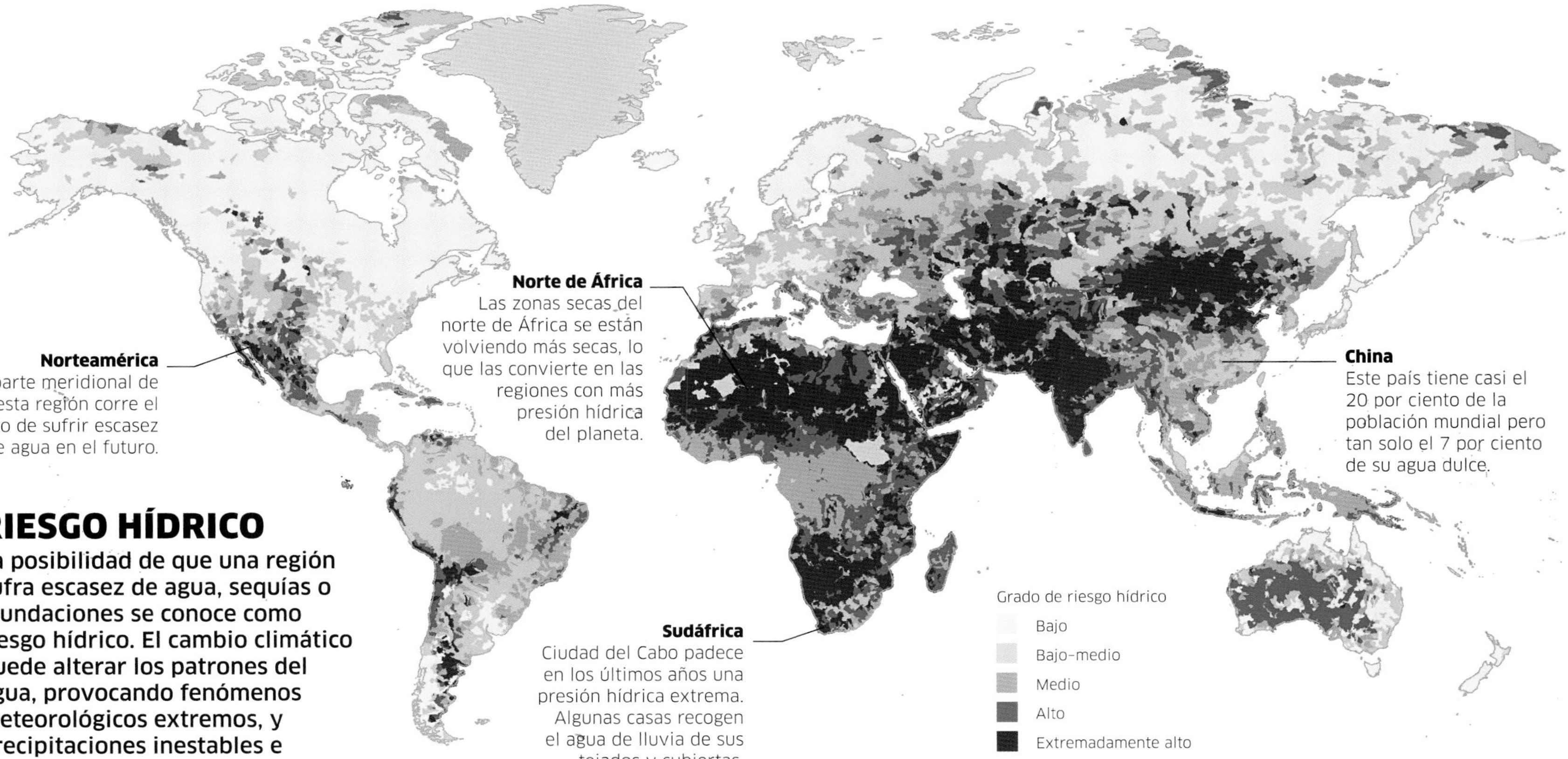

Norteamérica
La parte meridional de esta región corre el riesgo de sufrir escasez de agua en el futuro.

Norte de África
Las zonas secas del norte de África se están volviendo más secas, lo que las convierte en las regiones con más presión hídrica del planeta.

China
Este país tiene casi el 20 por ciento de la población mundial pero tan solo el 7 por ciento de su agua dulce.

Sudáfrica
Ciudad del Cabo padece en los últimos años una presión hídrica extrema. Algunas casas recogen el agua de lluvia de sus tejados y cubiertas.

RIESGO HÍDRICO

La posibilidad de que una región sufra escasez de agua, sequías o inundaciones se conoce como riesgo hídrico. El cambio climático puede alterar los patrones del agua, provocando fenómenos meteorológicos extremos, y precipitaciones inestables e impredecibles.

44 % **Agua residual doméstica** del mundo que no se depuró en 2020 antes de ser devuelta al **ciclo del agua.**

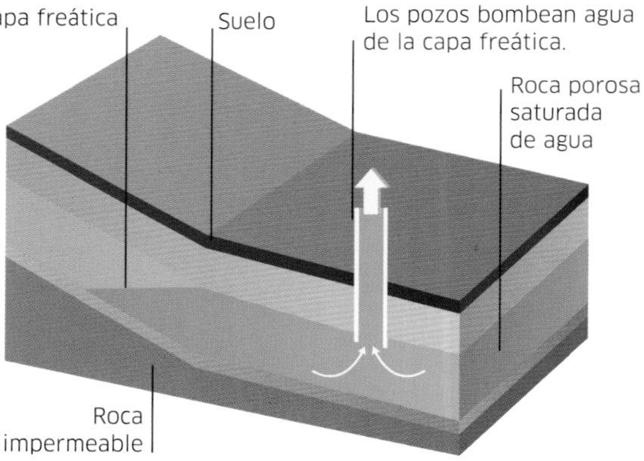

La capa freática

El agua se filtra a través del suelo y las rocas hasta que llega a una roca que no puede atravesar. Entonces llena (satura) todos los huecos y poros de las rocas que hay sobre ella. La parte superior de esta zona saturada se conoce como capa freática.

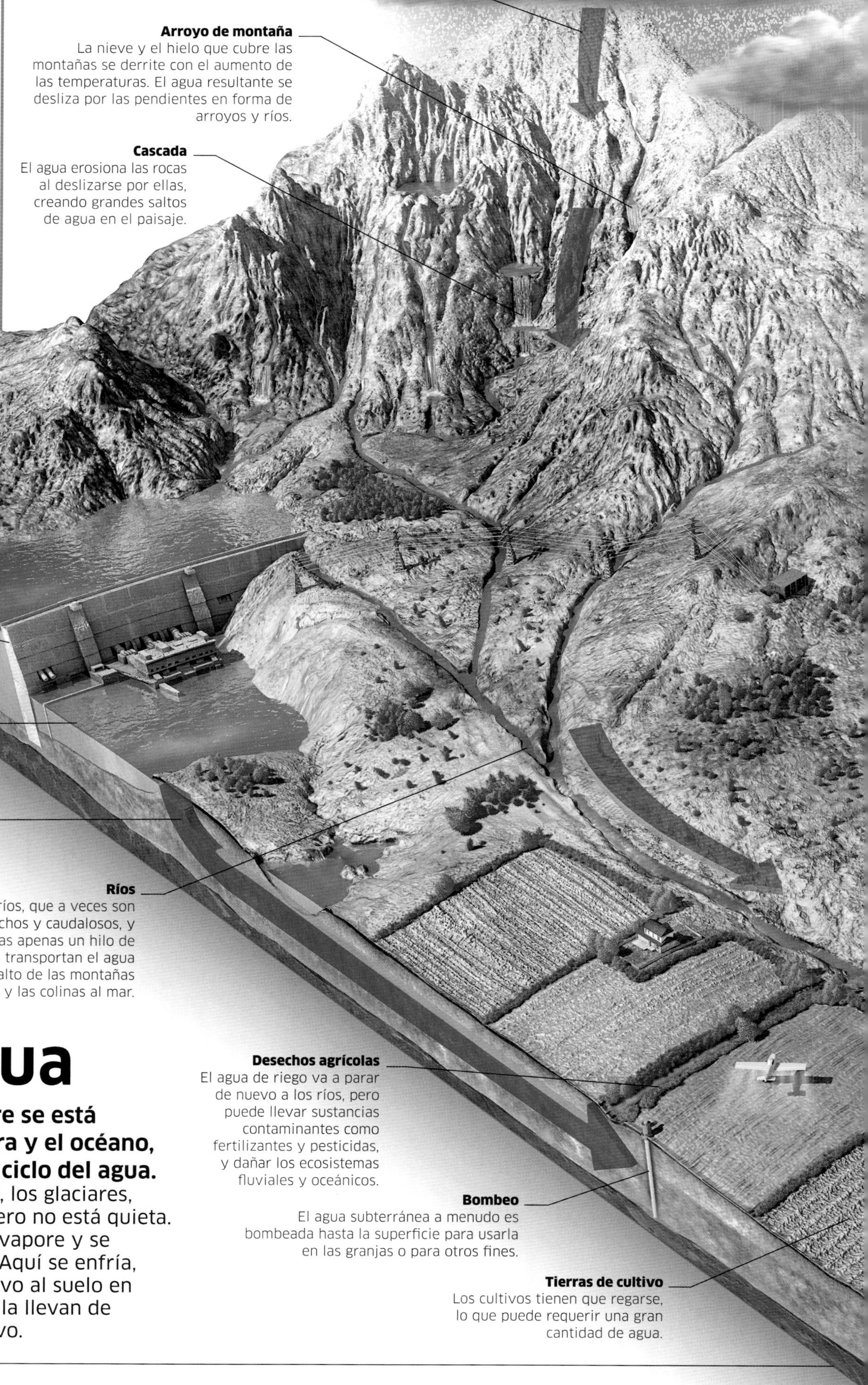

Precipitación
El agua, líquida o sólida, cae del cielo en forma de lluvia, aguanieve, nieve, granizo o llovizna.

Arroyo de montaña
La nieve y el hielo que cubre las montañas se derrite con el aumento de las temperaturas. El agua resultante se desliza por las pendientes en forma de arroyos y ríos.

Cascada
El agua erosiona las rocas al deslizarse por ellas, creando grandes saltos de agua en el paisaje.

Embalse
Estos lagos artificiales se crean bloqueando el agua en una zona, lo que permite almacenar el agua para utilizarla en la agricultura, las ciudades y la industria.

Presa
Estas enormes estructuras, que bloquean el flujo de agua del río, también pueden usarse para generar energía al liberar el agua.

Lago
Los lagos, cuerpos de agua quieta y a menudo profunda, pueden ser naturales o artificiales.

Agua subterránea
La mayor parte de la lluvia que cae en tierra firme es absorbida por el suelo. Parte de ella incluso se filtra entre las rocas y en su interior, convirtiéndose en agua subterránea, que finalmente acaba en los ríos y el mar.

Ríos
Los ríos, que a veces son anchos y caudalosos, y otras apenas un hilo de agua, transportan el agua de lo alto de las montañas y las colinas al mar.

El ciclo del agua

Gota a gota, el agua de la Tierra siempre se está desplazando entre el suelo, la atmósfera y el océano, en un proceso interminable llamado el ciclo del agua. Hay agua por todo el planeta, en los océanos, los glaciares, los lagos, los ríos, las rocas y la atmósfera. Pero no está quieta. El calor del sol hace que el agua del mar se evapore y se convierta en vapor de agua en la atmósfera. Aquí se enfría, formando nubes, rocío o niebla, y cae de nuevo al suelo en forma de lluvia o nieve. Una vez allí, los ríos la llevan de vuelta al mar, donde el ciclo empieza de nuevo.

Desechos agrícolas
El agua de riego va a parar de nuevo a los ríos, pero puede llevar sustancias contaminantes como fertilizantes y pesticidas, y dañar los ecosistemas fluviales y oceánicos.

Bombeo
El agua subterránea a menudo es bombeada hasta la superficie para usarla en las granjas o para otros fines.

Tierras de cultivo
Los cultivos tienen que regarse, lo que puede requerir una gran cantidad de agua.

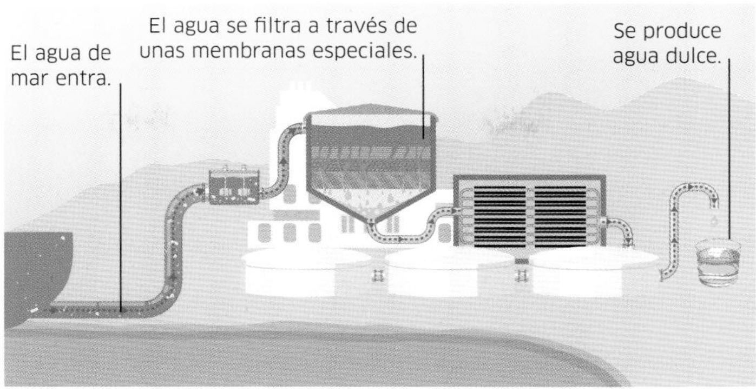
El agua de mar entra.
El agua se filtra a través de unas membranas especiales.
Se produce agua dulce.

Desalinización

En muchos lugares del mundo, el agua dulce es un recurso escaso. El agua de mar, más abundante, es demasiado salada para poderla usar en los hogares, el riego o la industria. Pero la sal puede eliminarse con la desalinización. Este proceso, aunque proporciona acceso al agua para muchos, suele ser caro, precisa mucha energía y genera residuos que pueden alterar la vida marina.

Un ciclo alterado por los humanos

Mientras el agua circula por los océanos, el aire y los ríos del mundo, su uso por parte de los humanos modifica su ciclo. Se usa para regar los cultivos, para proporcionar energía a las industrias y los hogares, y para procesar los desperdicios humanos. La actividad humana está agotando los recursos, contaminando el agua y dañando los hábitats de agua dulce.

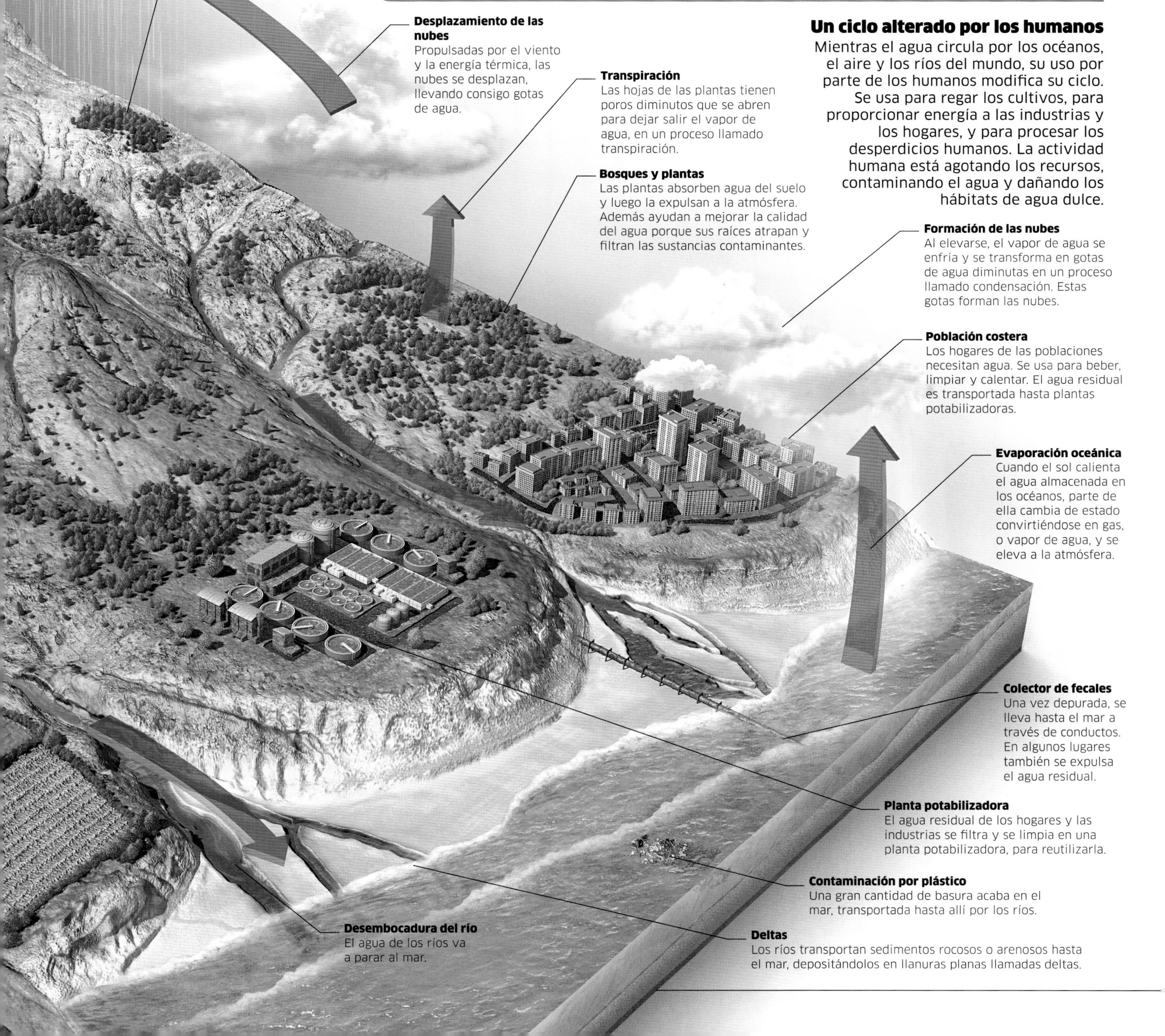
Nubes de lluvia
Cuando las gotas de agua que albergan las nubes se vuelven demasiado pesadas, las nubes se oscurecen y el agua cae en forma de precipitación.
Evaporación terrestre
En tierra firme, el agua presente en el suelo y las plantas se evapora, pasando de líquido a gas.
Desplazamiento de las nubes
Propulsadas por el viento y la energía térmica, las nubes se desplazan, llevando consigo gotas de agua.
Transpiración
Las hojas de las plantas tienen poros diminutos que se abren para dejar salir el vapor de agua, en un proceso llamado transpiración.
Bosques y plantas
Las plantas absorben agua del suelo y luego la expulsan a la atmósfera. Además ayudan a mejorar la calidad del agua porque sus raíces atrapan y filtran las sustancias contaminantes.
Formación de las nubes
Al elevarse, el vapor de agua se enfría y se transforma en gotas de agua diminutas en un proceso llamado condensación. Estas gotas forman las nubes.
Población costera
Los hogares de las poblaciones necesitan agua. Se usa para beber, limpiar y calentar. El agua residual es transportada hasta plantas potabilizadoras.
Evaporación oceánica
Cuando el sol calienta el agua almacenada en los océanos, parte de ella cambia de estado convirtiéndose en gas, o vapor de agua, y se eleva a la atmósfera.
Colector de fecales
Una vez depurada, se lleva hasta el mar a través de conductos. En algunos lugares también se expulsa el agua residual.
Planta potabilizadora
El agua residual de los hogares y las industrias se filtra y se limpia en una planta potabilizadora, para reutilizarla.
Contaminación por plástico
Una gran cantidad de basura acaba en el mar, transportada hasta allí por los ríos.
Desembocadura del río
El agua de los ríos va a parar al mar.
Deltas
Los ríos transportan sedimentos rocosos o arenosos hasta el mar, depositándolos en llanuras planas llamadas deltas.

50 m de altura máxima suelen **alcanzar los drumlins,** que se producen en **grupos de cientos o incluso de miles.**

Glaciares

Cuando la nieve se acumula en las montañas, a veces se forman glaciares, enormes ríos de hielo que esculpen vastos senderos.

Los glaciares tan solo existen en zonas en las que hace suficiente frío como para que la nieve invernal no se derrita en verano. Estas enormes masas de hielo, que la fuerza de la gravedad y su propio peso empujan hacia abajo, van esculpiendo valles mientras discurren por las montañas. Al derretirse, dejan tras de sí sedimentos y escombros. Actualmente, los glaciares están retrocediendo a un ritmo alarmante debido al cambio climático.

Valles glaciares

Los glaciares pueden fluir durante cientos de miles de años, dejando tras de sí un paisaje drásticamnte transformado al derretirse. Este valle glaciar se formó a partir de otros dos en la parte superior de las montañas. Mientras recorría el paisaje arrastrando residuos rocosos, creó muchos accidentes geográficos únicos.

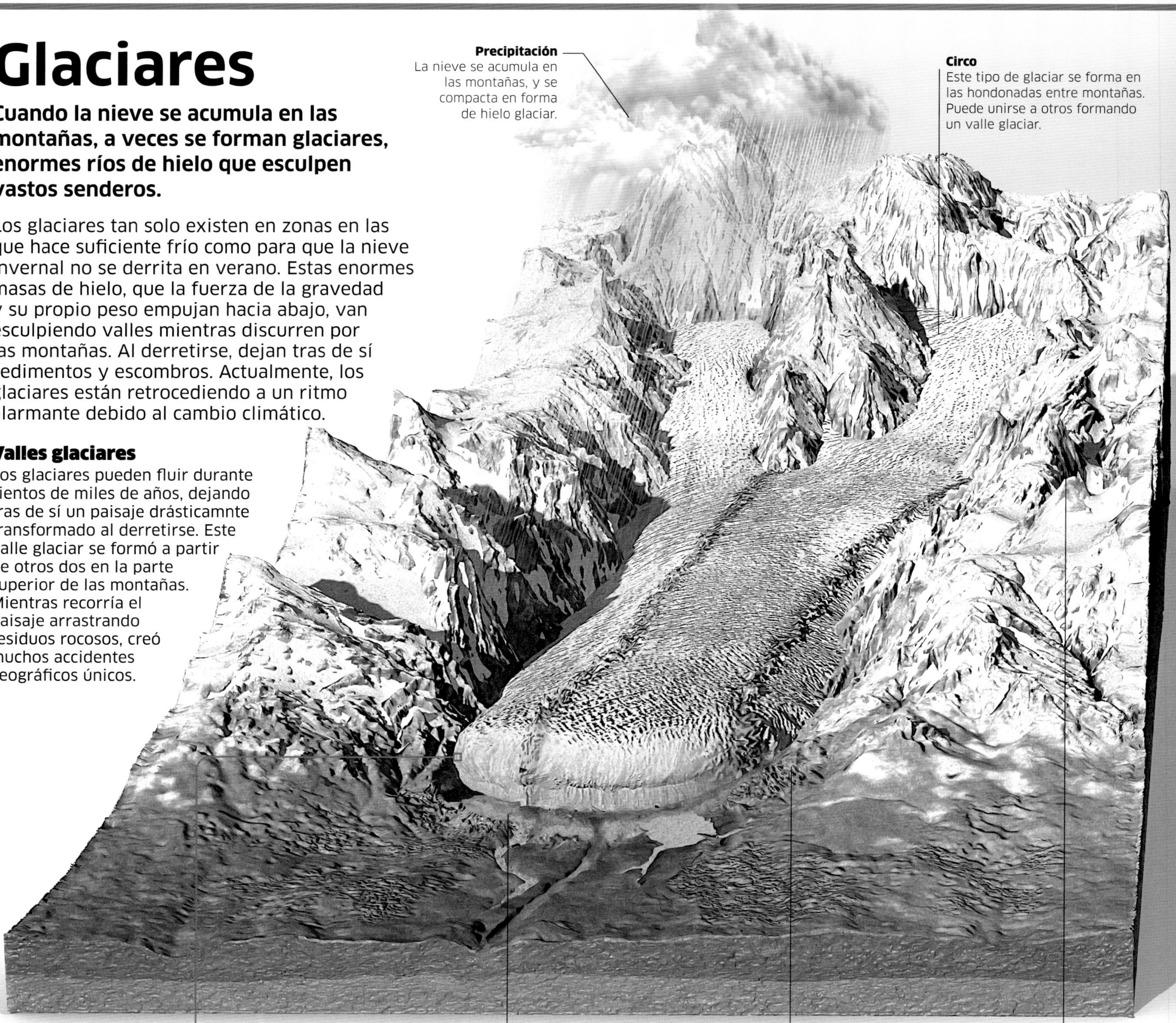
Precipitación
La nieve se acumula en las montañas, y se compacta en forma de hielo glaciar.
Circo
Este tipo de glaciar se forma en las hondonadas entre montañas. Puede unirse a otros formando un valle glaciar.
Agua del deshielo
Una corriente fruto del deshielo sale de la base del glaciar por su extremo o morrena terminal.
Morrena terminal
En el extremo del glaciar se forman depósitos semicirculares de residuos rocosos.
Paredes rocosas
Un valle glaciar está rodeado de picos de roca por ambos lados.

Morrena terminal
El borde o extremo final tipo acantilado de un glaciar se llama morrena terminal. Se desplaza hacia delante cuando el glaciar avanza y retrocede cuando el glaciar deja de fluir y empieza a derretirse. Pueden desprenderse trozos enormes de hielo, que se estrellan contra el gélido lago que hay debajo.

Fiordos

Cuando se forma un valle glaciar junto a la costa, el glaciar se derrite, dejando tras de sí profundos valles esculpidos que acaban cubiertos por el mar. Estos largos y estrechos fiordos son accidentes geográficos espectaculares y constituyen un reclamo turístico muy popular en muchos países. Es el caso de Noruega, donde hay más de 1000.

11 000 años han pasado desde el final del **último período de glaciación.**

65 cm se estima que **aumentaría** el nivel del mar si se **derritiera todo el hielo** del **glaciar Thwaites**, en la Antártida, conocido como **glaciar del juicio final**.

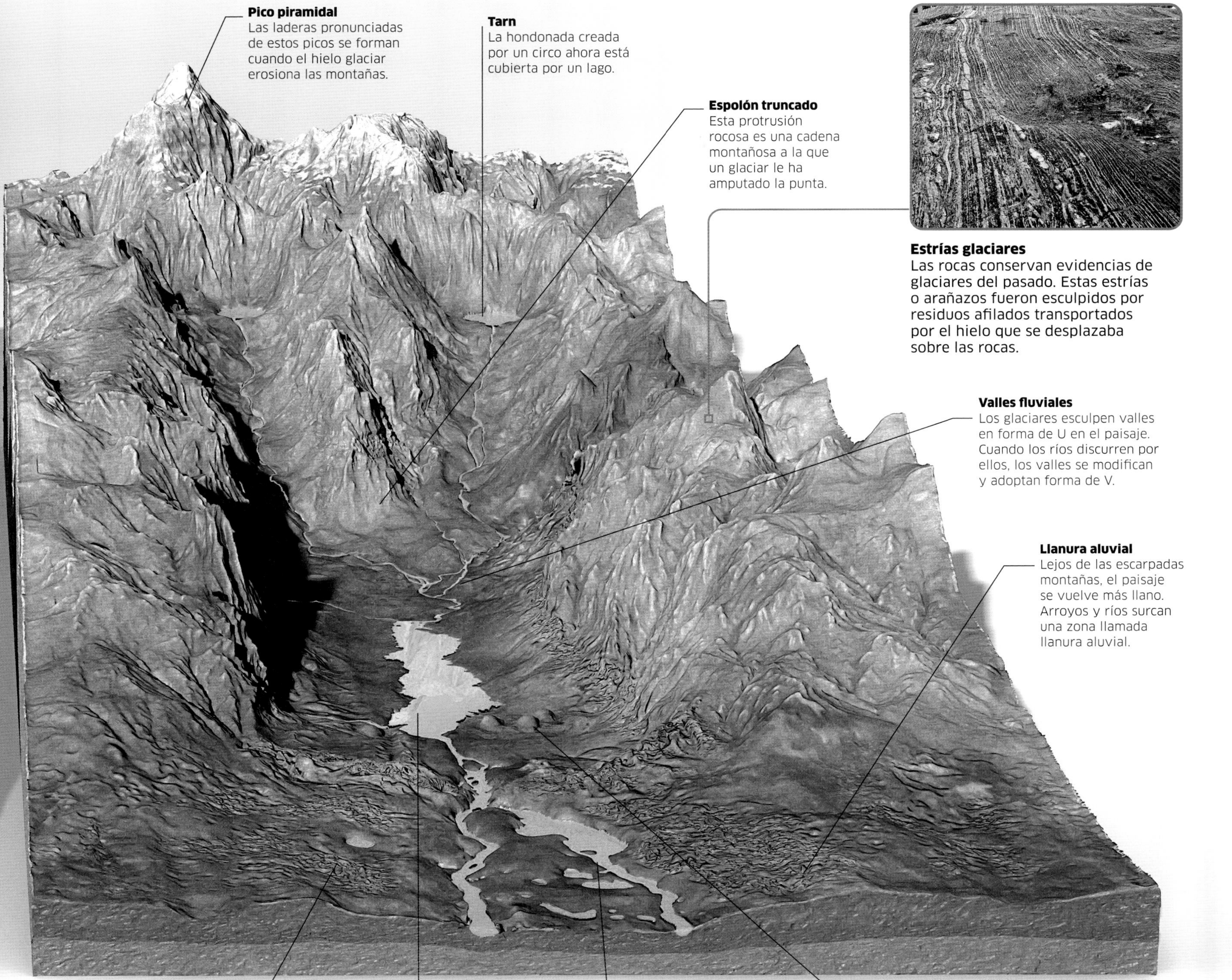

Pico piramidal
Las laderas pronunciadas de estos picos se forman cuando el hielo glaciar erosiona las montañas.
Tarn
La hondonada creada por un circo ahora está cubierta por un lago.
Espolón truncado
Esta protrusión rocosa es una cadena montañosa a la que un glaciar le ha amputado la punta.
Valles fluviales
Los glaciares esculpen valles en forma de U en el paisaje. Cuando los ríos discurren por ellos, los valles se modifican y adoptan forma de V.
Llanura aluvial
Lejos de las escarpadas montañas, el paisaje se vuelve más llano. Arroyos y ríos surcan una zona llamada llanura aluvial.
Erráticos
Bloques de roca transportados por el hielo glaciar salpican el paisaje.
Lago cintiforme
Un lago largo y estrecho cubre una depresión causada por la erosión glaciar.
Marmita de gigante
Al derretirse el hielo bajo los depósitos glaciares, se forma una depresión, que se llena de agua.
Drumlins
Grupos de colinas redondeadas y bajas creadas por depósitos glaciares se alinean en la dirección del río de hielo, dando pistas sobre movimientos glaciares.

Estrías glaciares
Las rocas conservan evidencias de glaciares del pasado. Estas estrías o arañazos fueron esculpidos por residuos afilados transportados por el hielo que se desplazaba sobre las rocas.

Glaciares en retroceso

Con el calentamiento global, se estudian los glaciares para averiguar cómo les ha afectado. Por ejemplo, el glaciar Muir, en Alaska, Estados Unidos, está en retroceso. Desde 1941, el hielo ha retrocedido muy deprisa, más de 12 km, y su grosor se ha reducido en más de 800 m. Los glaciares en retroceso ponen en riesgo las reservas de agua que tienen cerca y causan desprendimientos e inundaciones.

1941

2004

Cueva gélida

El agua del deshielo que discurre a través o por debajo de los glaciares puede excavar cavidades que llegan a ser espectaculares cuevas de hielo ocultas entre el hielo y la roca.

En las profundidades del glaciar Vatnajökull, en Islandia, el agua que discurre por debajo del hielo excava grandes cuevas. Estas cuevas de hielo azulado van cambiando, pues el agua se derrite y se congela sin parar. Con el deshielo pueden aparecer sedimentos que estaban atrapados en el hielo y dan a las cuevas su color azul característico. A causa del cambio climático, los glaciares se están derritiendo a una velocidad sin precedentes, por lo que cada vez hay menos cuevas de hielo.

El río Amazonas es el más grande del mundo en volumen.

2 millones de **arroyos** se estima que existen en Estados Unidos.

Ríos

Un río es un curso de agua dulce que va desde las montañas hasta el mar siguiendo una ruta claramente definida, o cauce. Los ríos pueden modelar el paisaje, erosionando sedimentos, transportándolos y depositándolos más adelante aguas abajo.

En su nacimiento, el río discurre rápidamente por pendientes pronunciadas y valles, formando saltos de agua y rápidos. Arroyos más pequeños se unen al canal principal, que sigue discurriendo colina abajo. A medida que el paisaje se vuelve menos escarpado, el río pierde velocidad y se vuelve más sinuoso. El río acaba desembocando en el mar o en otra masa de agua, como un lago.

Zona elevada

Los ríos suelen empezar su curso en zonas elevadas. Cuando llueve sobre el terreno elevado, o la nieve y el hielo de las montañas se derriten, el agua se acumula y empieza a discurrir por cauces. El agua puede proceder también de manantiales, que circulan bajo tierra como aguas subterráneas hasta que salen a la superficie a través de un orificio.

Nacimiento del río
Esta es una de las nacientes del río Ljubljanica en Eslovenia. En la imagen, las aguas subterráneas que salen a la superficie alimentan el río.

Valles, cañones y gargantas

Al circular por pendientes pronunciadas, los ríos desgastan las rocas que hay debajo y poco a poco van esculpiendo el paisaje formando valles, es decir, depresiones sobre la superficie de la Tierra. Cuando son esculpidos por los ríos, los valles tienen forma de V. Los cañones y las gargantas son valles estrechos con altas paredes rocosas.

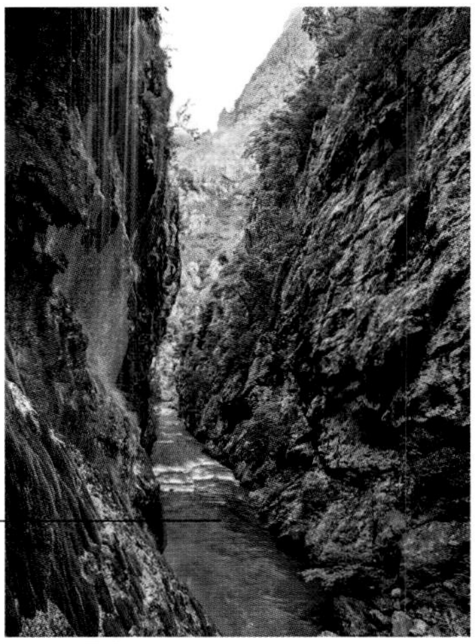

Garganta de Taroko
Un río circula por esta estrecha y escarpada garganta de Taiwán.

Del nacimiento al mar

Un río desciende desde las montañas nevadas hasta el mar, moldeando el paisaje a su paso. La forma, la energía y el tamaño de un río van cambiando a lo largo de su curso.

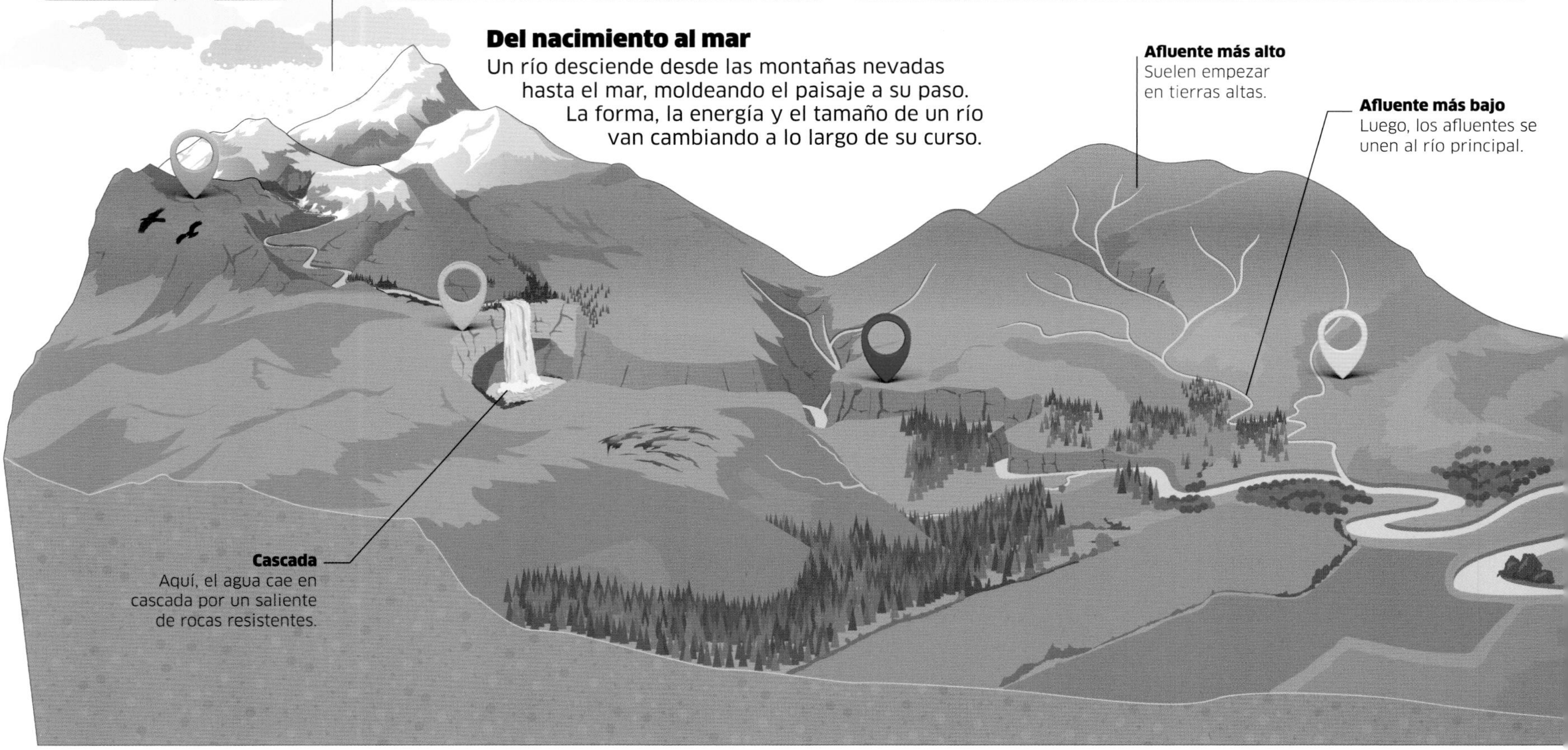
Precipitación
La lluvia y la nieve caen de las nubes, aumentando la cantidad de agua de los ríos.
Afluente más alto
Suelen empezar en tierras altas.
Afluente más bajo
Luego, los afluentes se unen al río principal.
Cascada
Aquí, el agua cae en cascada por un saliente de rocas resistentes.

Cascada

Al circular, los ríos erosionan las rocas, desgastándolas. Cuando los ríos se desplazan sobre una capa de roca dura superpuesta a rocas más blandas, el agua erosiona las rocas más blandas. Las rocas más duras quedan formando un escalón en el paisaje, lo que origina una cascada. Con el tiempo, el agua acaba erosionando también la roca más resistente.

Un abrupto salto de agua
En la cascada de Seljalandsfoss, en Islandia, el agua cae por un saliente de rocas duras.

226 m de **altura** tienen las cataratas **Kaieteur** en Guayana.

6695 km es la **longitud del Nilo**, que se suele considerar el **río más largo del mundo**.

19 km: **longitud** de la garganta de **Taroko** en Taiwán.

Afluentes

Los ríos son alimentados por corrientes secundarias más pequeñas llamadas afluentes, que suelen nacer en zonas de terreno elevado. Estos arroyos acaban uniéndose a un río más grande, que circula corriente abajo en dirección al mar transportando agua y sedimentos. El territorio total drenado por un arroyo o río se llama cuenca de drenaje o cuenca hidrográfica.

Pequeños afluentes
Miles de arroyos suelen alimentar los ríos muy grandes, como el «río de hierba» de los Everglades, en Florida, Estados Unidos.

Meandros

En terreno llano, el agua circula lenta y los ríos forman curvas sinuosas llamadas meandros. Estas curvas serpenteantes se forman cuando una orilla del río se erosiona más que la otra, debido a que la velocidad del agua es mayor en la parte exterior de dicha curva. El sedimento erosionado se deposita en la parte interior de la siguiente curva, donde el río circula lento. La forma del meandro va cambiando con el tiempo, pero suelen conocerse como «curvas en S».

Exterior de la curva del río
El agua que fluye rápido erosiona el sedimento.

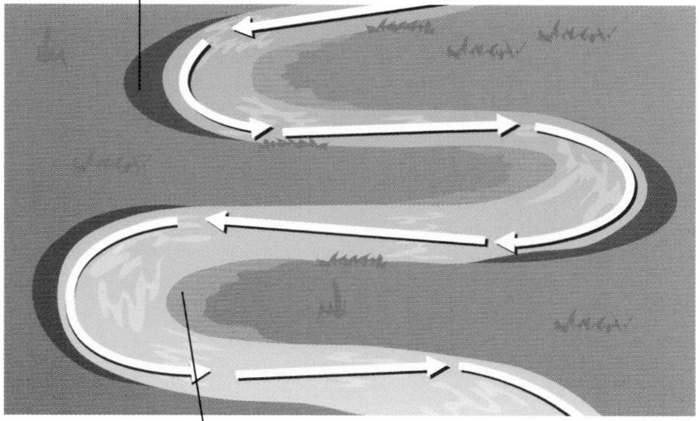

Interior de la curva fluvial
Los sedimentos erosionados aguas arriba son depositados aquí.

Desembocadura

El final de un río, allí donde se une al mar o a un lago, se llama desembocadura. Es donde los ríos sueltan el agua y los sedimentos. Algunos ríos depositan sedimentos en la parte externa de la desembocadura, formando una acumulación llamada delta. La zona de la desembocadura de un río en la que el agua de mar se mezcla con el agua dulce se llama estuario.

Río se une al océano
En la desembocadura se depositan sedimentos como la arena.

Meandro
Es una curva sinuosa en el curso del río.

Brazo muerto
Estas masas de agua se forman cuando un meandro queda abandonado.

Llanura aluvial
Los humedales de la llanura aluvial de un río proporcionan valiosos hábitats a las aves migratorias.

Estuario
Aquí, el río de agua dulce se encuentra con el mar salado.

Desembocadura
El cauce de un río termina cuando llega al mar.

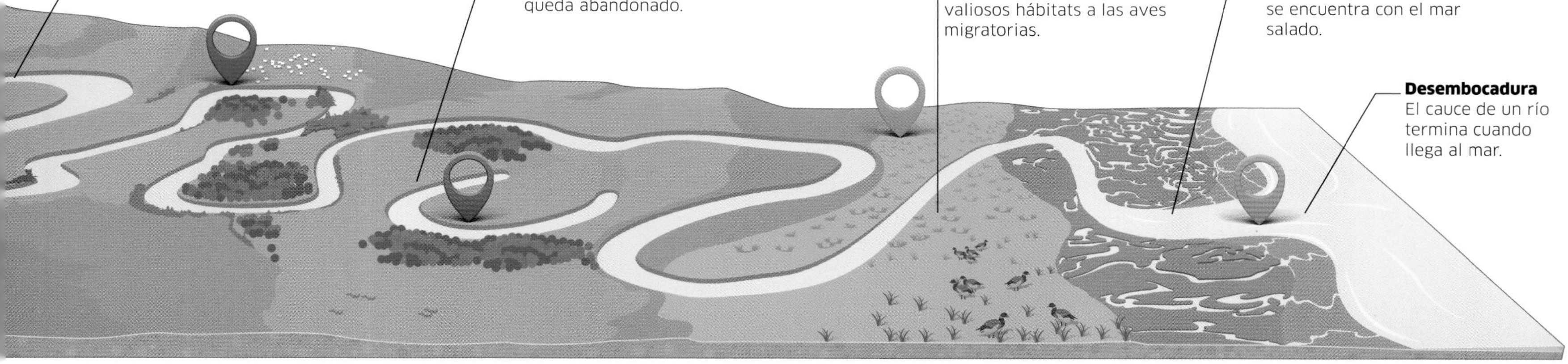

Brazo muerto

Los ríos serpenteantes (ver arriba) erosionan y depositan sedimentos, y las curvas se hacen más pronunciadas. Cuando llueve, un río que fluye rápido puede desbordarse y crear una vía más directa, dejando aislada una de las curvas. Esta entonces crea un lago en media luna.

SEDIMENTACIÓN

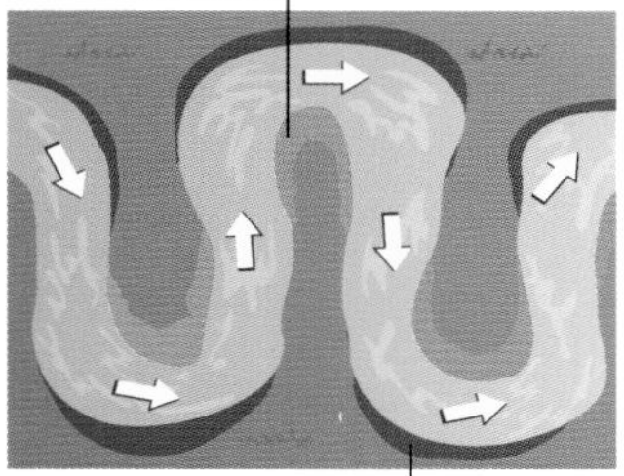

EROSIÓN

Erosión de los márgenes
Los meandros se hacen más pronunciados a medida que el terreno se erosiona.

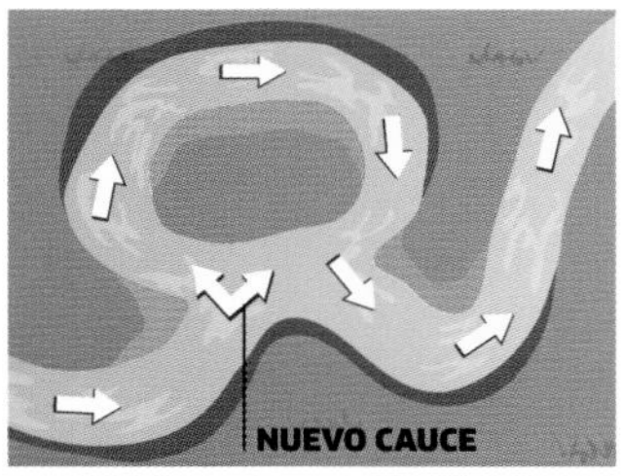

Desbordamiento
Si un río inunda sus márgenes durante un desbordamiento, puede crear un nuevo cauce.

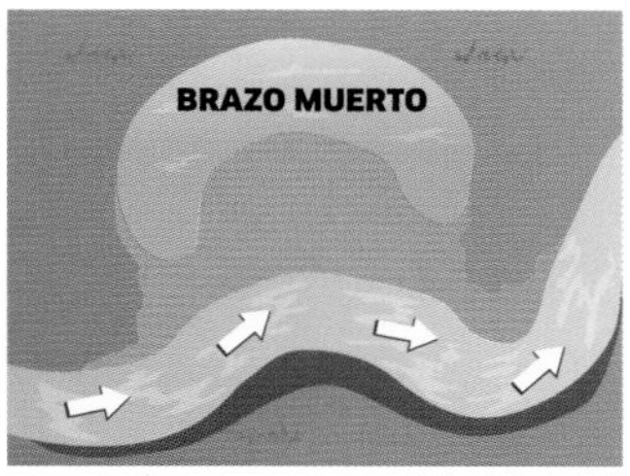

Brazo muerto
El meandro se separa del cauce del río principal y forma un brazo muerto.

Llanura aluvial

Los ríos pueden desbordarse e inundar los márgenes. El terreno que rodea el cauce y queda sumergido cuando el río se desborda se llama llanura aluvial.

Muros de contención
Se trata de lomas de sedimentos que se acumulan entre el cauce de un río y las llanuras aluviales.

979 m de altura tiene el **Salto Ángel**, en Venezuela, **la cascada más alta del mundo**.

Cascadas

Los ríos esculpen espectaculares elementos naturales, como las cascadas. Estos cuerpos de agua caen verticalmente por un borde empinado, a menudo discurriendo por distintos tipos de roca.

Cuando un río baja por una pendiente, aumenta de velocidad y puede caer en forma de agitados rápidos. Debido a la velocidad, el agua erosiona la roca blanda que hay debajo, haciendo que el cauce sea más abrupto. Si la roca superior es dura, puede formarse una cascada.

Roca dura sobre roca blanda
En esta secuencia de rocas, el conglomerado más duro cubre la arenisca más blanda.
Rápidos en cascada
Al caer, el agua erosiona la arenisca más blanda.

1 El río forma rápidos
Este río está formando rápidos sobre una roca dura llamada conglomerado, que cubre una roca más blanda llamada arenisca. El lecho se vuelve más pronunciado ya que el agua erosiona la roca blanda más rápidamente que la roca dura.

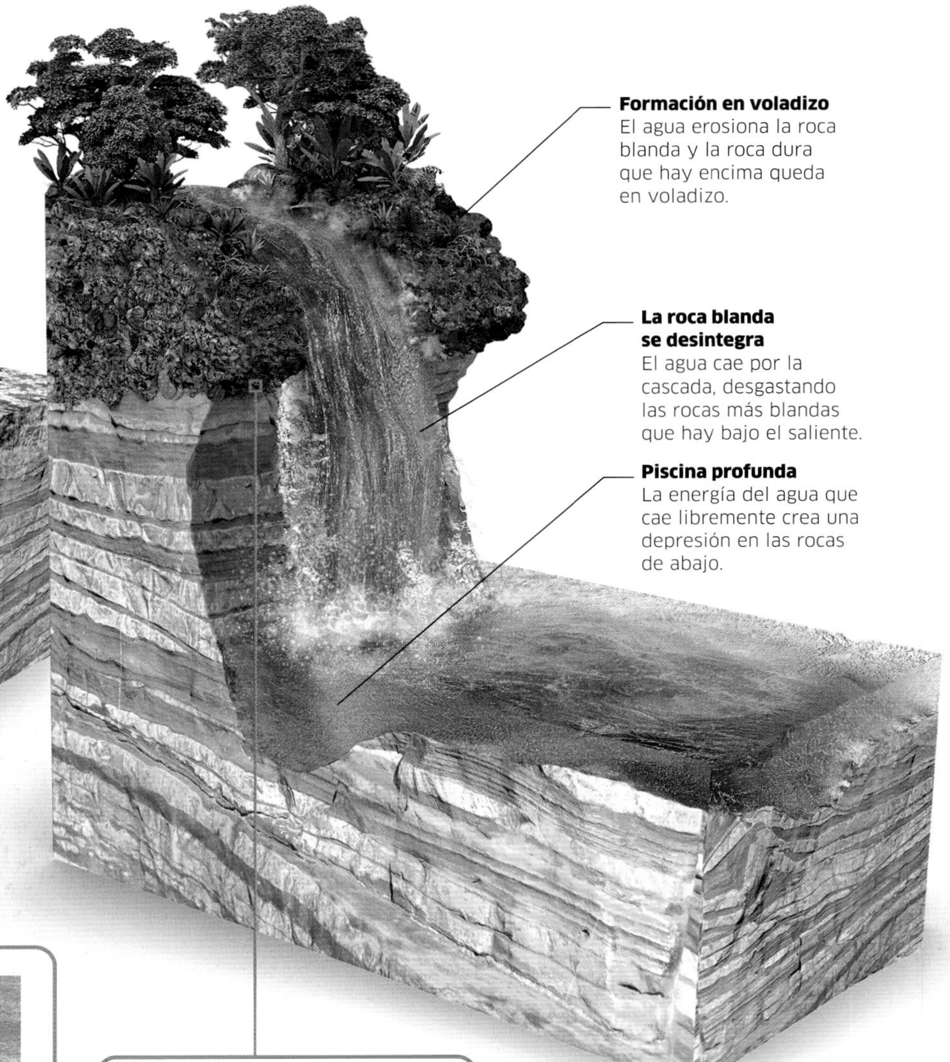
Formación en voladizo
El agua erosiona la roca blanda y la roca dura que hay encima queda en voladizo.
La roca blanda se desintegra
El agua cae por la cascada, desgastando las rocas más blandas que hay bajo el saliente.
Piscina profunda
La energía del agua que cae libremente crea una depresión en las rocas de abajo.

Cataratas Victoria

Entre Zambia y Zimbabue, el río Zambezi discurre por gargantas compuestas de basalto y arenisca, originando las cataratas Victoria. Las gargantas se formaron hace 180 millones de años, cuando la lava al enfriarse abrió grietas en el suelo. Más tarde, cuando el río cambió de dirección, el agua fue desgastando las grietas. Con el tiempo, la cascada ha ido retrocediendo de grieta en grieta.

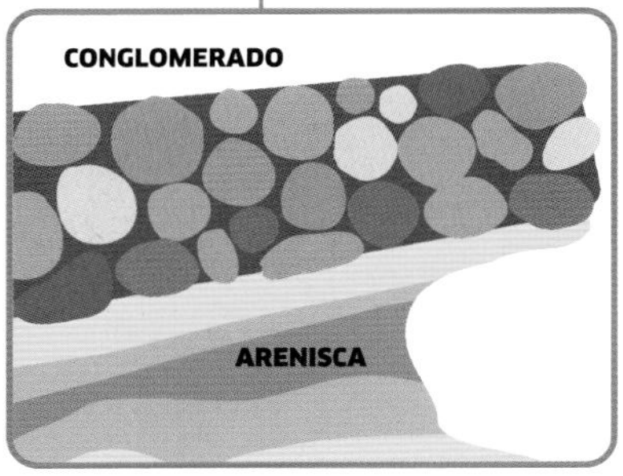
CONGLOMERADO
ARENISCA

Capas de roca
Un antiguo río depositó aquí una capa de arenisca. Es más antigua que el conglomerado que hay encima, una roca sedimentaria que contiene grandes piedras llamadas clastos, que fueron depositados por un río posterior.

2 Se forma la cascada
Poco a poco, la fuerza del agua desgasta la arenisca más blanda de la parte inferior de la secuencia de rocas. Esto crea un escalón en voladizo en la parte superior de la cascada, formado por un conglomerado más duro.

miles de millones
de litros de agua caen por las cataratas del Niágara, que retroceden 0,3 m al año.

La energía del agua de una cascada puede transformarse en **electricidad**. Eso se conoce como **energía hidroeléctrica**.

108 m de altura tienen las **cataratas Victoria**, la caída de agua constante **más grande del mundo**.

Formación de un cañón

Mientras discurren, los ríos y arroyos van erosionando su cauce hacia el nivel basal, el nivel más bajo hasta el que pueden erosionar. Los arroyos pueden esculpir profundas fosas en el paisaje. Se llaman valles si sus paredes son suaves y cañones si son pronunciadas.

Cañón empinado
Enormes acantilados de arenisca se elevan a ambos lados de este estrecho cañón de ranura ubicado en el Parque Nacional de Zion, en Utah, Estados Unidos.

Cañón de ranura
Si un arroyo erosiona hacia abajo más rápido de lo que tardan las paredes del cañón en desplomarse, puede formarse un cañón de ranura.

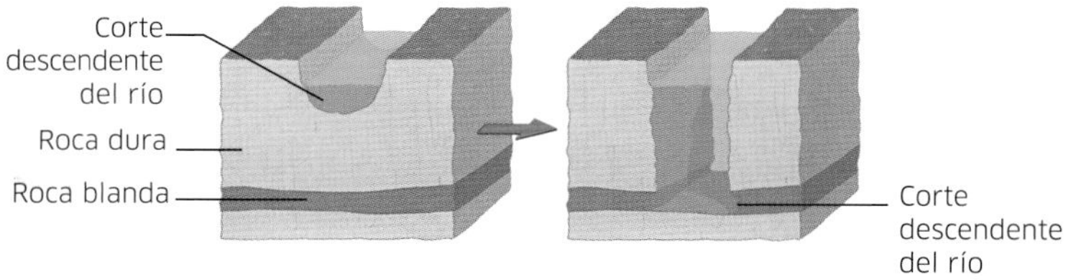
Corte descendente del río
Roca dura
Roca blanda
Corte descendente del río

Cañón de escalera
Si el agua discurre a través de capas alternas de roca dura y blanda, se forma un cañón de escalera.

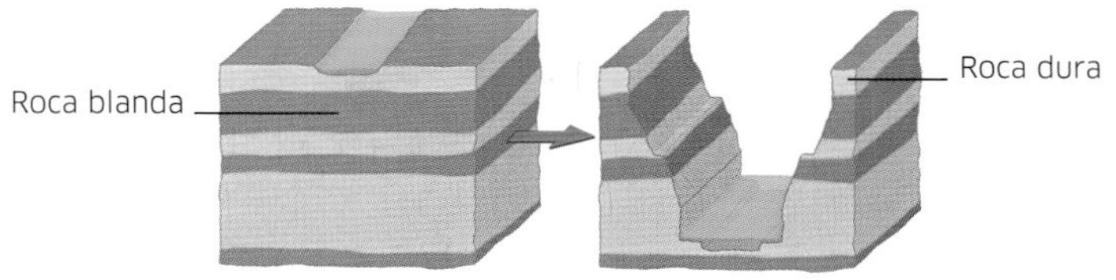
Roca blanda
Roca dura

Valle en forma de V
Si las paredes se derrumban a la misma velocidad a la que el arroyo erosiona hacia abajo, se crea un valle en forma de V.

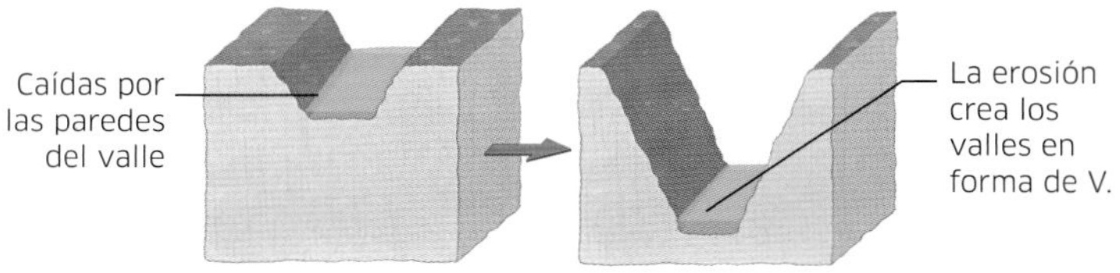
Caídas por las paredes del valle
La erosión crea los valles en forma de V.

Cómo se forman las cascadas

Cuando el agua discurre sobre una roca blanda, empieza a erosionarla. Cuando discurre por una capa de roca dura, se crea un escalón que sobresale en el cauce del río. El agua cae verticalmente por el escalón en forma de cascada. Cuando el agua erosiona la roca más dura, el voladizo cae a la piscina que hay debajo. Este ciclo de erosión continúa, y con el tiempo desgasta el escalón y aplana el paisaje.

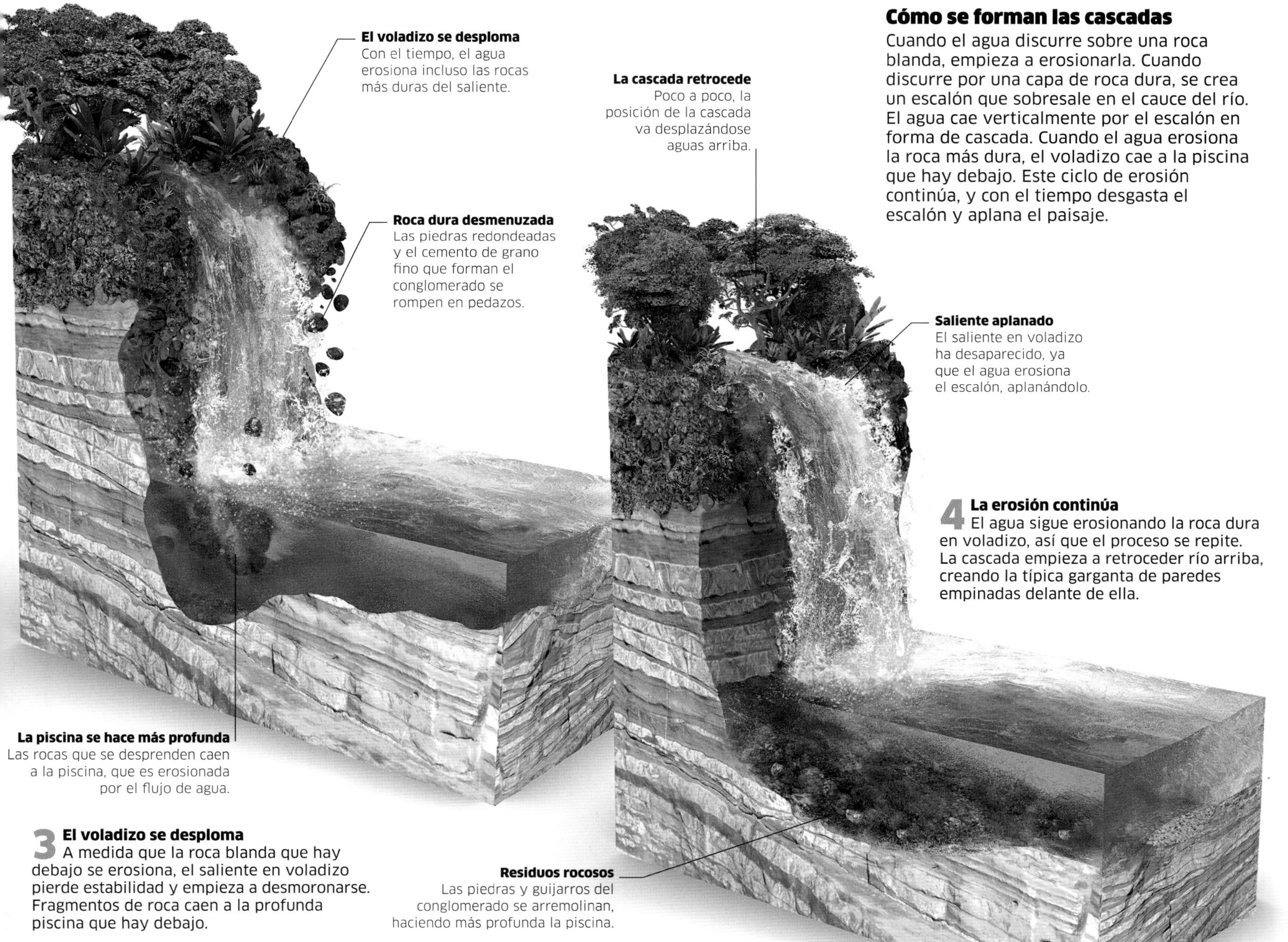
El voladizo se desploma
Con el tiempo, el agua erosiona incluso las rocas más duras del saliente.
Roca dura desmenuzada
Las piedras redondeadas y el cemento de grano fino que forman el conglomerado se rompen en pedazos.
La piscina se hace más profunda
Las rocas que se desprenden caen a la piscina, que es erosionada por el flujo de agua.
La cascada retrocede
Poco a poco, la posición de la cascada va desplazándose aguas arriba.
Saliente aplanado
El saliente en voladizo ha desaparecido, ya que el agua erosiona el escalón, aplanándolo.
Residuos rocosos
Las piedras y guijarros del conglomerado se arremolinan, haciendo más profunda la piscina.

3 El voladizo se desploma
A medida que la roca blanda que hay debajo se erosiona, el saliente en voladizo pierde estabilidad y empieza a desmoronarse. Fragmentos de roca caen a la profunda piscina que hay debajo.

4 La erosión continúa
El agua sigue erosionando la roca dura en voladizo, así que el proceso se repite. La cascada empieza a retroceder río arriba, creando la típica garganta de paredes empinadas delante de ella.

Los lagos pequeños que miden solo unos pocos metros cuadrados se llaman **lagunas**.

Lagos

Los lagos son masas de agua rodeadas de tierra. El agua puede proceder de un río, de la lluvia, de nieve y hielo derretidos o de agua subterránea.

Los lagos suelen ser alimentados por un río, pero también pueden formarse cuando el agua que hay en el subsuelo sale a la superficie o cuando el agua de la lluvia se acumula en una depresión. El agua de un lago está relativamente tranquila en comparación con la de los ríos, pero no está completamente inmóvil. Las corrientes de los lagos las crean las corrientes eólicas, los cambios de temperatura y los lentos movimientos del agua hacia dentro y hacia fuera del lago.

Fosas tectónicas

Los movimientos de la corteza terrestre que originan fallas pueden crear depresiones, que pueden llenarse de agua formando lagos tectónicos. Las depresiones en las que se forman lagos se llaman fosas. El lago Baikal, en Rusia, se formó hace unos 25 millones de años cuando la corteza de la Tierra se adelgazó y se hundió a lo largo de las fallas que la bordean.

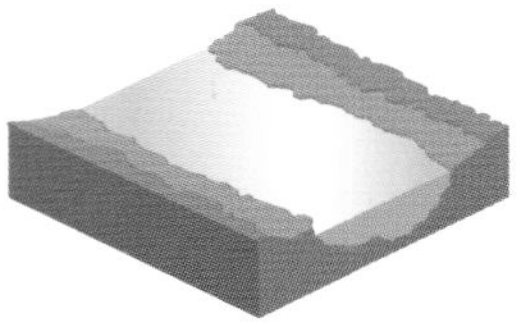

Lago Baikal, Rusia
Las fluctuaciones diarias en la temperatura del aire hacen que el hielo se expanda durante el día y se contraiga por la noche, lo que provoca la formación de grietas en el hielo.

TIPOS DE LAGO

Los lagos pueden ser tan variados entre sí que algunos científicos identifican más de 70 tipos distintos. Existen muchas formas de clasificarlos. Una de ellas es observando cómo se formaron. Los lagos más corrientes lo hicieron a partir de glaciares en retroceso durante la última glaciación, pero también pueden formarse de otras maneras, como por deslizamiento de tierras. Algunos incluso los han construido los seres humanos.

Lagos volcánicos

Los lagos se forman a menudo dentro de cráteres o volcanes inactivos en los que el magma todavía se está enfriando. Si las cámaras magmáticas se vacían durante una erupción volcánica, el techo de la cámara puede derrumbarse, dejando una depresión que posteriormente ocupa un lago.

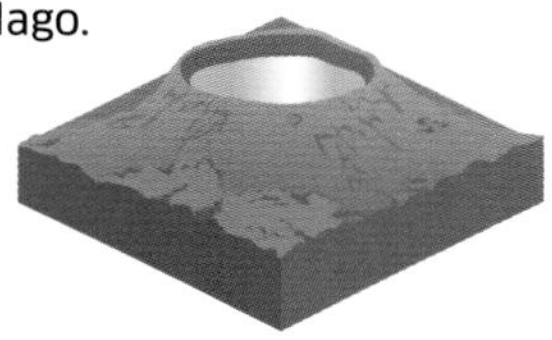

Lago Quilotoa, Ecuador
Este lago se encuentra dentro de una caldera, un volcán en el que el techo de la cámara magmática se ha derrumbado sobre sí mismo.

Lagos glaciares

Cuando los glaciares retrocedieron a finales de la última glaciación, hace unos 10 000 años, dejaron tras de sí muchos lagos. Estos lagos se formaron dentro de fosas excavadas por el hielo, que se fueron erosionando y dejando sedimentos.

Lagos de Rila, Bulgaria
El conjunto de siete lagos de esta cadena montañosa se formó por la acción del hielo, al retirarse poco a poco.

Lagos por deslizamiento

Cuando restos desprendidos de una pendiente de repente se desplazan y bloquean un río, puede formarse un lago. El tamaño de estos lagos puede variar mucho: desde pocos metros cúbicos hasta masas de agua de varios kilómetros cúbicos y tan altos que bloquean todo un valle.

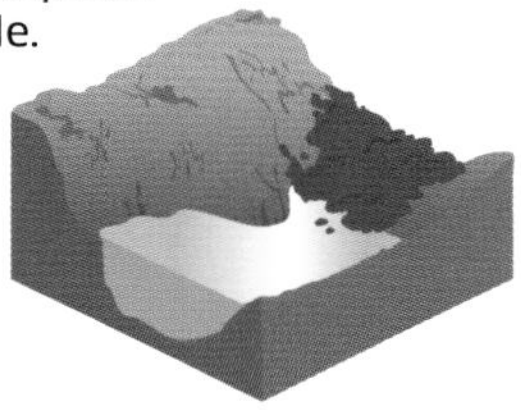

Lago Attabad, Pakistán
El 4 de enero de 2010, un enorme deslizamiento bloqueó el río Hunza y formó este lago.

Lagos en hondonadas

Cuando el agua de lluvia o de un arroyo disuelve lentamente las rocas solubles, puede formarse una fosa. Con el tiempo, dicha fosa se derrumba y forma una hondonada, que es otro tipo de cavidad en la que pueden originarse lagos.

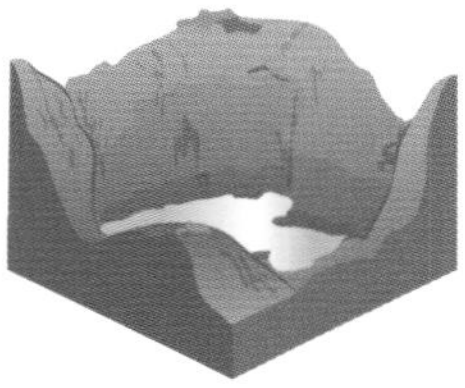

Lago Rojo, Croacia
Es un sumidero que se formó cuando el techo de una gran cueva se derrumbó. Posteriormente se llenó de agua y se convirtió en un lago.

En el **lecho seco de un lago** pueden encontrarse **fósiles,** como las huellas de **dinosaurio** de los sedimentos de lagos de cráter en **Angola.**

22 670 km³ de **agua** contienen los **Grandes Lagos de América.**

83

LAGOS EXTREMOS

Algunos lagos se forman en la cima de una montaña, mientras que otros se forman bajo el nivel del mar. Los lagos más grandes del mundo contienen vastas cantidades de agua o abarcan miles de kilómetros. Los cinco Grandes Lagos de América (en la imagen) son grandes lagos de agua dulce conectados entre sí que contienen una quinta parte del agua dulce del planeta. El lago Superior es el lago de agua dulce de mayor superficie, pero el lago Baikal (también en la imagen) contiene más agua que todos los Grandes Lagos juntos.

A 3810 m sobre el nivel del mar, entre Perú y Bolivia, el lago Titicaca es el **lago navegable** más elevado del mundo. Con una superficie de más de 370 000 km², el mar Caspio es la masa de agua interior más grande del mundo y el **lago salado más grande.**

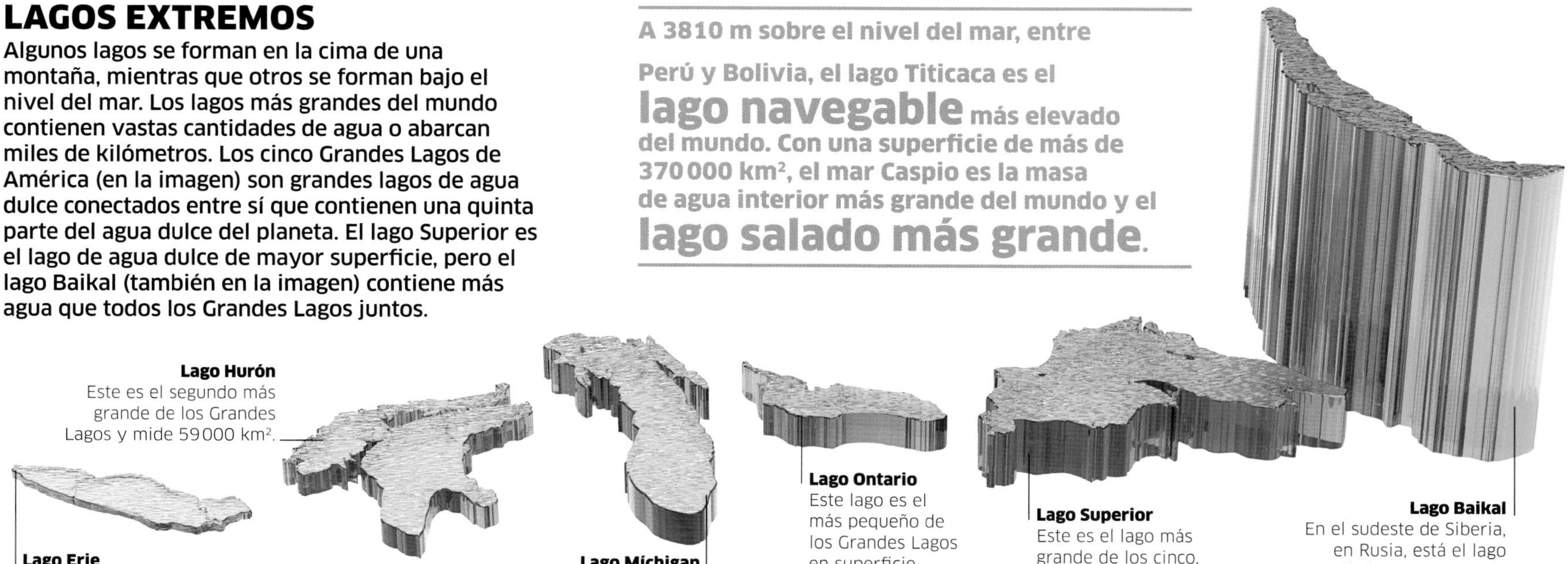

Lago Hurón
Este es el segundo más grande de los Grandes Lagos y mide 59 000 km².

Lago Erie
El lago menos profundo de los Grandes Lagos es también el más cálido.

Lago Míchigan
Es el único de los Grandes Lagos que está situado íntegramente en Estados Unidos.

Lago Ontario
Este lago es el más pequeño de los Grandes Lagos en superficie.

Lago Superior
Este es el lago más grande de los cinco, con 12 100 km³ de agua.

Lago Baikal
En el sudeste de Siberia, en Rusia, está el lago Baikal. Sus 1642 m de profundidad hacen de él el lago más profundo.

DIQUE DE CASTORES

Cuando los castores construyen un dique con material vegetal, barro, piedras y otros restos, en uno de los lados se forma un lago. El dique protege a los castores de los depredadores, ayuda a retener los nutrientes y crea hábitats de humedales para muchas otras especies. Con el tiempo, los castores pueden crear complejas estructuras, con túneles debajo.

Madriguera de castor
Estos hábiles herbívoros construyen pequeñas cúpulas protectoras en las profundas pozas de agua que crean sus diques. Las hacen con ramas, barro y rocas. Las madrigueras funcionan como zonas habitables secas y espacios para almacenar la comida.

LAGOS SALADOS

La mayoría de los lagos contienen agua dulce, pero algunos son de agua salada. En los lagos abiertos, es decir, con salida, el agua suele ser dulce. En los lagos cerrados, sin salida, el agua solo puede salir por evaporación. Cuando el agua se evapora, deja sales tras de sí, lo que deriva en la formación de lagos salados.

Lago Manchado
Este lago canadiense está formado por pozas saladas. En otoño, lo cubre el agua subterránea, el agua de lluvia y el agua del deshielo, pero en verano el agua se evapora y las piscinas quedan al descubierto. El lago Manchado es rico en muchos minerales, entre ellos calcio y plata.

Lago Natron
Cuando unas algas o bacterias concretas liberan pigmentos rojos en las aguas saladas, se forman lagos rosas. El lago Natron de Tanzania debe su color a unos microorganismos a los que les encanta la sal conocidos como cianobacterias.

Mar Muerto
Situado entre Israel, Cisjordania y Jordania, es uno de los lagos más salados del mundo. Durante los últimos 50 años se ha ido reduciendo lentamente debido a proyectos de riego que han desviado su fuente, el río Jordán. Esto ha hecho que su agua sea todavía más salada.

640 km de longitud se estima que tiene el **sistema de cuevas más largo** del mundo, la **Cueva del Mamut**, Estados Unidos.

Pavimento calcáreo
La piedra caliza que hay sobre la cueva está plagada de grietas, llamadas grikes, que hacen que parezca un pavimento artificial.

Ríos
El agua de los ríos puede penetrar en las grietas de la piedra caliza, disolverla y hacer que se ensanchen.

Columnas
Con el tiempo, una estalagmita y una estalactita pueden crecer hasta juntarse formando un único espeleotema llamado columna.

Estalactitas
Estas formaciones minerales que cuelgan del techo de la cueva se forman por el agua que gotea hacia abajo.

Pajita de soda
Las estalactitas translúcidas y huecas, más pequeñas y frágiles, se conocen como pajitas de soda o macarrones.

Colada
Con el tiempo, el agua subterránea que desciende por la superficie de las paredes de la cueva puede crear láminas de roca que parecen telas y reciben el nombre de colada.

Cortinas goteantes
Cuando el agua corre por el suelo y las paredes de la cueva, se crean depósitos de carbonato cálcico en forma de cortina.

Corriente subterránea
Las corrientes y ríos subterráneos circulan bajo tierra y crean canales. Suelen reaparecer por la entrada de las cuevas.

Gota a gota

Cada cueva kárstica es una cavidad subterránea que se ha formado de forma natural a medida que la roca caliza se iba disolviendo. Cuando el agua subterránea rica en minerales gotea en una cueva, deja tras de sí depósitos de minerales sólidos. Las rocas que se forman dentro de las cuevas pueden adoptar muchas formas dinámicas, desde finas rocas como carámbanos que cuelgan del techo hasta montículos en el suelo. Dichas formas se llaman espeleotemas.

Lago subterráneo
Una corriente procedente de arriba cae en cascada al interior de la cueva, yendo a parar a un lago de aguas profundas.

Estalagmita
Cuando el agua gotea sobre el suelo de la cueva, se forman pináculos que apuntan hacia arriba, llamados estalagmitas.

70 m de altura tiene la **estalagmita más grande del mundo,** en la **cueva Martín Infierno**, Cuba.

6000 Número de **cuevas en el Carso**, que cubren alrededor del **27 por ciento** del territorio de **Eslovenia**.

85

Los paisajes kársticos cubren un 20 por ciento de la superficie terrestre del planeta.

Karst de China meridional
Esta cueva es una de las muchas que hay en el paisaje kárstico de China meridional. En la superficie, los ríos serpentean entre torres que forman bosques y montones de pináculos, que pueden alcanzar los 300 m de altura.

Cueva seca
Cuevas que antes estuvieron llenas de agua, cuando la capa freática se desplaza, pueden acabar secándose. Algunas siguen creciendo dado que el agua subterránea poco a poco ensancha las grietas que hay a su alrededor.

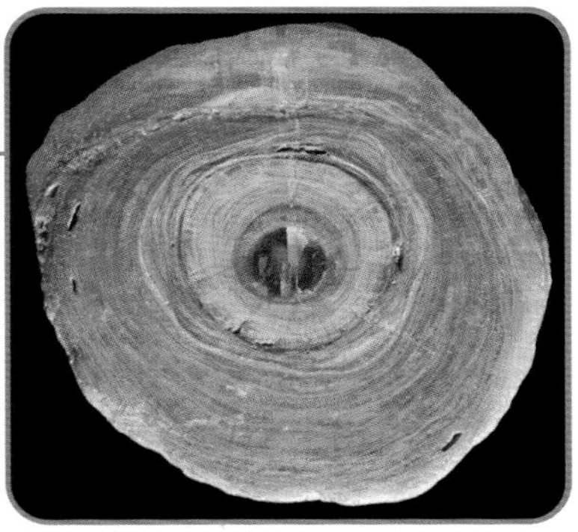

Estalactitas
Las estalactitas están compuestas de finas capas de calcita que se han ido acumulando. Fechando estas capas y estudiando su composición química, los científicos pueden desvelar pistas sobre el clima de tiempos pasados, lo que les ayuda a estudiar el cambio climático.

Cuevas

Pocos paisajes ilustran mejor la naturaleza dinámica de la Tierra que los paisajes kársticos, que se forman cuando las rocas se disuelven. Con el tiempo, lo que no eran más que pequeñas grietas pueden convertirse en vastas cuevas subterráneas.

El agua excava la roca de los paisajes kársticos. Como el agua subterránea es ligeramente ácida, poco a poco disuelve ciertas rocas sedimentarias, como la caliza o la dolomita. Donde la roca es de estos tipos, el agua erosiona grandes tramos y crea complejos sistemas de cuevas y corrientes bajo el suelo. Pero estas formaciones rocosas no permanecen mucho tiempo igual. Con los años, cuando el nivel freático baja (ver páginas 72–73), las cuevas se secan y a veces se derrumban formando profundos socavones.

Cómo se forma un paisaje kárstico

Para formarse, el karst necesita una buena cantidad de roca caliza. Esta clase de roca se forma en los océanos y con el tiempo sale a la superficie. Cuando el agua alcanza la roca y la disuelve, el paisaje cambia drásticamente.

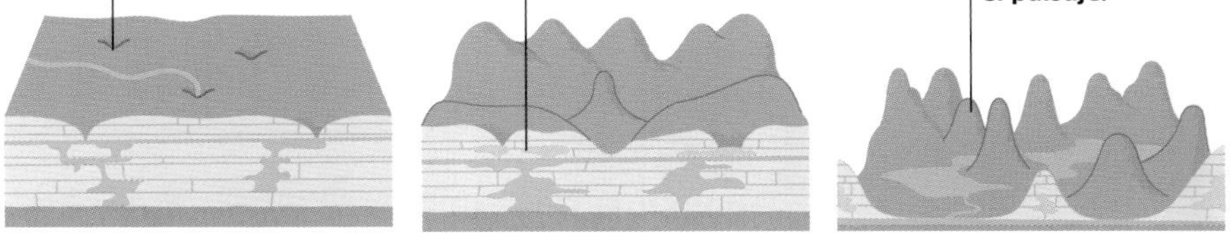

1 Socavones Empiezan a formarse depresiones circulares en la superficie del terreno allí donde el agua disuelve la piedra caliza.

2 Disolución A medida que el agua llena las grietas y disuelve las rocas, se forma una red de cuevas. Cuando el nivel del agua baja, se crean nuevas cuevas.

3 Paisaje maduro Las viejas cuevas se derrumban y las paredes entre las adyacentes se erosionan y dejan agujas imponentes.

1338 millones de km^3: **cantidad estimada de agua** que contienen los **océanos**.

CORRIENTES GLOBALES

Existen dos tipos de corrientes oceánicas que circulan alrededor del globo: las corrientes superficiales y las corrientes profundas. Las corrientes superficiales son impulsadas por los vientos, mientras que en las profundas influyen una gran variedad de factores, entre ellos la temperatura y la salinidad. El agua densa y fría desciende y se desplaza miles de kilómetros, para luego calentarse y ascender de nuevo, creando una lenta cinta transportadora oceánica global.

Corriente del golfo
Esta corriente cálida y superficial es responsable del clima suave de Europa.

Hacia arriba
En el océano Índico, las frías aguas profundas se calientan y se vuelven menos saladas, elevándose cerca de la superficie para luego continuar su viaje.

Giros
Las corrientes de superficie que describen un patrón circular se llaman giros. Giran en sentido antihorario en el hemisferio sur y en sentido horario en el hemisferio norte.

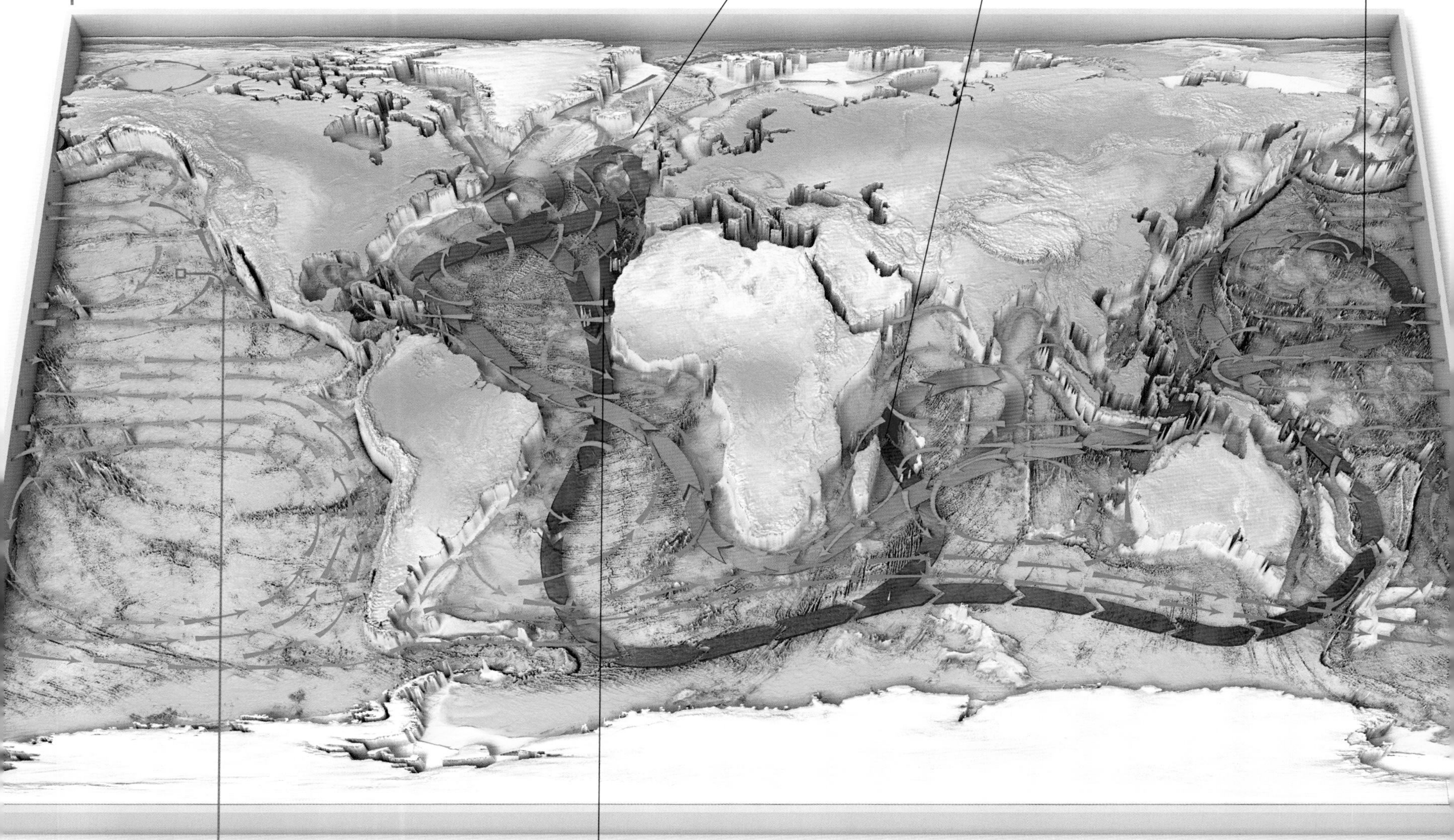

Hacia abajo
En el Atlántico Norte, el agua se enfría y desciende para seguir su viaje hacia el sur.

Clave
- Corrientes de superficie frías
- Corrientes de superficie cálidas
- Cinta transportadora oceánica global

Gran zona de basura del Pacífico
Dos enormes masas de partículas de plástico diminutas y otros desechos se desplazan por el océano Pacífico Norte, propulsadas por las corrientes. Contienen solo una pequeña parte de los plásticos que van a parar al océano y entran en la cadena alimentaria marina.

Aguas oceánicas

Los mares y los océanos de la Tierra, con sus grandes olas, sus mareas altas y bajas, y sus fuertes corrientes, están en constante movimiento. Contienen la mayor parte del agua del planeta.

Las vastas extensiones azules de los océanos del mundo pueden verse desde el espacio, de ahí que la Tierra se conozca como planeta azul. Pero lo que hace que dichas masas sean tan importantes es cómo se mueve el agua en ellas. Al circular por la superficie o por lo más hondo, el agua reparte la energía, los nutrientes y el oxígeno por todo el globo. El agua del océano se encarga también de calentar o enfriar la atmósfera, determinando el clima tanto en el mar como en tierra firme.

34 m: altura de la **ola más grande**, según los registros oficiales, que fue vista en el **océano Pacífico en 1933**.

5 billones de trozos de **plástico** se estima que hay en los océanos, con un peso de **227 000 toneladas**.

87

MAREAS

Todos los días, las aguas oceánicas avanzan y retroceden a lo largo de las costas debido a las mareas, que suben y bajan. Pero estos rápidos movimientos del agua los causa la interacción de la Luna, la Tierra y el Sol en el lejano espacio. La Luna orbita alrededor de esta a causa de la gravedad terrestre, pero su gravedad también atrae a la Tierra e influye en la gran cantidad de agua que hay en la superficie de nuestro planeta.

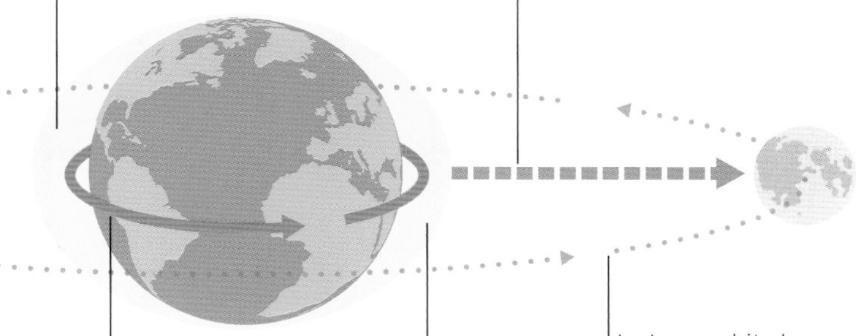

Mareas lunares

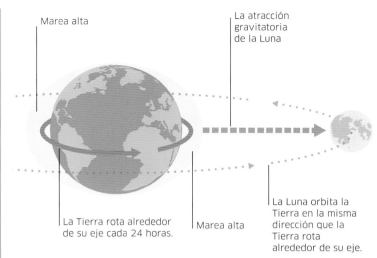

Cuando la Tierra rota sobre su eje, la gravedad de la Luna atrae una protuberancia de agua hacia ella, creando una marea alta. Al mismo tiempo, otra protuberancia, o marea alta, se forma en el lado opuesto de la Tierra, lanzada por la rotación de la Tierra. Entre las dos protuberancias, las mareas son bajas. Hay aproximadamente dos mareas cada 24 horas.

El Sol y las mareas

Dos veces al mes, cuando el Sol, la Luna y la Tierra se alinean, se producen mareas extremadamente altas y bajas. Esto se debe a la atracción gravitatoria combinada de la Luna y el Sol. Las mareas son menos extremas cuando el Sol y la Luna forman un ángulo recto con la Tierra.

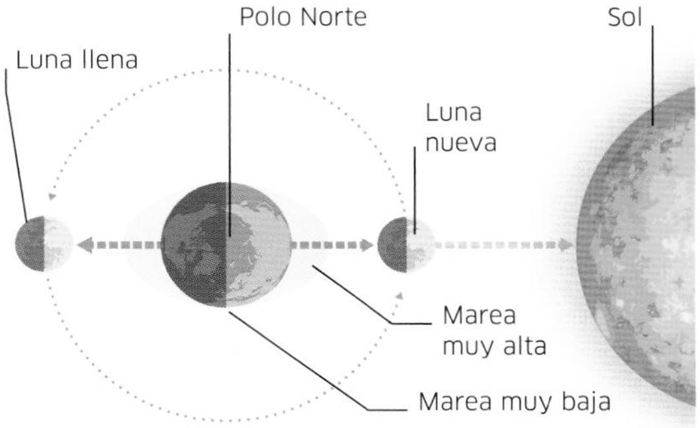

Mareas vivas
Cuando la Tierra está alineada con la Luna y el Sol, durante la luna llena o la luna nueva, se producen las mareas más altas, debido a la atracción gravitatoria combinada de ambos.

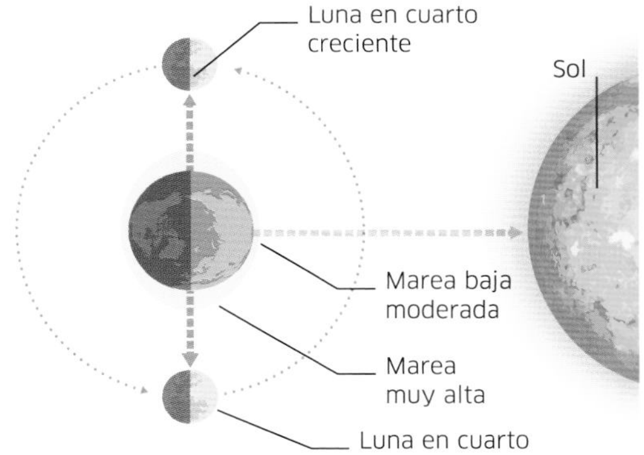

Mareas muertas
Las mareas más bajas se producen cuando la Luna y el Sol forman un ángulo recto con la Tierra, ya que entonces anulan parcialmente la atracción gravitatoria entre sí.

Efectos costeros

Las mareas apenas se perciben en el fondo del océano, pero sus efectos son evidentes en el litoral. La mayoría de las costas experimentan dos mareas altas y dos mareas bajas al día. La diferencia en el nivel del agua entre la marea alta y la marea baja se llama carrera de mareas y puede influir mucho en los ecosistemas y las comunidades costeras.

Marea alta
Cuando la marea está alta, el litoral rocoso queda cubierto por el agua, y organismos como cangrejos y peces se desplazan por él en busca de comida.

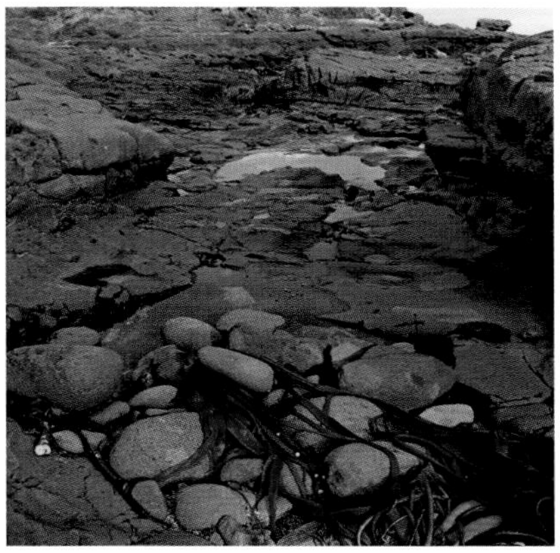

Marea baja
Cuando la marea baja, se forman pozas de marea rebosantes de organismos. Los depredadores buscan presas recién expuestas.

OLAS

Cuando el viento sopla sobre la superficie del océano, crea ondas diminutas que pueden crecer hasta convertirse en olas mucho más grandes, que rompen en la orilla. Las olas dependen de la duración, el alcance (distancia hasta la que llega el viento) y la velocidad del viento.

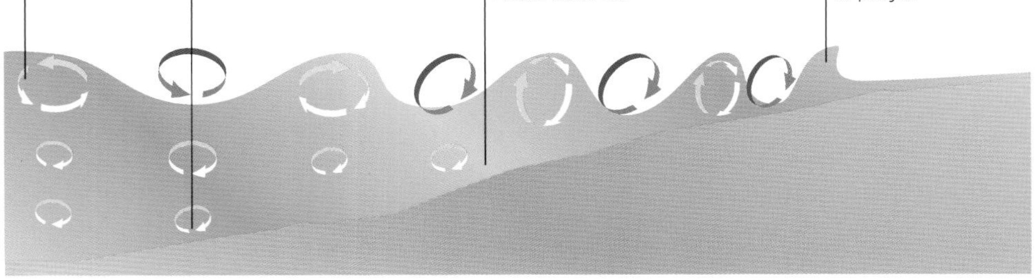

Ondas
Los vientos que soplan sobre la superficie del mar crean suaves ondas muy pegadas entre sí.

Marejadilla
Si hace más viento, las ondas se convierten en pequeñas olas de 1 m de alto, llamadas marejadilla.

Marejada
Cuando las olas tienen energía suficiente como para desplazarse lejos, se forman olas grandes, regulares y continuas conocidas como marejada.

TIEMPO Y CLIMA

El tiempo describe las condiciones en un día determinado: nos dice si es caluroso o ventoso. El clima observa el tiempo medio a largo plazo. El clima ha ido cambiando de forma natural en millones de años, pero los gases de efecto invernadero, por la actividad humana, calientan el planeta más que nunca.

¿TIEMPO O CLIMA?

El tiempo meteorológico hace referencia a acontecimientos a corto plazo, como un día lluvioso o soleado. El clima es el tiempo medio a lo largo de un período de tiempo largo, de muchos años. En pocas palabras, el clima puede representarse con el conjunto de las prendas de ropa de tu armario, mientras que el tiempo determina lo que decides ponerte en un día concreto.

TIPOS DE TIEMPO

Existen cinco tipos básicos de tiempo meteorológico. Pueden combinarse de distintos modos determinando así el tiempo de un día concreto. Por ejemplo, un día nublado y ventoso puede parecer más frío que un día tranquilo y soleado, aunque en ambos días el termómetro indique la misma temperatura.

Precipitación
Es el agua de las nubes que puede caer en forma de lluvia, granizo, aguanieve o nieve.

Viento
El aire en movimiento genera viento. Su velocidad puede medirse con instrumentos como el anemómetro.

Nubosidad
Hace referencia al nivel de cobertura nubosa del cielo. Existen 10 clases de nubes (ver páginas 102–103).

Temperatura
Esta mide la cantidad de calor en el aire. Se registra en un termómetro.

Visibilidad
La niebla, el rocío, el smog y el polvo pueden reducir la visibilidad en cualquier lugar.

ZONAS CLIMÁTICAS

La latitud de un lugar es el factor principal para poder comprender su clima. Los lugares cercanos al ecuador, la línea imaginaria que rodea el planeta por su centro, reciben más calor directo del Sol, así que suelen tener un clima más cálido que los lugares cercanos a los polos. Existen cuatro zonas climáticas básicas, como muestra este mapa. En cada una se dan variaciones debido a otros factores, como la altitud, el viento y la proximidad al mar.

Chicago, Estados Unidos
En esta ciudad templada, los veranos son cálidos, los inviernos fríos y se dan varias estaciones. La cantidad de lluvia depende de factores como la proximidad del océano.

Murmansk, Rusia
Esta ciudad portuaria está cerca de los polos, donde los veranos suelen ser cortos y pueden ser relativamente cálidos, pero los inviernos son largos y siempre muy fríos. En esta zona las precipitaciones suelen ser en forma de nieve.

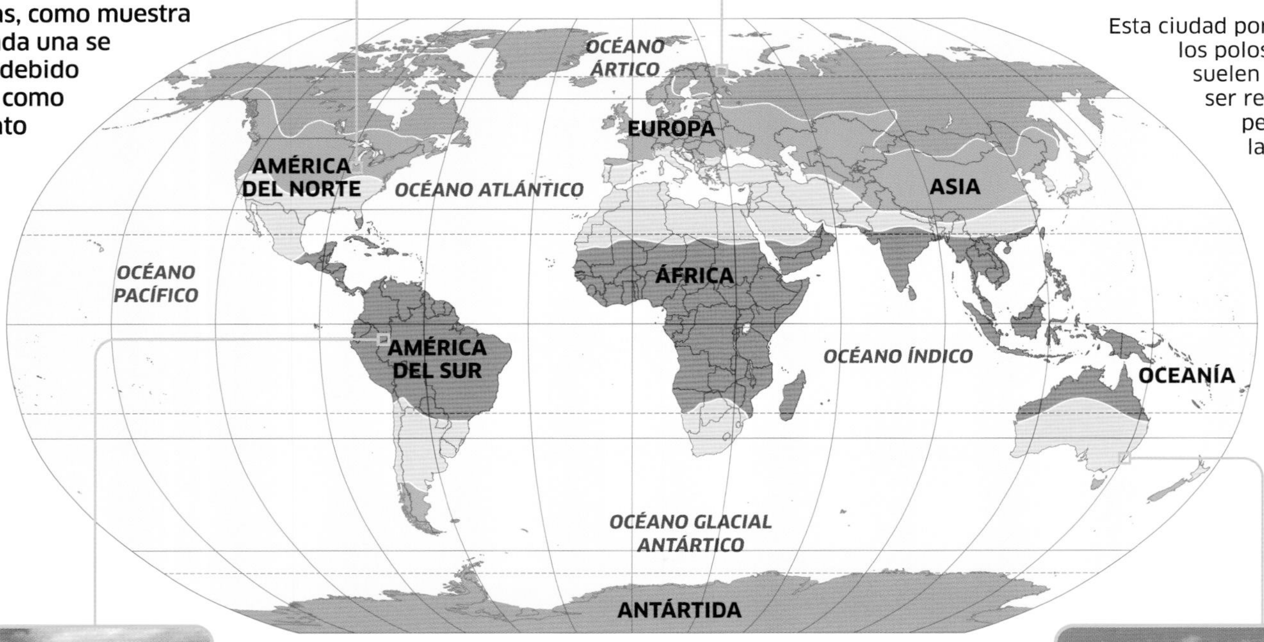

Zonas
- Polar
- Templada
- Subtropical
- Tropical

Leticia, Colombia
Esta ciudad vecina del río Amazonas está en una zona de clima tropical y se caracteriza por las altas temperaturas y el aire húmedo y cálido. Suele darse una estación lluviosa con muchas precipitaciones y una estación seca en la que no llueve o llueve muy poco.

Sídney, Australia
Alejada del ecuador, esta gran ciudad costera tiene un clima estival que puede ser muy caluroso y seco, ya que allí hay menos nubes que en el trópico. Las temperaturas, no obstante, bajan en invierno.

ESTACIONES

A lo largo del año, en las distintas partes de la Tierra se experimenta un ciclo de condiciones meteorológicas, en el que se pasa del calor al frío o de las precipitaciones a la falta de ellas. Este ciclo varía más en las regiones polares y menos cerca del ecuador. Estos cambios se conocen como estaciones y los causa la forma en que la Tierra orbita alrededor del Sol.

Alrededor del Sol

La Tierra gira sobre su eje, que forma un ángulo con su órbita alrededor del Sol. Mientras lo hace, la inclinación de su eje permanece fija. En diferentes momentos del año determinadas regiones de la Tierra se inclinan hacia el Sol o se alejan de él. Eso provoca la variación de estaciones durante el año.

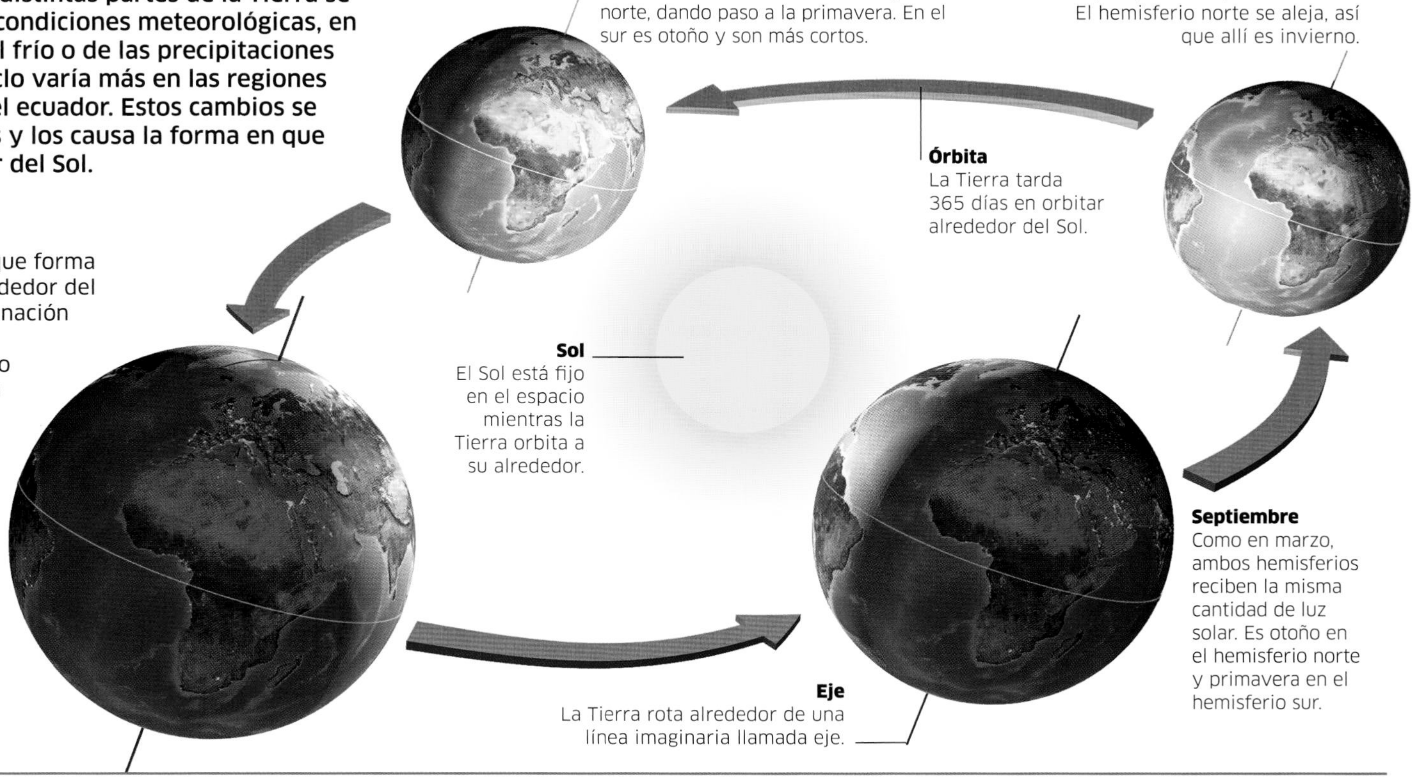

Marzo
Ambos hemisferios reciben igual cantidad de luz solar. Los días son más largos en el norte, dando paso a la primavera. En el sur es otoño y son más cortos.

Diciembre
El hemisferio sur se inclina hacia el Sol, lo que hace que sea verano. El hemisferio norte se aleja, así que allí es invierno.

Órbita
La Tierra tarda 365 días en orbitar alrededor del Sol.

Sol
El Sol está fijo en el espacio mientras la Tierra orbita a su alrededor.

Junio
El hemisferio norte se inclina hacia el Sol, por lo que en él es verano. El hemisferio sur se aleja del Sol, así que allí es invierno.

Septiembre
Como en marzo, ambos hemisferios reciben la misma cantidad de luz solar. Es otoño en el hemisferio norte y primavera en el hemisferio sur.

Eje
La Tierra rota alrededor de una línea imaginaria llamada eje.

INVIERNO **PRIMAVERA** **VERANO** **OTOÑO**

Cuatro estaciones

En las regiones templadas, el año se divide en cuatro estaciones diferenciadas, cada una con su propio tiempo meteorológico, determinado por la cantidad y la intensidad de la luz solar. En invierno, los días son cortos, oscuros y fríos. Los días se alargan y son más cálidos en primavera. Los días más largos, luminosos y calurosos se dan en verano. En otoño se vuelven más cortos y más fríos de nuevo.

ESTACIÓN LLUVIOSA EN ETOSHA

ESTACIÓN SECA EN ETOSHA

Dos estaciones

Las regiones tropicales y subtropicales tienen dos estaciones diferenciadas: la lluviosa y la seca. La temperatura no cambia demasiado, pero en una llueve copiosamente y en la otra no. En el Parque Nacional de Etosha, en Namibia, la estación lluviosa, verde y exuberante, da paso a la estación seca, en la que el agua es un bien escaso.

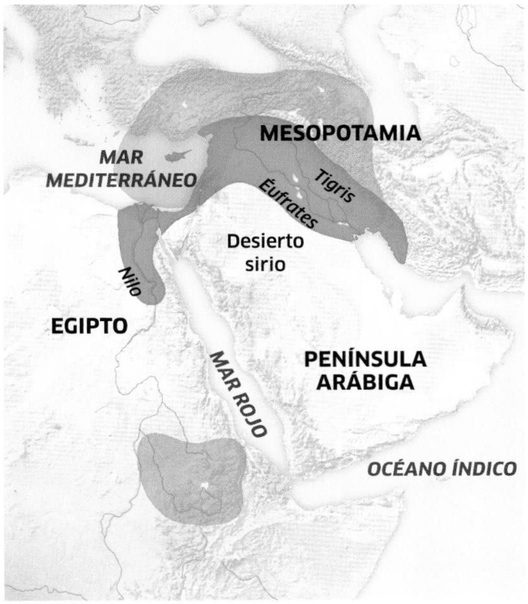

CLIMA Y AGRICULTURA

Hace más de 10 000 años, los seres humanos iniciaron la actividad agrícola por primera vez en distintas partes del mundo. Cultivaron el campo y criaron animales. Uno de estos lugares fue el Creciente Fértil, situado en una zona que hoy ocupan Turquía, Irán, Irak, Siria, Israel, Jordania y Egipto. La agricultura fue posible gracias al clima cálido y a las lluvias abundantes que alimentaban los ríos de la región.

Clave

- Creciente Fértil, alimentado por los ríos Tigris, Éufrates y Nilo
- Precipitación predominante cerca de la fuente de los ríos

TIEMPO EXTREMO

En Chicago, Estados Unidos, la ventisca hace que cientos de conductores queden atrapados en sus coches toda la noche. Fenómenos extremos como este pueden darse en cualquier lugar, desde intensas nevadas en las regiones polares, lluvias torrenciales en el trópico, sequías en las zonas subtropicales, o cualquiera de ellos en las zonas templadas dependiendo de la estación. Los científicos avisan de que las condiciones extremas empeorarán debido al cambio climático.

Circulación atmosférica

El aire de la atmósfera está en continuo movimiento. El patrón de los vientos alrededor del planeta, tanto cerca de la superficie como en la parte alta de la atmósfera, se conoce como circulación atmosférica.

Aquí los vientos los causa el Sol al calentar la Tierra. La región tropical alrededor del ecuador, una línea invisible que rodea el planeta por el centro, se calienta con más intensidad que las regiones polares. Los vientos desplazan el calor desde el ecuador hacia los polos en ambos hemisferios, y el aire más frío hacia el ecuador.

Celda Polar
Sobre los polos de ambos hemisferios, el aire frío y denso desciende hacia la superficie y se aleja de los polos, calentándose por el camino. El aire frío es reemplazado por aire caliente que circula hacia los polos en la parte superior de la atmósfera.
Polo Norte
Celda de Ferrel
En las latitudes medias de ambos hemisferios, el aire caliente se desplaza hacia los polos, y el frío, hacia el ecuador, en una serie de movimientos ondulatorios. Estas olas pueden crecer o decrecer, y se desplazan de un día a otro.
Celda de Hadley
Cerca del ecuador, el aire caliente se eleva y luego se aleja del ecuador, hacia el norte y hacia el sur. Al enfriarse desciende de nuevo. El aire más frío se acerca a la superficie para reemplazar el aire caliente.
Chorro polar meridional
Vientos predominantes
La velocidad y la dirección del viento varían cerca de la superficie de la Tierra dentro de la celda de Ferrel. Sin embargo, suelen soplar del sudoeste en el hemisferio norte y del noroeste en el hemisferio sur.
Polo Sur

Vientos globales

A escala global, los vientos forman una serie de celdas, llamadas celda de Hadley, de Ferrel y Polar, que transportan el aire caliente hacia los polos y el aire más frío hacia el ecuador. Sin dichas celdas, en el ecuador cada vez haría más calor, mientras que en los polos cada vez haría más frío.

Por qué sopla el viento

El Sol calienta unos sitios más que otros. Allí donde el aire es caliente, también es más ligero, así que sube. El aire más frío se desplaza ocupando el sitio del aire que asciende, originando vientos cerca de la superficie de la Tierra. Al llegar a zonas más altas, el aire ascendente se enfría y puede acabar descendiendo de nuevo hacia la superficie.

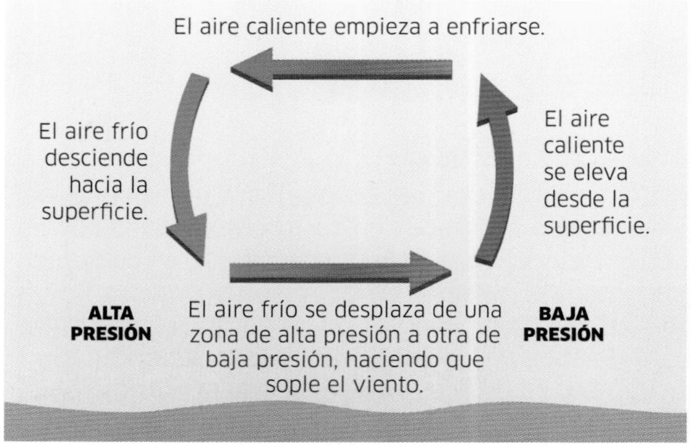
El aire caliente empieza a enfriarse.
El aire frío desciende hacia la superficie.
El aire caliente se eleva desde la superficie.
ALTA PRESIÓN
El aire frío se desplaza de una zona de alta presión a otra de baja presión, haciendo que sople el viento.
BAJA PRESIÓN

La **corriente en chorro polar** ayudó a propulsar el **vuelo subsónico más rápido** desde **Nueva York**, Estados Unidos, a **Londres**, Reino Unido, que tardó **4 horas y 56 minutos**, en 2020.

442 km/h puede alcanzar el **viento de las corrientes en chorro**.

Chorro polar septentrional
En el punto de convergencia entre la celda de Ferrel y la celda Polar, hay una franja de vientos fuertes que soplan de oeste a este, a unos 8–10 km del suelo.

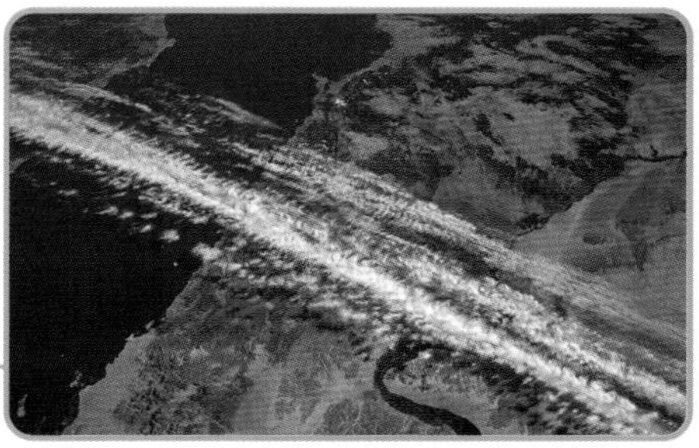

Corrientes en chorro
Las franjas estrechas de vientos fuertes de la parte superior de la atmósfera se llaman corrientes en chorro, o simplemente chorros. A menudo hay nubes que muestran su localización, como en este ejemplo sobre el mar Rojo, en el norte de África.

Chorro subtropical

Nubes
Las nubes pueden formarse en casi cualquier sitio, pero las más profundas suelen darse en el aire ascendente de las celdas de circulación.

Chorro subtropical
En el punto de convergencia entre la celda de Hadley y la celda de Ferrel, hay una franja de vientos fuertes que soplan de oeste a este a 10-15 km del suelo.

Vientos alisios
Cerca de los trópicos, los vientos soplan de este a oeste sobre los océanos. Este barco ballenero, el *Charles W. Morgan*, usaba los vientos alisios para explorar el mundo.

El Niño y La Niña

El Niño y La Niña son cambios en las pautas normales del tiempo del océano Pacífico y pueden alterar el tiempo en todo el mundo. Estos fenómenos se producen entre cada tres y siete años y suelen durar alrededor de un año. Tanto El Niño como La Niña hacen que aumenten las precipitaciones en algunas zonas del mundo y la sequía en otras.

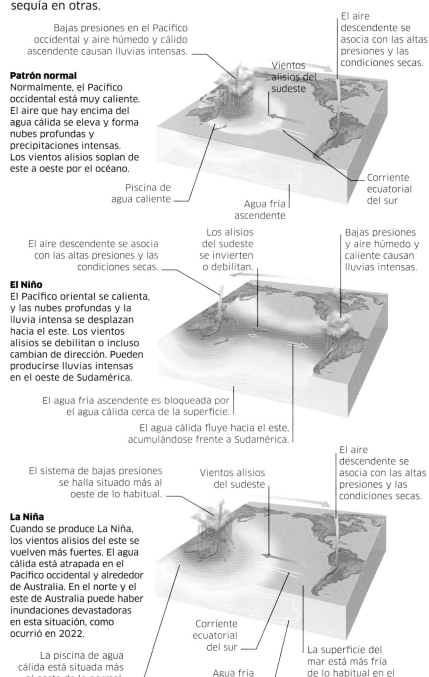

Patrón normal
Normalmente, el Pacífico occidental está muy caliente. El aire que hay encima del agua cálida se eleva y forma nubes profundas y precipitaciones intensas. Los vientos alisios soplan de este a oeste por el océano.

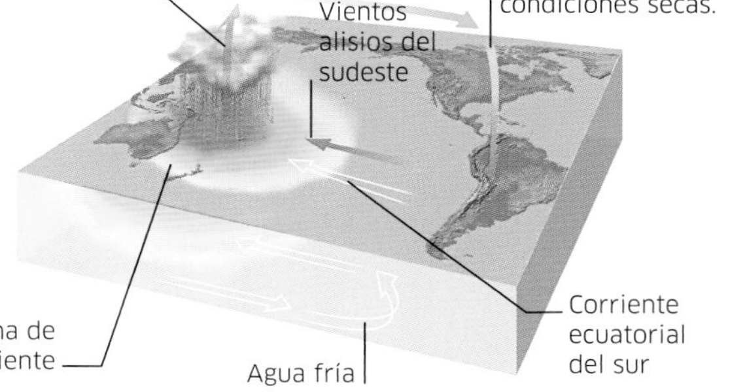

El Niño
El Pacífico oriental se calienta, y las nubes profundas y la lluvia intensa se desplazan hacia el este. Los vientos alisios se debilitan o incluso cambian de dirección. Pueden producirse lluvias intensas en el oeste de Sudamérica.

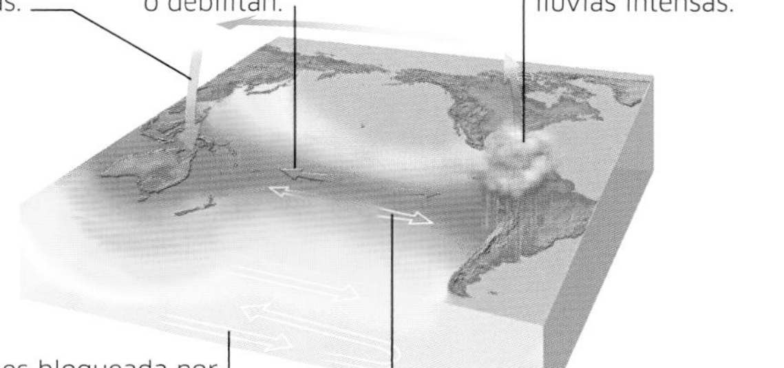

La Niña
Cuando se produce La Niña, los vientos alisios del este se vuelven más fuertes. El agua cálida está atrapada en el Pacífico occidental y alrededor de Australia. En el norte y el este de Australia puede haber inundaciones devastadoras en esta situación, como ocurrió en 2022.

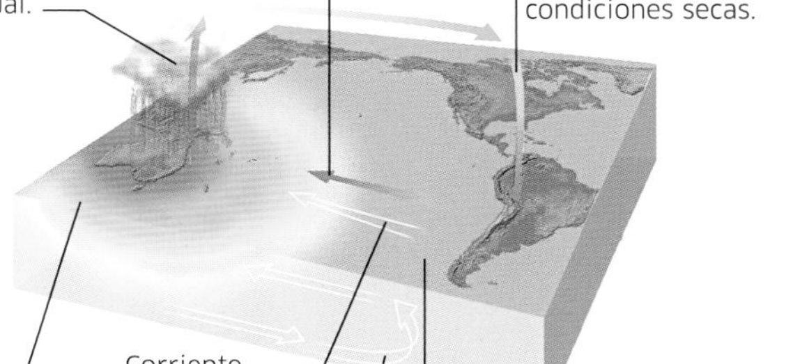

El sistema de bajas presiones se halla situado más al oeste de lo habitual.
Vientos alisios del sudeste
El aire descendente se asocia con las altas presiones y las condiciones secas.
La piscina de agua cálida está situada más al oeste de lo normal.
Corriente ecuatorial del sur
Agua fría ascendente
La superficie del mar está más fría de lo habitual en el Pacífico oriental.

Surfeando El Niño

Cuando se produce El Niño, suele haber más tormentas tropicales en el centro del océano Pacífico. Alrededor de las islas Hawái, Estados Unidos, estas tormentas pueden generar olas enormes que cabalgan algunos de los mejores surfistas del mundo.

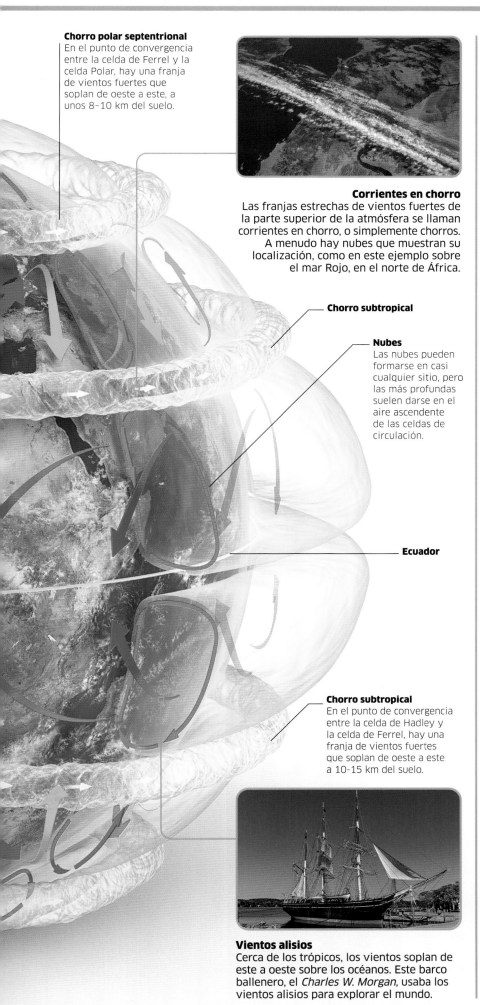

Causas del cambio climático

El clima de la Tierra siempre ha ido variando, pero existen evidencias de que en los últimos años se ha estado calentando más rápidamente que antes.

Hay dos factores básicos que controlan el clima de la Tierra: la cantidad de energía procedente del Sol y la proporción de dicha energía que está atrapada en la atmósfera. Tanto los procesos naturales como las actividades humanas influyen en el clima. Pero ¿cómo han cambiado estos procesos en el pasado y cómo están cambiando ahora?

CAMBIO CLIMÁTICO NATURAL

El clima ha ido variando de forma natural debido a los cambios en la órbita de la Tierra o los efectos de las erupciones volcánicas. Los científicos conocen dichos cambios por las evidencias geológicas y los anillos de los árboles, y perforando y analizando los núcleos de hielo. Los cambios drásticos en el clima, como las glaciaciones y los períodos interglaciales, suelen durar miles de años. Las grandes erupciones volcánicas pueden causar cambios rápidos en el clima, pero son efímeros.

Ciclos de Milankovitch

La órbita que describe la Tierra alrededor del Sol va cambiando lentamente a lo largo de miles de años. Esto provoca períodos de más calor o más frío, y también hace que haya más o menos variaciones significativas entre las estaciones. Existen tres factores que explican estos cambios, que se conocen como los ciclos de Milankovitch.

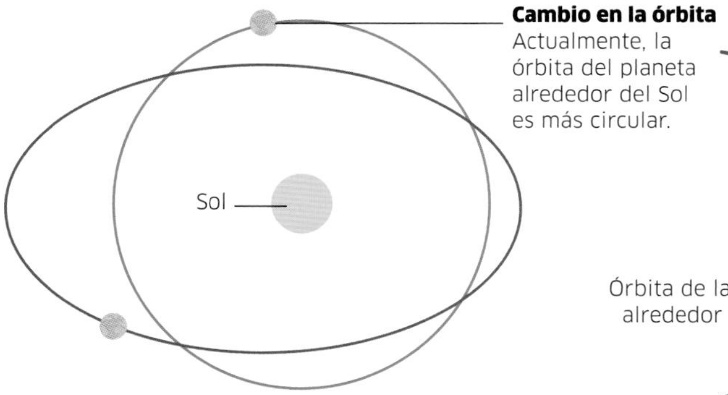
Cambio en la órbita
Actualmente, la órbita del planeta alrededor del Sol es más circular.
Sol

Excentricidad orbital
La órbita de la Tierra varía siendo más circular o elíptica cada 100 000 años. Esto modifica la intensidad y la duración de las estaciones.

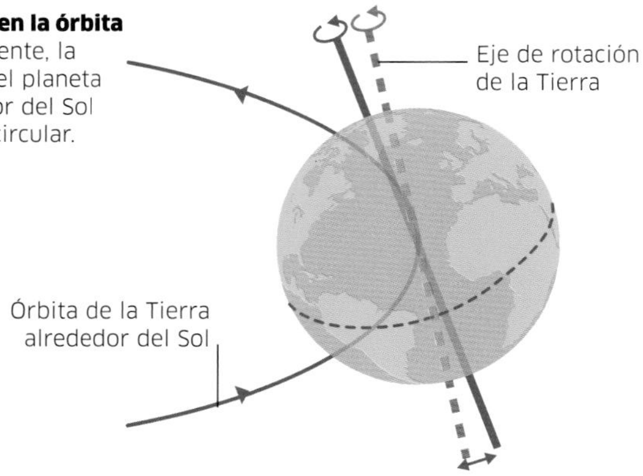
Eje de rotación de la Tierra
Órbita de la Tierra alrededor del Sol

Oblicuidad
La oblicuidad, que varía cada 42 000 años, es el ángulo de inclinación que presenta el eje de rotación de la Tierra en su recorrido alrededor del Sol. Cuando la inclinación es grande, la diferencia entre el verano y el invierno se vuelve más extrema.

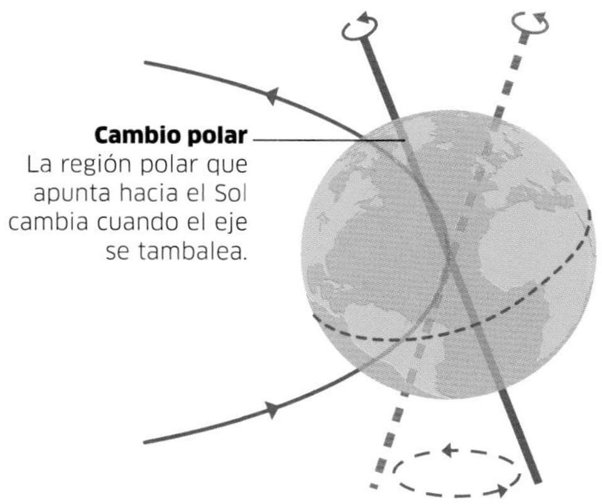
Cambio polar
La región polar que apunta hacia el Sol cambia cuando el eje se tambalea.

Precesión
La inclinación del eje se «tambalea» cada 26 000 años. Esto hace que el contraste entre estaciones sea más grande en un hemisferio y menos en el otro.

EFECTO INVERNADERO

La energía procedente del Sol calienta la superficie de la Tierra. Si todo este calor acabara escapando a través de la atmósfera de vuelta al espacio, en la Tierra haría mucho frío, ya que tendría una temperatura media por debajo de cero grados. Los gases de efecto invernadero de la atmósfera evitan que parte del calor escape, manteniendo la Tierra a una temperatura que hace posible la vida.

1 La energía solar atraviesa la atmósfera y calienta la superficie de la Tierra.
2 Parte de la energía solar se refleja hacia el espacio a través de las nubes, la nieve y las capas de hielo. Parte rebota en las nubes y vuelve de nuevo a la Tierra, calentando la superficie.
3 La superficie calentada de la Tierra emite una forma invisible de radiación, llamada energía infrarroja, hacia la atmósfera.
4 Parte de esta energía infrarroja escapa hacia el espacio, pero la mayor parte es absorbida por los gases de efecto invernadero de la atmósfera.
5 Parte de esta energía infrarroja atrapada se irradia de vuelta a la superficie, haciendo que esté más caliente de lo que estaría sin el efecto invernadero.
Atmósfera

0,04 por ciento: **proporción de la atmósfera** compuesta de **dióxido de carbono**, el principal gas de efecto invernadero, en 2022.

1 °C **Aumento de la temperatura** global media desde la **segunda mitad del siglo XIX** causado por la **actividad humana**.

CAMBIO CLIMÁTICO ANTRÓPICO

En los siglos XVIII y XIX, primero se empezó a quemar carbón para hacer funcionar las fábricas y los trenes, y más adelante para generar electricidad. Desde entonces, también se han utilizado otros combustibles fósiles, como el petróleo y el gas. Al quemar los combustibles fósiles se produce dióxido de carbono, lo que aumenta la cantidad de gases de efecto invernadero en la atmósfera. Como resultado, la atmósfera y la superficie de la Tierra han empezado a calentarse.

Revolución Industrial

El puente de Hierro, que se construyó en 1779 sobre el río Severn, en el Reino Unido, y la localidad que lleva su nombre, marcan el lugar donde empezó la Revolución Industrial. Esta región tenía abundantes recursos naturales, entre ellos cobre y mineral de hierro. Empezaron a producir cilindros de hierro para las máquinas de vapor, rieles de hierro y barcazas de hierro.

Dióxido de carbono en aumento

Al inicio de la Revolución Industrial, el aumento del dióxido de carbono en la atmósfera por la quema de los combustibles fósiles era relativamente bajo y limitado sobre todo a Europa. Desde mediados del siglo XX, las emisiones han aumentado rápidamente, a causa del crecimiento económico de países como Estados Unidos y, más recientemente, China.

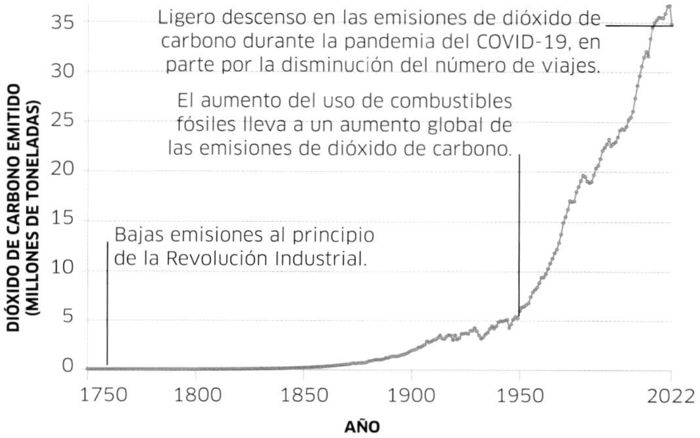
Ligero descenso en las emisiones de dióxido de carbono durante la pandemia del COVID-19, en parte por la disminución del número de viajes.
El aumento del uso de combustibles fósiles lleva a un aumento global de las emisiones de dióxido de carbono.
Bajas emisiones al principio de la Revolución Industrial.
DIÓXIDO DE CARBONO EMITIDO (MILLONES DE TONELADAS)
35
30
25
20
15
10
5
0
1750
1800
1850
1900
1950
2022
AÑO

IMPACTO HUMANO

Muchas actividades emiten gases de efecto invernadero, que han aumentado en el último siglo, en escala y en intensidad. Esto ha tenido efectos sobre el clima y el calentamiento global. Las decisiones que tomemos con respecto a dichas actividades ahora influirán en el cambio climático durante el próximo siglo e incluso después.

Combustión de combustibles fósiles
El factor más importante en relación con el aumento de gases de efecto invernadero en la atmósfera es la combustión de combustibles fósiles para generar energía para los hogares y la industria.

Deforestación
Los árboles eliminan el dióxido de carbono de la atmósfera. La tala masiva, para crear campos de cultivo y zonas urbanas, hace que los gases de efecto invernadero aumenten.

Viajes
Los aviones y los vehículos que funcionan con motor de gasolina o diésel emiten gases de efecto invernadero y contaminan el aire. El tráfico de las ciudades supone un grave problema medioambiental.

Crecimiento de la población
A medida que la población mundial aumenta, también lo hace el consumo global. El consumo incluye los alimentos y todo tipo de productos, y la energía utilizada para producirlos.

Agricultura y ganadería
Los árboles se talan para dejar espacio a las granjas. Los animales, especialmente las vacas, emiten un gas de efecto invernadero llamado metano. La maquinaria agrícola, como los tractores, emiten dióxido de carbono.

Transporte de mercancías
Los buques mercantes, los aviones de carga y los camiones de mercancías que transportan los productos que consumimos aumentan las emisiones de gases de efecto invernadero.

Moda rápida
La industria de la moda produce una gran cantidad de gases de efecto invernadero tanto en la fabricación como en el transporte de la ropa por todo el mundo.

FORMAS DE VIAJAR

Cada tipo de transporte aumenta las emisiones de gases de efecto invernadero en una proporción distinta. Esta gráfica muestra la cantidad estimada de dióxido de carbono que emite una persona que viaja de París a Toulouse, en Francia, un viaje de 676 km, según el tipo de transporte. Volar produce emisiones muy altas. Compartir vehículo con otros ayuda a reducir las emisiones. Un vehículo con un solo ocupante genera una cantidad tres veces mayor de dióxido de carbono por persona que si dicho ocupante lo comparte con otras tres personas.

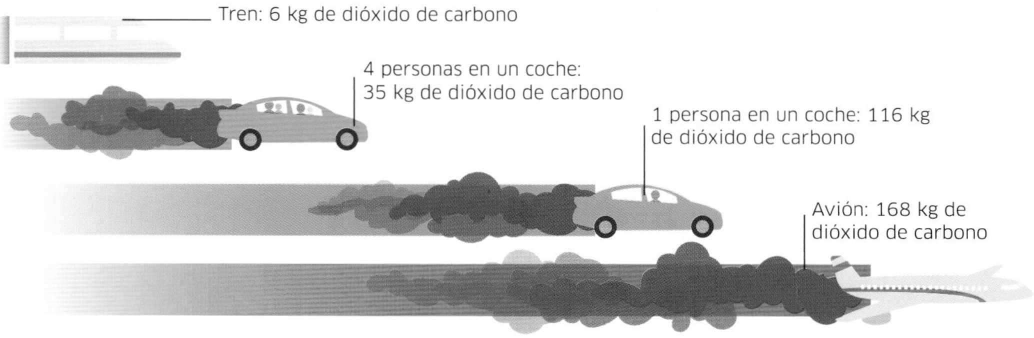
Tren: 6 kg de dióxido de carbono
4 personas en un coche: 35 kg de dióxido de carbono
1 persona en un coche: 116 kg de dióxido de carbono
Avión: 168 kg de dióxido de carbono

Gases de efecto invernadero

Una capa natural de gases presente en la atmósfera atrapa la energía del Sol para mantener la Tierra caliente. Funcionan como un invernadero y se conocen como gases de efecto invernadero.

Sin esta capa, la temperatura de superficie media de la Tierra estaría por debajo de los cero grados. No obstante, la actividad humana está provocando un aumento en la emisión de gases de efecto invernadero. Eso hace que atrapen más calor y provoca un aumento de las temperaturas globales.

Vapor de agua

El vapor de agua es un gas de efecto invernadero natural. Al calentarse, la atmósfera puede retener más vapor de agua. Esto aumenta su efecto y hace que el calentamiento global empeore aún más.

Desequilibrio

La mayor parte de los gases de efecto invernadero de la atmósfera se deben a procesos naturales y ayudan a mantener un clima estable. Sin embargo, su aumento excesivo como consecuencia de la actividad humana hace que el planeta se caliente.

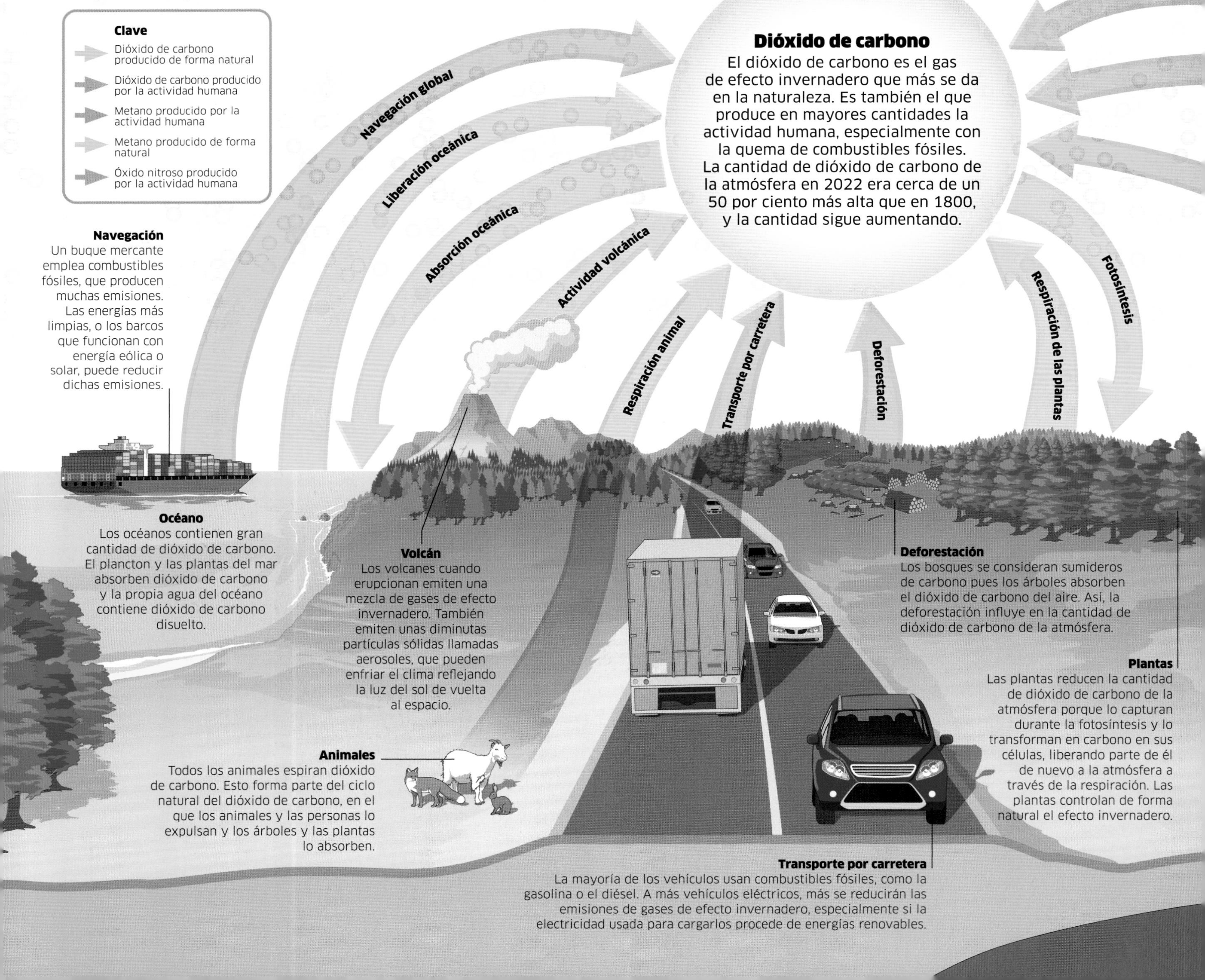

Dióxido de carbono

El dióxido de carbono es el gas de efecto invernadero que más se da en la naturaleza. Es también el que produce en mayores cantidades la actividad humana, especialmente con la quema de combustibles fósiles. La cantidad de dióxido de carbono de la atmósfera en 2022 era cerca de un 50 por ciento más alta que en 1800, y la cantidad sigue aumentando.

Navegación
Un buque mercante emplea combustibles fósiles, que producen muchas emisiones. Las energías más limpias, o los barcos que funcionan con energía eólica o solar, puede reducir dichas emisiones.

Océano
Los océanos contienen gran cantidad de dióxido de carbono. El plancton y las plantas del mar absorben dióxido de carbono y la propia agua del océano contiene dióxido de carbono disuelto.

Volcán
Los volcanes cuando erupcionan emiten una mezcla de gases de efecto invernadero. También emiten unas diminutas partículas sólidas llamadas aerosoles, que pueden enfriar el clima reflejando la luz del sol de vuelta al espacio.

Animales
Todos los animales espiran dióxido de carbono. Esto forma parte del ciclo natural del dióxido de carbono, en el que los animales y las personas lo expulsan y los árboles y las plantas lo absorben.

Deforestación
Los bosques se consideran sumideros de carbono pues los árboles absorben el dióxido de carbono del aire. Así, la deforestación influye en la cantidad de dióxido de carbono de la atmósfera.

Plantas
Las plantas reducen la cantidad de dióxido de carbono de la atmósfera porque lo capturan durante la fotosíntesis y lo transforman en carbono en sus células, liberando parte de él de nuevo a la atmósfera a través de la respiración. Las plantas controlan de forma natural el efecto invernadero.

Transporte por carretera
La mayoría de los vehículos usan combustibles fósiles, como la gasolina o el diésel. A más vehículos eléctricos, más se reducirán las emisiones de gases de efecto invernadero, especialmente si la electricidad usada para cargarlos procede de energías renovables.

4,6 toneladas de **dióxido de carbono** emite un **turismo** familiar de gasolina **en un año**.

100 kg de **metano** puede liberar **una sola vaca** durante un **año**.

97

Capa de ozono

El ozono absorbe los rayos ultravioleta del Sol. En la década de los ochenta del siglo XX, se descubrió que algunas sustancias químicas destruían el ozono, especialmente cerca del polo Sur (en azul en la imagen). Un tratado internacional prohibió dichas sustancias y en la actualidad las cantidades de ozono se están recuperando.

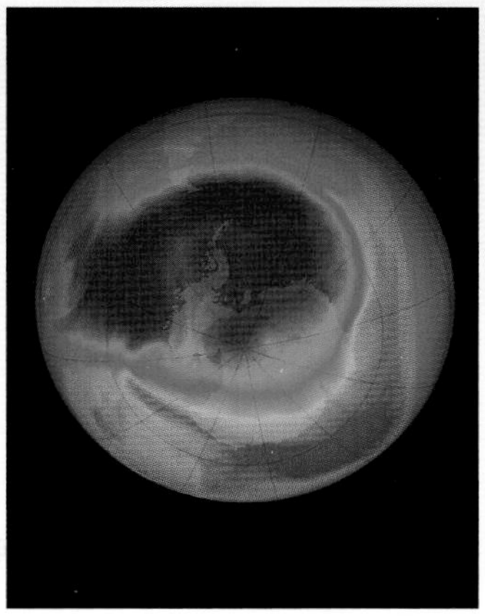

Principales amenazas

Muchos de los gases de efecto invernadero son causados por el ser humano. Esta gráfica muestra las principales causas.

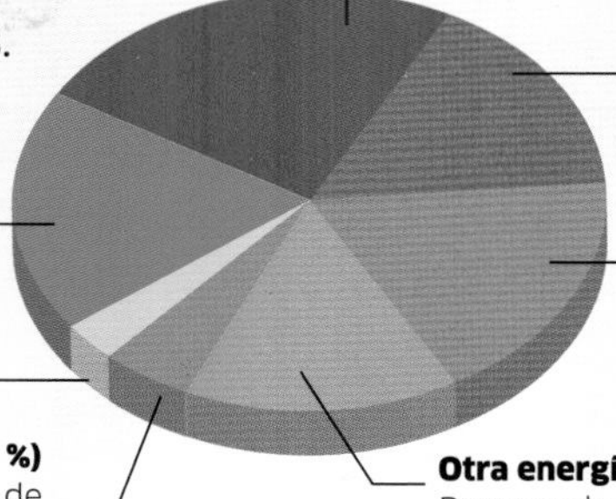

Energía de la industria (24 %)
Energía que se usa para producir productos y materiales, como el acero y las sustancias químicas.

Energía del transporte (16 %)
Transporte por carretera, ferrocarril, aviación y transporte marítimo.

Energía de los edificios (18 %)
La calefacción y la luz, el funcionamiento de los electrodomésticos y cocinar.

Otra energía (15 %)
Proceso de extracción y transporte de combustibles fósiles.

Industria (5 %)
Emisiones de dióxido de carbono de origen químico; fabricación de cemento.

Residuos (3 %)
La basura de los vertederos emite metano al pudrirse.

Agricultura (19 %)
Las prácticas agrícolas emiten gases de efecto invernadero.

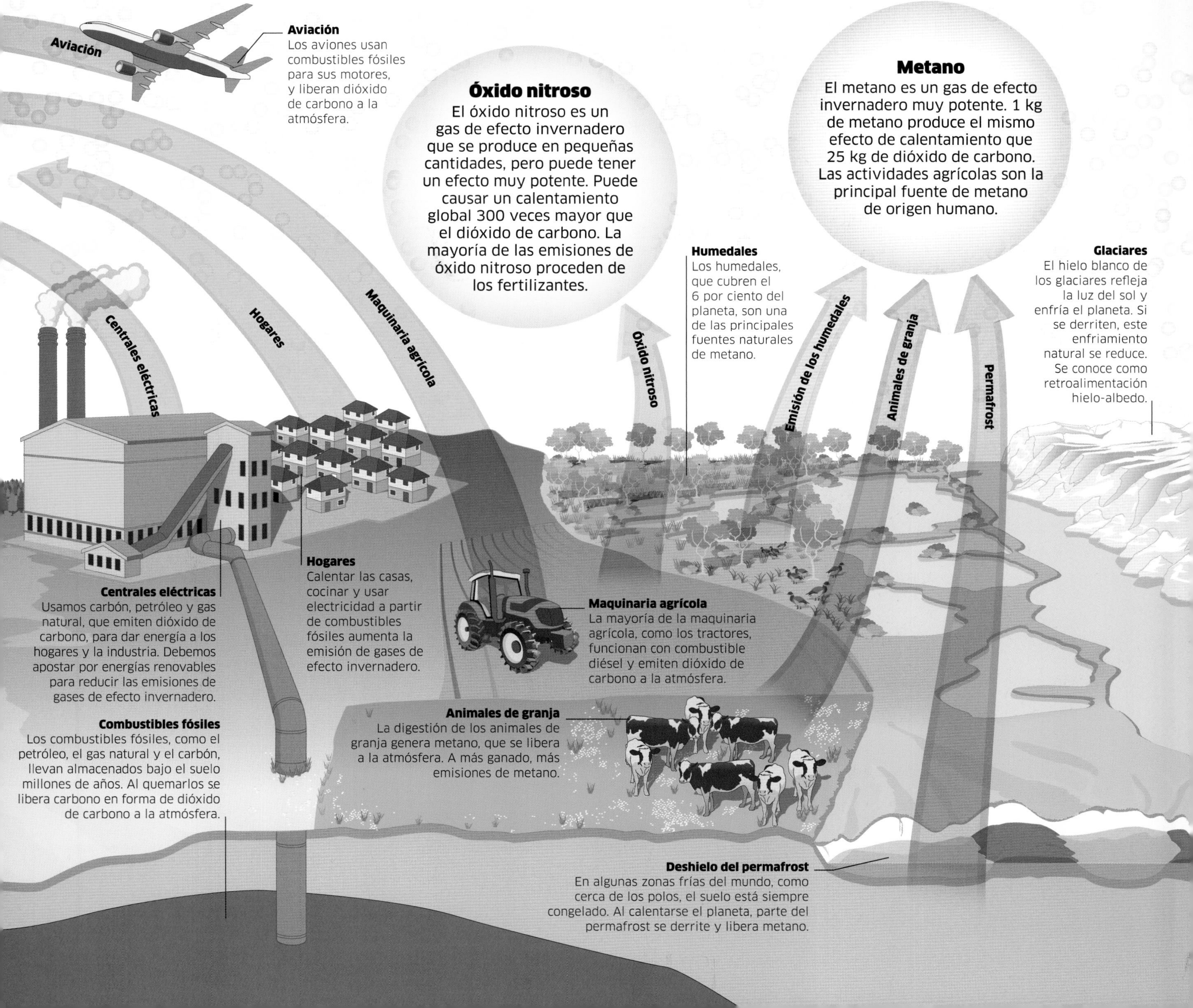

Aviación
Los aviones usan combustibles fósiles para sus motores, y liberan dióxido de carbono a la atmósfera.

Óxido nitroso

El óxido nitroso es un gas de efecto invernadero que se produce en pequeñas cantidades, pero puede tener un efecto muy potente. Puede causar un calentamiento global 300 veces mayor que el dióxido de carbono. La mayoría de las emisiones de óxido nitroso proceden de los fertilizantes.

Metano

El metano es un gas de efecto invernadero muy potente. 1 kg de metano produce el mismo efecto de calentamiento que 25 kg de dióxido de carbono. Las actividades agrícolas son la principal fuente de metano de origen humano.

Humedales
Los humedales, que cubren el 6 por ciento del planeta, son una de las principales fuentes naturales de metano.

Glaciares
El hielo blanco de los glaciares refleja la luz del sol y enfría el planeta. Si se derriten, este enfriamiento natural se reduce. Se conoce como retroalimentación hielo-albedo.

Centrales eléctricas
Usamos carbón, petróleo y gas natural, que emiten dióxido de carbono, para dar energía a los hogares y la industria. Debemos apostar por energías renovables para reducir las emisiones de gases de efecto invernadero.

Hogares
Calentar las casas, cocinar y usar electricidad a partir de combustibles fósiles aumenta la emisión de gases de efecto invernadero.

Maquinaria agrícola
La mayoría de la maquinaria agrícola, como los tractores, funcionan con combustible diésel y emiten dióxido de carbono a la atmósfera.

Combustibles fósiles
Los combustibles fósiles, como el petróleo, el gas natural y el carbón, llevan almacenados bajo el suelo millones de años. Al quemarlos se libera carbono en forma de dióxido de carbono a la atmósfera.

Animales de granja
La digestión de los animales de granja genera metano, que se libera a la atmósfera. A más ganado, más emisiones de metano.

Deshielo del permafrost
En algunas zonas frías del mundo, como cerca de los polos, el suelo está siempre congelado. Al calentarse el planeta, parte del permafrost se derrite y libera metano.

Hay un **40 por ciento** menos de **hielo marino ártico** ahora que en la década de los **ochenta del siglo XX**.

Efectos del cambio climático

El cambio climático está alterando drásticamente el planeta: los animales pierden sus hábitats, los casquetes polares se derriten y los incendios forestales aumentan. Pero podemos hacer muchas cosas para reducir su impacto.

En los últimos 150 años, el clima de la Tierra ha cambiado, sobre todo a causa de la actividad humana, que hace aumentar los gases de efecto invernadero en la atmósfera. Este aumento está haciendo que la temperatura media de la Tierra suba, pero el tiempo y el clima están cambiando también de otras formas, lo que tiene muchas consecuencias.

PREDECIR EL FUTURO

Los científicos usan sus conocimientos sobre la atmósfera de la Tierra para predecir cómo podría cambiar el clima. Analizan distintas estimaciones sobre las futuras emisiones globales de gases de efecto invernadero para calcular los posibles cambios de temperatura.

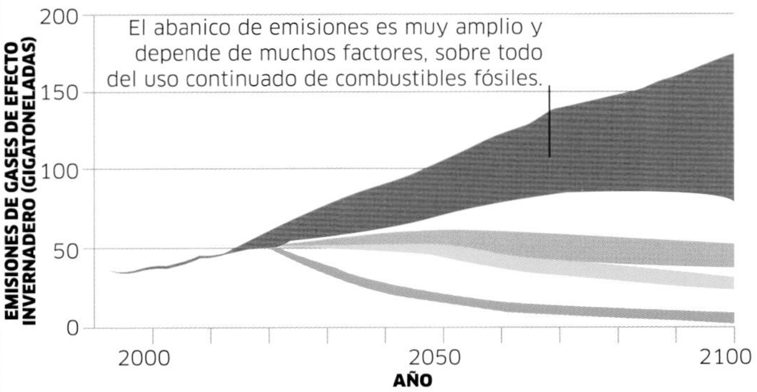
EMISIONES DE GASES DE EFECTO INVERNADERO (GIGATONELADAS)
200
150
100
50
0
El abanico de emisiones es muy amplio y depende de muchos factores, sobre todo del uso continuado de combustibles fósiles.
2000
2050
2100
AÑO

Emisiones altas
En este escenario, las emisiones globales de gases de efecto invernadero siguen aumentando en el siglo XXI. Esto provocaría un calentamiento muy significativo.

Tendencia actual
Aquí se da por sentado que las emisiones de efecto invernadero actuales se mantendrán constantes todo el siglo. Eso hará que para el 2100 el calentamiento sea realmente significativo.

Cumplir los objetivos
Los gobiernos se han fijado objetivos para reducir las emisiones de gases de efecto invernadero. Si dichos objetivos se cumplen, el mundo seguirá calentándose, pero de forma menos significativa.

Emisiones bajas
Solo en un escenario en el que las emisiones se reduzcan de manera drástica y los gases de efecto invernadero se eliminen de la atmósfera se podría revertir el calentamiento global.

DESHIELO DE LOS CASQUETES POLARES

Con el aumento de la temperatura de la Tierra, el casquete polar ártico ha empezado a derretirse y los glaciares de montaña se están reduciendo. La nieve y el hielo son blancos, lo que significa que reflejan la luz del Sol de vuelta al espacio, ayudando así a mantener la superficie de la Tierra fría. Si se derriten, se refleja menos luz solar y por tanto la Tierra se calienta más. La imagen de abajo muestra qué parte del casquete polar ártico se ha deshelado desde 1980.

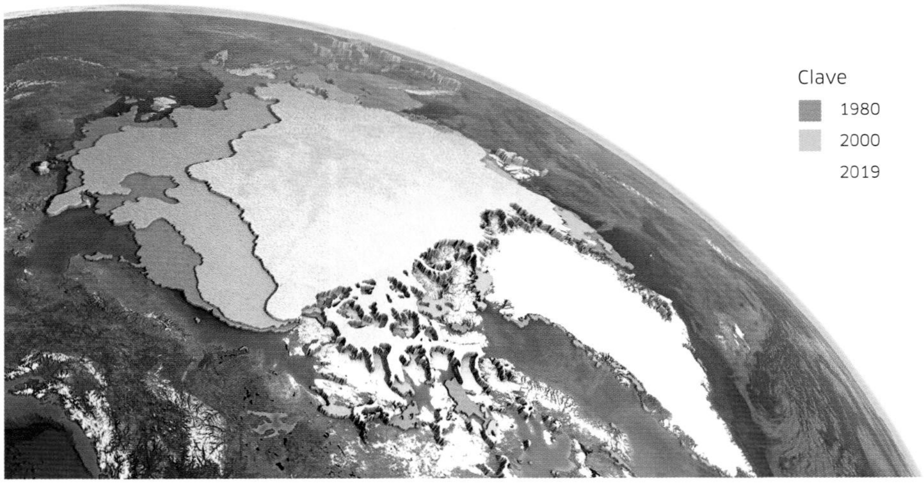

REPERCUSIONES DEL CAMBIO CLIMÁTICO

El calentamiento global ha tenido un gran impacto en todo el planeta. Los patrones climáticos están cambiando y los fenómenos meteorológicos extremos, como las sequías y las inundaciones, están aumentando y cada vez son más extremos. Algunas partes del mundo se están convirtiendo en lugares menos agradables para vivir, ya que en ellos resulta más difícil cultivar el campo o encontrar la suficiente cantidad de agua potable.

El clima cambia
Las lluvias torrenciales han aumentado, tanto en frecuencia como en intensidad, desde la década de los cincuenta del siglo XX. Esto incrementa el riesgo de inundaciones, que dañan casas, infraestructuras y cultivos.

La Tierra se calienta
Prácticamente todos los continentes de la Tierra ven subir el promedio de temperaturas. La frecuencia e intensidad de las olas de calor están aumentando, y en algunas regiones van acompañadas de incendios forestales.

El mar se calienta
El agua cálida es menos densa que la fría. Así, al calentarse, los océanos se expanden, y sube el nivel del mar. Como consecuencia, las regiones costeras bajas están sufriendo más inundaciones, incluidas grandes ciudades de todo el mundo.

El hielo se derrite
Algunos glaciares están retrocediendo e incluso desapareciendo por completo. En lugares en los que la población depende del agua liberada por los glaciares, eso puede provocar escasez en los meses estivales.

Se pierden hábitats
El cambio climático altera los hábitats. Entre 2014 y 2016, el intenso calentamiento del mar aniquiló al 90 por ciento de los bosques de algas, donde viven las nutrias de mar y otras especies marinas, a 200 millas de la costa californiana.

Migración climática
A medida que el clima cambia, la población de algunas zonas se ve obligada a abandonar sus casas, para escapar de las inundaciones, las sequías y otras condiciones extremas.

10 **botellas de plástico** recicladas ahorran suficiente **energía** para hacer funcionar un **ordenador portátil** más de **25 horas**.

Las emisiones de gases de **efecto invernadero** anuales de la industria textil **superan** las de los **vuelos internacionales** y la **navegación** juntos.

LA HUELLA DE CARBONO

La huella de carbono mide los gases de efecto invernadero que emite un país, una empresa o una persona. En general, las personas que viven en países más ricos llevan un estilo de vida que libera más emisiones y por tanto tienen una mayor huella de carbono. Esta gráfica muestra la huella de carbono de Australia en 2020, por sectores.

Energía estacionaria (19 %)
Los combustibles fósiles usados para generar electricidad, o en las minas y fábricas, se incluyen en este sector.

Desperdicios (3 %)
La basura en descomposición, sobre todo los desperdicios alimenticios, generan metano, un potente gas de efecto invernadero. Mejorar la cadena de distribución y la planificación de los consumidores podría reducirlo.

Procesos industriales (5 %)
La fabricación del cemento y de algunos productos químicos genera dióxido de carbono.

Fugas (10 %)
Al extraerse del suelo y durante su transporte, parte del gas se fuga y escapa a la atmósfera. Esto aumenta las emisiones de gases de efecto invernadero.

Agricultura (14 %)
La maquinaria agrícola, que funciona con diésel, el ganado, que genera metano, y los fertilizantes emiten gases de efecto invernadero.

Transporte (17 %)
Muchos transportes funcionan con combustibles fósiles, así que liberan dióxido de carbono. Optar por un vehículo eléctrico puede ayudar a reducir nuestra huella de carbono.

Electricidad (32 %)
La producción de electricidad es una de las principales fuentes de emisión de gases de efecto invernadero. Las energías renovables, como la solar, la eólica y la hidráulica, pueden suponer una gran diferencia.

CAMBIAR NUESTRA FORMA DE VIDA

Individualmente, no podemos cambiar las políticas públicas, pero podemos hacer varias cosas para reducir nuestra huella de carbono y ayudar a combatir el cambio climático. Algunas son bastante sencillas y no implican grandes modificaciones en nuestro estilo de vida. Aquí detallamos algunas de ellas.

Reciclar
El reciclaje de las latas y otros envases permite ahorrar energía y recursos. Los procesos de reciclaje emplean menos energía que la fabricación de nuevos envases a partir de materias primas.

Moda respetuosa con el ambiente
Si compras ropa duradera y que puedas usar muchas veces reducirás las emisiones de gases de efecto invernadero: cada prenda nueva tiene su propia huella de carbono.

Menos carne
La producción de carne genera muchas emisiones de gases de efecto invernadero. Optar por una dieta con menos, o nada, de carne es una forma de reducir nuestra huella de carbono.

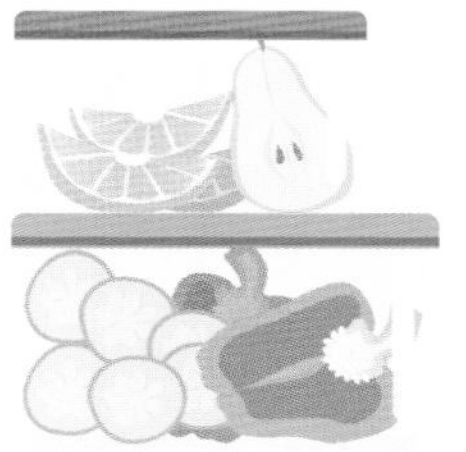

Reducir el desperdicio de comida
Planear las comidas con el fin de tirar menos comida es otra forma eficaz de reducir las emisiones de gases de efecto invernadero de las que somos responsables.

PASAR A LA ACCIÓN

Para combatir el cambio climático, debemos implicarnos todos, desde las instituciones internacionales y gubernamentales hasta las comunidades y los individuos. El compromiso de los gobiernos es clave, ya que controlan las políticas en ámbitos como la producción de energía y el transporte ecológico. Las asociaciones comunitarias y los individuos pueden hacer oír su voz para influir en las políticas climáticas.

Acuerdo de París
En diciembre de 2015, en la Conferencia de París, 196 países firmaron un tratado para limitar los efectos del cambio climático. Se comprometieron a desarrollar planes para reducir sus emisiones de gases de efecto invernadero. El objetivo era conseguir que el aumento de las temperaturas globales no superara los 2 °C y, a poder ser, los 1,5 °C.

Huelgas escolares
Los alumnos no pueden influir directamente en las políticas públicas, pero organizando huelgas escolares pueden hacer saber a sus gobiernos lo mucho que les preocupa el cambio climático. Este movimiento, que inició en 2018 la activista sueca Greta Thunberg, es actualmente un movimiento global.

11862 mm: cantidad de **lluvia** que cae **en Mawsynram**, India, en un año, el lugar **donde más llueve** de la Tierra.

El tiempo

Cuando hablamos del tiempo nos referimos al estado de la atmósfera en cualquier día. ¿Hace frío o calor, llueve o no, sopla el viento o no? Estos factores influyen en lo que decidimos hacer, en lo que nos ponemos y en cómo nos desplazamos.

Lo que más nos afecta es si está nublado o no y si llueve o no. Las nubes, además de ser las causantes de la lluvia, bloquean el sol, influyendo en la temperatura. Los meteorólogos pueden predecir las variaciones del tiempo de un día a otro, en parte gracias a que comprenden los procesos que hacen que las nubes se formen o desaparezcan.

CÓMO FUNCIONA EL TIEMPO

El aire ascendente se enfría. A medida que se enfría el vapor de agua, que puede llegar a ser hasta el 4 por ciento de la atmósfera según la temperatura, empieza a condensarse, formando nubes y lluvia. El aire descendente se calienta y eso hace que las nubes existentes empiecen a evaporarse. Si sabemos dónde asciende el aire y dónde desciende, nos resultará más fácil comprender el tiempo.

Frentes meteorológicos

Los frentes son las franjas de separación entre una masa de aire frío y otra de aire caliente. Son regiones en las que el aire suele ser ascendente, lo que lleva a la formación de nubosidad y lluvia.

Frente frío
Allí donde una masa de aire frío se desplaza hacia una masa de aire cálido, el aire cálido más ligero es desplazado hacia arriba, por encima del aire frío, que es más denso. A medida que asciende, el aire se enfría y empieza a formar nubes y agua de lluvia.

Frente cálido
En un frente cálido, el aire cálido se desplaza hacia el aire frío. El aire cálido, que es más ligero, se eleva por encima del aire frío. El aire cálido ascendente se enfría y forma nubes y agua de lluvia.

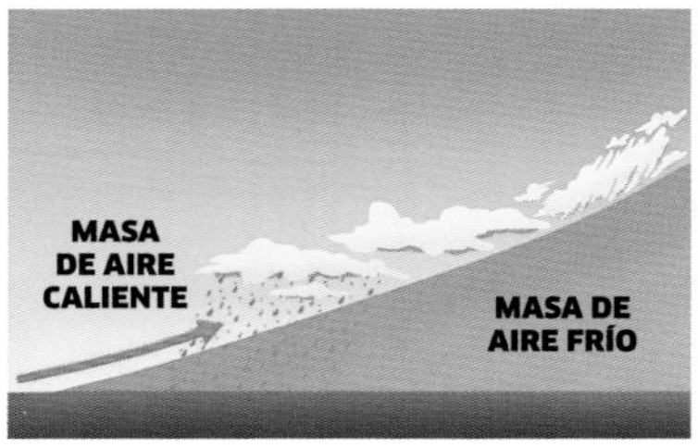

Frente ocluido
En un frente ocluido, una masa de aire cálido es comprimida por dos masas de aire más frías, situadas una a cada lado. A medida que el aire cálido asciende se forman nubes y empieza a llover.

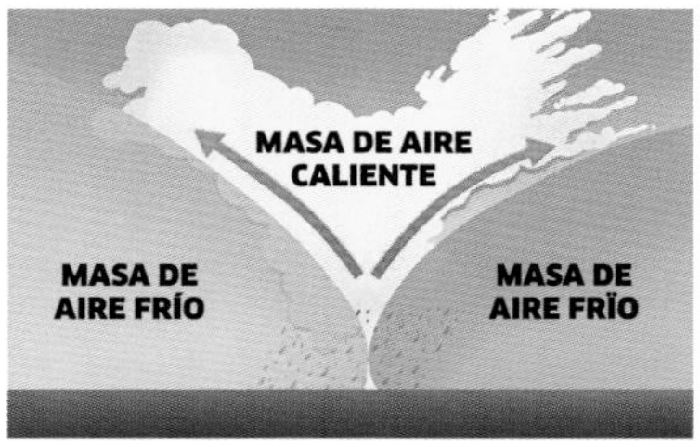

Sistemas de presión

La presión de la atmósfera nos sirve de guía para saber el tiempo que va a hacer en una región en general. Las zonas de altas y bajas presiones tienen un tipo de tiempo característico.

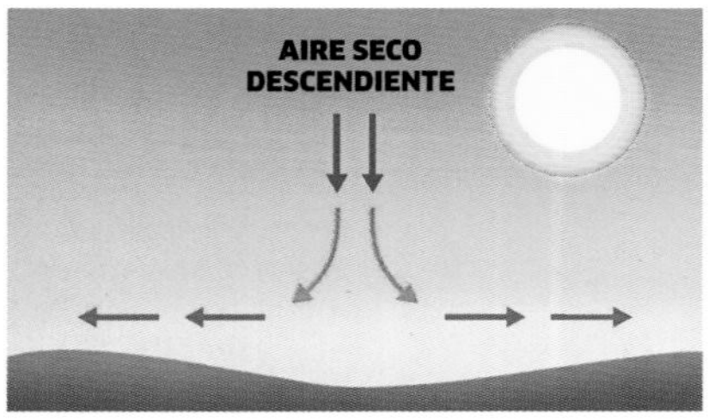

Altas presiones
En una zona de alta presión, el aire de la atmósfera será descendente, como muestran las flechas. A medida que desciende, el aire se vuelve más cálido y seco, lo que hace que dejen de formarse las nubes y la lluvia. Eso suele provocar que el tiempo sea bueno y estable.

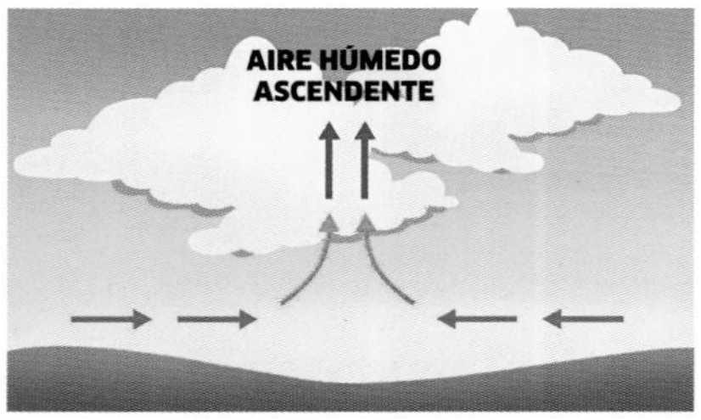

Baja presión
En una zona de baja presión, el aire asciende. A medida que sube se va enfriando y al final se forman nubes y agua de lluvia. Las bajas presiones suelen indicar una zona de tiempo inestable. Los ciclones y los huracanes son ejemplos extremos de zonas con bajas presiones.

Interpretación de un mapa del tiempo

Los mapas del tiempo, como este en que se observa una zona de Europa, muestran líneas de presión constante, llamadas isobaras, que destacan áreas de altas o bajas presiones. Allí donde las isobaras están muy juntas, es muy probable que el viento sople fuerte. Los frentes muestran también la ubicación de la nubosidad y la lluvia.

Zona de baja presión
Los anillos de isobaras con la presión más baja en el centro muestran una zona de bajas presiones. Puede provocar un tiempo inestable en el canal de la Mancha.

Frente ocluido
Un frente frío ha alcanzado a un frente cálido, levantando del suelo el aire caliente. Eso puede generar nubosidad y lluvia sobre el sudeste de Inglaterra.

Isobaras
Son unas líneas que se ven en los mapas meteorológicos que unen lugares que tienen la misma presión atmosférica.

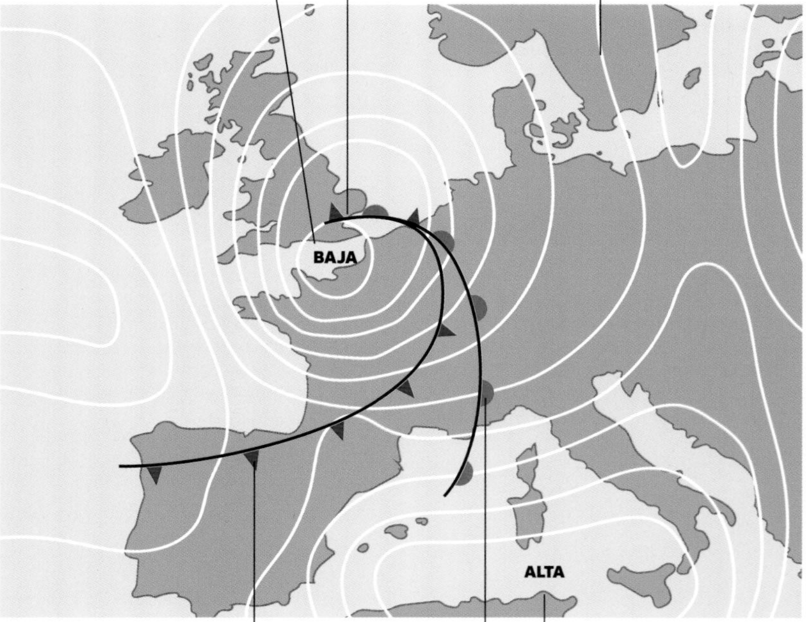

Frente frío
El frente frío que vemos aquí indicado con triángulos azules sugiere la posibilidad de lluvia copiosa en el norte de España y en partes del oeste de Francia.

Frente cálido
Este frente cálido, identificado con semicírculos rojos, puede provocar nubosidad y lluvia ligera en Bélgica y el este de Francia.

Zona de alta presión
Los anillos de isobaras con la presión más alta en el centro indican una zona de altas presiones. Es probable que predomine el tiempo soleado en el mar Mediterráneo.

-89,2 °C **Temperatura del suelo más baja** que se ha registrado, en la estación de **Vostok, Antártida,** en 1983.

2000 **globos meteorológicos** se lanzan en el **mundo** aproximadamente cada día.

101

MEDICIÓN DEL TIEMPO

Para poder hacer un pronóstico meteorológico preciso, los meteorólogos, que son los científicos que observan y estudian el tiempo, usan muchos instrumentos distintos, desde satélites en el espacio hasta boyas meteorológicas en el mar.

Satélite meteorológico
Los satélites espaciales tienen una magnífica vista de los sistemas meteorológicos de la Tierra. Los instrumentos que llevan a bordo pueden medir la temperatura, la humedad y los vientos.

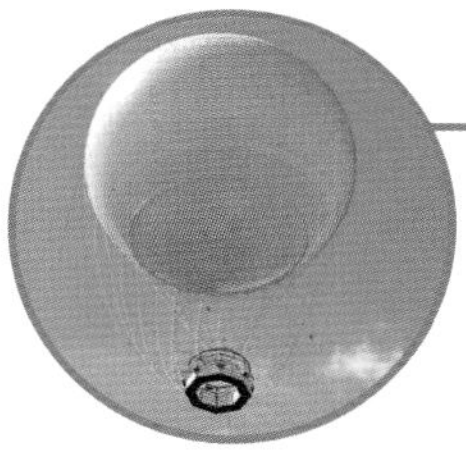

Globo meteorológico
Los globos meteorológicos llevan por la atmósfera una serie de instrumentos, que registran el tiempo y transmiten los datos a tierra firme.

Barco
La tripulación de muchas embarcaciones comerciales registra el tiempo y transmite por radio sus mediciones a centros meteorológicos en tierra firme.

Boya meteorológica
Para registrar el tiempo en alta mar, se instalan estaciones automáticas sobre boyas flotantes. Estas transmiten las mediciones vía satélite.

Avión
Los aviones comerciales miden la temperatura y la velocidad del viento durante el vuelo. Luego transmiten por radio las mediciones a los centros meteorológicos que hay en tierra firme.

Pantalla de Stevenson
Caja pintada de blanco con ranuras para que el aire circule y llegue a los termómetros que hay dentro. Así estos no quedan expuestos a la luz directa del Sol.

Estación automatizada
En zonas remotas, no hay nadie que pueda leer los instrumentos, así que se instalan estaciones automatizadas que registran y transmiten las mediciones meteorológicas.

TIEMPO HÚMEDO

Cuando el aire ascendente se enfría, puede formar nubes y a veces lluvia, provocando un tiempo húmedo. Para predecir dónde caerá la lluvia, o cualquier tipo de precipitación, es importante comprender las razones que hacen que el aire ascienda. No obstante, en algunas zonas las nubes se quedan cerca del suelo, transformándose en niebla.

Cómo se forman las nubes

Cuando el aire se ve obligado a ascender se enfría. Si se enfría cuando está lo suficientemente bajo, el vapor de agua del aire se condensa, formando diminutas gotas de agua. Eso se conoce como punto de rocío. Es cuando empiezan a formarse las nubes.

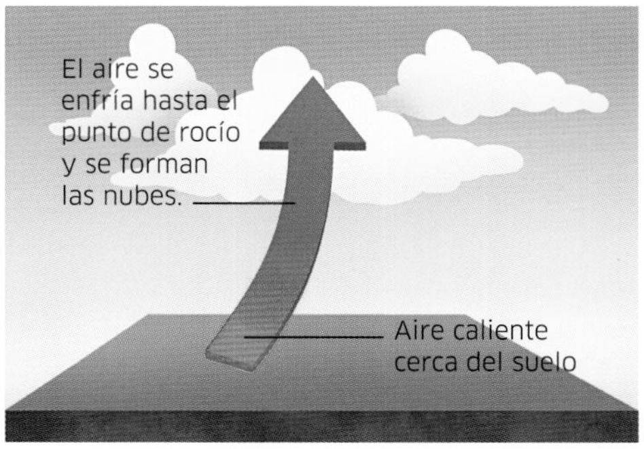

El aire caliente sube
Durante el día, el sol calienta el suelo, de modo que el aire que hay cerca del suelo se calienta. El aire caliente es menos denso que el aire frío, así que asciende hasta que se enfría en el punto de rocío, formando cúmulos o nubes esponjosas.

Efectos de las montañas
Cuando el viento sopla hacia una colina o una montaña, el aire se ve obligado a ascender para pasar por encima. En el proceso, se enfría y puede formar nubes. Por eso suele llover de forma más copiosa en las montañas que en las zonas llanas.

¿Qué es la niebla?

La niebla se forma cuando el aire que está justo encima del suelo se satura. Esto sucede cuando el aire se enfría hasta el punto de rocío. La niebla está compuesta por gotas diminutas de agua que no crecen lo suficiente como para formar agua de lluvia. La niebla puede originarse básicamente de dos formas.

Niebla de advección
El aire húmedo y cálido que sopla sobre una superficie fría puede enfriarse hasta alcanzar su punto de rocío. Aquí la niebla cubre la bahía cercana al Golden Gate, en San Francisco, Estados Unidos.

Niebla de radiación
Por la noche, el calor radiante enfría el suelo, enfriando el aire que tiene encima hasta el punto de rocío. Esto es habitual en los valles, como aquí en el Distrito de los Picos, en el Reino Unido.

Tipos de precipitación

Las precipitaciones pueden adoptar muchas formas distintas según la temperatura del aire y de lo que haya provocado que se forme la precipitación. Aquí se muestran los principales tipos.

Lluvia
Gotas grandes de agua

Llovizna
Gotas de menos de 0,5 mm

Nieve
Cristales de agua helada

Aguanieve
Mezcla de lluvia y nieve

Escarcha
Hielo que se forma en una superficie fría

Granizo
Trozos de hielo sólido, a menudo grandes

Rocío
Gotas que se condensan en el suelo

67 % **Área** de la atmósfera de la Tierra que está **nublada en un día normal.**

Nubes

Las nubes son los indicadores del tiempo de la atmósfera. Toda la lluvia, nieve, granizo y aguanieve, denominados en conjunto como precipitaciones, que caen sobre la Tierra comienzan en una nube de cristales de hielo o gotas de agua diminutas.

El cielo está lleno de agua invisible en forma de vapor de agua. Las nubes suelen formarse donde el aire asciende. Al elevarse, el aire se enfría. El vapor de agua del aire se condensa formando gotas de agua, o cristales de hielo si la temperatura es lo bastante fría, y entonces se forman las nubes. Hay 10 tipos básicos de nubes. Su nombre viene de vocablos en latín que describen su aspecto, tales como *cirrus* (etéreo), *cumulus* (apilado) y *stratus* (estratificado). Las distintas formas y tamaños de las nubes se deben a la rapidez con la que asciende el aire y a si están compuestas de agua o de hielo.

CIRROCÚMULO

Altura de la base: 6000-10 000 m
Composición: hielo

Es una de las nubes más difíciles de ver. El aire turbulento crea su forma ondulada o grumosa. No produce precipitaciones, pero puede ser un signo de que se acerca el mal tiempo.

NIMBOESTRATO

Altura de la base: 1500-3000 m
Composición: agua y hielo

Esta nube gris y amplia suele producir lluvia. A veces se extravía hacia la zona de nubes bajas. Si la lluvia se hace más intensa, la base de la nube desciende, dando nieve o lluvia persistente.

ALTOCÚMULO

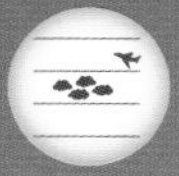

Altura de la base: 2000-6000 m
Composición: agua y hielo

Esta nube es de color blanco o gris pálido y presenta una textura grumosa. Puede contener gotas de agua muy frías, con temperaturas por debajo de los 0 °C, pero no están heladas, sino que son líquidas. No suele producir lluvia y, cuando se produce, esta se evapora antes de llegar al suelo.

ESTRATO

Altura de la base: 0-400 m
Composición: agua

Esta nube suele ser informe y gris. Es la nube más baja y a menudo cubre la cima de las montañas o incluso algunos edificios en forma de bruma o niebla. Nunca produce lluvia intensa, a menos que se dé a la vez que otras nubes, pero suele causar llovizna o lluvia ligera.

CÚMULO

Altura de la base: 300-2000 m
Composición: agua

Esta nube grumosa, que puede recordar un poco a una coliflor, la crean las corrientes térmicas, que son corrientes ascendentes de aire cálido. Suele aparecer en días cálidos, cuando el sol calienta el suelo. Si empieza a crecer volviéndose más alta y oscura, suele indiciar que los chubascos están en camino.

CIRROESTRATO

Altura de la base: 6000-10 000 m
Composición: hielo

Esta nube casi transparente puede cubrir una gran extensión del cielo. Cuando aparecen en noches de luna llena, el hielo que albergan crea un anillo de luz, o halo, alrededor de la Luna. Este tipo de nube no produce ningún tipo de precipitación.

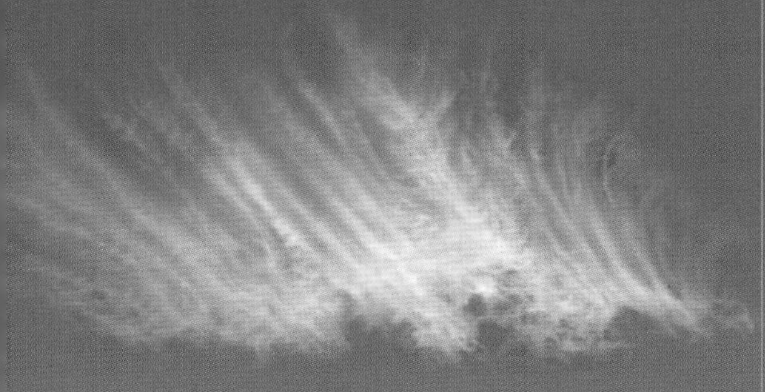

CIRRO

Altura de la base: 6000-10 000 m
Composición: hielo

Esta nube, que se desplaza por la parte alta de la atmósfera, está compuesta por cristales de hielo. Se asemeja a hebras de pelo o plumas. La dirección de las vetas indica la dirección del viento a ese nivel. Esta nube produce nieve que nunca llega al suelo.

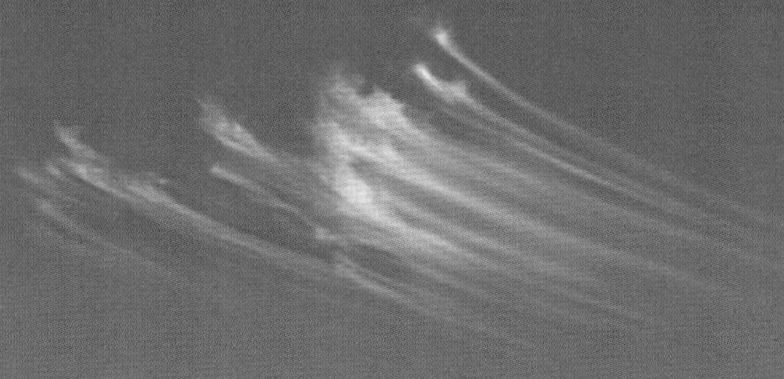

Avión de pasajeros
La altitud de vuelo de un avión de pasajeros es de unos 11000 m.
Nubes altas
Por encima de los 6000 m
Nubes medias
2000-6000 m

ALTOESTRATO

Altura de la base: 2000-6000 m
Composición: agua y hielo

Esta nube más bien amplia y poco destacada, que suele ser gris o azul, es tan fina que los rayos del sol pueden atravesarla. Pero si se vuelve más gruesa y oscura, es muy probable que no tarde en llover. El altoestrato, como el altocúmulo, puede estar compuesto de gotas de agua muy frías.

ESTRATOCÚMULO

Altura de la base: 300-2000 m
Composición: agua

Como su nombre sugiere, esta masa blanca o gris es una mezcla de estrato y cúmulo. Puede aparecer en cualquier situación meteorológica, ya que es el tipo de nube más común en todo el mundo. No suele producir más que llovizna de la más ligera.

CUMULONIMBO

Altura de la base: 200-2000 m
Composición: agua y hielo

Esta nube empieza su vida siendo un cúmulo, pero si hay energía suficiente en la atmósfera puede crecer rápidamente, y alcanzar una altura de varios kilómetros. Produce lluvia intensa, truenos y relámpagos. Causa algunos de los fenómenos meteorológicos más espectaculares, desde tormentas de granizo a tornados.

Nubes bajas
Por debajo de 2000 m

15 **huracanes** hubo en el océano **Atlántico** en un mismo año, en 2005.

Tormentas

Las tormentas son potentes alteraciones que tienen lugar en la atmósfera. Pueden provocar el tiempo más interesante, y a veces también el más peligroso. Suelen dejar una estela de destrucción a su paso.

Existen tormentas de muchos tipos y tamaños. La mayoría de ellas traen consigo fuertes vientos y lluvia abundante, pero algunas se caracterizan por el hielo o incluso el polvo. La mayor parte del mundo sufre algún tipo de fenómeno tormentoso en algún momento del año, desde huracanes y ciclones en los trópicos hasta vendavales y tormentas de hielo en las regiones más septentrionales de la Tierra.

TIPOS DE TORMENTAS

Existen muchos tipos distintos de tormentas, pero todas ellas encajan en uno de los tres grandes grupos siguientes. Las tormentas convectivas son las más pequeñas en tamaño y son impulsadas por el calor del sol. En los trópicos, los huracanes, los ciclones y los tifones son distintos tipos de tormentas tropicales. Fuera de los trópicos, las tormentas extratropicales pueden generar lluvias intensas, fuertes vientos y, en invierno, nieve y hielo.

Tormentas convectivas

Las tormentas convectivas, que miden entre 1 y 100 km y pueden durar entre una hora y un día entero, se originan a causa del calor. El aire caliente asciende rápidamente y forma extensos cumulonimbos. Se generan en la mayor parte del mundo y pueden producir fuertes lluvias y granizo, relámpagos, vientos y, en casos extremos, tornados.

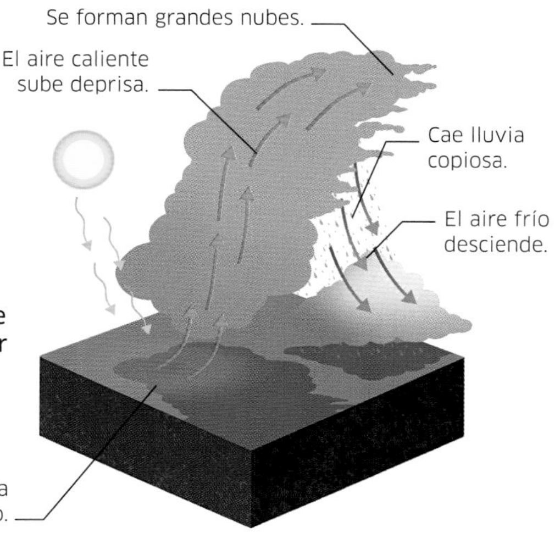

Se forman grandes nubes.
El aire caliente sube deprisa.
Cae lluvia copiosa.
El aire frío desciende.
El sol calienta la superficie del suelo.

Tormentas tropicales

Con una extensión de hasta 500 km, las tormentas tropicales son alimentadas por el calor y el vapor de agua de los océanos tropicales. Al ascender el aire caliente del centro de la tormenta, los vientos a su alrededor aumentan, alcanzando velocidades dañinas y generando olas enormes.

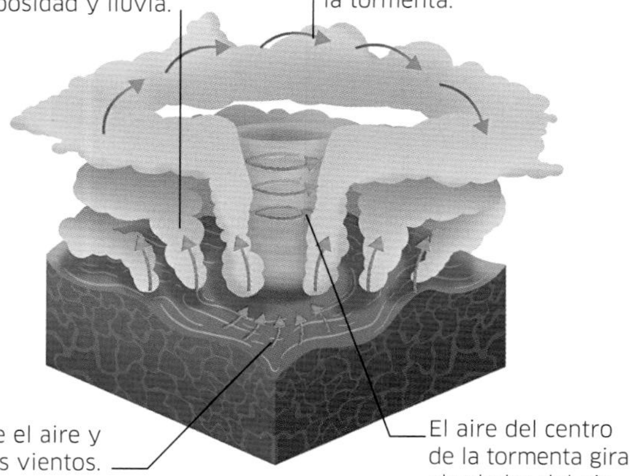

El aire caliente asciende formando nubosidad y lluvia.
Los vientos giran en espiral alrededor de la tormenta.
La tormenta atrae el aire y se originan fuertes vientos.
El aire del centro de la tormenta gira alrededor del ojo.

Tormentas extratropicales

Estas tormentas, que se dan fuera de los trópicos, son grandes, a veces de más de 1000 km. En estas tormentas se combinan flujos de aire caliente y de aire frío, lo que genera grandes masas de nubosidad, fuertes vientos, lluvia intensa y, en invierno, nieve y hielo.

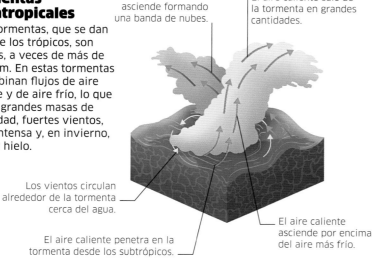

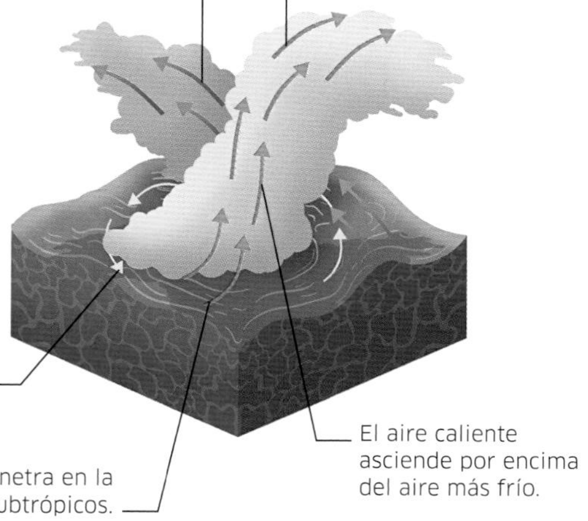

El flujo de aire frío asciende formando una banda de nubes.
El aire caliente sale de la tormenta en grandes cantidades.
Los vientos circulan alrededor de la tormenta cerca del agua.
El aire caliente penetra en la tormenta desde los subtrópicos.
El aire caliente asciende por encima del aire más frío.

RAYOS Y RELÁMPAGOS

Los rayos son los fuegos artificiales de la naturaleza. Hay pocos fenómenos meteorológicos tan emocionantes, pero es importante mantenerse a salvo, pues los rayos pueden ser peligrosos. Implican grandes descargas eléctricas que cruzan el cielo a una velocidad de vértigo, de hasta 430 000 km/h.

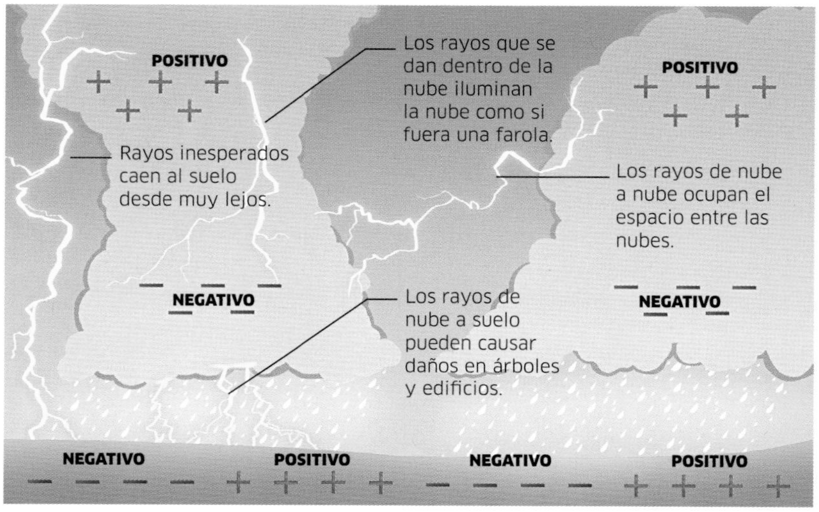

POSITIVO
+ + + + +
Los rayos que se dan dentro de la nube iluminan la nube como si fuera una farola.
POSITIVO
+ + + + +
Rayos inesperados caen al suelo desde muy lejos.
Los rayos de nube a nube ocupan el espacio entre las nubes.
NEGATIVO
Los rayos de nube a suelo pueden causar daños en árboles y edificios.
NEGATIVO
NEGATIVO
POSITIVO
NEGATIVO
POSITIVO

Cómo funcionan los rayos
Las corrientes de aire de las tormentas convectivas desplazan cargas eléctricas, que pueden ser positivas o negativas, por el interior de las nubes. Cuando se producen grandes diferencias entre las cargas de las nubes o con respecto al suelo, se produce un rayo.

Relámpago del Catatumbo
Algunas zonas experimentan una gran actividad eléctrica. El río Catatumbo, allí donde desemboca en el lago de Maracaibo, en Venezuela, es una de esas zonas. En esta región se producen 250 rayos por km² al año.

300 días con **descargas eléctricas** al año en el lago de **Maracaibo** en Venezuela.

15 000 millones de euros: **coste de los daños** del temporal **Lothar**, en 1999.

105

MEDICIÓN DE LAS TORMENTAS

Los científicos necesitan medir la fuerza de las tormentas para comprender cómo funcionan. Eso ayuda a mejorar las previsiones meteorológicas, lo que permite avisar a la gente para que pueda prepararse antes de que estalle la tormenta.

Escala de medición de huracanes

La fuerza de los huracanes, ciclones tropicales y tifones de todo el mundo se mide con la misma escala, que se basa en la velocidad del viento e incluye cinco niveles.

Desperfectos en las casas y ramas de árboles partidas

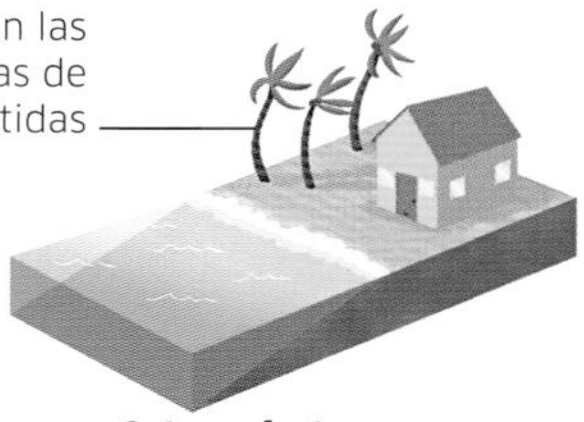

Categoría 1: 119-154 km/h

Daños importantes en las casas y los árboles, y fallos eléctricos puntuales

Categoría 2: 155-177 km/h

Daños graves, árboles arrancados de raíz que bloquean las carreteras

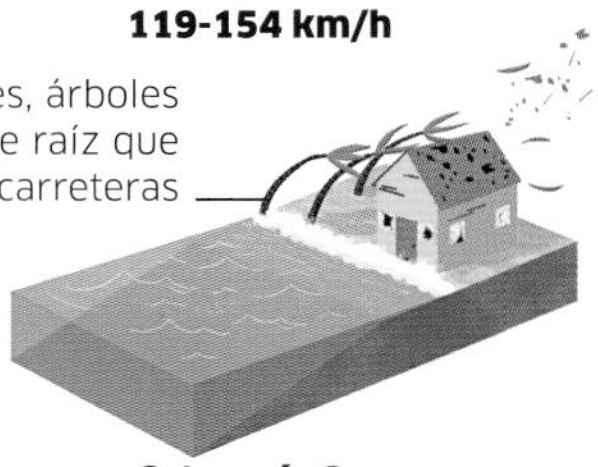

Categoría 3: 178-208 km/h

Daños extremos en casas y árboles, y apagones eléctricos importantes

Categoría 4: 209-251 km/h

Daños catastróficos e inundaciones: la zona no es habitable durante meses

Categoría 5: 252 km/h o más

Cazador de huracanes

Algunos científicos se desplazan hasta el centro de los huracanes para medir su fuerza. Puede ser el único sistema para poder comprender cómo circula el aire alrededor de la tormenta y cómo se acumulan las nubes. La aeronave lanza unos instrumentos llamados dropsondas (en la imagen), que bajan hasta el suelo en paracaídas y van tomando mediciones en el trayecto.

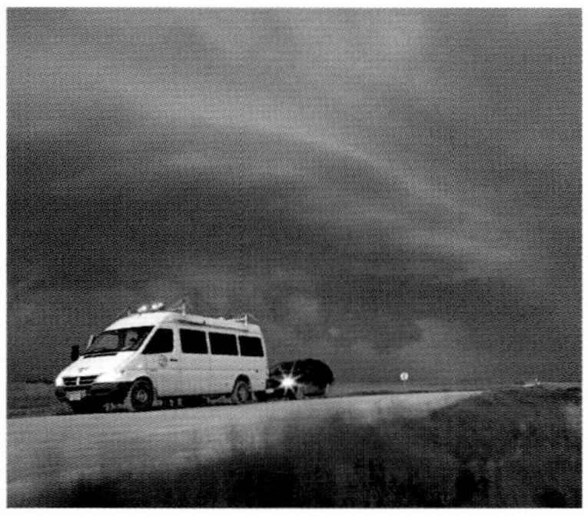

Cerca de la acción

En el caso de las tormentas convectivas, como las que originan tornados, puede resultar demasiado peligroso introducir instrumentos meteorológicos en la tormenta. Los científicos se acercan a la tormenta en algún vehículo y usan un radar montado sobre un camión para medir el flujo de aire desde una distancia prudencial. Si la tormenta se dirige hacia ellos, deben salir corriendo.

TORMENTAS ALREDEDOR DEL MUNDO

Algunos tipos de tormenta pueden producirse en cualquier lugar, pero otras ocurren solo en algunos sitios. Las tormentas convectivas con granizo y rayos pueden darse en prácticamente cualquier zona, desde los trópicos hasta las regiones polares. Las tormentas de polvo solo se producen en los desiertos en lugares con tierra muy seca, o cerca de ellos. Solo unos pocos lugares de la Tierra reúnen las condiciones adecuadas para producir tornados devastadores.

Tormenta de Hielo de América del Norte
En 1998 cayó una fuerte precipitación sobre zonas con temperaturas bajo cero, cubriéndolo todo de hielo. Derribó árboles y tendidos eléctricos, y causó daños en numerosos edificios.

Huracán Eta
En 2020, este huracán caribeño trajo vientos devastadores e inundaciones a zonas costeras de Nicaragua y Honduras. Otro huracán azotó la zona dos semanas más tarde.

Tormenta de polvo en Australia
En 1998, una intensa tormenta situada sobre el desierto del centro de Australia originó una densa nubosidad de polvo naranja que afectó a varias ciudades de la costa oeste, entre ellas Sídney.

Temporal Lothar
El día de San Esteban de 1999 una tormenta extratropical asoló Francia y Alemania. Cayeron árboles y tendidos eléctricos y 3,4 millones de personas se quedaron sin suministro eléctrico.

Tornado de Daulatpur-Saturia
En 1989, Bangladés sufrió el tornado más letal de toda su historia. Más de 80 000 personas se quedaron sin hogar.

Ciclón tropical Idai
El ciclón Idai no era más que una tormenta de categoría 2 cuando azotó Mozambique en 2019, pero las fuertes lluvias y una enorme marejada ciclónica provocaron una importante inundación costera.

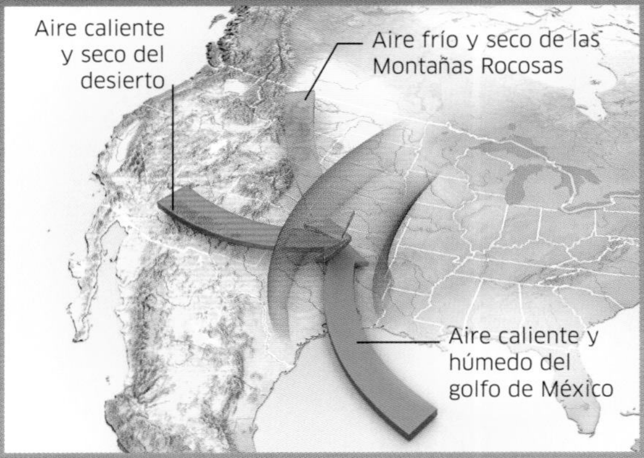
Aire caliente y seco del desierto
Aire frío y seco de las Montañas Rocosas
Aire caliente y húmedo del golfo de México

Zona de tornados

Los tornados se forman en ciertas condiciones. El aire caliente y húmedo cerca del suelo contiene mucha energía, que interactúa con las capas de aire de encima. Esto es lo que ocurre en las llanuras centrales de Estados Unidos, una región conocida como Tornado Alley.

En el interior del torbellino
El viento arrastra los escombros. Los objetos más ligeros, como las puertas o las ramas, se elevan a gran altura. Los más pesados, como los coches y las vacas, también pueden levantarse del suelo.

Tornados

Un tornado es una columna de aire que gira y se extiende desde la tormenta hasta el suelo.

Los tornados son uno de los fenómenos atmosféricos más destructivos que existen en la Tierra. En un tornado, la velocidad del viento puede superar los 400 km/h. Es capaz de levantar y desplazar casas enteras. Son poco habituales y la mayoría de los tornados duran tan solo unos minutos. Solo algunos se prolongan más de una hora y provocan los importantes daños que hacen que aparezcan en las noticias.

Fases de una tormenta

Las horas previas a que se forme un tornado, la atmósfera pasa por distintas fases que pueden llevar a la formación de una tormenta supercelda. Estas tormentas traen granizo y lluvia intensa, truenos y fuertes vientos, y a veces generan un tornado.

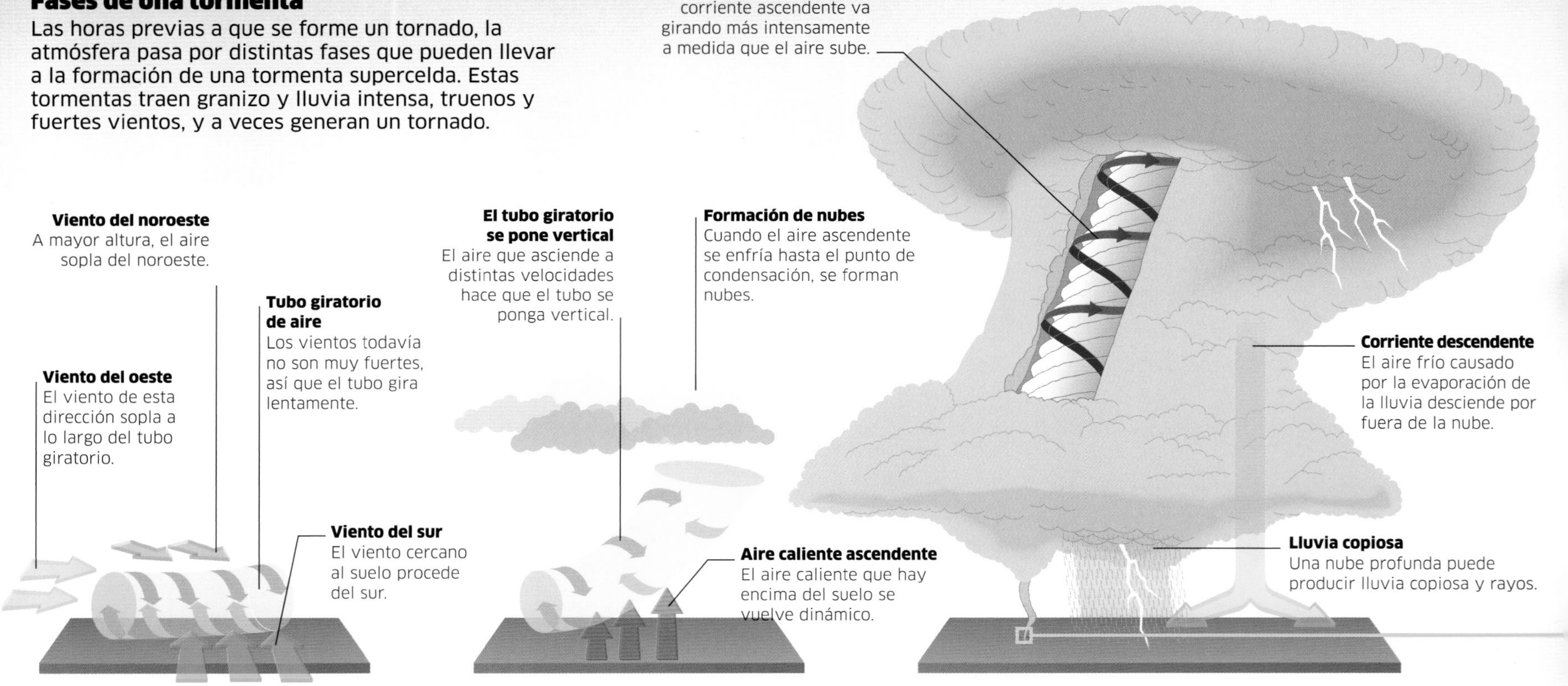
Corriente ascendente
Dentro de la nube, la corriente ascendente va girando más intensamente a medida que el aire sube.
Viento del noroeste
A mayor altura, el aire sopla del noroeste.
Viento del oeste
El viento de esta dirección sopla a lo largo del tubo giratorio.
Tubo giratorio de aire
Los vientos todavía no son muy fuertes, así que el tubo gira lentamente.
Viento del sur
El viento cercano al suelo procede del sur.
El tubo giratorio se pone vertical
El aire que asciende a distintas velocidades hace que el tubo se ponga vertical.
Formación de nubes
Cuando el aire ascendente se enfría hasta el punto de condensación, se forman nubes.
Aire caliente ascendente
El aire caliente que hay encima del suelo se vuelve dinámico.
Corriente descendente
El aire frío causado por la evaporación de la lluvia desciende por fuera de la nube.
Lluvia copiosa
Una nube profunda puede producir lluvia copiosa y rayos.

1 Cizalladura del viento
Si el viento cambia de dirección o velocidad repentinamente, o ambas cosas, se habla de cizalladura del viento. Esta crea un tubo giratorio de aire, invisible al ojo. Puede durar horas y acaba formando una nube.

2 Corriente ascendente
De día, el sol calienta el suelo. Se forman corrientes de aire ascendentes. Estas inclinan el tubo giratorio de aire hacia arriba y hacen que empiece a formarse una nube.

3 Tormenta supercelda
Las nubes pueden transformarse rápidamente en profundos cumulonimbos. La tormenta empieza a girar, y cae granizo y lluvia intensa. Una corriente descendente de aire frío de la nube llega al suelo y se dispersa, provocando vientos racheados.

2800 millones de dólares: **daños materiales** de los **tornados de 2011** en Estados Unidos, los **más altos registrados** en un solo año.

4 km de ancho tuvo el **tornado más grande registrado,** en **El Reno**, Oklahoma, Estados Unidos, en 2013.

107

Nube embudo
El embudo está compuesto de gotas de agua, polvo y desechos.

Devastación
El tornado deja una franja de devastación, cultivos destrozados y edificios dañados.

4 Tornado
La rotación de la tormenta se centra en una estrecha columna de aire que empieza a girar más rápidamente. Si esta columna sale de la base de la tormenta, se llama nube embudo. Si llega al suelo se convierte en un tornado.

Tornados invernales
En Estados Unidos la época con más tornados se da en primavera y a principios de verano, pero en diciembre de 2021 hubo 202 tornados, cuando la media de ese mes es de solo 24. Los científicos creen que el cambio climático puede hacer que los tornados invernales sean más frecuentes.

Arena

Las tormentas de arena como esta de Arizona, Estados Unidos, que cruzan el desierto a toda velocidad, combinan vientos fuertes y una superficie seca y polvorienta en un fenómeno meteorológico impresionante y muy peligroso.

Este espectáculo sobrecogedor lo origina una corriente descendente de aire frío procedente de una tormenta en una zona seca, que puede estar a muchos kilómetros de distancia. El aire frío es denso, así que se pega al suelo, arrastrando el polvo mientras se desplaza por el desierto a unos 100 km/h. Estas tormentas se ven en las regiones polvorientas del mundo.

Tormenta Bernd
La devastadora tormenta que causó las inundaciones permaneció sobre la región durante tres días. El servicio meteorológico alemán decidió llamarla Bernd.
Laderas pronunciadas
El valle de Ahr tiene laderas pronunciadas, cubiertas de bosque. En algunos lugares se han talado árboles para plantar viñedos.
Lluvia intensa
La tormenta produjo más de 100 mm de lluvia en tres días. Es más de la precipitación total normal de todo el mes de julio.
Río Ahr
Es un río pequeño que desemboca en el Rin, mucho más grande. En verano, el Ahr suele ser muy poco profundo.

1 Tormentas y lluvia copiosa
Un aguacero que se desplaza lentamente permanece sobre la región durante varios días. En esta fase no hay inundaciones, pero el suelo se satura y se van formando pequeños arroyos, que descienden por las laderas del valle. El río va subiendo poco a poco.

Suelo mojado
La inundación no se debe solo al desbordamiento del río. En las zonas que rodean el río, como las laderas del valle y los bosques, la lluvia intensa se infiltra en los espacios porosos del suelo hasta que no cabe más agua. Si sigue lloviendo, la zona se inunda.

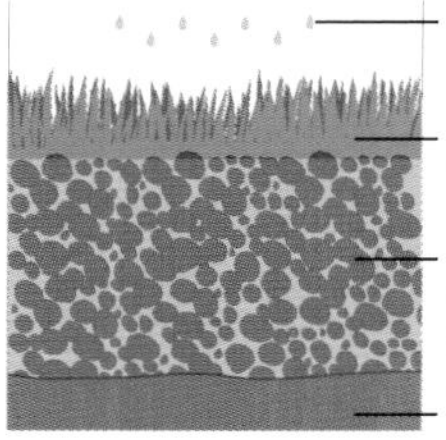
La lluvia cae al suelo.
La vegetación atrapa parte de la lluvia.
Los huecos (espacios porosos) del suelo se llenan.
Roca sólida

2 Empieza la inundación
Los arroyos están a punto de desbordarse y el suelo está completamente saturado, así que los campos del valle empiezan a inundarse. El río discurre más rápido y se desborda por las orillas, anegando las carreteras y entrando en las casas. Los árboles caídos, los coches y otros escombros son arrastrados por el río.

Inundaciones

Las inundaciones pueden dañar gravemente edificios y carreteras, y destruir cultivos y paisaje, incluso pueden arrancar los árboles de raíz, tanto en las ciudades costeras como en las localidades fluviales.

En julio de 2021, partes de Europa se vieron azotadas por grandes inundaciones, como la del valle de Ahr, en Alemania. Las inundaciones repentinas en zonas del interior pueden deberse a las lluvias intensas que caen en poco tiempo. Pero esta inundación fue causada por la lluvia que cayó sin parar durante tres días, llenando el río hasta que se desbordó. Es lo que se conoce como inundación fluvial. Se prevé que el cambio climático empeore los fenómenos con precipitaciones intensas.

Valle sumergido

Esta es la localidad de Altenahr, Alemania, antes, durante y después de la inundación. Situada entre colinas empinadas, esta localidad se vio afectada por las lluvias intensas y el desbordamiento del río, cuyas aguas se precipitaron por las laderas pronunciadas hasta las zonas pobladas, destruyéndolo todo a su paso. Tardaron varias semanas en retirar los escombros. De hecho, seis meses después de la inundación mucha gente seguía viviendo en viviendas provisionales.

6 horas **tardaron en caer,** en febrero de 2022, **300 mm de agua en Queensland**, Australia, causando una **inundación repentina** y **evacuaciones** masivas.

61 cm de **profundidad del agua** en una inundación, bastan para **arrastrar** un coche y **llevárselo lejos**.

Huracán Ida
Las inundaciones a lo largo del litoral pueden deberse a una marejada ciclónica, es decir, a una subida del nivel del mar provocada por fuertes vientos. En agosto de 2021, el huracán Ida causó enormes inundaciones en Louisiana, Estados Unidos, debido a una marejada ciclónica catastrófica de 3-4 m por encima del nivel normal de pleamar.

Barrera del Támesis
La barrera del Támesis protege la ciudad de Londres, Reino Unido, de las marejadas ciclónicas del mar del Norte, que podrían discurrir por el estuario del río e inundar la ciudad. Cuando hay una marejada ciclónica durante la marea alta mientras llueve mucho, la barrera permanece cerrada.

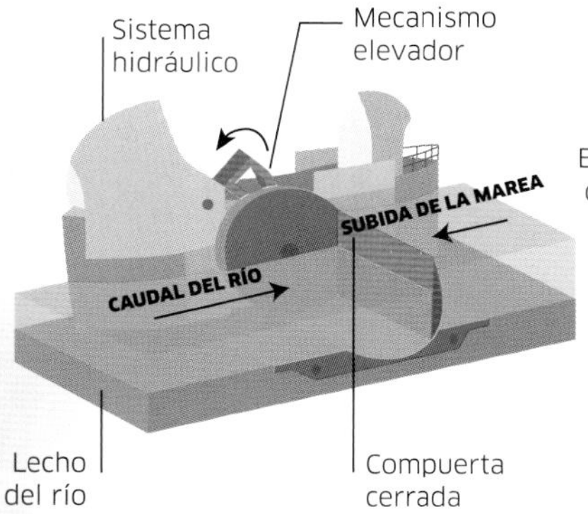

Abierta
El agua circula libremente con la compuerta abierta.

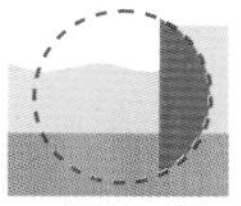

Cerrada
La compuerta bloquea el agua creciente.

Río desbordado
El río está lleno y empieza a desbordarse. Las defensas contra las inundaciones diseñadas para proteger los edificios no pueden hacer frente a tanta agua.

El agua discurre hacia abajo
El agua de la lluvia desciende veloz por las pronunciadas laderas del valle y los riachuelos crecen rápidamente, llevando agua hasta el río, que se está desbordando.

Carreteras
La mayor parte de las carreteras del valle están inundadas y los coches son arrastrados, algunos con gente dentro.

Destrucción masiva
En Altenahr, la mayoría de los edificios se inundaron y algunos quedaron destruidos. Las carreteras y los puentes sufrieron graves daños, y una extensa zona quedó cubierta de escombros y lodo.

Mucha suerte
Los edificios de las zonas altas se libran de la inundación. Esta iglesia ha quedado justo por encima del nivel del agua.

Acumulación de escombros
Ramas o árboles, materiales de construcción, caravanas y coches se amontonan en los puentes y bloquean el río, empeorando la situación.

Suelo saturado
Como si fuera una esponja, el suelo solo absorbe una cantidad determinada de agua; luego rebosa. Al llover intensamente, se forman charcos en la superficie, que pueden acumularse hasta inundar la zona.

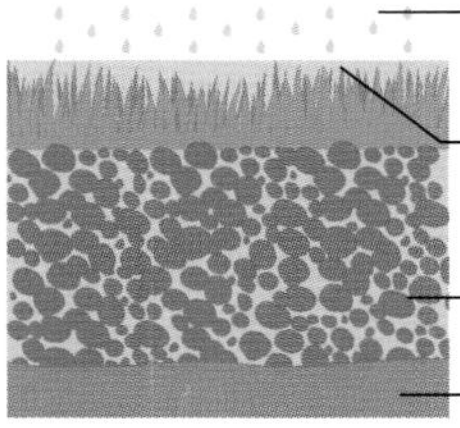

3 Las consecuencias

Cuando cesa la lluvia, el agua poco a poco retrocede. Entonces pueden verse los escombros que se han amontonado en los puentes, formando una especie de presa y haciendo que se desborde más agua. Son muchos los daños sufridos por las casas y los negocios, y algunos edificios están completamente destruidos.

En agosto de 2020, el **incendio forestal más grande** registrado en **California**, Estados Unidos, quemó **4178 km²**.

Triángulo de fuego

Para que se produzca un incendio, sea donde sea, hacen falta tres ingredientes básicos: oxígeno, combustible y calor. En un bosque siempre hay mucho oxígeno en el aire. El combustible lo ponen los árboles, ya que sus ramas y hojas muertas arden con facilidad cuando el tiempo es seco. El calor lo proporciona el tiempo caluroso.

OXÍGENO
CALOR
COMBUSTIBLE

3 Se forma la nube
Si la atmósfera es inestable, la nube se extiende y se profundiza sobre el fuego. Las nubes como esta tienen un nombre específico, pirocúmulo, que significa cúmulo causado por el fuego.
Remolino de fuego
El calor extremo genera corrientes de aire que suben rápidamente. Pueden empezar a girar y acabar succionando una lengua de fuego.
El penacho se enfría 2
Cuando el aire del penacho se eleva, se enfría y el vapor de agua del penacho empieza a condensarse. El proceso natural por el que se forman las nubes se vuelve más vigoroso y rápido a causa del calor del fuego.
Lucha aérea
Los bomberos usan unos helicópteros adaptados para soltar agua sobre el fuego. Cogen el agua de lagos y depósitos.
El humo sube 1
El fuego genera humo y calienta el aire, que se eleva. El viento sopla hacia el fuego para reemplazar el aire ascendente.
Propagación del incendio
Los fuertes vientos y la vegetación seca hacen que el incendio se propague. Los incendios se extienden más rápido colina arriba porque el aire caliente se eleva.
Viviendas dañadas
Los edificios de las zonas forestales corren el peligro de incendiarse. La gente debe evacuar en cuanto se les avisa y alejarse en seguida del fuego.
Combatir el fuego
Equipados con trajes protectores, los bomberos arriesgan su vida para apagar las llamas, con frecuencia soportando temperaturas que superan los 40 °C.

Incendios

Los incendios forestales son un ejemplo dramático de lo que ocurre cuando se combinan la sequía y el calor extremo.

Los incendios son algo natural en muchas zonas forestales, pero en los últimos años se han hecho más frecuentes y generalizados. Destruyen hábitats naturales y, dado que los asentamientos humanos cada vez se expanden más hacia las zonas boscosas, repercuten también en la vida de las personas. Por desgracia, la gente a menudo causa incendios por no tener cuidado, y a veces de forma intencionada. Se cree que casi el 85 por ciento de los incendios forestales tienen una causa humana.

El fuego y el tiempo

Las condiciones meteorológicas pueden ser uno de los factores que originan los incendios forestales. Pero algunas veces los incendios forestales, como este en Australia, pueden crear su propio sistema meteorológico, que alimenta las llamas y hace que se propaguen. La gran cantidad de calor procedente del fuego impulsa el aire ascendente y los vientos fuertes, y puede incluso generar tormentas eléctricas.

2019 **Año más seco** registrado **en Australia**, con la **temperatura más alta** y **menos lluvias**.

49,6 °C **Temperatura más alta registrada en Canadá,** en Lytton, el 29 de junio de 2021. Días después, fue destruida por un incendio forestal.

4 Se avecina una tormenta eléctrica
Cuando la nube es suficientemente grande, alcanzando a veces varios kilómetros de profundidad, puede generar lluvia e incluso truenos. El incendio ahora tiene su propio sistema meteorológico, con nubes profundas, lluvia y viento fuerte cerca del suelo.

5 Cae la lluvia
Cae una lluvia intensa, que se evapora antes de alcanzar el suelo debido al intenso calor. Esto también puede generar una corriente de aire descendente que provoca fuertes ráfagas de viento cerca del suelo.

Hacer frente al calor

Las olas de calor y la sequía son condiciones meteorológicas que suelen darse a la vez. Los científicos han demostrado que el cambio climático es responsable de que las olas de calor sean más frecuentes en la mayor parte del planeta, y de que las sequías empiecen a ser habituales en algunas zonas, entre ellas en Norteamérica y en el Mediterráneo. El cambio climático hará que este tipo de fenómenos sean cada vez más corrientes.

Sequía en Norteamérica
En junio de 2021, grandes áreas del oeste de Estados Unidos y Canadá se vieron afectadas por un período seco y caluroso, que provocó muchos incendios forestales.

Ola de calor en Europa
El verano de 2021 fue el más caluroso hasta la fecha en Europa, así que la gente se refrescaba como podía. Los incendios afectaron a muchos países mediterráneos.

6 Se producen rayos
Los rayos pueden caer sobre los árboles originando nuevos focos de fuego. Esto supone un problema para los bomberos, ya que pueden surgir nuevas llamas detrás de ellos mientras tratan de sofocar el fuego original.

Escapar del peligro
Las aves, como esta cacatúa Galah, escapan del incendio que se propaga rápidamente. Tendrán que encontrar un nuevo hogar en una región forestal más segura.

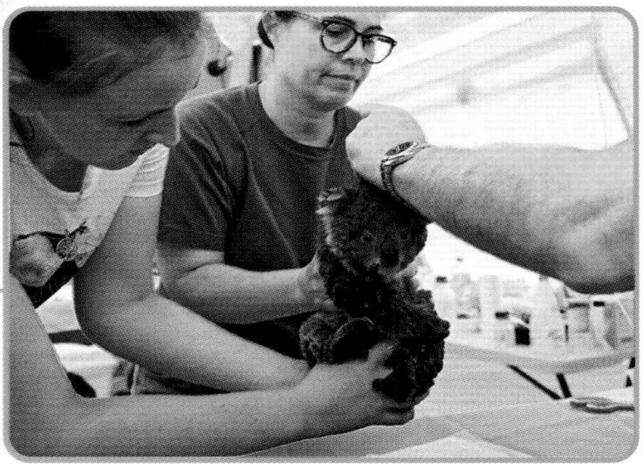

Ayudar a los animales autóctonos
El verano de 2019-2020, tras varios incendios forestales devastadores en el hemisferio sur, muchos animales, como este koala, fueron rescatados y atendidos por voluntarios locales.

Ráfaga de viento
La corriente descendente de la tormenta eléctrica puede provocar fuertes ráfagas de viento capaces de derribar árboles y avivar más las llamas.

Cortafuego
Es una franja de terreno que atraviesa el bosque y en la que se han talado los árboles para que las llamas no puedan propagarse.

VIDA EN LA TIERRA

Las distintas condiciones climáticas determinan el paisaje y crean unas condiciones únicas para la vida. Desde los bosques exuberantes hasta los áridos desiertos, cada bioma está lleno de animales y plantas que se han adaptado a él. Muchos están amenazados por el cambio climático y la actividad humana.

Humedal
Las zonas de tierra que están inundadas o cubiertas de agua se conocen como humedales. La reserva de humedales Everglades, en Florida, está llena de manglares, grandes pantanos de cipreses y aligátores americanos.

Bosque mediterráneo
El bosque mediterráneo se caracteriza por un verano caluroso y seco, y un invierno frío y lluvioso. La mayoría de las regiones tienen arbustos perennes con pequeñas hojas correosas.

Bosque boreal
En los fríos bosques boreales del hemisferio norte, también llamados taiga, predominan las coníferas de hoja perenne, como los pinos y los abetos.

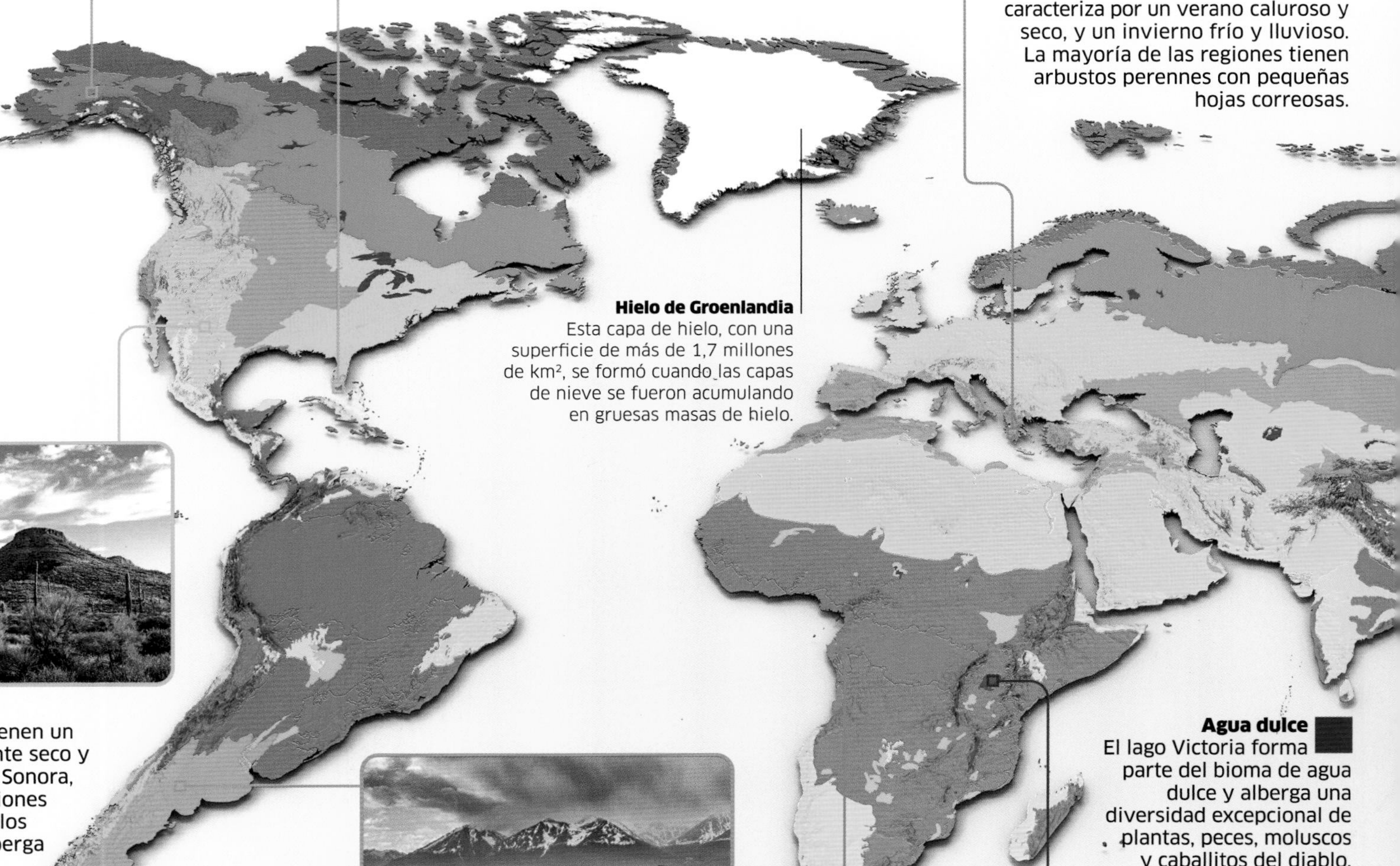

Hielo de Groenlandia
Esta capa de hielo, con una superficie de más de 1,7 millones de km², se formó cuando las capas de nieve se fueron acumulando en gruesas masas de hielo.

Desierto
Los desiertos tienen un clima extremadamente seco y árido. El desierto de Sonora, donde las precipitaciones están por debajo de los 500 mm anuales, alberga plantas que se han adaptado y pueden almacenar el agua, como los cactus.

Agua dulce
El lago Victoria forma parte del bioma de agua dulce y alberga una diversidad excepcional de plantas, peces, moluscos y caballitos del diablo.

Pastizal templado
Estos pastizales crecen en climas templados, donde los veranos son cálidos y los inviernos fríos, y donde las condiciones son demasiado secas para que crezcan árboles.

Bosque templado
Los imponentes alerces y la vegetación tropical compuesta de musgo, líquenes y plantas trepadoras crecen en este bosque húmedo templado. El clima en estos bosques chilenos es siempre frío y lluvioso.

Bosque húmedo tropical
En la cuenca del río Congo se encuentra el segundo bosque tropical más grande del mundo, la selva del Congo. La zona se caracteriza por sus enormes árboles, la mayoría de ellos perennes, por los exuberantes pantanos y por las abundantes lluvias.

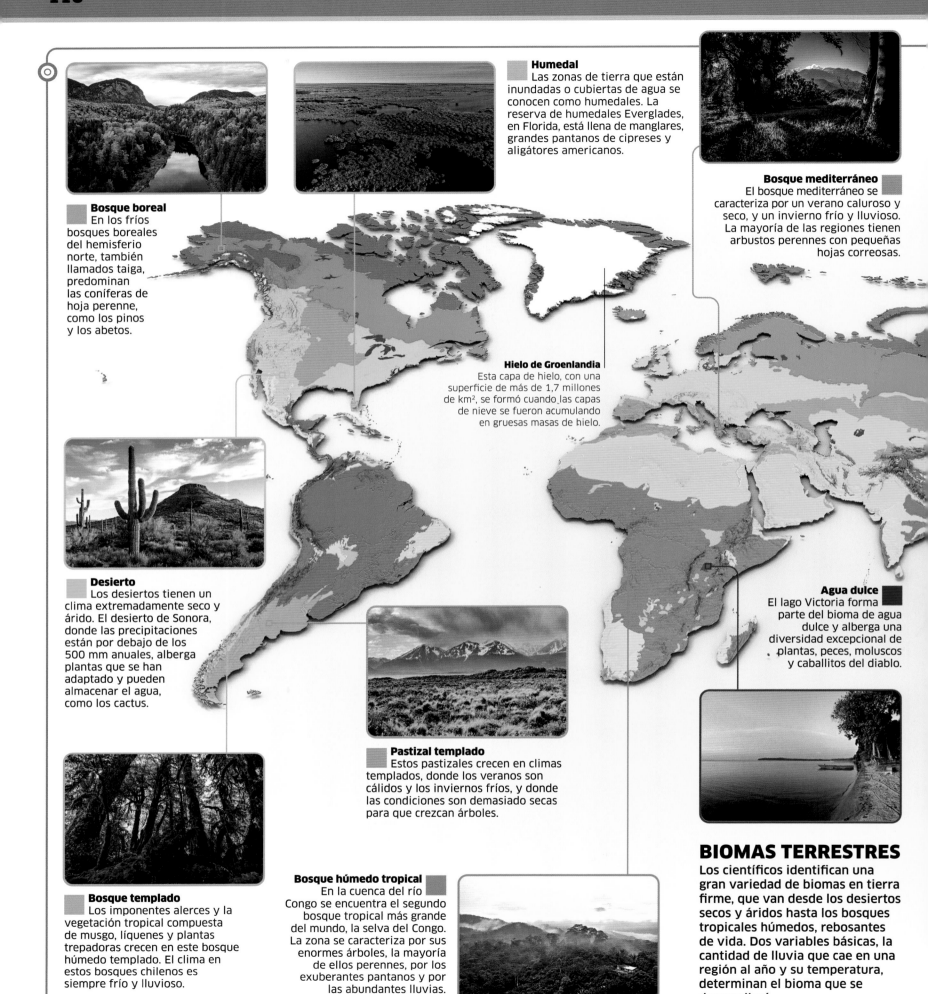

BIOMAS TERRESTRES

Los científicos identifican una gran variedad de biomas en tierra firme, que van desde los desiertos secos y áridos hasta los bosques tropicales húmedos, rebosantes de vida. Dos variables básicas, la cantidad de lluvia que cae en una región al año y su temperatura, determinan el bioma que se desarrollará.

LOS BIOMAS

Los biomas son los hábitats básicos, como los bosques tropicales o los océanos. Abarcan grandes extensiones en las que las plantas y los animales se han adaptado para vivir bajo determinadas condiciones. Aunque los biomas del mismo tipo, como las sabanas de África y de Australia, se parecen mucho, las especies que viven en ellos pueden ser muy distintas según la zona del mundo.

Tundra ártica
En las latitudes frías del Ártico, la tundra presenta plantas bajas, como hierbas y musgos. La capa subterránea de hielo, llamada permafrost, impide que crezcan árboles de raíces profundas.

Tundra alpina
Este hábitat sin árboles y de vegetación baja se encuentra en las montañas de todo el mundo, a gran altitud. Las temperaturas nocturnas suelen ser bajo cero.

Bosque tropical seco de coníferas
En algunos bosques tropicales predominan las coníferas o, en las zonas con una estación seca muy marcada, los árboles caducifolios, que pierden las hojas cuando el nivel de precipitaciones baja.

Pastizal tropical
Este prado tropical presenta dos estaciones: seca y lluviosa. Su vegetación incluye algún árbol disperso.

Océano
Los océanos albergan una gran variedad de especies marinas, desde el plancton hasta el pez mariposa de los llamativos arrecifes de coral.

ECORREGIONES

Los biomas pueden dividirse en zonas más pequeñas llamadas ecorregiones, que son áreas de tierra firme o agua con una serie de condiciones medioambientales, plantas y animales característicos. Los grandes biomas, como los bosques, los pastizales y los desiertos, pueden subdividirse en un total de 867 ecorregiones terrestres.

Ecorregiones amazónicas

Dentro del bosque tropical amazónico existen distintas ecorregiones, cada una con su comunidad de animales, que han evolucionado en regiones geográficas independientes. Por ejemplo, las ecorregiones que están separadas por algún río tienen sus propias especies de mono araña.

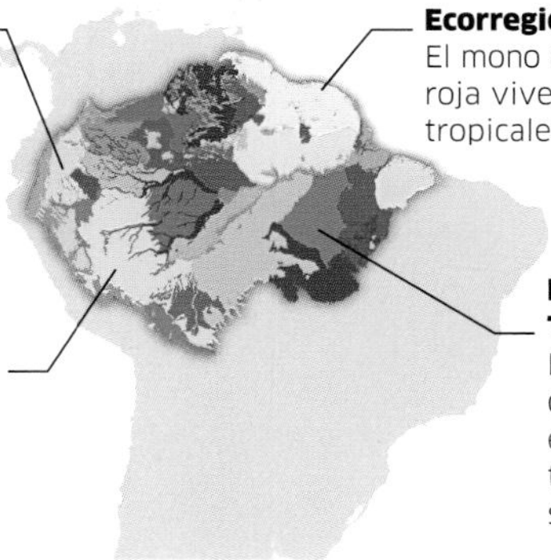

Ecorregión Napo
El mono araña común o de vientre amarillo vive en los bosques tropicales pantanosos o ribereños.

Ecorregión sudoeste de la Amazonia
El mono araña negro vive en la frontera entre el bosque tropical y la sabana.

Ecorregión de la Guayana
El mono araña negro de cara roja vive en los bosques tropicales del interior.

Ecorregión Tapajós-Xingu
El mono araña de cara blanca vive en los bosques tropicales más secos.

Microhábitats

Las pequeñas parcelas de un hábitat, como una poza en las rocas de la costa o en la copa de una planta en un bosque húmedo, se llaman microhábitats. Proporcionan un hogar a animales lo bastante pequeños para vivir en ellos.

Pozas diminutas
Las bromelias que forman parte del dosel del bosque recogen el agua en sus hojas. Forman pequeñas pozas donde viven ranas y larvas de insectos.

50 m de profundidad tenía un **socavón** descubierto en la **península de Yamal**, en el noroeste de Siberia, en 2020.

Tundra ártica

En altas latitudes del hemisferio norte hay paisajes fríos y desarbolados en los que los inviernos son largos y los veranos cortos.

La vida en la tundra ártica se adapta bien a los grandes cambios estacionales que se producen encima y debajo del suelo. Algunos animales, como el caribú, migran a parajes más cálidos en invierno, mientras que otros se quedan y soportan las condiciones gélidas e inhóspitas. El cambio climático hace que este hábitat se esté calentando rápidamente y el permafrost que hay debajo se descongela, lo que provoca cambios importantes en el paisaje.

Verano

Al derretirse la nieve aparecen el suelo rocoso y los hábitats pantanosos, que usan los animales de la tundra. Líquenes, musgos y arbustos crecen junto a flores de vivos colores, como la amapola ártica y la saxífraga morada. Todos ellos aprovechan al máximo la débil luz del sol.

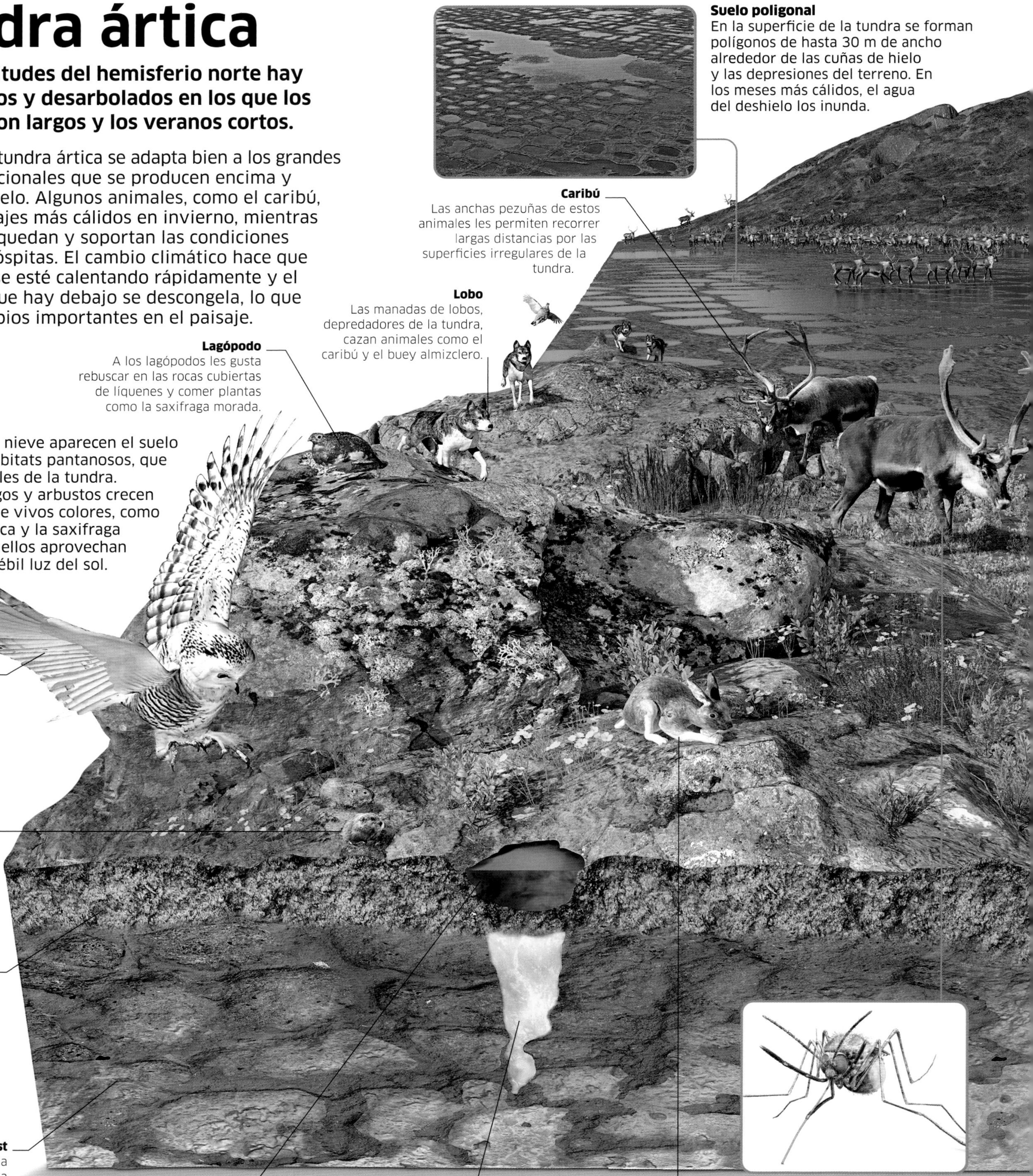

Suelo poligonal
En la superficie de la tundra se forman polígonos de hasta 30 m de ancho alrededor de las cuñas de hielo y las depresiones del terreno. En los meses más cálidos, el agua del deshielo los inunda.

Caribú
Las anchas pezuñas de estos animales les permiten recorrer largas distancias por las superficies irregulares de la tundra.

Lobo
Las manadas de lobos, depredadores de la tundra, cazan animales como el caribú y el buey almizclero.

Lagópodo
A los lagópodos les gusta rebuscar en las rocas cubiertas de líquenes y comer plantas como la saxífraga morada.

Búho nival
Este depredador suele descender en picado para abalanzarse sobre los lemmings con sus garras grandes y afiladas.

Lemming canadiense
Estos pequeños roedores tienen un gran apetito y se alimentan de hierbas y plantas.

Capa activa
La capa de tierra compacta que hay sobre el permafrost se deshiela en verano y está helada durante el invierno.

Permafrost
Bajo la superficie de la tundra hay una gruesa capa helada llamada permafrost. En los meses más cálidos, se está descongelando a causa del cambio climático.

Hielo fundido
Cuando el hielo se funde, se forman pozas de agua sobre el suelo.

Cuña de hielo
En primavera, al derretirse la nieve, el agua llena las grietas del suelo. Luego se congela formando cuñas de hielo.

Liebre ártica
La liebre ártica se alimenta básicamente de brotes, bayas, musgo, hojas, raíces y ramitas.

Mosquito
El ascenso de las temperaturas hace que los mosquitos sobrevivan. Sus picaduras atormentan a los caribús, y contribuyen a su declive.

600 m de grosor tiene el **permafrost** en las regiones septentrionales del **Ártico**.

-34 °C **Temperatura media** en la **tundra ártica** en invierno.

1200 años de **edad** tienen **algunos pingos** en Canadá.

119

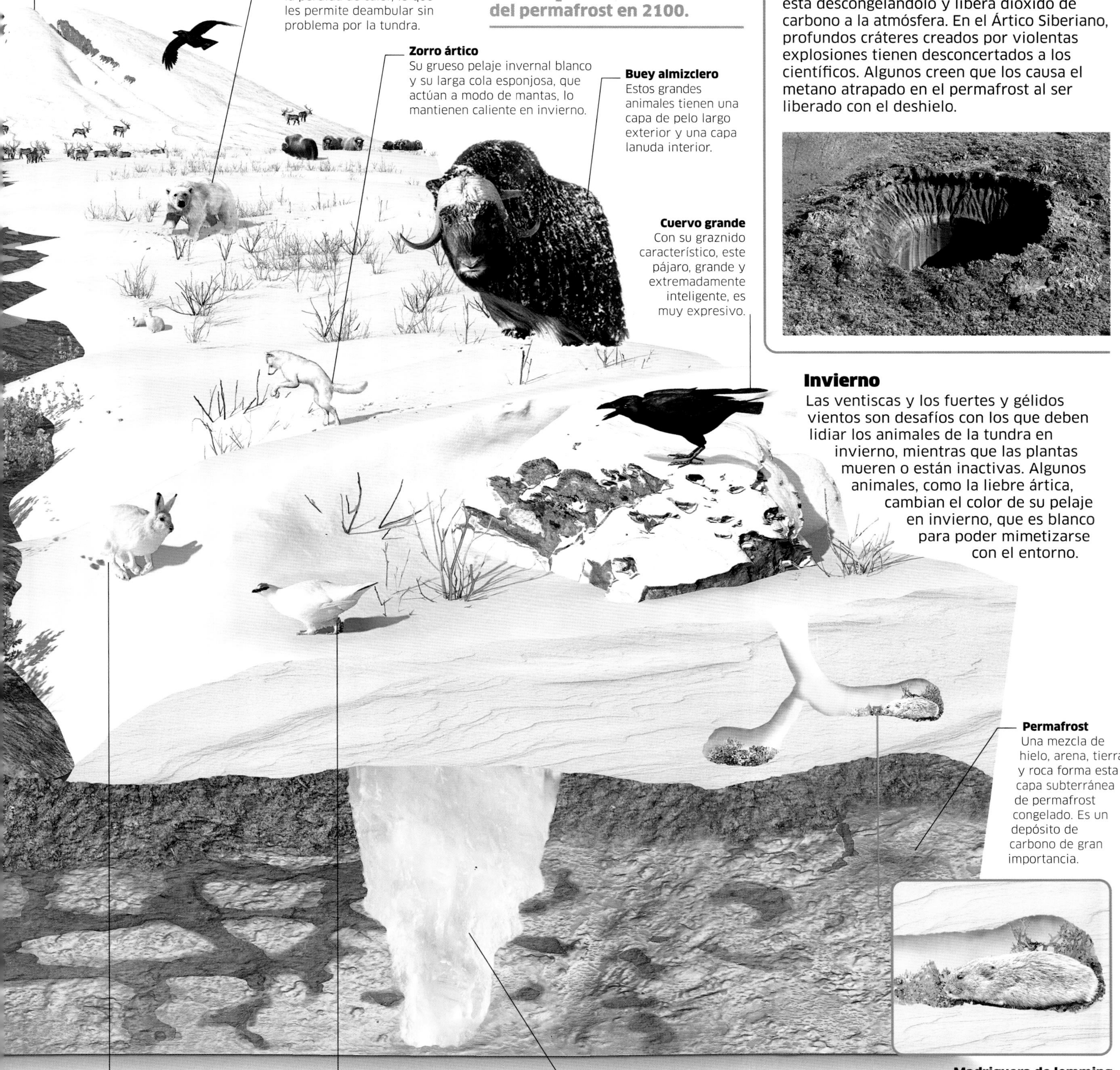

Pingo
Estas colinas abovedadas se forman cuando el suelo se eleva debido a la fuerza del agua congelada que hay debajo.

Oso polar
Los osos polares tienen las orejas cortas para minimizar la pérdida de calor, lo que les permite deambular sin problema por la tundra.

Zorro ártico
Su grueso pelaje invernal blanco y su larga cola esponjosa, que actúan a modo de mantas, lo mantienen caliente en invierno.

Según un estudio de 2021, el Ártico podría haber perdido el 89 por ciento del permafrost en 2100.

Buey almizclero
Estos grandes animales tienen una capa de pelo largo exterior y una capa lanuda interior.

Cuervo grande
Con su graznido característico, este pájaro, grande y extremadamente inteligente, es muy expresivo.

Socavones misteriosos

Durante milenios, el permafrost ha sido el mayor depósito de carbono del planeta en tierra firme. El aumento de las temperaturas está descongelándolo y libera dióxido de carbono a la atmósfera. En el Ártico Siberiano, profundos cráteres creados por violentas explosiones tienen desconcertados a los científicos. Algunos creen que los causa el metano atrapado en el permafrost al ser liberado con el deshielo.

Invierno

Las ventiscas y los fuertes y gélidos vientos son desafíos con los que deben lidiar los animales de la tundra en invierno, mientras que las plantas mueren o están inactivas. Algunos animales, como la liebre ártica, cambian el color de su pelaje en invierno, que es blanco para poder mimetizarse con el entorno.

Permafrost
Una mezcla de hielo, arena, tierra y roca forma esta capa subterránea de permafrost congelado. Es un depósito de carbono de gran importancia.

Liebre ártica
Camuflada gracias a su pelaje invernal blanco, usa sus grandes pies traseros para desplazarse y cavar en la nieve.

Urogallo
Las plumas de los pies lo mantienen caliente. Funcionan como raquetas de nieve, que evitan que se hunda en la blanda nieve.

Cuña de hielo
Estas masas de hielo en forma de cuña se forman todos los años cuando el agua que se filtra en las grietas se expande al congelarse.

Madriguera de lemming
Los lemmings excavan una red de madrigueras en la nieve y pasan allí el invierno, alimentándose de musgos y matas herbáceas.

 40-50 m al año: **ritmo** al que el **límite arbóreo se desplaza** hacia el **norte** en el Ártico.

Climas gélidos

Los hábitats más fríos de nuestro planeta se encuentran en las latitudes más septentrionales o más meridionales, o a gran altitud, donde las temperaturas son lo bastante frías para convertir la nieve en hielo.

Estos biomas incluyen las gélidas extensiones polares de la parte superior e inferior de la Tierra y la tundra alpina. A pesar de las duras condiciones, algunos animales y plantas logran sobrevivir en estos lugares, aunque muchos animales migran a climas más cálidos en invierno, para evitar las gélidas temperaturas. Estos fríos pero vitales hábitats están especialmente amenazados por el cambio climático, que está haciendo que la capa de hielo y el permafrost se derritan, con consecuencias devastadoras para el planeta.

Árboles de Krummholz

Entre el límite arbóreo y la vegetación alpina más abierta se encuentran unos árboles un tanto extraños, que están retorcidos y doblados. Su deformación se debe a los vientos fuertes y gélidos. Solo les salen ramas en la parte inferior del tronco, a sotavento, lo que hace que el árbol cada vez esté más doblado y retorcido.

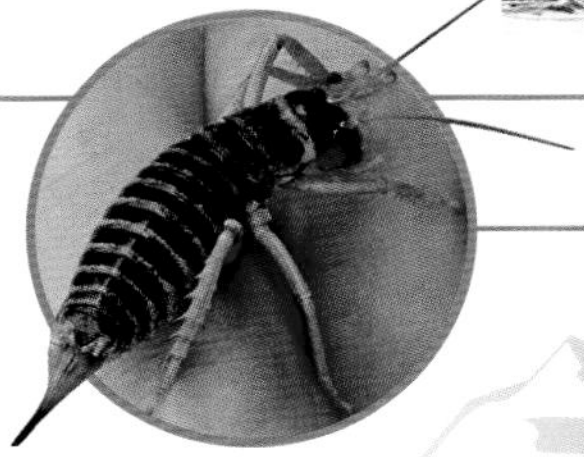

Piedra de montaña weta
Este insecto gigante vive a una altitud de hasta 1800 m y aguanta temperaturas bajo cero.

ZONIFICACIÓN ALPINA

Al subir a una zona montañosa, como los Alpes de Nueva Zelanda, uno descubre una gran variedad de ecosistemas que van cambiando con la altitud. Desde exuberantes bosques en la parte baja hasta la tundra sin árboles y las cimas nevadas. Todos ellos están habitados por una fauna y una flora que se ha adaptado para poder vivir a gran altura. Por encima del límite arbóreo, a una altura donde no crecen los árboles, empieza la tundra alpina y los hábitats se vuelven cada vez más duros y hostiles.

Nival
El hielo y la nieve permanentes cubren las montañas de la zona nival. En este gélido entorno con escaso oxígeno solo crecen líquenes, musgos y alguna planta con flores.

Alpino
Pocas plantas sobreviven en los desprendimientos rocosos y los campos de caída de la zona alpina. Crecen plantas en cojín, de bajo crecimiento, con las ramas y las hojas muy compactas, para poder sobrevivir en el duro entorno abierto.

Ratona de las rocas
La ratona de las rocas debe su nombre al hecho de que busca el alimento entre las rocas. Hace nido en el suelo, así que queda expuesto a los depredadores, como el armiño.

Subalpino
En estos pastizales predominan las hierbas de tussock de lento crecimiento, que resisten las heladas y retienen bien el agua. Allí viven lagartijas, insectos y aves.

Ranúnculo de las montañas
Esta planta, el ranúnculo más grande del mundo, con sus grandes flores blancas, presenta largas raíces para poder llegar al agua líquida cuando la superficie se congela.

Bosque de gran altitud
El haya negra suele formar el límite arbóreo y se mezcla con hayas plateadas y hayas rojas en los bosques que se extienden por debajo. Las hayas pueden crecer en suelos muy pobres.

Kea
Esta ave de montaña en peligro de extinción tiene unas llamativas manchas naranjas en las alas y se cree que es muy inteligente.

Bosque de poca altitud
En la falda de las montañas, el paisaje está repleto de grandes bosques llenos de coníferas y latifoliadas.

En el polo Norte, **el Sol no sale durante seis meses en invierno** ni se pone durante seis meses en verano.

2-3 m: **grosor típico** del hielo marino en el **Ártico**.

El Ártico **se está calentando el doble de rápido** que cualquier otro lugar del mundo.

121

BIOMAS POLARES

Los hábitats polares, alrededor del polo Norte y el polo Sur de la Tierra, son fríos y secos. El hielo cubre la mayor parte de la tierra y el mar. Los vientos extremadamente fríos y las aguas casi congeladas son algunos de los desafíos con los que se enfrenta la vida aquí. En tierra firme, hay muy pocos árboles o arbustos, y los líquenes, los musgos y las algas están en la base de la cadena alimenticia. Este bioma está amenazado por el cambio climático, la pesca excesiva y la extracción de recursos.

Ártico y Antártico

Los dos polos están cubiertos de hielo, pero la mayor parte del hielo antártico está en tierra firme y la mayor parte del hielo ártico, sobre el mar. El hielo polar es esencial para regular la temperatura de la Tierra. Cuando el hielo marino se derrite, el océano absorbe más luz solar y se calienta.

Clave
- Plataforma de hielo
- Hielo marino en verano entre 1990-2010
- Hielo marino en invierno entre 1990-2010

Hielo antártico
El continente de la Antártida está permanentemente cubierto por un grueso casquete polar y rodeado por una fina capa de hielo marino en el océano Glacial Antártico.

Hielo ártico
Una gran capa de hielo marino cubre el océano Glacial Ártico, que experimenta cambios estacionales. También hay algo de hielo terrestre en Groenlandia y otras islas pequeñas.

La vida sobre el hielo

Para los animales no es fácil sobrevivir en las regiones polares. En uno y otro polo viven distintas especies de foca, que usan el terreno helado, las masas de hielo flotante que cubren los océanos y los mares congelados para vivir, alimentarse y reproducirse. Disponen de una capa gruesa de grasa o pelo para mantenerse calientes.

Reproducción
Muchas especies de foca, como la foca arpa, se reproducen y cuidan a sus crías en tierra firme, o sobre el hielo marino. Los polluelos usan el hielo como base desde la que hacen sus primeras incursiones en el mar.

Alimentación
Las aguas gélidas del océano más septentrional y del más meridional son cotos de caza fantásticos. Gracias a su cuerpo aerodinámico, las focas pueden bucear a gran profundidad para atrapar a los peces.

A la deriva
Trozos enormes de hielo flotan por ambos mares y son el lugar perfecto para que las focas comunes descansen. Los animales pueden asimismo hacer orificios para respirar en el hielo, donde pueden asomarse en busca de aire.

LÍMITE ARBÓREO CAMBIANTE

Si las temperaturas suben debido al cambio climático, los árboles pueden extenderse hacia las montañas. Eso hace que el límite arbóreo se desplace a mayor altitud (o más cerca de los polos). Pero dicho calentamiento y la aparición de árboles a mayor altura alteran el suelo y hacen que se deshiele el terreno que suele estar congelado de forma permanente. Cuanto más se derrite el permafrost, más gases de efecto invernadero se emiten.

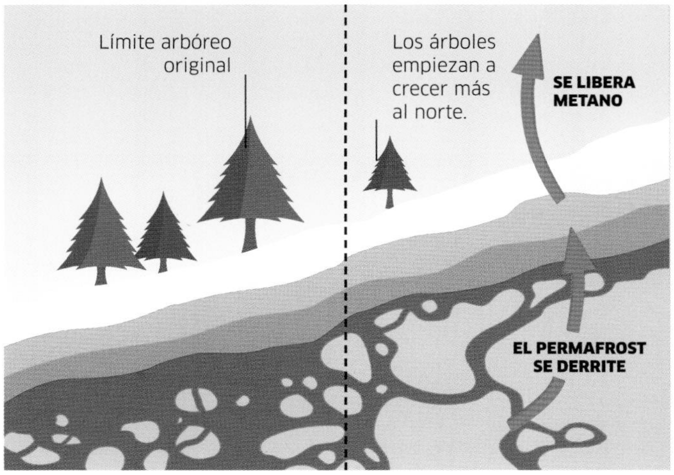

Los árboles se desplazan hacia arriba
Cuando el límite arbóreo cambia, la actividad microbiana descompone el material vegetal en el suelo, liberando metano, un gas de efecto invernadero 85 veces más potente que el dióxido de carbono.

ADAPTACIONES GÉLIDAS

Muchos organismos se han adaptado a hábitats fríos. Las morsas tienen colmillos que usan a modo de picahielo y algunos animales, como el pez de hielo, producen una sustancia química que funciona como un anticongelante. Esto impide que se formen cristales de hielo que dañarían las células de su cuerpo. Los líquenes pueden sobrevivir a temperaturas de hasta -20 °C sin dejar de hacer la fotosíntesis. Son sensibles a la contaminación del aire y se usan como indicadores de los cambios ambientales.

Morsa
La gruesa capa de grasa de las morsas actúa como un aislante en las aguas gélidas.

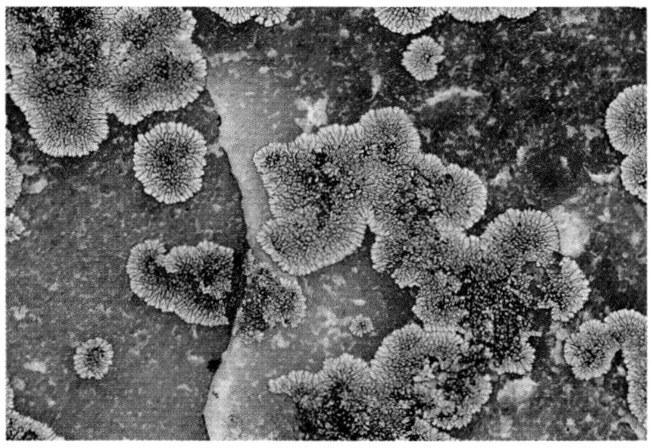

Líquenes
Estos organismos únicos, mezcla de alga y hongo, pueden crecer bajo el manto de nieve.

Pez de hielo
En el océano Glacial Antártico, el pez de hielo produce una sustancia anticongelante que evita que se congele.

 30 m: **altura de los árboles de los primeros bosques** que hubo en la Tierra, que se formaron durante el Carbonífero, **hace 360-300 millones de años**.

Bosques

Los distintos tipos de bosques, que dan refugio, sombra y alimento a muchos animales, se extienden por el planeta. Cada tipo tiene su clima, su combinación de especies arbóreas y una amplia variedad de plantas y animales.

Los bosques, el hábitat más corriente de la Tierra, ofrecen grandes ventajas ambientales. Contienen tantos árboles que pueden ayudar a prevenir las inundaciones, ya que sujetan la tierra con sus raíces, filtran las sustancias contaminantes antes de que penetren en el agua y proporcionan aire limpio. Además, absorben gran cantidad de dióxido de carbono un gas de efecto invernadero.

¿QUÉ ES UN BOSQUE?

Los árboles prevalecen en los hábitats forestales. Aunque su follaje suele bloquear buena parte de la luz, muchas otras plantas y animales interactúan con ellos formando complejos ecosistemas. Desde lo alto del dosel hasta las hojas muertas que yacen en el suelo del bosque, cada parte del bosque desempeña una función importante.

Del bosque al pastizal

En muchos lugares hay árboles, pero no todos son bosques. En algunas zonas, los árboles están más diseminados por el paisaje.

Bosque
Aquí hay la mayor densidad de árboles. Los árboles están tan cerca entre sí que su follaje forma un dosel.

Zonas boscosas
En las zonas boscosas crecen muchos árboles, pero están más separados, lo que significa que el suelo tiene menos sombra.

Arbustal
En él se desarrollan plantas de bajo crecimiento, como arbustos y matorrales, ya que es demasiado árido para los árboles.

Pastizales
En algunos pastizales hay árboles, pero están dispersos, La mayoría de los animales se alimentan de hierba.

Tipos de bosque

Los bosques que hay alrededor del mundo varían en clima, altitud y también en las especies de árboles que crecen en ellos, que pueden ser desde árboles latifoliados hasta imponentes pinos cubiertos de nieve. Los tres tipos principales de bosque que ocupan la mayor parte de la superficie de la Tierra son los bosques templados, los bosques tropicales y los bosques boreales, pero hay también otras subcategorías importantes.

Bosque tropical seco de coníferas
Las regiones tropicales suelen contener muchas coníferas perennes u otros árboles que pierden las hojas en épocas de sequía.

Bosque mediterráneo
Los bosques mediterráneos se dan en lugares con verano caluroso y seco e invierno frío y lluvioso. Algunos de sus árboles han desarrollado una gruesa corteza resistente al fuego.

Fotosíntesis

Los árboles fabrican su alimento a partir de la luz del sol. Absorben dióxido de carbono de la atmósfera y agua del suelo, y utilizan la energía de la luz solar para transformarlos en alimento. Este proceso libera oxígeno de vuelta a la atmósfera, un recurso esencial para los seres humanos y otras formas de vida.

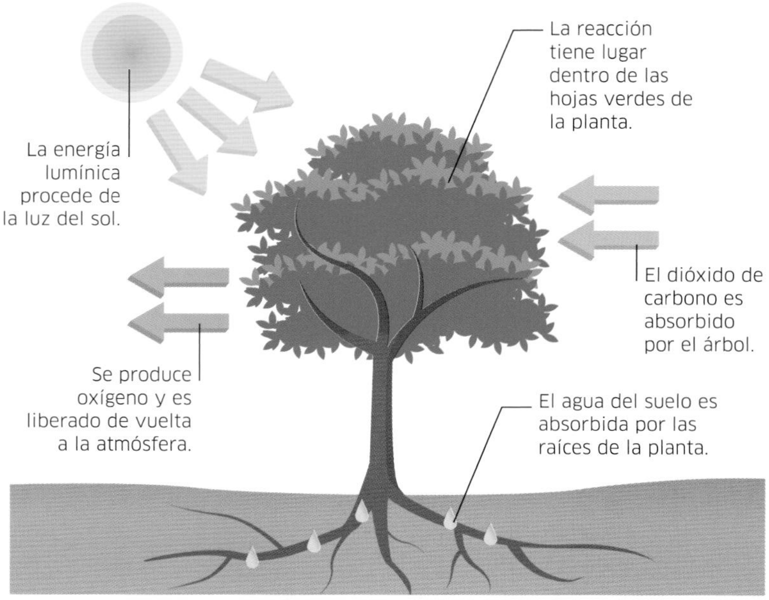
La energía lumínica procede de la luz del sol.
La reacción tiene lugar dentro de las hojas verdes de la planta.
El dióxido de carbono es absorbido por el árbol.
Se produce oxígeno y es liberado de vuelta a la atmósfera.
El agua del suelo es absorbida por las raíces de la planta.

El suelo del bosque

En cuanto las hojas, los trocitos de corteza, los tallos y las ramas caen al suelo del bosque, se empiezan a descomponer, aportando nutrientes a la tierra. En este lecho de hojas húmedas viven muchos organismos, como lagartijas, lombrices, hongos, algas, bacterias y ácaros del suelo.

Ciclo vital de un árbol

Los árboles pueden vivir muchos años y se reproducen mediante unas unidades diminutas llamadas semillas. Los animales, el viento o el agua se encargan de transportarlas lejos del árbol original. Las semillas de los pinos se ocultan dentro de piñas con escamas, que las protegen del hielo, la nieve y los depredadores hasta que están listas para ser diseminadas.

Piñas cerradas de pino
Las piñas contienen las semillas del pino. Crecen en las ramas del árbol y se mantienen fijadas a ellas hasta que las semillas de su interior se han desarrollado por completo.

Dispersión de semillas
Cuando hace calor y las condiciones son buenas para que la semilla germine, las escamas de la piña se abren y liberan las semillas. Las semillas tienen alas que el viento hace girar.

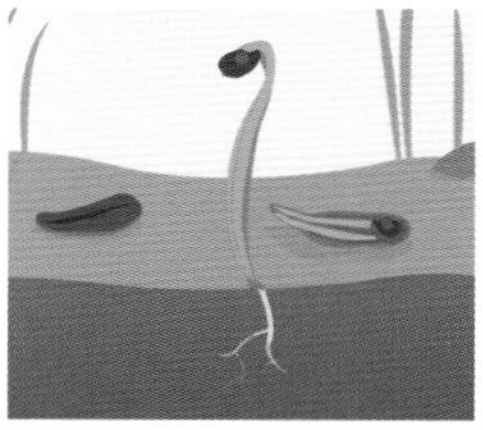

Germinación de la semilla
Transportadas por el viento, las semillas aterrizan en el suelo del bosque, lejos del árbol original, para no tener que competir con él por los nutrientes.

363 000 millones de toneladas de **carbono almacenan** las **turberas boreales** del mundo.

5800 km de longitud tiene la **taiga más grande del mundo**, en Rusia, que va **desde el océano Pacífico hasta los montes Urales**.

BOSQUES BOREALES

Los bosques boreales, también conocidos por el término ruso «taiga», son el bioma terrestre más grande de la Tierra. Estos gélidos bosques, que deben su nombre a Boreas, el dios griego del viento del norte, se extienden por Siberia, Escandinavia, el estado estadounidense de Alaska y Canadá. En los bosques boreales los inviernos son largos, fríos y oscuros.

Coníferas
Las coníferas, un tipo de árbol muy corriente, suelen ser de hoja perenne, como el abeto y el pino. Producen piñas y hojas largas en forma de aguja, que reducen la pérdida de agua por parte del árbol.

Arbustos de bayas
Los arbustos que dan frutos, como las grosellas, cubren el suelo del bosque. Estos arbustos perennes producen bayas comestibles parecidas a los arándanos que forman racimos alrededor del tallo y sirven de alimento a muchos animales.

Plantas forestales

En los bosques boreales hay también plantas, a pesar del clima más frío y duro que el de otros bosques. En los bosques boreales más septentrionales predominan los árboles perennes, pero en las partes meridionales también hay árboles caducifolios que pierden las hojas, como el abedul, el álamo y el chopo. Arbustos de distintas alturas, como el brezo y las bayas, crecen debajo de los árboles, mientras que los musgos cubren el suelo del bosque y la corteza de los árboles.

Musgos
En el suelo cenagoso del bosque hay distintos tipos de musgo. Estas pequeñas plantas no tienen raíces, pero usan unas estructuras parecidas a pelos para fijarse en el terreno.

Ciénagas

Muchos bosques boreales contienen ciénagas y turberas. Este terreno blando se compone de muchas plantas muertas. Atrapadas en la ciénaga, se descomponen mucho más lentamente de lo habitual, formando la turba y liberando menos dióxido de carbono en la atmósfera. Las ciénagas son grandes reservas de carbono, es decir, entornos que atrapan el carbono.

Supervivencia de la taiga

Los árboles de la taiga son el hábitat ideal para aves como el piquituerto y los búhos, pero muchas migran durante el invierno para escapar de sus gélidas temperaturas. Otros animales, como los osos pardos, hibernan durante los meses más fríos, ocultándose en acogedoras cuevas y ralentizando su metabolismo para no tener que alimentarse.

800 bisontes salvajes viven el bosque de Białowieża, Polonia, la población de bisontes en libertad más numerosa del mundo.

Perennes y caducifolios

Los árboles usan sus hojas para fabricar alimento con el sol. Los de hoja perenne, como la mayoría de las coníferas con hojas de aguja como el abeto, conservan las hojas todo el año. Pero los de hoja caduca o caducifolios las pierden en invierno, lo que les ayuda a ahorrar energía.

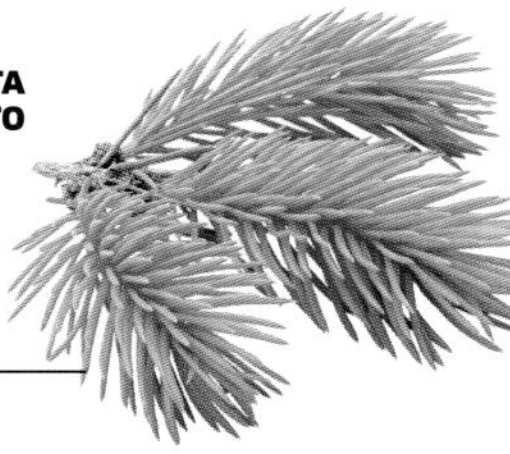
RAMITA DE ABETO
Hojas en forma de aguja

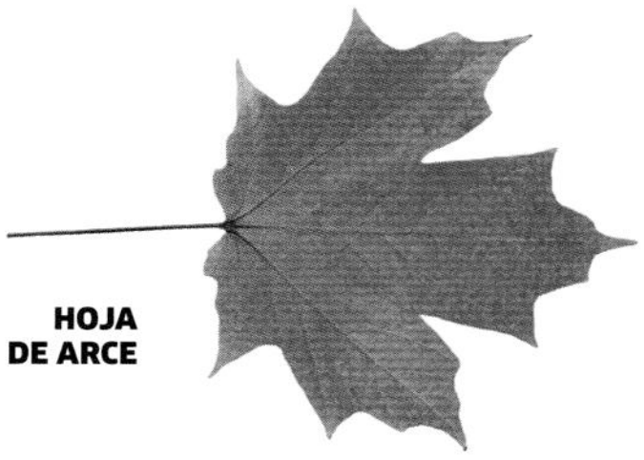
HOJA DE ARCE

Abedul
Los abedules, de crecimiento rápido, prefieren los suelos húmedos y ligeramente ácidos.
Muérdago
Una planta parásita que crece en los árboles y extrae nutrientes de ellos. Crece en brotes de forma redondeada.
Abeto
Sus hojas de aguja tienen una capa cerosa que les ayuda a conservar el agua en invierno.
Roble
Este árbol de hoja caduca, apodado el rey de los bosques, tiene unas hojas lobuladas inconfundibles.
Herrerillo capuchino
Este pajarillo, famoso por la cresta blanca y negra de la cabeza, busca insectos y semillas para pasar el invierno.
Lince
Estos depredadores sobreviven al invierno cazando liebres y otras criaturas.
Campanilla de invierno
Estas flores blancas florecen en invierno.
Erizo
Estos pequeños mamíferos cubiertos de púas hibernan para ahorrar energía cuando la comida escasea en invierno.
Pinzón real
Bandadas de pinzones reales que han migrado al sur se alimentan de semillas de coníferas y frutos de hayas.
Liebre común
La liebre común, a diferencia de las liebres de hábitats más fríos, no cambia de pelaje en invierno. Confía en su velocidad y su resistencia para escapar de los depredadores.
Prímulas
La prímula, una de las primeras en florecer tras los meses más fríos, constituye una fuente importante de néctar para las mariposas.
Jacinto de los bosques
Estas flores violetas en forma de campana florecen en primavera, y cubren el suelo del bosque.
Orquídeas
Las insólitas orquídeas, una familia de flores moradas, blancas y rosas, florecen en los claros del bosque.
Ciervo común
Son sociables y viven en manadas. En primavera, las hembras dejan la manada para tener a sus crías.
Anémona de bosque
Esta planta, a la que en primavera le salen unas delicadas flores blancas tintadas de rosa, es típica de los bosques milenarios.

Pico picapinos
Este pájaro usa su fuerte pico para comunicarse con sus camaradas. Lo hace mediante un movimiento repetitivo conocido como tamborileo.

Estaciones cambiantes

Hace más de 10 000 años, la mayor parte de Europa estaba cubierta de bosques templados. Uno de los últimos reductos que queda de estos antiguos bosques es el de Białowieża, en la frontera entre Polonia y Bielorrusia. Sus árboles cambian de color con el paso de las estaciones y las criaturas que corretean por el suelo del bosque hallan la forma de adaptarse y sobrevivir.

12,5 °C **Temperatura media anual** de este bosque, que oscila entre los **-5 °C** y los **20 °C** durante el año.

1000 años de edad tienen **algunos castaños,** que pueden alcanzar los **35 m** de altura.

125

Bosques templados

Estos bosques, que se caracterizan por inviernos fríos y veranos suaves, van variando con las estaciones, por lo que cambian enormemente a lo largo del año.

Los árboles y plantas de los bosques templados están acostumbrados a temperaturas siempre cambiantes, a florecer en primavera y a perder las hojas en otoño. Esta pérdida estacional de las hojas forma en el suelo un lecho en descomposición que ayuda a fertilizar la tierra, lo que le permite mantener la variedad de formas de vida que prosperan en el suelo del bosque.

Abejero europeo
Esta ave rapaz caza insectos. Los atrapa en el aire, entre las copas de los árboles.

Castaño
En otoño, las flores femeninas del castaño producen unas cápsulas espinosas que contienen entre tres y siete frutos marrones.

Marta
Estos mamíferos ágiles y solitarios depositan sus excrementos en lugares prominentes del bosque para marcar su territorio.

Zorro
Este mamífero es un cazador solitario. Su espesa cola le ayuda a mantener el equilibrio y a conservar el calor en invierno.

Arrendajo euroasiático
Las semillas y frutos otoñales, como las bellotas, son los alimentos favoritos de estos pájaros. Entierran parte de ellas para el invierno.

Frambuesas
Estas dulces bayas rojas son un alimento muy apreciado por animales como la marta.

Dedaleras
Esta flor rosa con forma de campana, una buena fuente de néctar para las abejas polinizadoras, tiene también uso medicinal.

Bisonte
El bisonte europeo, el mamífero terrestre más grande de Europa, se extinguió en estado salvaje, aunque se ha reintroducido en los bosques templados.

Tejón
Este animal nocturno pasa bastante tiempo en unos túneles llamados tejoneras. Allí cría a sus cachorros, que no salen hasta el verano.

Zapatilla de dama
Estas orquídeas florecen en verano y prefieren los sombreados bosques caducifolios y mixtos. Están en peligro de extinción a causa de la fragmentación de su hábitat.

Matamoscas
Este hongo venenoso de sombrero rojo extiende por el suelo una red de finos filamentos llamados hifas, que usa para intercambiar nutrientes con los árboles y descomponer el lecho de hojas otoñales.

En el bosque de Białowieża, Polonia, hay alrededor de 12 000 especies entre plantas y animales.

101 m: altura de un meranti amarillo de Borneo, el árbol tropical más alto que ha existido.

Bosque tropical húmedo

Los bosques tropicales húmedos, que albergan el 50 por ciento de las especies del planeta, son los lugares con mayor biodiversidad de la Tierra.

Estos frondosos bosques se encuentran cerca del ecuador, donde el clima cálido y húmedo hace que la vida prospere. Es el bioma con más precipitaciones, lo que hace que los numerosos árboles florezcan y formen exuberantes doseles verdes, que son además depósitos cruciales de dióxido de carbono. Pese a su gran importancia, solo quedan algunos reductos diseminados de este rico hábitat. Su rápida destrucción contribuye al cambio climático y a la extinción de muchas especies.

Bandadas de murciélagos
Los murciélagos frugívoros se dispersan por el bosque húmedo, entre los árboles y por encima del dosel.

Árboles altísimos
Estos árboles altísimos que sobresalen por encima del dosel ofrecen poco refugio. Aquí, los pájaros vuelan entre las solitarias copas.

Cálao rinoceronte
Este pájaro grande se pasa la vida en la copa de los árboles, volando entre ellos en busca de comida. Anida en las cavidades de los árboles más grandes.

Orangután
Los orangutanes, el único gran simio de Asia, llevan una vida solitaria en la copa de los árboles. Se alimentan básicamente de fruta. Con sus largos brazos alcanzan los frutos del durián que luego abren con las manos. Las tres especies que existen están en grave peligro de extincion.

Dosel forestal
La luz penetra a través de una densa red de árboles y ramas llamada dosel. La mayor parte de los animales de estos bosques viven en el dosel, que forma un techo frondoso sobre las partes inferiores del bosque.

Árboles imponentes
Unos árboles gigantes llamados dipterocarpos dominan el bosque tropical húmedo de la llanura de Borneo. Pueden alcanzar 20 m de alto.

Bajo el dosel
Una capa oscura y húmeda de árboles musgosos que toleran la sombra, cubiertos de trepadoras y epífitas que intentan alcanzar la luz.

Durián
El jugoso durián sabe dulce a los animales que lo comen, pero a los humanos les huele a podrido.

Dragón volador
Este dragón, con sus cinco franjas de colores, se desliza entre los árboles gracias a sus colgajos de piel en forma de ala y sujetos a sus costillas alargadas. Cuando no planea, se aferra a los troncos de los árboles y se alimenta de hormigas y otros insectos.

Langur marrón
Los langures marrones, que forman manadas de hasta 13 miembros, pasan casi todo el tiempo en los árboles, comiendo flores, semillas y frutos.

6 por ciento: **superficie** de la Tierra cubierta por **bosques tropicales húmedos**. **2000** **plantas del bosque tropical** identificadas como **útiles para tratar el cáncer.** **15 000** **especies de plantas distintas** hay en Borneo. **127**

Colugo
Este mamífero peludo, con su membrana en forma de cometa, puede saltar desde un árbol y planear durante más de 100 m hasta el siguiente.

Arbustos
En el sotobosque hay árboles más pequeños y arbustos.

Carpe americano
El carpe americano, perenne y de crecimiento lento, puede alcanzar los 50 m de alto.

Helechos
Los helechos, un tipo de planta llamada epífita, crecen sobre otras plantas, como por ejemplo un árbol. Lo usa como soporte pero no lo parasita.

Pantera nebulosa de Borneo
Este felino salvaje que está solo en el sudeste asiático es carnívoro. A veces incluso caza monos.

Tupaya de montaña
Se alimenta de frutos, hojas y semillas que busca cerca del suelo del bosque; también caza insectos.

Bosque tropical húmedo de Borneo

Los bosques tropicales húmedos de la isla de Borneo están entre los más antiguos del mundo. Albergan miles de especies y muchas solo se encuentran allí. En los árboles se distinguen cuatro capas. No se filtra mucha luz entre ellos, así que la vida en la copa puede ser muy distinta a la vida en el suelo del bosque.

Higuera estranguladora
Empieza como una semilla en una rama, en la parte superior del dosel, y extiende sus raíces por el tronco del árbol huésped y lo acaba rodeando por completo.

Rafflesia arnoldii
Esta planta parásita, conocida como la flor cadáver a causa de su olor a carne podrida, produce la flor más grande del mundo, de casi 1 m de ancho.

El suelo del bosque
En la capa inferior de este bosque crecen hongos y plantas que toleran la sombra entre las raíces gigantes de los árboles y la alfombra de hojas muertas en descomposición.

Pangolín malayo
Estos animales se alimentan de hormigas y están cubiertos de duras escamas. Es el mamífero con el que más se trafica del mundo.

Hormiga gigante
Este enorme insecto, que vive en colonias de miles de individuos, se arrastra por el suelo del bosque y se alimenta de insectos, melaza y hojas.

Planta jarra
Esta planta carnívora, con su tapa protectora y su profunda jarra, digiere a los reacios insectos que quedan atrapados en su interior.

En racimos
Algunas flores y frutos, como los del árbol kalumpang, salen directamente del tronco y las ramas de los árboles, y no de tallos foliares separados. Así son más fáciles de alcanzar para los polinizadores y los animales que diseminan sus semillas por todas partes.

Plantas medicinales

Más del 25 por ciento de las medicinas usadas en la actualidad se obtienen de plantas de bosques tropicales húmedos. De la vinca, que se encuentra en el bosque tropical húmedo de Madagascar, se obtienen dos medicamentos, la vincristina y la vinblastina, que se usan respectivamente para tratar la leucemia infantil y la enfermedad de Hodgkin.

Estepa de Mongolia

La estepa euroasiática, el pastizal templado más grande del mundo, se extiende desde Hungría, en el centro de Europa, hasta China. Contiene muchas zonas distintas de pastizal, como esta región de Mongolia, un tipo de estepa de la pradera en la que predominan las hierbas largas y las flores silvestres que florecen en los meses estivales. Pequeños mamíferos como los roedores se alimentan de hierbas, mientras que las lagartijas usan las zonas abiertas secas para calentarse al sol y las aves se lanzan en picado en busca de insectos.

Avutarda común
La avutarda común, majestuosa y de vivos colores, es el ave voladora más pesada del mundo. Las hembras pesan cinco veces menos que los machos, la mayor diferencia entre sexos de una misma especie.

Saltamontes
Este insecto volador, que usa las largas hierbas de la estepa para alimentarse y poner sus huevos, abunda en los pastizales.

Marmota sibírica
Estos roedores peludos, llamados también marmotas tarbagan, viven en grandes colonias y construyen elaboradas madrigueras subterráneas con nidos para sus crías.

Hierbas
Los pastizales pueden contener una mezcla de hierbas largas y cortas. Las hierbas Tussok como esta forman elevados macizos con penachos en los extremos.

Chorlito asiático
En la reproducción, este elegante pájaro de largas patas cambia su plumaje marrón a naranja brillante en el pecho y crema en las cejas.

Topillo de Brandt
Este pequeño roedor se alimenta de hojas de hierba en verano, y de bulbos y raíces en primavera. Guarda comida bajo tierra para el invierno.

Suelo fértil
La capa superior del suelo está llena de nutrientes procedentes de las raíces en descomposición de las hierbas. Es el suelo más rico de todos los biomas.

Lagartija vivípara
La lagartija vivípara o de turbera incuba sus huevos dentro de su cuerpo y luego da a luz a crías vivas.

Raíces largas
Algunas hierbas de la estepa tienen las raíces largas y muy ramificadas, con lo que ayudan a sujetar la tierra. Las raíces de esta estipa alcanzan hasta 150-200 cm de profundidad.

Lombriz de tierra
Estos serpenteantes invertebrados comen plantas en descomposición, reciclando así sus nutrientes. Con sus madrigueras airean el suelo.

3 m de **altura alcanza la hierba** en las partes más húmedas de los **pastizales templados**.

Casi el **50 por ciento** de los pastizales ya han **sido degradados** y solo el **5 por ciento** están **protegidos**.

20 **individuos** forman las **familias más grandes** de marmota sibírica.

Prados templados

Los prados, vastos paisajes ondulantes recubiertos de hierbas y sin árboles ni matorrales, pueden parecer exentos de vida. Pero si se miran de cerca, queda claro que en el rico suelo de este bioma viven muchas plantas y pequeños animales.

Los prados templados se llaman de distintas formas según la parte del mundo: velds en Sudáfrica, pampas en Argentina y Uruguay, praderas en Norteamérica y estepas en Eurasia. Sus vigorosas hierbas, que sirven de alimento a muchos animales, pueden rebrotar rápidamente y resisten bien las condiciones meteorológicas cambiantes.

Polinización
Las abejas visitan las flores para conseguir su néctar. Allí, se les pegan los granos de polen que están en las anteras de la flor (parte masculina). Luego los llevan hasta otra flor de la misma especie y los dejan en su estigma, la parte femenina. Esto se llama polinización. La flor debe ser polinizada para producir semillas.

Antera con polen

Hierba sanjuanera
Esta planta forma agrupaciones de flores amarillas. Las flores emiten una fragancia dulce como la miel, que atrae a los insectos.

Los pastizales y el pastoreo
Los prados templados son importantes para que paste el ganado. Históricamente los usaban los grupos nómadas que se desplazaban por la estepa con vacas, ovejas y otros animales. Aunque el pastoreo puede aumentar la biodiversidad, algunos prados corren el peligro de sufrir una explotación excesiva, lo que es una amenaza para las especies raras y altera el equilibrio de la vegetación.

Hormiga roja
Las colonias de hormigas construyen sus hormigueros en el suelo, donde crían a sus larvas. Se alimentan de lo que encuentran y trabajan en equipo para satisfacer las necesidades de la colonia.

Víbora
Esta serpiente venenosa es una experta cazadora, que se alimenta de insectos, pequeños mamíferos, gusanos y lagartijas.

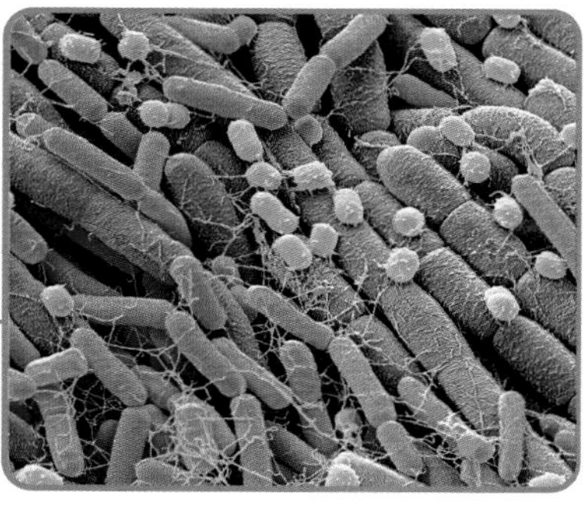

Bacterias del suelo
Montones de bacterias diminutas, tan pequeñas que solo pueden verse con un microscopio, viven en el suelo del pastizal. Desempeñan un papel vital, ya que descomponen la materia muerta y liberan minerales para que puedan aprovecharlos las plantas.

Prados tropicales y desiertos

En las cálidas regiones tropicales se dan unos hábitats abiertos con árboles diseminados en los que crecen hierbas y matorrales.

Estos prados tropicales o sabanas tienen una estación lluviosa con intensas precipitaciones y una estación seca más larga. La vida en la sabana se ha adaptado a la variación estacional en la que se alternan las inundaciones y los períodos en los que apenas llueve. Algunos animales deben recorrer grandes distancias en busca de pozos de agua para beber.

Migración en masa

Las lluvias estacionales determinan en gran medida la vida de los prados tropicales. La sabana del este de África experimenta una migración anual durante la estación seca, cuando las tierras se vuelven demasiado áridas. Millones de ñus, cebras y gacelas migran 800 km, desde el Serengeti hasta el Maasai Mara, en busca de parajes más verdes en los que pastar.

Las sabanas del mundo

Las zonas calurosas de África, Sudamérica y Australia disponen de prados abiertos con árboles muy espaciados por los que vagan los animales. Además de estas vastas extensiones de hierba, algunas tienen zonas boscosas más grandes, mientras que otras pueden inundarse parcialmente algunos meses o durante todo el año, o darse a mayor altitud. Cada una de ellas tiene una fauna y una flora características.

Sabana africana
En la sabana africana, la sabana más grande y probablemente la que mejor se conoce, predominan las hierbas cortas y el suelo desnudo, salpicado de acacias. Estas proporcionan sombra a los ñus y a otros animales, y alimento a ramoneadores como los elefantes africanos de sabana que aparecen en la imagen superior.

Sabana australiana
En el suelo arenoso de la sabana australiana, que se extiende por el norte tropical del país, crecen la densa hierba, árboles dispersos y algunos arbustos. Aquí las plantas se han adaptado para sobrevivir a los incendios de la estación seca. El canguro rojo puede recorrer vastas distancias saltando rápido en busca de agua y alimento.

Pastoreadores y ramoneadores

Los herbívoros de la sabana se alimentan de su vegetación. Los animales que comen arbustos y árboles se conocen como ramoneadores, mientras que los que se alimentan de grandes cantidades de hierba se llaman pastoreadores. Algunos animales se adaptan a lo que haya y comen tanto lo uno como lo otro.

Jirafa ramoneando
Su largo cuello le permite alcanzar las hojas de las imponentes acacias, pero también comen flores, frutos y tallos.

Búfalo pastoreando
El ganado grande, como este búfalo, mantiene la hierba corta con su pastoreo, reduciendo el riesgo de incendios.

Termiteros

Las termitas constituyen una parte importante del ecosistema de las sabanas en todo el mundo, incluido el Cerrado brasileño, la sabana más grande de Sudamérica. Estos insectos sociales descomponen y reciclan la hierba muerta, además de construir unas estructuras elevadas llamadas termiteros donde se refugian. Los montículos están diseñados para mantener las termitas frescas en su interior.

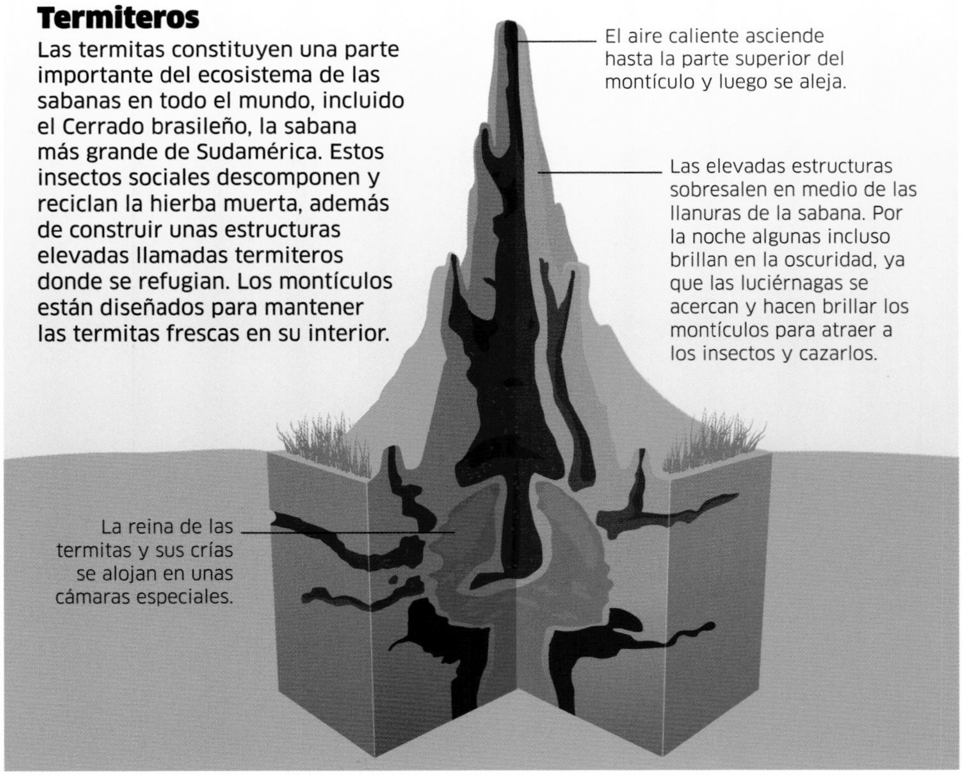
El aire caliente asciende hasta la parte superior del montículo y luego se aleja.
Las elevadas estructuras sobresalen en medio de las llanuras de la sabana. Por la noche algunas incluso brillan en la oscuridad, ya que las luciérnagas se acercan y hacen brillar los montículos para atraer a los insectos y cazarlos.
La reina de las termitas y sus crías se alojan en unas cámaras especiales.

5 por ciento: especies que **viven en los prados tropicales del Cerrado**, en Brasil, la sabana con **mayor biodiversidad** del mundo.

76 mm: **precipitación media** anual en el **desierto del Sáhara**, una de las zonas más secas del mundo.

131

Condiciones del desierto

Los desiertos, los entornos más secos de la Tierra, pueden ser extremadamente calurosos o fríos. Tienen muy poca flora y a los animales que viven en ellos les cuesta encontrar agua y comida.

Hay desiertos en todas las zonas climáticas, pero la gran mayoría se encuentran justo a lado y lado del ecuador. En estas zonas se dan muy pocas precipitaciones, que se evaporan rápidamente a causa del calor abrasador del sol. Existen muchos tipos distintos de desierto, algunos tienen imponentes dunas de arena y otros son llanos y fríos.

La supervivencia en el desierto

Los animales y las plantas que viven en los desiertos se han adaptado para sobrevivir a las temperaturas extremas y a la sequía de formas sorprendentes, con atributos que les permiten conservar el agua y mantenerse frescos.

Fénec
Estos mamíferos del norte de África tienen unas orejas muy grandes en proporción al resto del cuerpo. Dichas orejas irradian calor para que el fénec se mantenga fresco.

Cactus Saguaro
Este cactus, que crece en el desierto de Sonora, en Arizona, Estados Unidos, almacena agua en sus tallos suculentos. Los animales, como estos búhos americanos, fabrican sus hogares en los cactus.

El desierto por la noche

Algunos desiertos experimentan cambios drásticos de temperatura entre el día y la noche. En el desierto del Sáhara, la temperatura media diurna es de 38 °C, pero por la noche puede bajar hasta los −3,9 °C. Muchos animales, como los jerbos del desierto, salen solo por la noche y durante el día se refugian en la fresca arena de su madriguera.

Desiertos fríos

No en todos los desiertos hace calor. En la Antártida cae muy poca lluvia o nieve, lo que lo convierte en un desierto frío. La nieve se ha ido acumulando y con el paso del tiempo ha ido formando gruesas capas de hielo. También hay desiertos fríos en zonas del mundo llanas que están a mucha altitud, como el desierto frío de Ladakh, región administrada por India.

Cómo se forman los desiertos

Los desiertos, moldeados por el viento, las corrientes de aire y los niveles de humedad, pueden formarse de distintas maneras. Algunos son costeros, mientras que otros se forman en el corazón del continente.

Desiertos en la sombra orográfica
Cuando el aire húmedo que se eleva por encima de la montaña se enfría y pierde la capacidad de retener el agua, la lluvia cae por el lado de barlovento. Esto hace que en el lado opuesto el aire sea seco y se forme un desierto. El valle de la Muerte en Estados Unidos está en la sombra orográfica de Sierra Nevada.

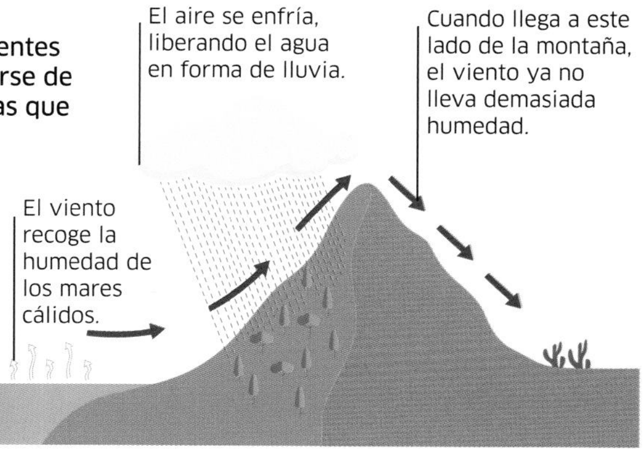

Desiertos continentales
Algunas regiones del centro de los continentes, como el desierto de Gobi en Mongolia y China, se convierten en desiertos porque están muy lejos del mar. El aire que reciben ha perdido toda la humedad.

Desiertos con altas presiones
A ambos lados del ecuador, el aire húmedo y caliente se eleva y desplaza hacia el norte o hacia el sur. Al enfriarse sobre los trópicos, pierde la mayor parte de la humedad en forma de lluvia. Luego el aire seco y frío desciende, creando zonas de altas presiones con clima seco, como el desierto del Sáhara en el norte de África.

Desiertos costeros
En zonas costeras cercanas a corrientes oceánicas frías, el aire frío procedente del océano se desplaza sobre tierra firme. El aire enfriado no puede retener agua suficiente como para que haya precipitaciones.

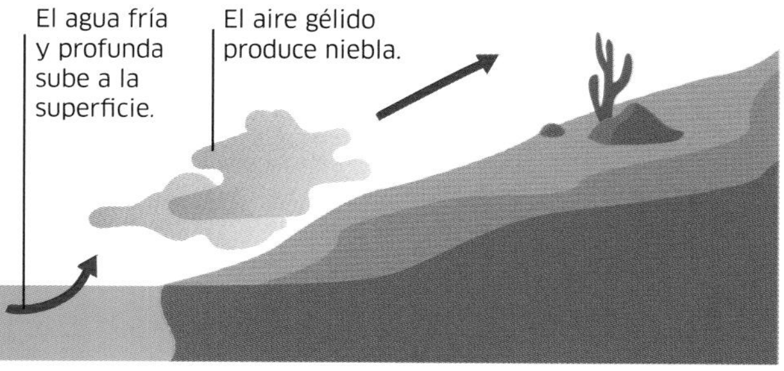

1500 años: **edad de la welwitschia más vieja,** que tiene las hojas **más longevas** del reino de las plantas.

Deadvlei
Esta zona única del desierto de Namib, cuyo nombre significa «pantano muerto», estaba bañada antiguamente por un río, pero hoy es un lago seco de arcilla blanca. El río quedó interrumpido, pero el esqueleto ennegrecido de los árboles muertos que vivían allí se conserva gracias al clima seco y al sol.

Desiertos

Los desiertos, con sus fuertes vientos, su oscilación térmica extrema y sus lluvias impredecibles a veces torrenciales, son un entorno extremo.

Alrededor de una tercera parte de la superficie de la Tierra está cubierta de desiertos, un paisaje árido en el que caen menos de 250 mm de lluvia al año. La energía del sol puede evaporar más agua de un desierto de la que cae en forma de precipitaciones. Los desiertos tienen un clima árido. Son tan secos que las pocas plantas y animales que viven en ellos deben adaptarse muy bien a la falta de humedad.

Dipcadi
Con sus hojas rizadas, que se enroscan en distintas direcciones, esta planta recoge el agua de la niebla y el rocío, y la almacena bajo tierra en unos pequeños bulbos, lejos del sol ardiente.

Dunas rodantes
Algunas dunas de arena del desierto de Namib alcanzan los 300 m de altura y ocupan hasta 32 km.
Anillos de hadas
Los investigadores no tienen claro a qué se deben estos intrigantes círculos de hierba que hay en el suelo del desierto. Según una de las teorías, los habrían hecho las termitas buscando agua.
Elefantes
Las manadas de elefantes migran hacia las fuentes de agua y aprovechan los ríos estacionales.
Nido de tejedor
Los sociables tejedores anidan en las acacias que crecen cerca de los ríos del desierto. Hacen los nidos de pájaro más grandes del mundo.
Jirafas
Las manadas de jirafas se alimentan de hojas, brotes y otros tipos de vegetación.
Melón nara
Estos arbustos espinosos sin hojas producen frutos que parecen melones.
Suricata
Las suricatas, que viven en colonias, son animales sociables que cooperan para encontrar alimento y detectar a los depredadores.
Hierba de Bushman
Esta hierba, que se encuentra en las llanuras de grava y en la base de las dunas, obtiene agua de la niebla y proporciona sombra a los animales pequeños.

38 °C **Temperatura diurna** típica de los tórridos **desiertos.**

2 mm **de precipitación anual** en algunas zonas costeras del **desierto de Namib.**

Se estima que el **desierto de Namib** tiene **entre 55 y 80 millones de años**, con lo que es el más antiguo del mundo.

133

Desierto de Namib

Este vasto desierto que se extiende por la costa del sudoeste de África incluye distintos hábitats. Su parte meridional alberga enormes dunas donde los pocos organismos que viven deben esforzarse para extraer humedad del entorno. En el norte, el terreno pedregoso hace posible que sobrevivan más animales, que beben en ríos efímeros que solo circulan tras lluvias copiosas.

Camaleón de Namaqua
Este camaleón cambia de color gracias a los cromatóforos de su piel, que reflejan la luz si el sol calienta y la absorben si no.

Topo dorado
Usando un sistema de túneles, este pequeño roedor ciego se desliza por la blanda arena de las dunas en busca de insectos.

Tenebriónidos
Estos escarabajos obtienen agua de la niebla inclinando el cuerpo hacia delante para que el agua les chorree en la boca.

Geco de patas palmeadas
Casi translúcido, este geco emplea sus pies palmeados para cavar en la arena y sus grandes ojos para detectar presas por la noche.

Víbora de Peringuey
La víbora de Peringuey se alimenta de gecos y lagartos y se camufla perfectamente en la arena antes de atacar.

Araña blanca bailarina
Estas arañas de largas patas se comunican entre sí tamborileando, o bailando, en la arena.

Órice del Cabo
Estos antílopes no sudan hasta que su temperatura corporal supera los 45 °C, lo que les permite conservar el agua.

Niebla
La niebla procedente del sur del océano Atlántico es una fuente de agua crucial en el desierto de Namib.

Llanuras de grava
En la parte septentrional del desierto hay vastas zonas de grava, mezcladas con arena y algo de hierba.

Salinas
Cuando el agua se evapora, en las llanuras del desierto se acumulan depósitos de cristales de sal, blancos y brillantes.

Avestruz
Esta ave no voladora vaga por el desierto en pequeñas manadas y obtiene la mayor parte del agua de las plantas.

Rinocerontes
Cuando los ríos secos se llenan de agua, los rinocerontes negros se acercan en tropel a beber. Estos animales están en grave peligro de extinción.

Welwitschia
Esta planta tan solo tiene dos hojas que no dejan de crecer serpenteando por el suelo. El viento a veces las parte.

50 por ciento: **especies de peces** conocidas que viven en **hábitats de agua dulce**.

Humedales

Los océanos no son los únicos entornos acuosos de la Tierra. Los ríos, los lagos, las lagunas y las zonas encharcadas llamadas humedales son importantes hábitats de agua dulce donde viven más de 100 000 especies animales y vegetales.

Los pantanos, los manglares, las ciénagas y las turberas son ejemplos de humedales, es decir, zonas inundadas cubiertas de plantas acuáticas que constituyen hábitats de interior con una gran biodiversidad. Suelen formarse cerca de ríos que se desbordan de forma periódica o a orillas de lagos y océanos. El Pantanal de Sudamérica es el humedal de agua dulce más grande del mundo, pero también hay humedales de agua salada, o con una mezcla de aguas dulce y salada.

Pantanal

El Pantanal, alimentado por los afluentes del río Paraguay, presenta una de las mayores concentraciones de fauna y flora de Sudamérica. Es un humedal estacional que se reduce considerablemente en la estación seca, durante la cual quedan solo pozas y pequeños lagos, y se vuelve a inundar cuando se reanudan las precipitaciones. Muchos animales fabrican su hogar entre las hierbas, los juncos y otras plantas.

Victoria regia
La victoria regia, el miembro más grande de la familia de los nenúfares, solo abre sus perfumadas flores blancas por la noche. Una vez polinizadas por los escarabajos, las flores se vuelven rosas.

Jabirú americano
Este pájaro grande tiene un largo pico negro y vaga por aguas poco profundas.

Nenúfar gigante
El nenúfar gigante, que puede llegar a medir 3 m de diámetro, puede soportar el peso de un niño pequeño.

Jaguar
Estos grandes felinos son muy buenos nadadores y a menudo se desplazan por el agua en busca de presas, a las que aplastan con sus poderosas mandíbulas.

Yacaré overo
Millones de ejemplares de esta especie viven en el Pantanal, donde se alimentan de serpientes, anfibios y peces como las pirañas.

Pez pulmonado
Este pez, que respira aire, nada por las zonas inundadas. Para sobrevivir en tiempos de sequía, excava una madriguera en el lodo y la rodea de una capa estanca de moco.

Cíclido chiquitano
Este pececillo tiene unos dientes especiales en la garganta con los que tritura las conchas de los caracoles.

Pez hacha de plata
Sus fuertes aletas le permiten saltar fuera del agua para atrapar presas como insectos.

Rana patito
Los renacuajos de la rana patito comienzan siendo muy grandes (hasta 27 cm) y se van encogiendo a medida que se hacen adultos. Las ranas adultas se esconden en el agua turbia y son más pequeñas. Miden como mucho 7,5 cm de largo.

Hábitats de agua dulce

Existen dos tipos de hábitat de agua dulce. Los hábitats lóticos son los que presentan agua en movimiento, como los ríos o los arroyos, mientras que los hábitats lénticos presentan aguas tranquilas o estancadas, como los lagos o las lagunas. Los distintos organismos de estos hábitats, desde las aves que van y vienen hasta los peces que se desplazan lentamente, pasan el tiempo en distintas partes del agua. Mientras unos permanecen en el fondo, otros viven cerca de la superficie.

140 000 km²: **superficie** mínima estimada del **Pantanal**.

440 especies de peces o más **se desplazan entre el océano y los hábitats de agua dulce**.

Espátula rosada
Este pájaro usa su pico en forma de espátula para rebuscar bajo el agua. Debe su color rosado a los crustáceos de los que se alimenta.

Capibara
El capibara, el roedor más grande, es un mamífero semiacuático que se alimenta en tierra firme, pero a veces se oculta en el agua.

El gobio se pega a la roca

Pez escalador

El gobio escalador vive en arroyos propensos a los desprendimientos y los desbordamientos, en Hawái y otras islas volcánicas. Para poder nadar corriente arriba para reproducirse, tiene una ventosa con la que se pega a las rocas de detrás de las cascadas y con la que propulsa su cuerpo hacia arriba.

Jacana común
Este hábil pájaro transporta a sus polluelos bajo las alas cuando cruza zonas inundadas. Usa los largos dedos de sus pies para posarse sobre la vegetación que flota en el agua.

Nutria gigante
Este sociable mamífero se siente como en casa tanto en tierra firme como en el agua. Puede llegar a medir 1,8 m de largo.

Pez gato Rafaelo
Este pez, que se encuentra en las zonas blandas y arenosas del fondo de los pantanos, excava su madriguera en el sedimento.

Anaconda común
Esta gigantesca serpiente semiacuática aplasta y se traga sus presas enteras para luego digerirlas lentamente.

Raya motoro
Este pez tiene los ojos en la parte superior del cuerpo, y la boca y las aberturas de las branquias debajo.

Piraña de vientre rojo
Las pirañas se desplazan juntas en grupos de 20 ejemplares o más y usan sus dientes afilados para cazar peces e insectos.

Tetra gota de sangre
Este pez de vivos colores se esconde de los depredadores entre las plantas.

25 por ciento de las **especies marinas** viven dentro o cerca de los **arrecifes de coral**.

Hábitats costeros

Lejos de la oscura profundidad del océano abierto hay hábitats más ricos y superficiales donde vive una gran variedad de criaturas marinas, tanto cerca de la superficie como en la línea de litoral.

La franja de tierra en la que el mar coincide con la playa es un entorno dinámico y cambiante, que proporciona distintos hábitats a los organismos. Las mareas suben y bajan, y las olas rompen continuamente en la orilla, lo que supone todo un desafío para los animales y las plantas que viven aquí. Mar adentro, los corales y las algas verdes constituyen la base de muchos ecosistemas complejos. La actividad humana, con sus vertidos de petróleo y con el calentamiento y la acidificación causados por el cambio climático, ha influido negativamente en estos hábitats.

TIPOS DE COSTA

La costa, donde se encuentran el agua y la tierra, puede adoptar distintas formas, desde playas rocosas hasta playas de arena. El tipo de costa y su geología, es decir, si es dura, blanda, rocosa, arenosa o lodosa, determinan la clase de organismos que pueden vivir en ella.

Costa arenosa
Este tipo de costa, también llamada costa blanda, puede estar formada por arena, arena lodosa o barrizales. La mayoría de animales viven bajo la superficie, ocultos en el sedimento.

Costa rocosa
Estas costas más duras incluyen las espectaculares playas de piedras, los acantilados y las pozas de roca. Albergan infinidad de organismos, como algas, líquenes, percebes y aves marinas.

LA VIDA EN LA COSTA ROCOSA

Las costas rocosas albergan muchas formas de vida que han encontrado la manera de sobrevivir al incesante ir y venir de las mareas. Los organismos deben enfrentarse a la fuerza de las olas, al riesgo de secarse y a los cambios de salinidad en las pozas de las rocas dependiendo de si hace más frío o más calor. No suele haber plantas ya que les cuesta echar raíces, pero sí distintas algas.

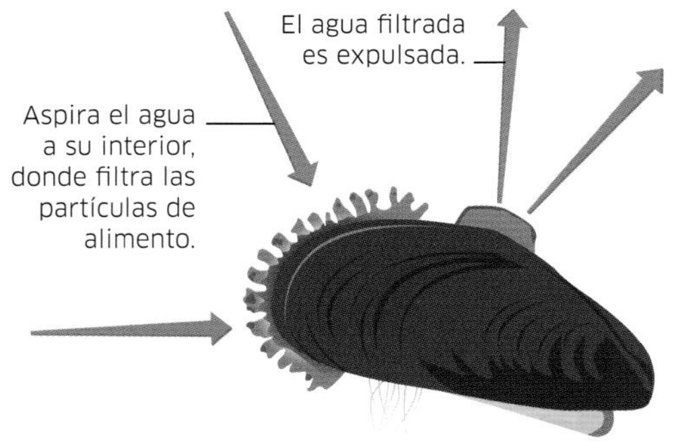
El agua filtrada es expulsada.
Aspira el agua a su interior, donde filtra las partículas de alimento.
MEJILLÓN

Alimentación por filtración
Muchas criaturas que se fijan a la costa se alimentan por filtración. Algunas, como los mejillones, inhalan el agua con las branquias y luego filtran el alimento.

Lapas
Los caracoles acuáticos se fijan en la parte superior de las costas rocosas expuestas mediante un fuerte pie musculoso.

Ostrero euroasiático
Esta ave usa su puntiagudo pico naranja para abrir la dura concha de los mejillones y los berberechos de los que se alimenta.

Praderas marinas
Estos viscosos organismos son algas y no tienen raíces, pero se aferran a las superficies rocosas con unas ventosas llamadas fijadores.

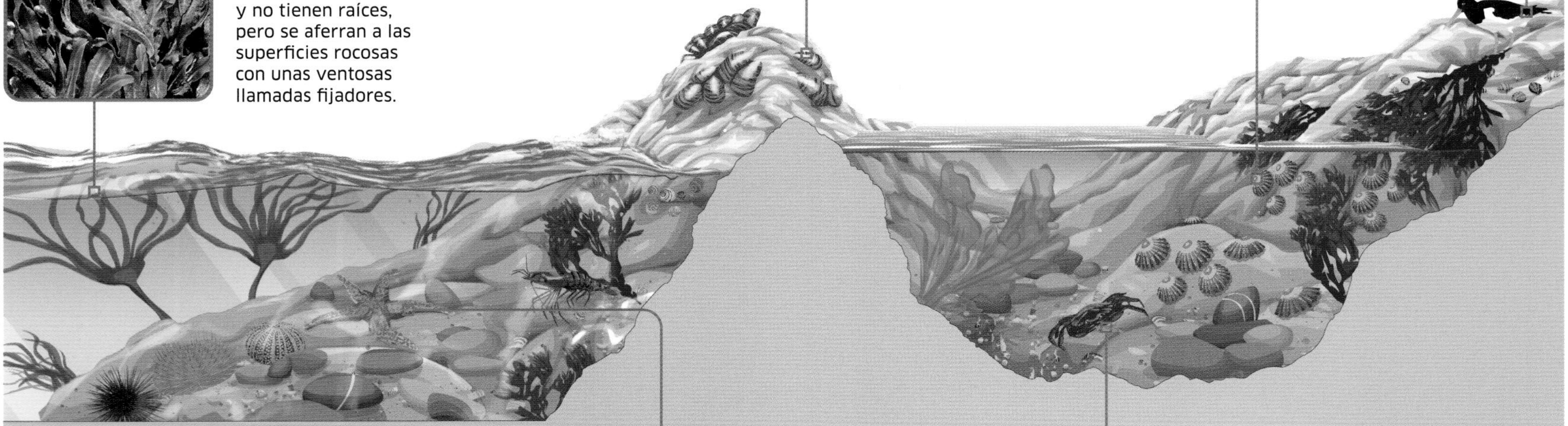

Zona intermareal

Los organismos marinos viven en varias zonas diferenciadas de la costa. Las zonas más alejadas del agua nunca están completamente sumergidas, mientras que las partes más cercanas al mar están sumergidas la mayor parte del tiempo. En medio se extiende una zona que a veces está sumergida y otras no.

Estrella de mar
Estas espinosas criaturas usan sus diminutos pies tubulares para arrastrarse por el lecho marino. A algunas especies, si pierden un brazo a manos de un depredador, les sale otro.

Cangrejos
Los cangrejos se desplazan por el lecho marino en busca de comida. Pueden sobrevivir tanto bajo el agua como fuera de ella, mientras sus branquias permanezcan húmedas.

150 m de **profundidad** tiene de media la **plataforma continental**, la zona marina que rodea los continentes y en la que hay una **gran diversidad de criaturas**.

137

MARES POCO PROFUNDOS

Muchos espacios submarinos clave se encuentran en la costa, en zonas con plantas con hojas y algas. Son hábitats ricos en vida y muchos peces los usan como criaderos, como los caballitos de mar. Evitan que el litoral se erosione, y pueden almacenar carbono.

Bosques de manglares
Las raíces de los manglares tropicales se han adaptado a crecer en la zona intermareal y pueden proteger la costa de las tormentas.

Praderas marinas
En las praderas submarinas, en las que crecen plantas con flores, viven muchos animales, como los grandes manatíes.

Bosques de kelp
Estos densos bosques de algas pardas de las aguas frías y poco profundas de la costa dan refugio y nutrientes a muchos organismos.

ARRECIFES DE CORAL

Los arrecifes de coral, los hábitats marinos con más diversidad de la Tierra, son enormes estructuras que pueden extenderse muchos kilómetros. Unos animales simples llamados corales se fijan al lecho marino y constituyen la base sobre la que otras criaturas construyen su hogar. Pese a su importancia, la cantidad de coral se ha reducido en los últimos años debido al cambio climático.

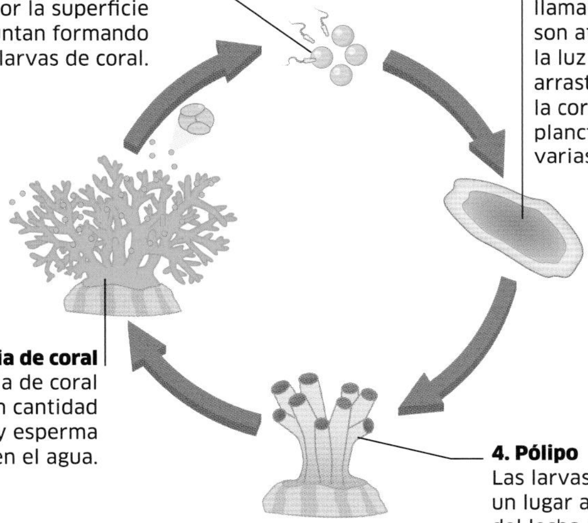

Ciclo vital de un coral

Durante su ciclo vital los corales adoptan distintas formas. Muchos se reproducen en desoves en masa, liberando los óvulos y el esperma en el agua a la vez que otros corales.

Animales de arrecife

Los animales que viven en los arrecifes suelen ser peces tropicales de vivos colores e invertebrados. Todos desempeñan un papel único en el ecosistema. Algunos nadan en grupo, otros se ocultan en el lecho marino y muchos pueden mimetizarse con el entorno para que los depredadores no los localicen.

Ídolo moro
Este pez tropical se desplaza en bancos, una estrategia que les ayuda a alimentarse y a protegerse de los depredadores.

Tiburón de arrecife de punta blanca
Se refugia en cuevas durante el día y caza por la noche. Engulle pulpos y peces que se ocultan en las grietas del arrecife.

Lábrido limpiador
Este pececillo se come los parásitos y la piel muerta de la boca y la piel de otros peces, limpiándolos en el proceso.

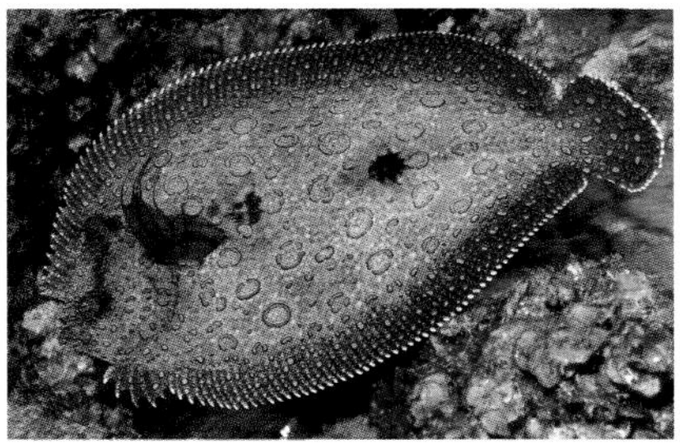

Platija de pavo real
Los ojos de este pez plano se desplazan a lo largo de su vida hasta que acaban ambos en un lado. Así puede posarse en el fondo.

Gusano de arrecife gigante
Este gusano se sepulta en el lecho marino y aparece de golpe, atacando a la confiada presa con su mandíbula en forma de tijeras.

Sepia extravagante
Este cefalópodo, que suele camuflarse en el lecho marino, solo exhibe sus llamativos colores durante el cortejo o cuando se pelea.

CORAL ROCOSO

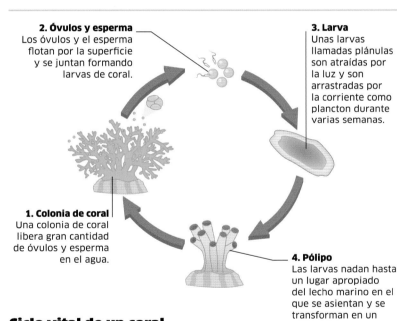

La estructura de la mayoría de arrecifes está formada por corales duros, como este coral de cerebro. Estos absorben minerales del agua y los usan para construir esqueletos de caliza que protegen su blando cuerpo. Estos también albergan algas, que producen nutrientes para el coral.

Bajo el agua

La zona en la que el aire y el agua coinciden es un hábitat importante para las aves. En el mar del Norte, alrededor de las islas Shetland, los alcatraces y los piqueros planean sobre el mar, explorando la superficie en busca de peces.

Una vez seleccionada la presa, se zambullen en el agua gélida a una velocidad de hasta 24 m/s. Ya bajo el agua, los alcatraces se impulsan con los pies palmeados y las alas hacia la presa.

Océano abierto

El océano abierto es el bioma más grande de la Tierra, y contiene más vida que cualquier otro.

Los vastos océanos del planeta albergan muchos hábitats distintos, desde soleadas aguas superficiales hasta fosas tenebrosas en el suelo oceánico. Los hábitats cambian drásticamente con la profundidad, ya que condiciones como la temperatura, la presión, la luz y el nivel de oxígeno varían enormemente. Para clasificarlos, los científicos hacen un corte vertical del océano, al que llaman columna de agua, y lo dividen en varias zonas clave.

Zonas del océano

Las zonas del océano no son todas iguales. Cerca de la superficie, las aguas rebosan de vida, desde el plancton hasta los grandes tiburones. Pero cuanto mayor es la profundidad, más les cuesta sobrevivir a las criaturas. En las profundidades tan solo se encuentran animales que se han adaptado a sus duras condiciones.

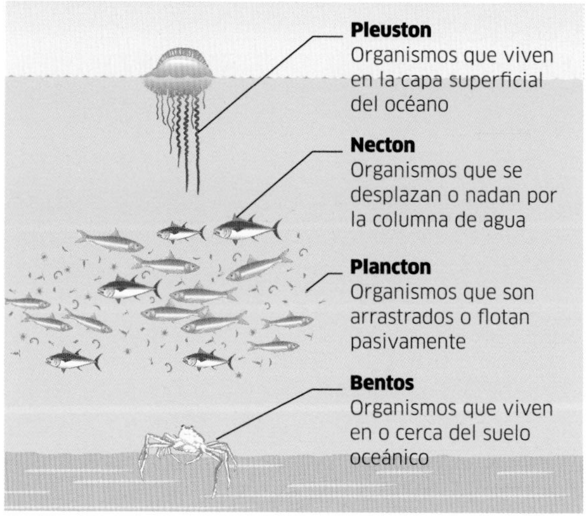

Quién vive dónde

Las criaturas del océano se agrupan según la profundidad a la que viven, pero también según el modo de desplazarse. El pleuston agrupa las formas de vida que, como esta carabela portuguesa, viven en la superficie. El plancton, compuesto por algas y diminutos animales microscópicos, vive debajo de ellas y es arrastrado por las corrientes. El necton es el conjunto de organismos que nadan contracorriente: incluye la mayoría de los peces y a las ballenas. Justo en el fondo está el bentos, que agrupa a los seres que se asientan, se arrastran o se deslizan por el lecho marino, como los cangrejos.

Zona fótica
0-200 m
Esta capa superficial cálida y luminosa es rica en oxígeno y está repleta de vida. En ella predomina el plancton, que incluye algas que usan la luz del sol para fabricar su alimento. Forman la base de la mayoría de las cadenas alimentarias oceánicas, ya que las consumen muchos peces y mamíferos.

Camuflaje
Muchos peces saben cómo camuflarse. Los colores azul y plata del pez espada le ayudan a mimetizarse con el océano iluminado por el sol, ya que su cuerpo se vuelve reflectante.

90 por ciento del **agua del océano está en la zona batial**, mientras que la **mayoría de los animales** oceánicos viven en la **zona fótica**.

8229 m: **cota** a la que se encontró en 2018 **uno de los peces que viven a mayor profundidad**, un pez baboso llamado *Pseudoliparis swirei.*

11 034 m de **profundidad** tiene la **Fosa de las Marianas,** el lugar **más profundo** del océano.

141

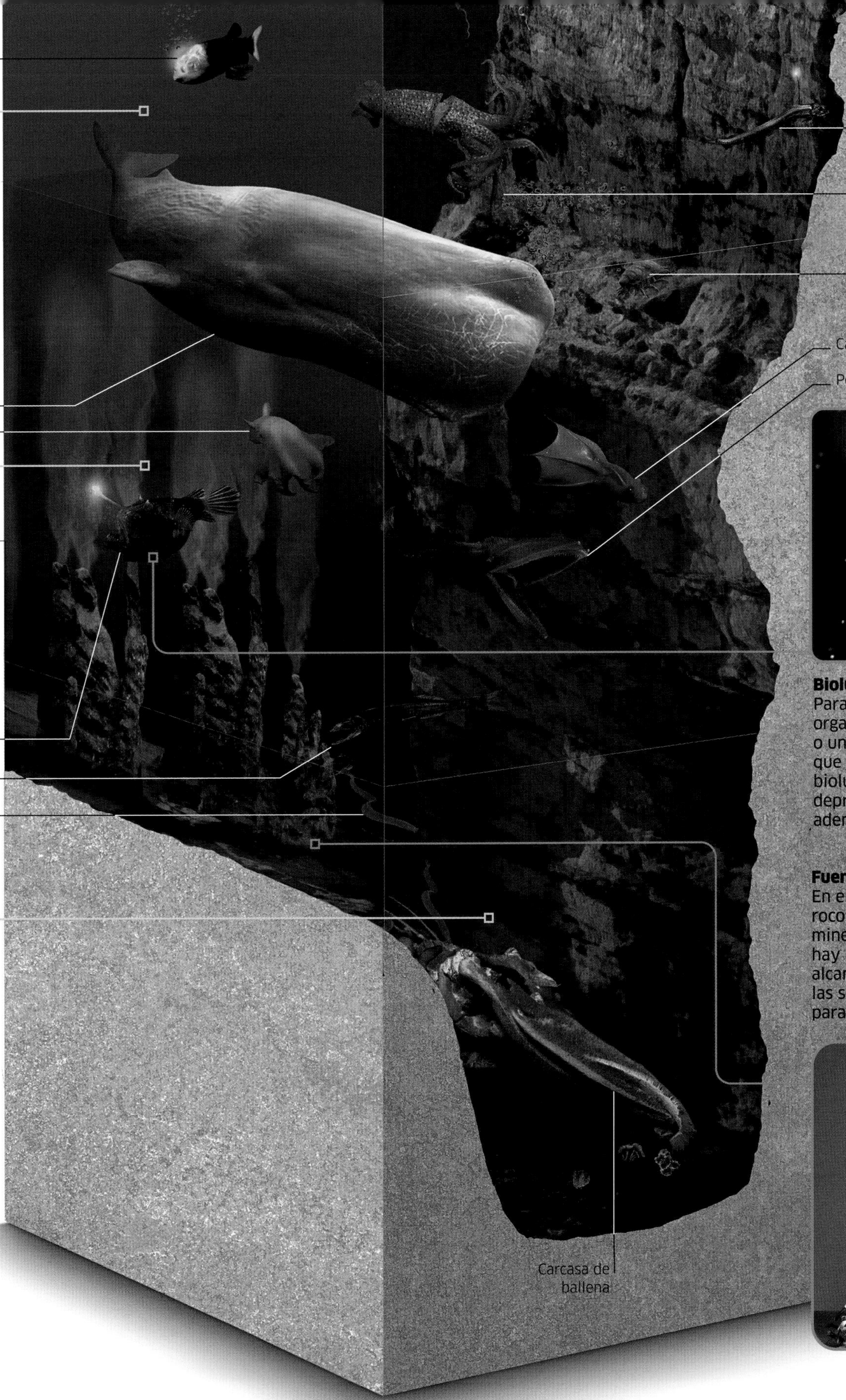

Zona crepuscular 200-1000 m
La luz tenue de esta capa no es suficiente como para que pueda haber algas, pero abundan animales como peces, pulpos y calamares, que a menudo producen su propia luz mediante unas células especiales de su cuerpo. Para sobrevivir, o bien tienen que salir a la superficie en busca de comida, o bien cazarse entre ellos o comer animales muertos que caen desde zonas superiores.

Zona batial 1000 m-lecho marino
A estas profundidades, gélidas y negras como la boca del lobo, no llega nada de luz solar, de modo que para la mayoría de criaturas resulta una zona inhabitable. Los extraños animales que viven aquí se han adaptado no solo a la oscuridad, sino también a la increíble presión. Muchas tienen un cuerpo blando y traslúcido que colapsaría a menos profundidad.

Zona hadal
Esta zona comprende las fosas oceánicas, unas depresiones pronunciadas del suelo oceánico que son tan profundas y se han explorado tan poco que no sabemos casi nada sobre la vida en su interior. Las criaturas que viven en la parte más profunda del suelo marino tienen que ser ingeniosas para conseguir su alimento, por ejemplo comiendo las carcasas que caen desde arriba.

Bioluminiscencia
Para orientarse en la oscuridad, algunos organismos usan unas sustancias químicas o unas bacterias del interior de su cuerpo que se iluminan. Esta estrategia, llamada bioluminiscencia, ahuyenta a los depredadores y atrae a posibles parejas, además de servir para comunicarse.

Fuentes hidrotermales
En el fondo del océano hay chimeneas rocosas que lanzan agua caliente rica en minerales. Calentada por el magma que hay debajo del suelo oceánico, puede alcanzar los 400 °C. Las bacterias usan las sustancias químicas que contiene para fabricar su alimento.

25 000 toneladas de carne comen los buitres de África en un año, más de lo que consumen todos los depredadores juntos.

Ecosistemas

Las plantas, los animales y los microorganismos de todo el mundo interactúan entre ellos y sus hábitats formando ecosistemas únicos.

Los ecosistemas incluyen a todos los organismos, desde bacterias diminutas a grandes cazadores como los leones. Todos forman parte de una cadena alimentaria. Al alimentarse unos de otros, la energía y los nutrientes se desplazan por el ecosistema. Para estar sanos, los ecosistemas necesitan cadenas alimentarias equilibradas que sean sostenibles y en que los nutrientes se reciclen continuamente.

Nichos ecológicos

Cada organismo tiene un papel en su comunidad, conocido como nicho. Los koalas tienen un nicho muy específico, pues pasan prácticamente toda su vida subidos a los árboles de eucalipto de Australia, alimentándose de sus hojas. Especies como la de los koalas, que viven en nichos limitados, se llaman especialistas.

Cadena alimentaria de la sabana

En los pastizales tropicales de África, la vida depende del equilibrio entre las fuentes alimenticias. En la base de la cadena están las plantas. Los herbívoros comen hierbas y arbustos, y obtienen energía de ellos. Los carroñeros y depredadores comen la carne de estos, y los decomponedores se alimentan de desechos.

1 Productor primario
Las cadenas alimentarias empiezan con un productor, es decir, un organismo que fabrica su propio alimento. Las plantas fabrican su alimento a partir de la luz del sol con la fotosíntesis.

2 Consumidor primario
Las cebras son herbívoras y su dieta se compone en un 90 por ciento de hierba y un 10 por ciento de hojas y brotes. Dado que se alimentan de productores, se conocen como consumidores. Los elefantes y el búfalo de agua también son consumidores.

Picabuey
Estas aves se alimentan de garrapatas y parásitos que viven en la piel de las cebras. Es una relación en la que ambos se benefician.

El estómago de los herbívoros es distinto al de los carnívoros: más grande y con varias cámaras, para **descomponer la dura celulosa** de las plantas.

10 gigatoneladas **de dióxido de carbono transfiere el fitoplancton** cada año de la atmósfera al océano.

Acacia
Estos árboles que parecen paraguas son productores y en parte deben su forma a las jirafas, que se comen las hojas de sus ramas inferiores.

Cebras
Grandes manadas de cebras vagan por los pastizales en busca de comida y agua. Gracias a la manada sus miembros pueden protegerse de los depredadores.

Antílope
Los antílopes, como las cebras, son rumiantes que rumian hojas y hierbas. Son cazados por consumidores secundarios como leones y guepardos.

Buitre
Estas aves rapaces exploran el paisaje en busca de cadáveres. Los buitres están amenazados en todo el mundo a causa de ciertas sustancias tóxicas, como algunos medicamentos que se dan al ganado.

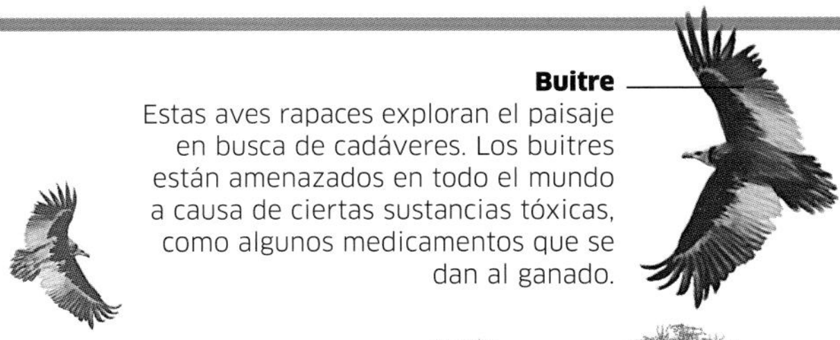

Carroñero 4
Las hienas y los buitres, que esperan pacientemente a que los animales mueran o los maten para comérselos, son carroñeros. Tienen un papel fundamental, pues se comen la carne que de otro modo se pudriría. Así evitan que haya cadáveres y enfermedades en el ecosistema.

Alimentación versátil
A veces las hienas, en vez de comer carroña, cazan en manadas.

Descomponedor 5
Los escarabajos peloteros son uno de los recicladores de la sabana, ya que se alimentan de la hierba a medio digerir que hay en las heces de los herbívoros. Forman bolas que luego entierran para alimentar a sus crías y comer ellos. Los nutrientes de las heces regresan así al entorno.

Terreno cubierto de hierba
La hierba cubre la mayor parte de la sabana, junto con algunos arbustos y árboles dispersos. Sus largas hojas verdes producen su propia energía con la ayuda del sol.

3 Consumidor secundario
Los leones son cazadores expertos, capaces de abalanzarse sobre herbívoros veloces como las cebras. Al igual que los guepardos y las serpientes, son carnívoros, es decir, solo comen carne. Como se alimentan de consumidores primarios se conocen como consumidores secundarios.

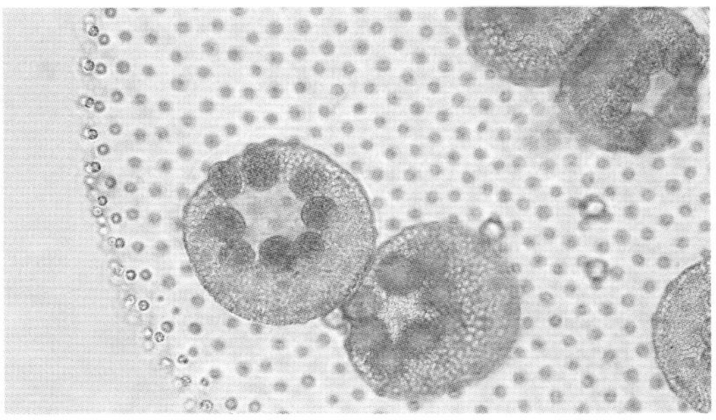

Cadenas alimentarias frágiles

Cuando un elemento de la cadena alimentaria está amenazado, pone en riesgo todo el ecosistema. Los diminutos organismos de la superficie del agua son los productores primarios de las cadenas alimentarias oceánicas, de los que se alimentan animales como las ballenas, los peces y los crustáceos. Pero el ascenso de la temperatura del mar es una amenaza para este fitoplancton y la red de vida acuática que depende de él.

100 millones de toneladas de **vida acuática**, como peces y moluscos, **desaparecen** de la naturaleza **todos los años**.

DEFORESTACIÓN

Los bosques tienen un papel crucial en el ciclo del carbono de la Tierra, pues captan el dióxido de carbono y liberan oxígeno. La Tierra está perdiendo sus bosques a un ritmo alarmante debido a las actividades humanas. Esto no solo está contribuyendo al calentamiento global, sino que lo está acelerando. Y eso además de destruir unos ecosistemas de gran valor. En 2011, más de la mitad de los bosques naturales originales del mundo habían sido talados, sobre todo para dedicarlos a la agricultura y la ganadería, y desde entonces el ritmo de la deforestación se ha acelerado.

LA DESAPARICIÓN DE LOS BOSQUES

El bosque cubre un 30 por ciento de la superficie terrestre del planeta, pero se están talando y degradando constantemente. Los bosques que quedan se enfrentan a muchas amenazas, como la tala ilegal y la pérdida de terreno que pasa a dedicarse a los cultivos agrícolas como el aceite de palma. Los árboles que se plantan por su madera y por el aceite de palma no compensan la pérdida de bosques originales, ya que no se acercan ni de lejos a su riqueza de animales, plantas y microorganismos.

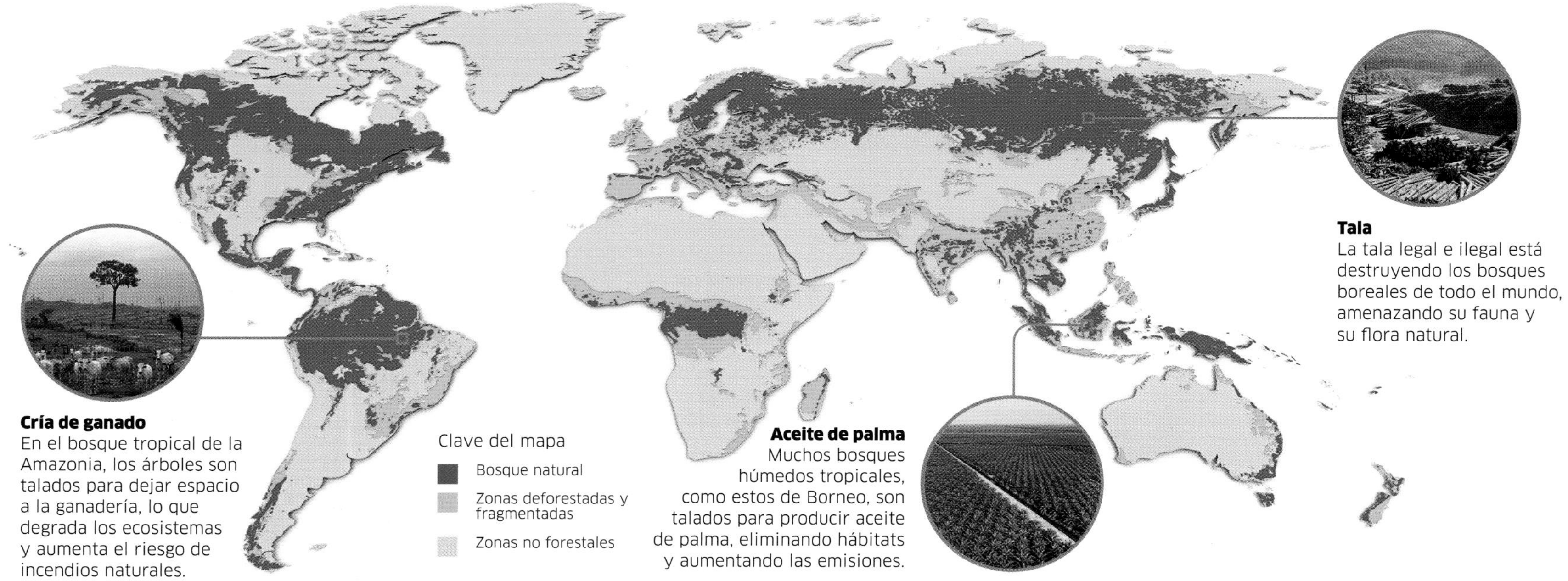

Tala
La tala legal e ilegal está destruyendo los bosques boreales de todo el mundo, amenazando su fauna y su flora natural.

Cría de ganado
En el bosque tropical de la Amazonia, los árboles son talados para dejar espacio a la ganadería, lo que degrada los ecosistemas y aumenta el riesgo de incendios naturales.

Aceite de palma
Muchos bosques húmedos tropicales, como estos de Borneo, son talados para producir aceite de palma, eliminando hábitats y aumentando las emisiones.

Punto de inflexión

La Amazonia, el bosque tropical más grande del mundo, está seriamente amenazado por la actividad humana, especialmente por los incendios que se provocan para despejar el terreno y usarlo para fines agrícolas. El agua se recicla constantemente a través de los árboles del bosque, lo que provoca las precipitaciones necesarias para su sustento. Pero si desaparecen o se dañan demasiados árboles, este proceso se trastocará, lo que marcaría un punto de inflexión a partir del cual el bosque no podría sobrevivir.

Fragmentación del hábitat

Las plantas y los animales no solo están perdiendo sus hábitats, sino que además están viendo cómo se transforman en una serie de fragmentos más pequeños. Cuando un bioma como un bosque se fragmenta, los movimientos de los animales quedan restringidos, pues muchos de ellos no pueden cruzar otros hábitats o zonas con humanos. Los hábitats son especialmente vulnerables en los extremos, lo que significa que si hay muchos hábitats más pequeños son muchas las zonas que corren riesgo. Los extremos de los bosques también se secan más fácilmente, haciendo que los incendios se propaguen rápidamente.

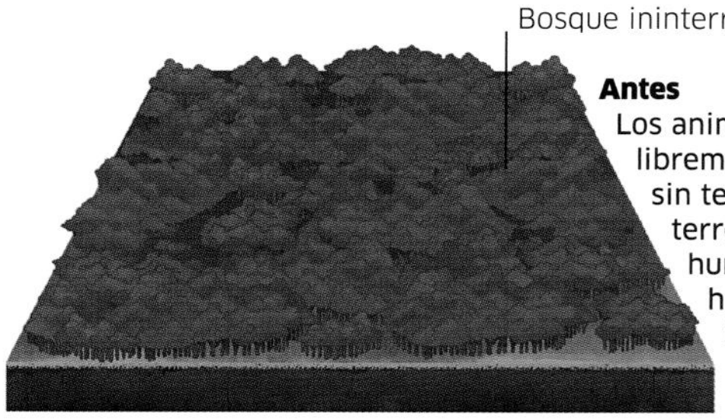

Antes
Los animales podían vagar libremente por su entorno sin tener que cruzar terrenos peligrosos con humanos u otros hábitats poco indicados.

Después
Los animales se quedan en un fragmento pequeño. Estas pequeñas poblaciones solo se aparean entre sí, lo que reduce la diversidad genética y los hace más vulnerables a las enfermedades.

Hábitats amenazados

Los océanos, los bosques, los prados... Los seres humanos están alterando todos los hábitats de la Tierra, ya sea destruyéndolos directamente o con los efectos del cambio climático provocado por la actividad humana. Estas acciones suponen una amenaza para la supervivencia de muchas especies animales y vegetales.

La actividad humana sigue apropiándose de más y más superficie del planeta, lo que tiene un efecto negativo sobre los hábitats, afecta al suelo y limita la fauna y la flora a extensiones de terreno cada vez más pequeñas. El cambio climático también añade presión a los ecosistemas de todo el mundo, haciendo que los hábitats se inunden, se calienten y, en muchos casos, inicien su declive. Hay que tomar medidas urgentes para evitarlo y detener la pérdida de biodiversidad.

102 mm de **aumento medio del nivel del mar** desde 1993.

88 000 km² de **bosque** que se estima que **se pierde globalmente cada año**, como un campo de fútbol cada dos segundos.

145

AUMENTO DEL NIVEL DEL MAR

Los hábitats isleños, que contienen un 20 por ciento de la biodiversidad terrestre del mundo, son muy vulnerables a los efectos del cambio climático. Al derretirse la capa de hielo y calentarse y expandirse el agua de mar, el aumento del nivel del mar influye en los atolones bajos, sumergiendo ecosistemas enteros. Los científicos que realizan modelos de previsión sobre el cambio climático predicen que decenas de miles de islas acabarán sumergidas si el nivel del mar sigue subiendo.

Atolones en peligro
Tanto los humanos como la fauna y la flora están amenazados en las islas del Pacífico, como las Marshall, debido al aumento del nivel del mar. En 2030, países enteros podrían ser cubiertos por el mar.

Animales de atolón
Algunos animales, como este cangrejo de los cocoteros, viven en atolones muy bajos, un hábitat amenazado por la subida del nivel del mar, y podrían extinguirse cuando su hábitat se inunde.

OCÉANOS Y CAMBIO CLIMÁTICO

Los océanos tienen una papel clave en la regulación del clima de la Tierra, pues absorben el dióxido de carbono. Pero al disolverse en el agua salada, este aumenta la acidez del océano. Esta acidificación, combinada con el calor que absorbe el océano, provoca muchos problemas, como el blanqueamiento de los corales y el deterioro de las criaturas de cuerpo duro. Los peces no se adaptan a las aguas más cálidas, pero sí grandes masas de algas, provocando que la zona sea tóxica para otras especies.

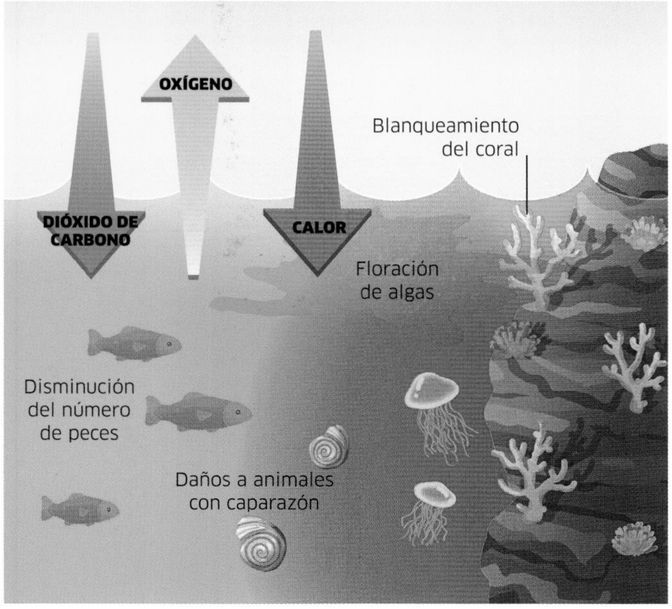

DESERTIFICACIÓN

En regiones áridas, una combinación de malas prácticas agrícolas y de cambio climático llevan a la desertificación. Acciones como la eliminación de la vegetación natural pueden degradar el suelo, causando sequías y la pérdida de fauna y flora, como ha ocurrido aquí en Mauritania. Los científicos estiman que 300 000 km de terreno de la costa de Europa meridional avanzan hacia la desertificación.

PÉRDIDA DE BIODIVERSIDAD

La acción humana y el cambio climático alteran los ecosistemas y hacen que las especies se extingan a un ritmo preocupante. La desaparición de ciertas especies podría tener un efecto dominó en los ecosistemas. Si en 2100 el calentamiento global alcanza los 2 °C sobre los niveles preindustriales, los científicos predicen que el riesgo de extinción y el colapso de los ecosistemas se agravará rápidamente.

Mangosta

Pasto buffel

Especies invasoras

Si se introducen organismos no autóctonos se pueden dañar los hábitats. En las islas tropicales, la mangosta es una amenaza para las especies nativas, además de transmitir enfermedades. En las regiones áridas, el pasto buffel invasor puede extenderse rápidamente y desplazar a las especies nativas, ayudando a propagar los incendios.

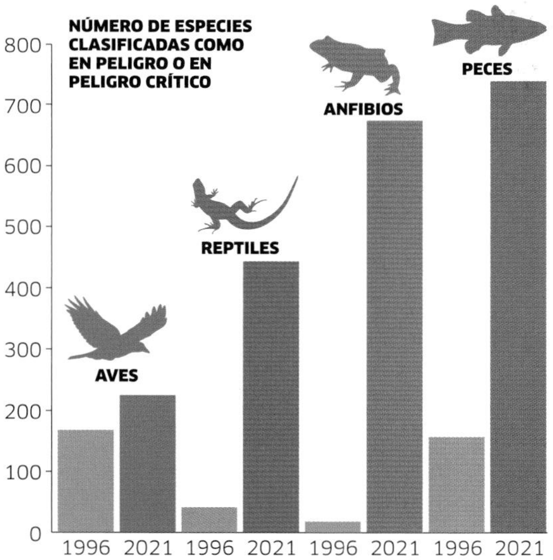

Disminución de especies animales

Para garantizar la biodiversidad de la Tierra debe haber gran variedad de seres vivos en los hábitats, pero lo cierto es que el número de especies está disminuyendo. La Unión Internacional para la Conservación de la Naturaleza (UICN) clasifica el riesgo de cada especie. El número de especies de las dos categorías más preocupantes ha aumentado rápidamente en las últimas décadas.

Caza furtiva

El comercio ilegal de animales es una gran amenaza para muchas especies, pues hace que aumente la caza furtiva de elefantes por sus colmillos, o de tigres por su piel y sus huesos. Cada año, se cazan ilegalmente unos 20 000 elefantes africanos por sus colmillos. Los gobiernos han prohibido el comercio ilegal de marfil para tratar de impedirlo.

Se estima que **dos quintas partes** de las **500 000 plantas terrestres** que existen están actualmente en **peligro de extinción.**

Plantas amenazadas

Las plantas proporcionan a animales y humanos el oxígeno que necesitan para respirar, además de medicinas y alimento.

Las plantas son vitales en cualquier ecosistema, ya que suelen estar en la base de la cadena alimentaria de una gran variedad de animales. Sin embargo, se enfrentan a una serie de amenazas importantes, tales como la pérdida de su hábitat, la sobrexplotación por parte de los seres humanos, la contaminación y el cambio climático. En un esfuerzo por conservar las plantas de cara al futuro, los científicos están almacenando sus semillas para conservar la diversidad genética.

La enorme flor del aro gigante es la inflorescencia más grande del mundo.

ARO GIGANTE

Amorphophallus titanum

Localización: bosque tropical de Sumatra

Altura: 3 m

Esta planta, fácilmente reconocible por su fuerte olor a carne podrida destinado a atraer a las moscas, genera su propio calor almacenando energía en un órgano gigante subterráneo. Está en peligro a causa de la deforestación masiva.

El aro gigante tiene un enorme órgano subterráneo llamado cormo, que puede llegar a pesar 50 kg.

VENUS ATRAPAMOSCAS

Dionaea muscipula

Localización: Carolina del Norte y del Sur, Estados Unidos

Altura: 10 cm

Las hojas de esta planta carnívora se cierran y atrapan a los insectos. Gracias a sus filamentos, la víctima no puede escapar. El coleccionismo, la destrucción de su hábitat y los incendios son algunas de sus amenazas.

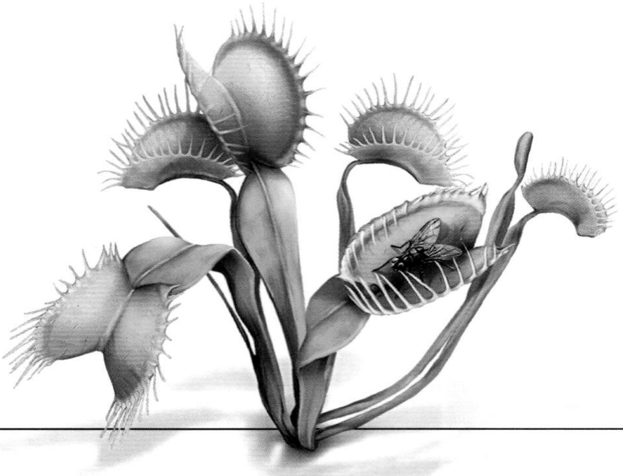

CÍCADA ESCARPADA

Encephalartos brevifoliolatus

Localización: extinta en estado salvaje

Altura del tronco: 2,5 m

Esta palmera, que vivió en las sabanas pero que actualmente solo crece en jardines, tiene unas hojas que se enrollan por el extremo para proteger las puntas en crecimiento. Cuando hace la fotosíntesis y crece, la planta despliega las hojas.

Un resistente tallo leñoso sostiene las hojas de la planta.

PINO DE WOLLEMI

Wollemia nobilis

Localización: Parque Nacional de Wollemi, Australia

Altura: 40 m

Se creía que esta conífera, con sus afiladas hojas de aguja, se había extinguido. Antiguamente solo se conocía a través de fósiles, algunos de la era de los dinosaurios. Pero en 1994 fue hallada en un bosque tropical de Australia. Hoy se encuentra en peligro crítico, ya que quedan menos de 100 ejemplares.

65 **especies de plantas** se calcula que **se han extinguido** en Norteamérica desde que llegaron **los colonizadores europeos**.

9200 **especies de árboles** **se calcula que están por descubrir**. Muchas se verán amenazadas **antes de que los científicos las encuentren.**

147

PAPHIOPEDILUM DE SANDER

Paphiopedilum sanderianum

Localización: Borneo

Longitud de los pétalos: hasta 1 m

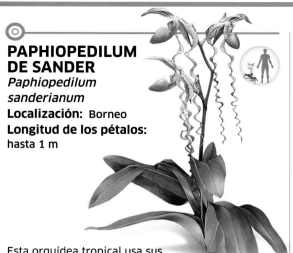

Esta orquídea tropical usa sus pétalos largos, finos y enroscados para atraer a los polinizadores. Esta insólita planta, que se creyó que se había extinguido, se encuentra actualmente protegida en un parque nacional de Malasia.

PALMERA TAHINA

Tahina spectabilis

Localización: noroeste de Madagascar

Diámetro de la fronda: hasta 4,6 m

Esta palmera gigante, que está en peligro crítico, se descubrió en 2006. Es una planta de crecimiento lento que produce flores una sola vez antes de morir. Tan solo queda una población, pero sus semillas se están almacenando para el futuro.

PLANTA DE JARRA DE ATTENBOROUGH

Nepenthes attenboroughii

Localización: Palawan, Filipinas

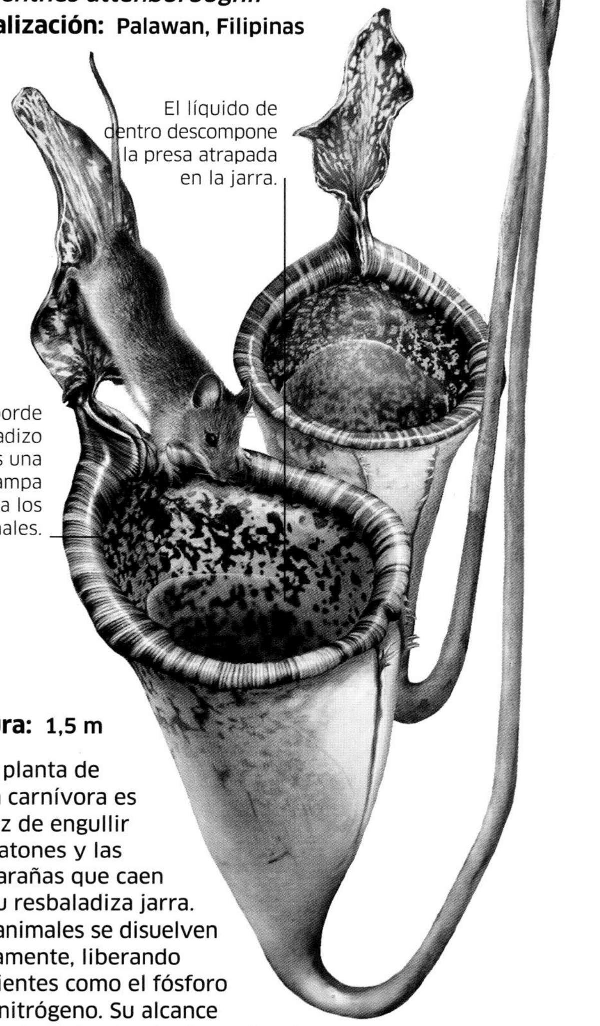

Altura: 1,5 m

Esta planta de jarra carnívora es capaz de engullir los ratones y las musarañas que caen en su resbaladiza jarra. Los animales se disuelven lentamente, liberando nutrientes como el fósforo y el nitrógeno. Su alcance limitado y el coleccionismo ilegal hacen que esté en peligro crítico.

PAPAYA DE CUATRO PÉTALOS

Asimina tetramera

Localización: Florida, Estados Unidos

Altura: hasta 4,5 m

Los científicos están buscando la manera de conservar este arbusto en serio peligro de extinción. Sus semillas no son fáciles de secar y almacenar, así que están probando la forma de conservar sus tejidos en nitrógeno líquido.

CACTUS ESTRELLA

Astrophytum asterias

Localización: noroeste de Madagascar

Altura: hasta 10 cm

Esta suculenta de crecimiento lento y sin pinchos produce flores de color amarillo. El coleccionismo ilegal, la destrucción de su hábitat y las especies invasoras han hecho que queden solo unas pocas poblaciones silvestres, pero se conserva también en los jardines botánicos.

PALMERA HAWAIANA

Brighamia insignis

Localización: Hawái, Estados Unidos

Altura del tronco: hasta 5 m

Esta planta hawaiana, que se encuentra en peligro crítico, tiene un robusto tallo suculento y flores en forma de trompeta de aroma dulce que gustan mucho a las polillas. Los animales salvajes, las hierbas invasoras y amenazas naturales como los deslizamientos, así como el cambio climático, hacen que esta planta sea vulnerable a la extinción.

REINA DE LOS ANDES

Puya raimondii

Localización: Perú y Bolivia

Altura del tallo: 10 m

Esta planta, conocida como la reina de los Andes, crece en las cimas por encima de los 4000 m. Está en peligro, con solo tres poblaciones silvestres. El cambio climático y los incendios relacionados con la deforestación son sus principales amenazas.

ÁRBOL SANGRE DE DRAGÓN

Dracaena cinnabari

Localización: isla de Socotra

Altura: hasta 10 m

Este árbol en forma de paraguas tiene unas hojas rígidas y fragantes flores blancas. La extracción excesiva de la resina roja de su corteza, que se usa en barnices y tintes y es responsable de su nombre, ha contribuido a su declive.

40 por ciento: **tortugas gigantes de La Española** vivas hoy hijas del **mismo padre**, Diego, de un programa de cría.

Protección animal

La actividad humana ha contribuido a destruir hábitats y a cambiar las condiciones ambientales, pero muchos animales que estaban al borde de la extinción, desde los loros hasta los pandas, han sido restituidos.

Criaturas de todo el mundo sufren las consecuencias del cambio climático y de la invasión de su entorno por parte de los humanos, pero también se han tomado medidas exitosas para revertir esta situación e impedir su desaparición. Entre ellas están la creación de reservas naturales, la prohibición de la caza, la retirada de especies invasoras e iniciativas como el ecoturismo.

GIBÓN DE HAINAN

Nomascus hainanus

Localización: isla de Hainan, China

Longitud: hasta 50 cm

Es uno de los primates en más grave peligro de extinción del mundo. En la década de los cincuenta del siglo XX había unos 2000, pero en la década de los ochenta solo quedaban ocho ejemplares. Con las medidas de protección, como tratar de impedir su caza furtiva, en la actualidad hay 33 ejemplares.

Pelaje suave
Las hembras del gibón de Hainan tienen el pelaje dorado, mientras que los machos son negros casi en su totalidad.

IGUANA AZUL

Cyclura lewisi

Localización: isla de Gran Caimán, Caribe

Longitud: hasta 1,5 m

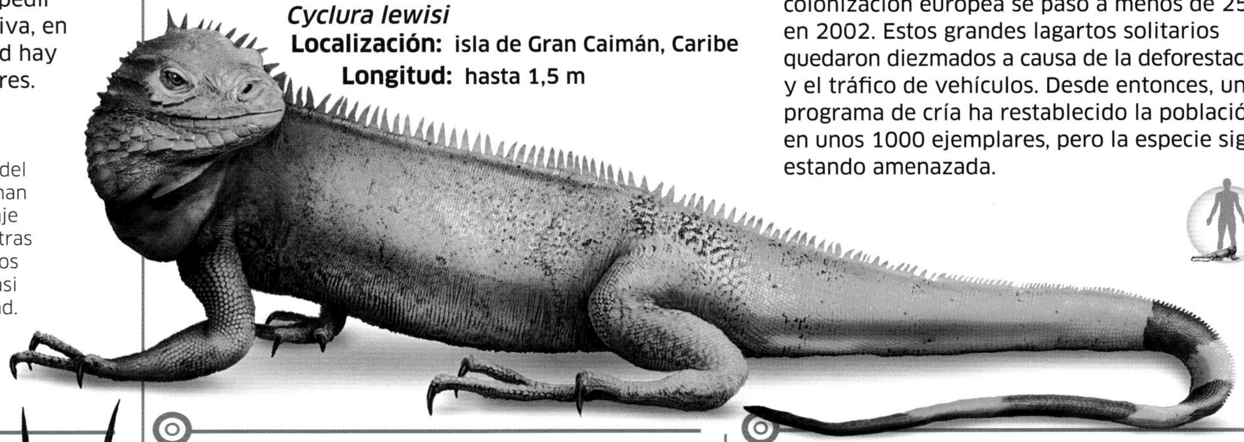

De decenas de miles de ejemplares antes de la colonización europea se pasó a menos de 25 en 2002. Estos grandes lagartos solitarios quedaron diezmados a causa de la deforestación y el tráfico de vehículos. Desde entonces, un programa de cría ha restablecido la población en unos 1000 ejemplares, pero la especie sigue estando amenazada.

ÓRIX DE ARABIA

Oryx leucoryx

Localización: península arábiga

Tamaño: hasta 160 cm

Este majestuoso antílope se extinguió en estado salvaje en 1972 por la caza sin control, pero el órix en cautividad está siendo reintroducido en la naturaleza desde la década de los ochenta del siglo XX. Hoy, hay más de 1200 ejemplares en libertad y unos 7000 en cautividad.

Pezuñas como palas
Con sus anchas pezuñas el órix puede desplazarse por las arenas movedizas del desierto y cavar agujeros en la arena en los que descansar.

ALMEJA GIGANTE

Tridacna gigas

Localización: Indo-Pacífico

Longitud: hasta 1 m

Estas almejas pesan más de 200 kg y son el molusco vivo más grande que existe. Han sido explotadas como alimento para los acuarios. En la actualidad su comercialización está regulada, pero siguen clasificándose como vulnerables.

DELFÍN DEL GANGES

Platanista gangetica

Localización: río Indo, Pakistán

Longitud: hasta 2,5 m

Estos delfines viven en aguas fluviales fangosas que han quedado seriamente fragmentadas a causa de las presas para riego. Con la ayuda de las comunidades locales y el ecoturismo, las cifras han mejorado, pero la especie sigue amenazada.

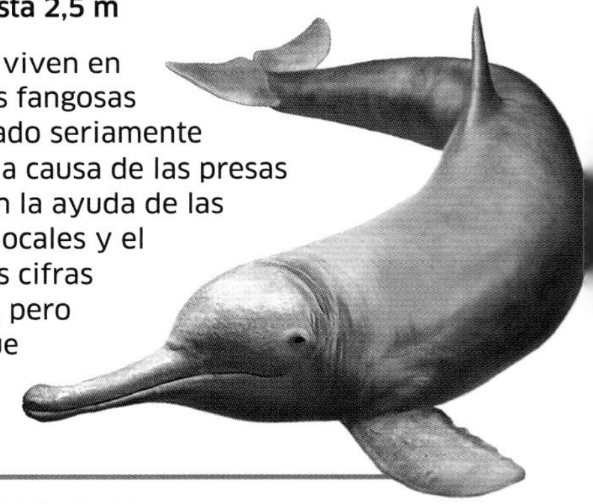

MANTA GIGANTE

Mobula birostris

Localización: océanos tropicales y subtropicales

Envergadura: hasta 9 m

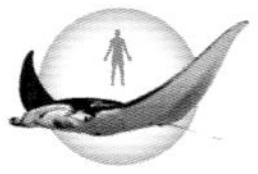

La manta más grande del mundo está en peligro de extinción por la caza, la sobrepesca, el calentamiento global y los accidentes con barcos. Las leyes estrictas y el ecoturismo ayudan a que se recupere.

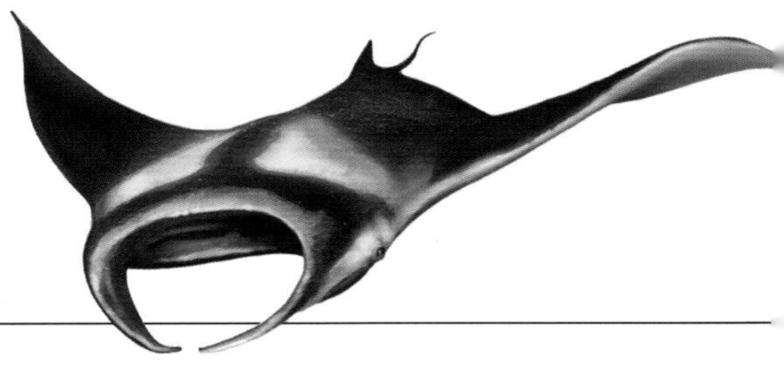

TIGRE

Panthera tigris

Localización: sur y este de Asia

Longitud: hasta 2,8 m

La caza furtiva, la destrucción del hábitat y el ser humano han hecho disminuir el número de tigres, de 100 000 hace un siglo a 3200 en 2010. Las medidas de protección, no obstante, han hecho posible que hayan aumentado en un 40 por ciento entre 2015 y 2021.

3714 **Número de especies** animales en **peligro crítico de extinción**, la categoría de mayor riesgo, **en 2022 según** la Unión Internacional para la Conservación de la Naturaleza.

MERO ESTRIADO

Epinephelus striatus

Localización: océano Atlántico

Tamaño: hasta 100 cm

El mero estriado, que antaño fue uno de los peces de arrecife más comunes del Caribe, ha visto como su población mermaba enormemente las últimas décadas debido a la sobrepesca. Las leyes que prohíben pescar durante la temporada de desove han ayudado a mejorar las cifras.

KAKAPO

Strigops habroptilus

Localización: Nueva Zelanda

Tamaño: 64 cm

El kakapo es un loro nocturno no volador. Pasa la mayor parte del tiempo en el suelo y es una presa fácil para los cazadores. Con la deforestación y nuevos depredadores, en 1995 quedaban solo 51 ejemplares. La protección legal ha hecho que hoy se conserven unos 200 ejemplares.

Los kakapos pueden vivir 90 años, lo que los convierte en una de las especies de aves más longevas del mundo.

CÓNDOR DE CALIFORNIA

Gymnogyps californianus

Localización: California, Estados Unidos

Envergadura: hasta 3 m

El cóndor de California es el pájaro terrestre volador más grande de Norteamérica. En 1987, con solo 27 ejemplares, estuvo a punto de extinguirse. Por suerte, los esfuerzos posteriores por reintroducir pájaros cautivos funcionaron y en 2021 su población era de 300 ejemplares salvajes.

Alas anchas
Las plumas negras de los extremos de las alas parecen dedos.

RANA DORADA DE PANAMÁ

Atelopus zeteki

Localización: Panamá, sur de Centroamérica

Tamaño: hasta 6,3 cm

Las enfermedades y el comercio ilegal de mascotas son las principales amenazas de esta diminuta rana, que tiene una piel de color amarillo intenso muy venenosa, para ahuyentar a los depredadores.

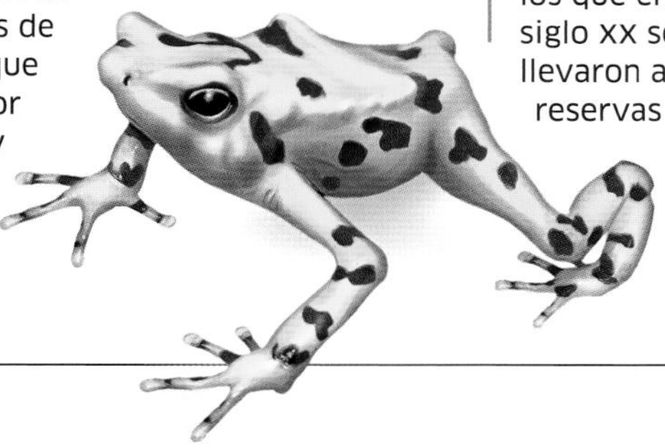

PANDA GIGANTE

Ailuropoda melanoleuca

Localización: este de Asia

Altura: hasta 1,8 m

Los esfuerzos por frenar la desaparición de estos gigantes amantes del bambú, de los que en la década de los ochenta del siglo XX solo quedaban 1114 ejemplares, llevaron a la creación en China de 67 reservas y corredores de vida salvaje. Actualmente, quedan 20 poblaciones, pero siguen estando fragmentadas y solo unos 1800 de estos icónicos animales viven en libertad.

PLANETA HABITADO

Hemos habitado la Tierra solo una pequeña parte de su historia, pero en este tiempo la hemos cambiado para siempre. Hemos construido, cultivado y explotado los recursos naturales. La actividad humana, sin embargo, con frecuencia daña el planeta, así que debemos reducir su impacto.

HUMANOS Y TIERRA

Los humanos modernos aparecieron en la Tierra hace relativamente poco y al principio tuvieron escaso impacto sobre el mundo que les rodeaba. Pero hace unos 11 000 años, descubrieron la agricultura y empezaron a transformar su entorno. Luego, hace unos dos siglos, aprendieron a utilizar la energía para crear una nueva forma de vida basada en la industria. La industrialización ha impulsado el crecimiento económico y demográfico, lo que está acelerando el impacto que los humanos tienen sobre la Tierra.

FUERA DE ÁFRICA

Nuestros primeros ancestros aparecieron en África hace más de 4 millones de años. No eran humanos, pero andaban erguidos, a diferencia de sus parientes los simios. Los primeros humanos, que pertenecían al grupo *Homo*, aparecieron unos 2 millones de años más tarde. Nuestra propia especie, el *Homo sapiens*, evolucionó en África hace unos 300 000 años y se diseminó por el mundo.

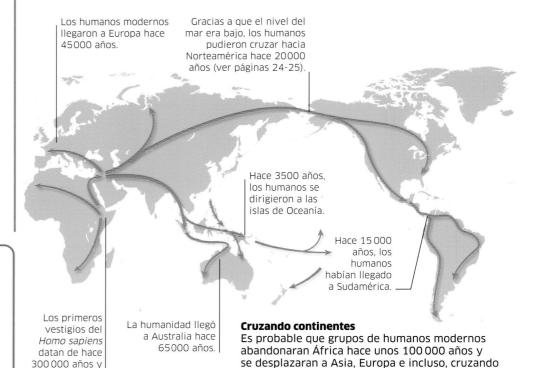

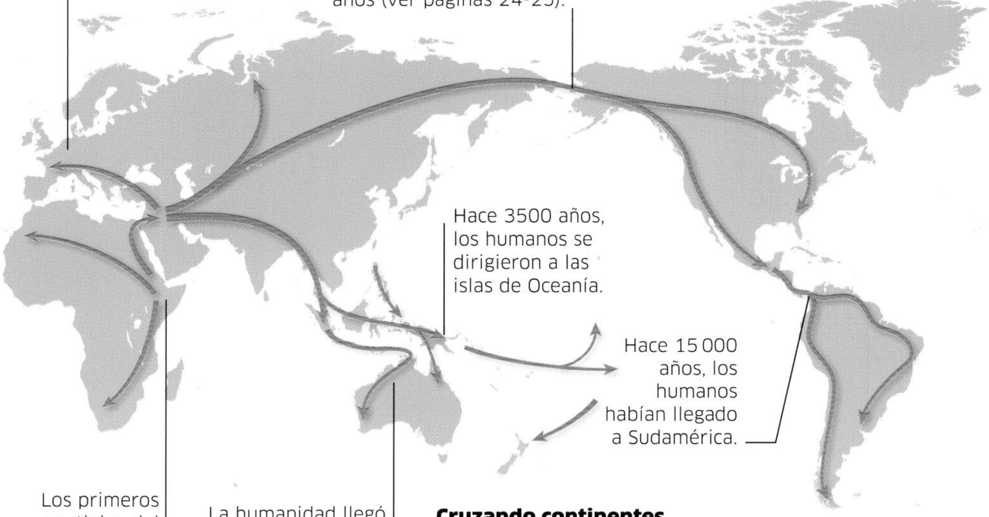

Los humanos modernos llegaron a Europa hace 45 000 años.
Gracias a que el nivel del mar era bajo, los humanos pudieron cruzar hacia Norteamérica hace 20 000 años (ver páginas 24-25).
Hace 3500 años, los humanos se dirigieron a las islas de Oceanía.
Hace 15 000 años, los humanos habían llegado a Sudamérica.
Los primeros vestigios del *Homo sapiens* datan de hace 300 000 años y se hallan en el este de África.
La humanidad llegó a Australia hace 65 000 años.

Cruzando continentes
Es probable que grupos de humanos modernos abandonaran África hace unos 100 000 años y se desplazaran a Asia, Europa e incluso, cruzando el mar, a Australia. Más tarde, se asentaron en Norteamérica, luego en Sudamérica y finalmente en Oceanía.

LOS PRIMEROS GRANJEROS

Los humanos primitivos vivían de cazar animales y un grupo de personas de Asia occidental descubrió que podían recoger las semillas de algunas plantas y cultivarlas. Hace 9000 años, estos agricultores pioneros producían alimentos suficientes para sustentar a personas con otras habilidades, como los alfareros y quienes trabajaban el metal, que construyeron y vivieron en las primeras ciudades. Los animales se amansaron y domesticaron.

Trigo y cebada
Los primeros granjeros, en Asia occidental, cultivaban formas primitivas del trigo y la cebada, que usaban para hacer pan.

Arroz
Los primeros granjeros chinos empezaron a cultivar arroz en los márgenes del río Yangtsé.

Cerdos
En esta época, se domesticó el cerdo en Asia occidental y en China, por su carne.

Ganado cebuino
Unos 2000 años después de que los humanos empezaran a criar ganado en Asia occidental, el cebú era corriente en el sur de Asia.

Maíz
Los granjeros de México aprendieron a cultivar variedades comestibles de maíz.

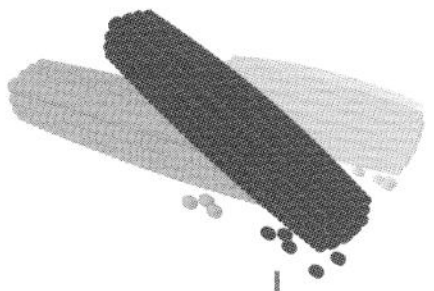

Girasoles
En Norteamérica, se cultivaban plantas como el girasol, pero se dependía de la caza.

9000 a. C. — **8000 a. C.** — **7000 a. C.** — **6000 a. C.** — **5000 a. C.** — **4000 a. C.** — **3000 a. C.** — **2500 a. C.** — **2000 a. C.**

Cabras y ovejas
En Asia occidental, los primeros animales que se domesticaron por su carne, su leche y su piel fueron las cabras y las ovejas.

Patatas
En esa época, es probable que se cultivaran varias variedades de patatas en Perú, Sudamérica.

Taro
Los habitantes de Nueva Guinea empezaron a cultivar taro, un tubérculo feculento de hojas comestibles.

Caballos
Los caballos salvajes de Asia central se transformaron en animales domésticos imprescindibles.

Llamas
En los Andes de Sudamérica, las llamas se usaban para transportar mercancías y por su lana.

Sorgo
En África, los granjeros empezaron a plantar sorgo (un grano), así como mijo, boniatos y cacahuetes.

LA REVOLUCIÓN INDUSTRIAL

Durante milenios, la mayoría trabajaba en el campo. Pero en el siglo XVIII, las fábricas, para elaborar productos como el paño de algodón, hicieron crecer las ciudades. En las fábricas había máquinas, que al principio funcionaban con energía hidráulica y más adelante con motores de vapor alimentados con carbón. La Revolución Industrial marcó el inicio de una nueva etapa por lo que se refiere al impacto de la humanidad sobre el entorno.

Ciudades con fábricas
En el siglo XIX, muchas ciudades de Europa y Norteamérica estaban construidas en torno a enormes fábricas. Los trabajadores vivían en casas pequeñas e incómodas, y muchos padecían enfermedades causadas por la contaminación, la pobreza y las duras condiciones.

Los trenes cada vez transportaban a las personas y las mercancías más rápido y más lejos.
El aire estaba cargado con el humo de las hogueras de carbón.
Las sustancias químicas vertidas a los ríos mataban a los peces.
Las máquinas de las fábricas solían ser peligrosas.
La gente vivía hacinada y las enfermedades se propagaban con rapidez.
La gente rica solía vivir lejos del humo de las ciudades.

CRECIMIENTO IMPLACABLE

Al principio, la industrialización afectó solo a algunas partes del mundo, pero en la década de los cincuenta del siglo XX, se había extendido por la mayor parte del globo. El aumento de la riqueza llevó al crecimiento de la población y a una mayor demanda de productos industriales, lo que aceleró el proceso. Tal y como muestra esta gráfica, a medida que aumentaba la producción, también lo hacían la contaminación y la destrucción de la fauna y de la flora. Hemos entrado en una nueva era, en la que la humanidad se ha convertido en el factor clave que determina la vida en la Tierra.

Producción
La producción industrial había aumentado drásticamente en todo el mundo desde la década de los cincuenta del siglo XX. Esta se mide en términos del valor de mercado de todo lo que se produce (PIB).

Población
Los productos de la industria mejoraron el nivel de vida y eso a su vez causó el crecimiento demográfico. A más población, más demanda y más producción.

Dióxido de carbono
La industria, el transporte y nuestras casas precisan energía, la mayor parte de la cual se produce con combustibles fósiles que liberan gases de efecto invernadero, que provoca el calentamiento global.

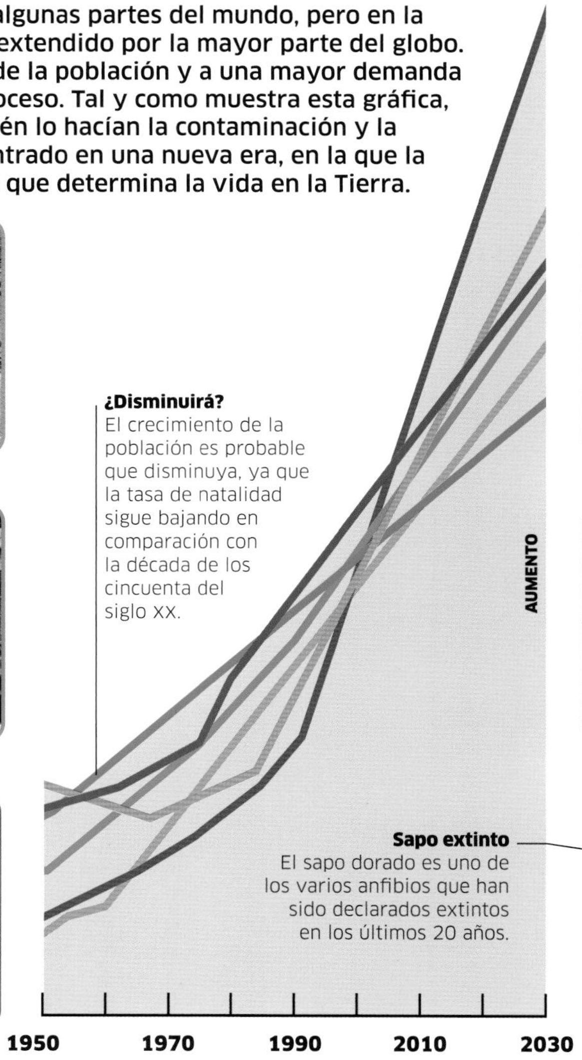

¿Disminuirá?
El crecimiento de la población es probable que disminuya, ya que la tasa de natalidad sigue bajando en comparación con la década de los cincuenta del siglo XX.

Sapo extinto
El sapo dorado es uno de los varios anfibios que han sido declarados extintos en los últimos 20 años.

Clave (aumento medio global)
- Producción medida en producto interior bruto (PIB)
- Población
- Concentración de dióxido de carbono
- Temperatura de superficie, hemisferio norte
- Uso de agua dulce
- Extinción de especies

Temperatura
El dióxido de carbono de la atmósfera ayuda a mantener el planeta caliente. Al aumentar su nivel, ha subido la temperatura media, lo que provoca el cambio climático.

Agua
El agua dulce es un recurso vital para la vida. La cantidad creciente de agua usada por los humanos es un indicativo de nuestro impacto creciente sobre el entorno natural.

Extinciones
El ritmo al que se extinguen las especies animales y vegetales aumenta día a día, y seguirá así mientras la actividad humana que destruye los hábitats siga creciendo.

26 por ciento: **población** que **trabaja en la agricultura y la ganadería**, aunque la cifra varía según países.

Agricultura y ganadería

En el mundo viven casi 8000 millones de personas y la cifra sigue aumentando rápidamente. La mayor parte de los alimentos vienen de la agricultura y la ganadería.

Hay muchos tipos de granjas, desde grandes explotaciones que producen enormes cantidades de productos, hasta pequeñas granjas de subsistencia para abastecer a una familia. Tanto si crían animales como si siembran cultivos, todas las explotaciones tienen impacto sobre el terreno que usan. Para alimentar a la población mundial, las granjas del futuro deberán usar técnicas más sostenibles y que no dañen el planeta.

Explotaciones comerciales

Algunas granjas modernas son propiedad de grandes empresas y están diseñadas para producir alimentos de forma eficaz y barata. Pueden usar algunos de los métodos que se muestran aquí. Muchos pueden tener un impacto negativo en el ambiente, lo que puede influir en nuestra capacidad de producir más alimentos en el futuro.

Monocultivo
Para aumentar su eficacia, muchas granjas cultivan un único tipo de cultivo en grandes extensiones de terreno. Esta falta de diversidad reduce los nutrientes del suelo.

Maquinaria
Las granjas modernas usan mucha maquinaria, con la que cultivan de forma eficaz grandes superficies.

Emisores de metano
El ganado, como las vacas, produce una cantidad significativa de metano, un gas de efecto invernadero, como parte normal de sus procesos digestivos. A menudo es hacinado en espacios pequeños, un método conocido como ganadería industrial.

Riego
Para hacer crecer los cultivos, se riegan con atomizadores o conductos colocados por el suelo. Este sistema consume grandes cantidades de agua, un recurso cada vez más escaso.

Antibióticos
A los animales se les dan medicamentos para prevenir infecciones y a veces para estimular su crecimiento. El uso excesivo de estos ha provocado niveles más altos de resistencia a los antibióticos, de modo que dichas medicinas son ahora menos eficaces tanto en humanos como en animales.

Pesticidas
Los cultivos se rocían con sustancias químicas para aniquilar las plagas, como las malas hierbas. Pero estas sustancias pueden dañar la fauna y la flora, y alterar el equilibrio de los ecosistemas.

Escorrentía agrícola
La lluvia puede llevar fertilizantes y pesticidas de las granjas a los ríos y arroyos cercanos, y contaminar el agua.

Modificación genética

Se pueden modificar los genes (componentes esenciales) de las plantas para crear variedades mejoradas, como el arroz dorado (izquierda), con más nutrientes de lo normal. Los alimentos genéticamente modificados (GM) son controvertidos, ya que a algunas personas les preocupan los efectos que puedan tener sobre la salud humana y sobre los ecosistemas y la biodiversidad.

Inseguridad alimentaria

En 2018, cerca de una cuarta parte de la población mundial se vio afectada por una inseguridad alimentaria moderada o severa, es decir, cuando alguien no dispone de comida suficiente como para estar sano. El cambio climático y la sequía están empeorando la situación, junto con algunos problemas históricos, como las plagas de langostas que arrasan los cultivos.

570 millones de **granjas** se estima que hay **en el mundo**.

Un tercio de la comida que se produce **se estropea** antes de llegar al consumidor o **se desperdicia**.

70 por ciento: el **agua dulce** que se utiliza en la **agricultura y la ganadería**.

155

Agroforestería
Los cultivos que se colocan entre árboles y arbustos se benefician de un suelo con menos erosión, y más agua y nutrientes.

Montones de compost
Compostar los desperdicios de la granja y la alimentación para producir fertilizante de forma natural enriquece el suelo.

Barreras
Las barreras vegetales protegen cultivos, ganado, flora y fauna, y permiten hábitats seguros y protegidos del viento.

Hidropónicos
Si en vez de tierra, usamos agua rica en nutrientes para cultivar las plantas, ahorraremos espacio y agua. Además, podremos hacerlo en cualquier parte del mundo. Métodos parecidos, como la acuaponía, permiten criar animales acuáticos junto a las plantas.

Volver a la naturaleza
Hacer que ciertas zonas de terreno recuperen un estado más natural puede estimular la flora y la fauna.

Abejas
Las abejas son uno de los polinizadores más importantes de plantas y cultivos.

Campos en barbecho
Si se deja un terreno sin cultivar durante algún tiempo, la tierra recupera sus nutrientes.

Cultivos mixtos y aves de corral
Las plantas y los animales se ayudan entre sí, lo que se traduce en que se necesitan menos pesticidas y fertilizantes químicos.

Rotación de cultivos
Plantar una serie de cultivos distintos evita que el suelo se agote y ayuda a controlar las malas hierbas, las plagas y las enfermedades.

Drones pulverizadores
Estas máquinas pueden usarse para pulverizar el agua donde es necesaria, y para distribuir semillas y alimentos para los animales.

Agricultura sostenible

Actualmente, muchos granjeros intentan adoptar prácticas agrícolas más sostenibles y métodos que sean rentables, respetuosos con el medio ambiente y que beneficien a la comunidad local. Ello implica a menudo usar técnicas tradicionales para gestionar las tierras, así como aprovechar al máximo los nuevos avances tecnológicos.

Granja submarina

El Jardín de Nemo, en Italia, consta de una serie de cúpulas llenas de aire ancladas al fondo del mar. No usan pesticidas y reciclan el agua. Las granjas submarinas son un método que nos puede ayudar a producir alimentos de forma sostenible.

En armonía con la tierra

Subiendo en espiral por las laderas, las terrazas de arroz de Yuanyang, en la provincia de Yunnan, China, forman un complejo sistema agrícola que lleva funcionando más de 1300 años.

Las terrazas, que fueron esculpidas en las montañas por los hani, un pueblo indígena, usan un hábil sistema de ingeniería formado por zanjas y acequias que distribuyen el agua por todos los niveles regando la cosecha de arroz. Este antiguo método a base de terrazas funciona en armonía con la naturaleza y se encuentra en muchas partes de China y el sudeste de Asia.

2007 Año en el que la **cantidad de personas** que vivían en **áreas urbanas** superó a las de las **áreas rurales** por **vez primera**.

Población

En la Tierra viven 8000 millones de personas. La población sigue creciendo, desplazándose a las ciudades y consumiendo.

Quienes estudian la población son los demógrafos. Investigan cosas como el aumento del crecimiento de la población, la presión sobre los recursos de la Tierra, desde la energía y las materias primas hasta el agua y los alimentos. También estudian los patrones migratorios para comprender por qué las personas se trasladan de un país a otro, o dentro de un mismo país, de las comunidades rurales a las grandes ciudades.

Crecimiento

La población ha pasado de 770 millones en 1760 a casi 8000 millones en 2022. El aumento se ha ralentizado un poco desde la década de los sesenta del siglo XX, pero sigue aumentando en unos 81 millones de personas (un 1 por ciento) al año.

NÚMEROS CRECIENTES

Alrededor de 10000 a. C., cuando los humanos empezaron a asentarse y a trabajar la tierra, la población mundial crecía muy lentamente. Fue durante la Revolución Industrial de mediados del siglo XVIII cuando el crecimiento se aceleró, dado que el desarrollo económico y los avances científicos mejoraron la esperanza de vida y el índice de natalidad.

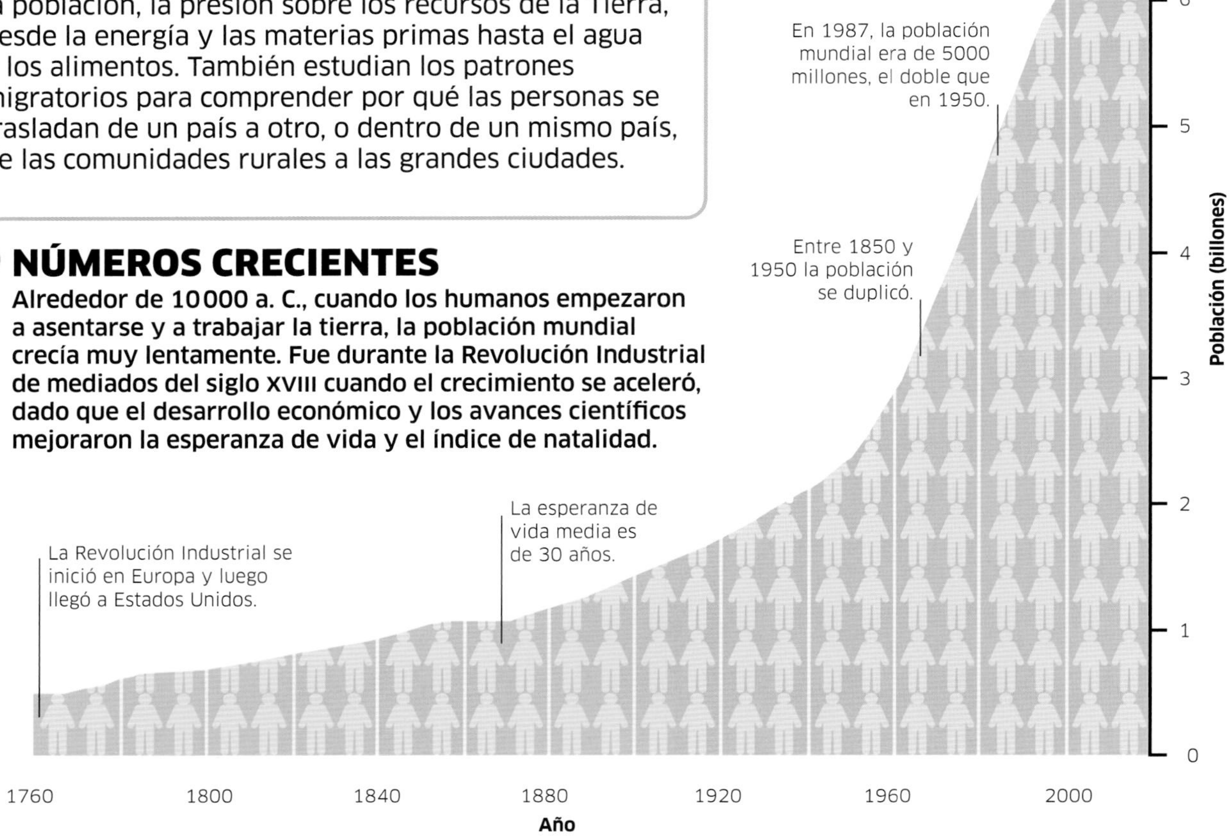

En 1987, la población mundial era de 5000 millones, el doble que en 1950.
Entre 1850 y 1950 la población se duplicó.
La esperanza de vida media es de 30 años.
La Revolución Industrial se inició en Europa y luego llegó a Estados Unidos.
Población (billones)
0
1
2
3
4
5
6
7
8
1760
1800
1840
1880
1920
1960
2000
Año

MODELOS DE PAÍS

Los cambios en la población de un país se deben sobre todo a cambios en el equilibrio entre el índice de natalidad y el de mortalidad. Los países de renta baja suelen tener una población más joven y de rápido crecimiento. En los de renta alta, las mejoras en sanidad y planificación familiar pueden dar pie a una población estable o incluso a un descenso.

Lento pero constante
Malasia es una economía emergente con una población estable. El crecimiento demográfico se ha reducido a la mitad desde 1990 y actualmente aumenta tan solo un 1,3 por ciento al año.

Joven y en aumento
Uganda tiene una población muy joven y un alto índice de crecimiento, del 3,3 por ciento al año. Nace una persona cada 19 segundos, lo que significa que para el 2050 podría tener más de 100 millones de habitantes.

Viejo y en retroceso
Japón, un país de renta alta, tiene una de las poblaciones más envejecidas del mundo. Desde 2011, está en retroceso. La esperanza de vida es de 85 años, frente a la media global de 72 años.

DISTRIBUCIÓN Y DENSIDAD

La población mundial está distribuida de forma desigual. Las zonas urbanas tienen la densidad más alta (número de personas en una superficie), mientras que las zonas rurales tienen la más baja. En 2022, China era el país con más población del mundo, con 1450 millones de habitantes. Se espera que India la supere en 2026.

Densidad de población (habitantes por km²)

0-1	2-5
6-10	11-20
21-50	51-100
101-200	Más de 200

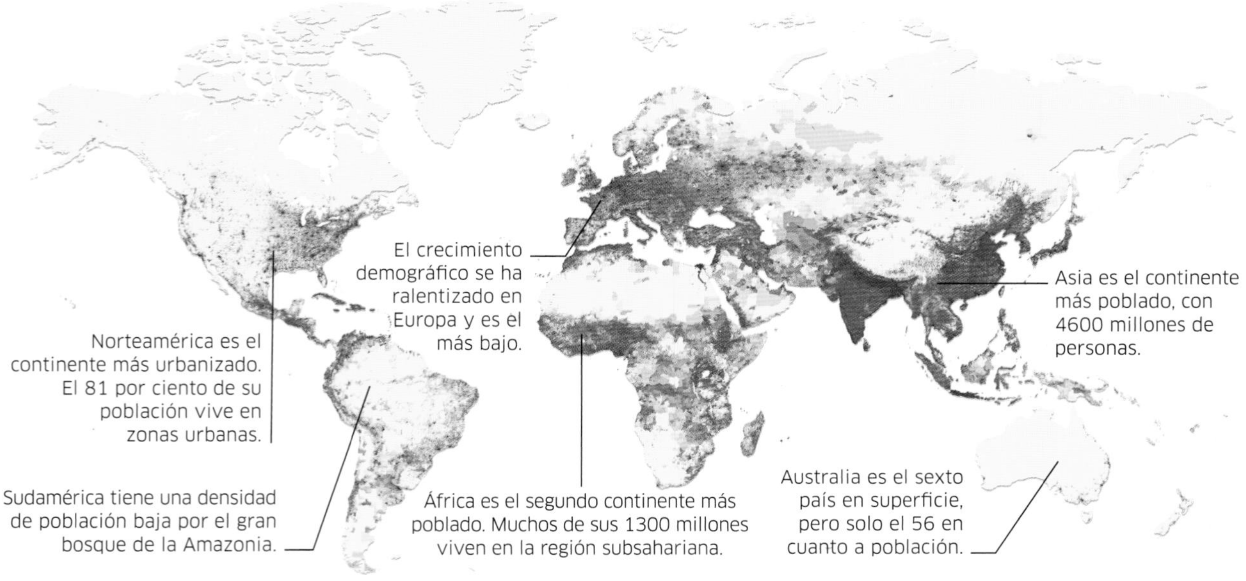

El crecimiento demográfico se ha ralentizado en Europa y es el más bajo.
Asia es el continente más poblado, con 4600 millones de personas.
Norteamérica es el continente más urbanizado. El 81 por ciento de su población vive en zonas urbanas.
Sudamérica tiene una densidad de población baja por el gran bosque de la Amazonia.
África es el segundo continente más poblado. Muchos de sus 1300 millones viven en la región subsahariana.
Australia es el sexto país en superficie, pero solo el 56 en cuanto a población.

CONSUMO CRECIENTE

La presión humana sobre los recursos naturales de la Tierra no se puede medir solo en términos de población. Los demógrafos estudian además el consumo, es decir, el volumen de recursos naturales que un individuo utiliza, que depende en gran medida del lugar donde vive y de su estilo de vida.

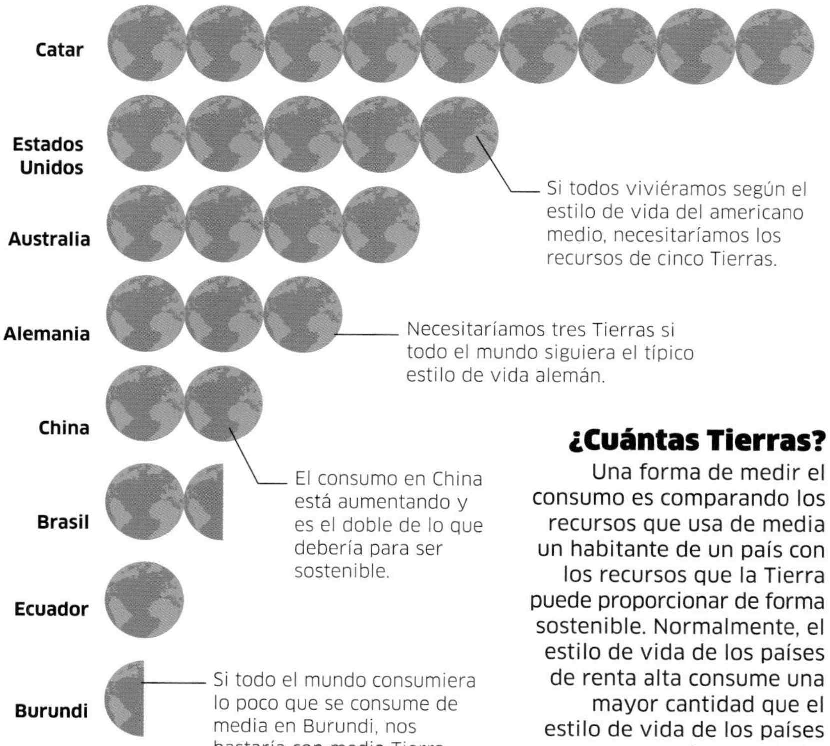
Catar
Estados Unidos
Australia
Alemania
China
Brasil
Ecuador
Burundi
Si todos viviéramos según el estilo de vida del americano medio, necesitaríamos los recursos de cinco Tierras.
Necesitaríamos tres Tierras si todo el mundo siguiera el típico estilo de vida alemán.
El consumo en China está aumentando y es el doble de lo que debería para ser sostenible.
Si todo el mundo consumiera lo poco que se consume de media en Burundi, nos bastaría con media Tierra.

¿Cuántas Tierras?

Una forma de medir el consumo es comparando los recursos que usa de media un habitante de un país con los recursos que la Tierra puede proporcionar de forma sostenible. Normalmente, el estilo de vida de los países de renta alta consume una mayor cantidad que el estilo de vida de los países de renta baja.

URBANIZACIÓN

En los últimos 30 años, la población de las ciudades ha crecido más rápidamente que en cualquier otro sitio. La migración del campo a la ciudad es un factor clave. Desde 2007, más del 50 por ciento de la población mundial vive en ciudades.

CONTRAS
PROS

Seguridad
Una mayor presencia policial en las zonas urbanas hace que los ciudadanos se sientan seguros, mientras que la falta de agentes en las zonas rurales puede hacer que los habitantes se sientan amenazados.

Entorno
Los desastres naturales son un inconveniente de las zonas rurales, mientras que las zonas urbanas suelen tener más medidas de seguridad y sanitarias.

Estabilidad
Los peligros de las zonas conflictivas pueden hacer que la vida rural sea arriesgada, comparada con la estabilidad creciente de las zonas urbanas.

Economía
La incertidumbre de las cosechas hace que la subsistencia rural sea vulnerable, mientras que las zonas urbanas ofrecen más oportunidades profesionales y mejores sueldos.

Servicios
El desarrollo limitado disminuye la calidad de vida del mundo rural, mientras que la abundancia de servicios financieros y sanitarios de las ciudades aumentan su atractivo.

Pros y contras

La migración del campo a la ciudad se debe a una serie de ventajas e inconvenientes que suelen hacer que las ciudades sean más atractivas.

MEGACIUDADES

Las ciudades con más de 10 millones de habitantes se conocen como megaciudades. Actualmente, la urbanización es mayor en los países de renta alta, pero en muchos países de renta baja que están en vías de urbanización, las ciudades más grandes siguen creciendo.

Ahora y en el futuro
Las megaciudades de Asia y África son las que más rápido crecen. Estas gráficas comparan las cinco ciudades más grandes en 2021 con las que se prevé que lo sean en 2035.

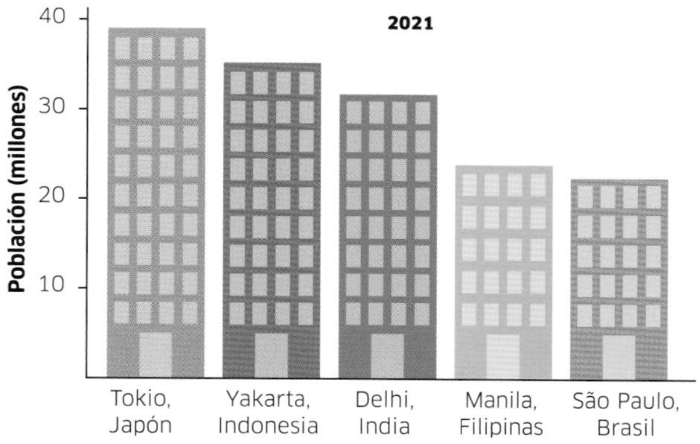
2021
Población (millones)
40
30
20
10
Tokio, Japón
Yakarta, Indonesia
Delhi, India
Manila, Filipinas
São Paulo, Brasil

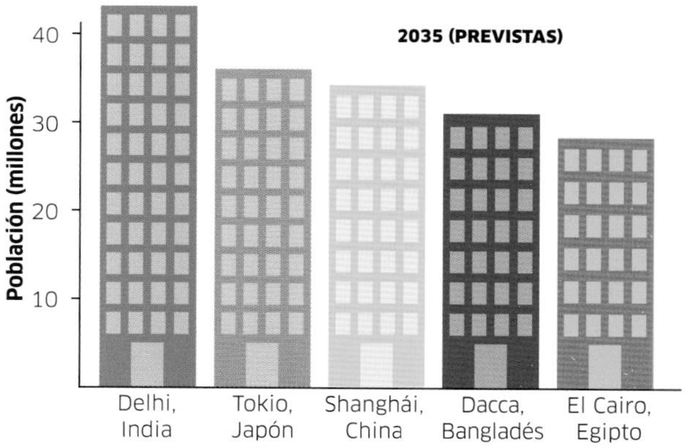

Tokio
Tokio, en Japón, fue la primera megaciudad y sigue siendo la ciudad más poblada en 2022, con 37 millones de habitantes. En el área metropolitana de esta capital vive el 30 por ciento de la población de Japón. Sin embargo, a medida que la población de este país disminuye, el crecimiento demográfico de Tokio también se ralentiza.

Copenhill

La Planta de Tratamiento Amager danesa, pensada para lograr que Copenhague sea la primera capital del mundo sin emisiones de carbono, es una central que obtiene energía a partir de residuos, y también una pista de esquí. Tiene una ruta de senderismo en el tejado y la pared de escalada más alta del mundo, de 85 m de altura.

Distrito financiero central
Las ciudades, además de personas, albergan negocios prósperos que proporcionan estabilidad económica.

Paseos verdes
Los espacios verdes abiertos, como el parque lineal High Line en Nueva York, Estados Unidos, se pueden crear en cualquier ciudad, a menudo transformando las zonas industriales. Proporcionan lugares para socializar y relajarse.

Rascacielos sostenibles
Se crean mejores rascacielos, que usan diseños ingeniosos para dirigir la energía solo donde hace falta, reduciendo los residuos.

Paredes vivas
Las plantas proporcionan hábitats a muchas aves, animales e insectos, y aumentan la biodiversidad de las zonas urbanas.

Servicios
Edificios públicos como hospitales, bibliotecas y consultorios médicos se ubican en zonas residenciales.

Huertos urbanos
Estas pequeñas parcelas ayudan a contrarrestar el impacto ambiental que supone transportar los alimentos desde muy lejos.

Puntos de recarga para vehículos eléctricos
Permiten recargar los coches eléctricos y facilitan el uso de vehículos sostenibles.

Iluminación solar
A diferencia del alumbrado convencional, que requiere gran cantidad de energía y es caro de mantener, la iluminación solar es eficaz y respetuosa con el medio ambiente.

Alcantarillado
Con las nuevas tecnologías se pueden controlar los sistemas de abastecimiento de agua y detectar antes posibles fugas.

Carriles bici
Con carriles seguros para las bicicletas cada vez habrá más ciudadanos que se animarán a dejar de usar el coche. Eso reducirá el tráfico y mejorará la calidad del aire.

56,6 por ciento: **población** mundial que **vivía en ciudades o núcleos urbanos** en 2021.

Londres, Reino Unido, fue reconocida como la **ciudad más sostenible** del mundo en el **Índice de Ciudades Sostenibles** de 2018.

161

Ciudades sostenibles

Imagínate el centro de una ciudad sin smog, repleto de prósperos ecosistemas verdes, y con más peatones y ciclistas que coches.

Las ciudades, donde viven miles de millones de personas, consumen enormes cantidades de recursos y dejan una gran huella ecológica. Están en constante crecimiento, pues cada vez hay más gente que se traslada a las zonas urbanas. Algunas se están convirtiendo en megaciudades en las que viven más de 10 millones de personas. En todo el mundo, los ciudadanos y los gobiernos están impulsando iniciativas para transformar estos núcleos urbanos en comunidades sostenibles que usen los recursos de forma responsable.

Jardines verticales
Incorporar plantas frondosas a los edificios, como en el complejo Bosco Verticale de Milán, Italia, es muy beneficioso. Las hojas absorben el calor, lo que enfría los edificios y la zona circundante, y mejora la calidad del aire.

Vivir de forma sostenible

Las ciudades tienen que proporcionar casa, trabajo, energía y servicios a muchas personas, pero se pueden encontrar formas de hacer que dichos elementos sean más sostenibles. Entre ellas el transporte respetuoso con el medio ambiente, el uso de energías renovables como fuente energética y la arquitectura ecológica innovadora.

Paneles solares
Permiten obtener energía renovable directamente del sol y ayudan a satisfacer la demanda energética de las ciudades.

Vivienda asequible
Para poder satisfacer las necesidades de todos sus habitantes, las ciudades deben ofrecer variedad de viviendas, de buena calidad y asequibles.

Balcones frondosos
Los espacios verdes repletos de plantas, además de liberar oxígeno a la atmósfera, pueden favorecer el bienestar.

Pavimentos permeables
A fin de prevenir inundaciones, permiten que el agua penetre en ellos y se almacene en unos depósitos que hay debajo, desde los que se va filtrando lentamente en la tierra.

Contenedores de reciclaje
Sirven para recoger distintos tipos de envases, plásticos, papel y otros materiales, para que puedan reciclarse y transformarse en nuevos productos.

Transporte eléctrico
Los vehículos que funcionan con electricidad, en vez de combustibles fósiles, no emiten gases nocivos a la atmósfera.

Parques sombreados por árboles
Además de proporcionar zonas frescas al aire libre, los árboles retienen el agua de la lluvia en su hojas y absorben el agua del suelo, disminuyendo el riesgo de inundación.

Transporte público
Usando a menudo el espacio subterráneo, los trenes eficientes son un medio de transporte público que desplaza muchos pasajeros con menos emisiones que los coches.

2900 millones de personas, el 37 por ciento de la población mundial, no han usado nunca internet.

Un mundo conectado

En el siglo XXI estamos más conectados que nunca. Los sistemas de transporte nos permiten viajar y llevar las mercancías más rápidamente, mientras que las conexiones digitales nos permiten intercambiar información de forma casi instantánea.

Pero la conectividad tiene un coste para el planeta. El transporte por carretera, por ejemplo, depende de los combustibles fósiles, como el petróleo y el gas, que provocan emisiones de gases de efecto invernadero que hacen subir la temperatura de la Tierra. Además, son responsables de la contaminación del aire. La información digital depende de la electricidad, que también hace aumentar estos gases.

SATÉLITES DE COMUNICACIÓN

Muchas de nuestras actividades cotidianas dependen de satélites a cientos de miles de kilómetros encima de nosotros. Son esenciales para comunicarnos, viajar, trabajar e informarnos. Hay más de 8000 satélites orbitando la Tierra, la mitad de los cuales ya no están operativos y se han convertido en basura espacial.

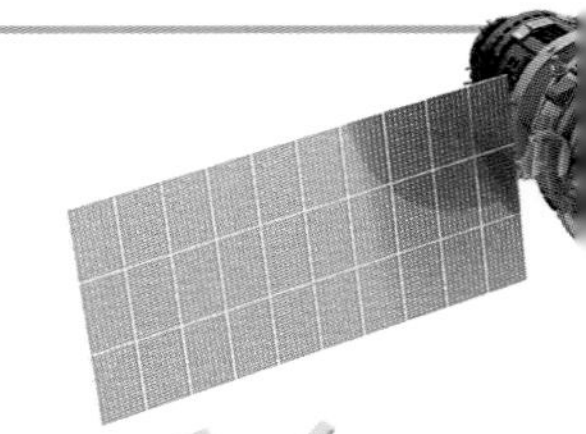

TV y radio
Los satélites permiten transmitir información a las antenas parabólicas de nuestras casas.

Teléfonos
Los teléfonos conectados vía satélite pueden comunicar a personas en regiones remotas.

LA NUBE

El software y los archivos de internet se almacenan en servidores, a los que nos referimos genéricamente como la «nube». Para transmitir y almacenar información digital hacen falta grandes cantidades de electricidad que alimenten y enfríen los servidores de la nube, lo que deja una gran huella de carbono. Indirectamente, no obstante, la tecnología digital está ayudando a reducir las emisiones de carbono, ya que disminuye los desplazamientos de personas y mercancías.

Almacenamiento de datos sostenible

El uso de energías renovables puede reducir las emisiones de los centros de datos de la nube. Estos paneles solares se construyen en el Apple Data Centre de Carolina del Norte, Estados Unidos, que usa únicamente energía renovable, lo que minimiza su impacto sobre el entorno. La energía solar y eólica se usan para hacer funcionar otros centros de datos en todo el mundo, de Dinamarca a China.

Transmisión

Dado que cada vez son más los que retransmiten películas y música, juegan a juegos y usan datos almacenados en la nube, el impacto de nuestra vida digital sobre el entorno está empezando a competir con el de nuestra vida no digital. Por ejemplo, transmitir canciones virales, que se reproducen millones de veces desde un servidor de la nube, puede generar emisiones similares a volar en avión.

CONEXIONES DE TRANSPORTE

El transporte de mercancías por carretera, ferrocarril, mar y aire ha sido clave para el crecimiento económico. En la actualidad, cada vez son más las ciudades que apuestan por sistemas de transporte sostenibles que reduzcan los gases de efecto invernadero y la contaminación que provocan los combustibles fósiles.

Puntos de recarga
Poder cargar los vehículos eléctricos mientras están aparcados fomenta el transporte de bajas emisiones.

Vehículos eléctricos
Los vehículos eléctricos no contaminan, por lo que mantienen limpio el aire

Movilidad sostenible

En muchos lugares se buscan nuevas formas de enlazar métodos de transporte sostenibles, como los tranvías, los autobuses y los trenes. Los carriles bici animan a la gente a dejar el coche en casa, mientras que las calles peatonales reducen el número de coches en el centro de las ciudades y ayudan a mantener el aire más limpio.

Carreteras

Las redes de carreteras no paran de crecer. Las autopistas optimizan los desplazamientos, desviando el tráfico para que pase alrededor de las ciudades, y haciendo que los trayectos sean más rápidos. Pero estas vías dividen hábitats naturales, degradando los ecosistemas y disminuyendo la biodiversidad.

10 por ciento: **aumento** en el número de personas que **usaron internet** durante la pandemia del **COVID-19 de 2020**, el **aumento anual más grande** en una década.

1971 Año en que el informático **Ray Tomlinson** envió el **primer email de la historia**.

163

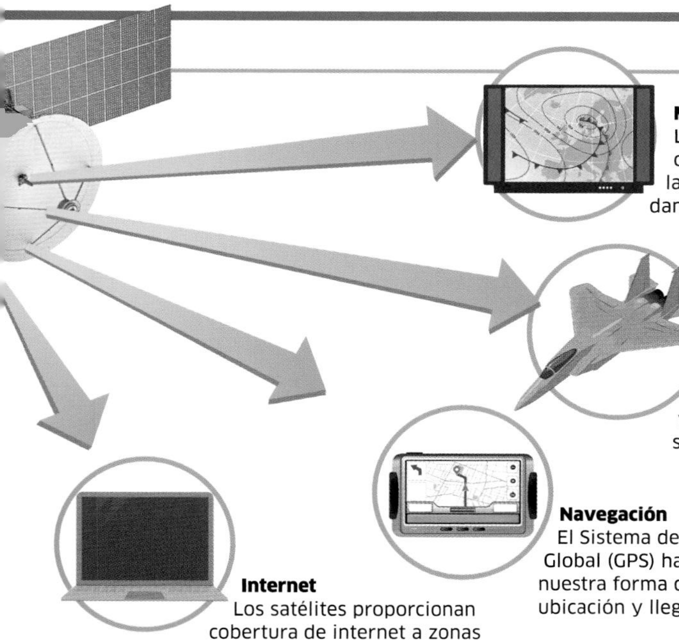

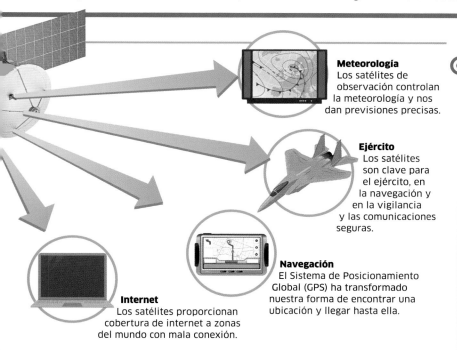

Meteorología
Los satélites de observación controlan la meteorología y nos dan previsiones precisas.

Ejército
Los satélites son clave para el ejército, en la navegación y en la vigilancia y las comunicaciones seguras.

Navegación
El Sistema de Posicionamiento Global (GPS) ha transformado nuestra forma de encontrar una ubicación y llegar hasta ella.

Internet
Los satélites proporcionan cobertura de internet a zonas del mundo con mala conexión.

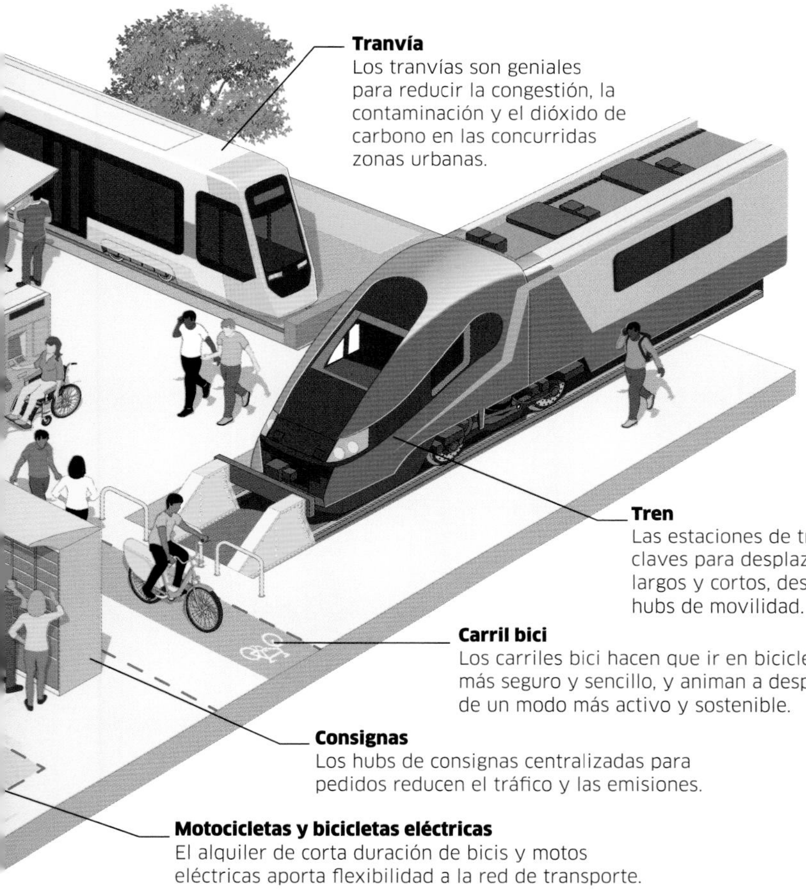

Tranvía
Los tranvías son geniales para reducir la congestión, la contaminación y el dióxido de carbono en las concurridas zonas urbanas.

Tren
Las estaciones de tren son claves para desplazamientos, largos y cortos, desde los hubs de movilidad.

Carril bici
Los carriles bici hacen que ir en bicicleta sea más seguro y sencillo, y animan a desplazarse de un modo más activo y sostenible.

Consignas
Los hubs de consignas centralizadas para pedidos reducen el tráfico y las emisiones.

Motocicletas y bicicletas eléctricas
El alquiler de corta duración de bicis y motos eléctricas aporta flexibilidad a la red de transporte.

Vías verdes

Construir vías verdes, como esta sobre una autopista en Alemania, protege las conexiones entre ecosistemas. Eso permite que los animales vaguen libremente por ellos y disminuye el número de muertes en carretera. En Alemania, el 75 por ciento de los lobos que mueren lo hacen a causa de una colisión con algún vehículo.

CONEXIONES INSTANTÁNEAS

Hoy en día, muchas de las actividades que la gente hacía de manera presencial se realizan online, de forma casi instantánea e incluso a grandes distancias. Esta revolución digital empezó en los países de renta alta y se está extendiendo por todo el mundo, transformando la forma en que interactuamos unos con otros. Son muchos los dispositivos que nos conectan online, desde ordenadores de mesa o portátiles y tabletas hasta teléfonos móviles y relojes inteligentes.

Teléfonos móviles

Ya sea para realizar una operación bancaria o una compra, los teléfonos modernos conectan a las personas y las empresas de todo el mundo mucho más rápido. El hecho de poder usar el teléfono móvil para transferir dinero, en lugar de tener que ir hasta el banco, ha revolucionado la economía en muchos países, como en Kenia (en la imagen), donde el 96 por ciento de hogares tienen una cuenta bancaria móvil.

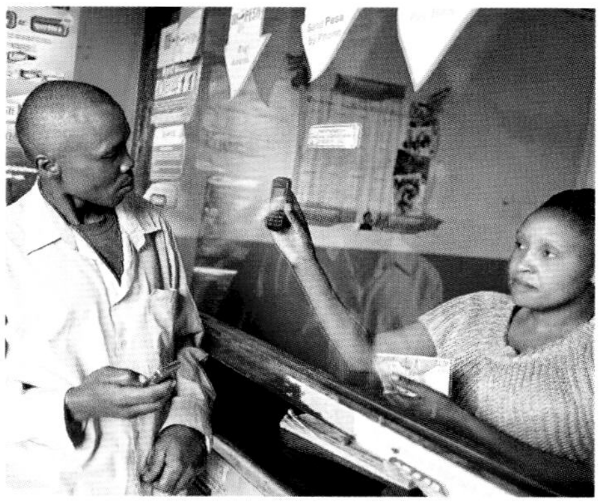

Email

El correo electrónico, o email, ha transformado la comunicación en nuestra vida personal, en las instituciones educativas y para dirigir un negocio. Cada día alrededor de 4000 millones de usuarios envían más de 300 000 millones de emails en todo el mundo. Si mandáramos menos emails, ahorraríamos energía.

1. Emisor
El emisor abre un programa de correo electrónico, y escribe el mensaje y la dirección de correo del destinatario.

2. Servidor de correo saliente
El email llega a un servidor, que entra en una base de datos en busca de la dirección del receptor o destinatario.

3. Servidor de correo entrante
Una vez reconoce la dirección, es transferido a un segundo servidor vía internet.

4. Receptor
Finalmente, el email llega al buzón de entrada del receptor. Luego el receptor lo clica para abrirlo y leerlo.

Internet

Internet ha provocado un gran cambio en la vida de las personas que tienen acceso a la red. Durante la pandemia del COVID-19 que se inició en 2020, internet desempeñó un importante papel, ya que permitió a la gente comunicarse con amigos y familiares durante el confinamiento.

Compras
Las compras online son muy populares. Algunas empresas están experimentando con los drones para que los envíos sean más rápidos y ecológicos.

Redes sociales
Nuestra vida social se ha trasladado a las redes. La red social más popular en 2022, Facebook, tiene 2400 millones de usuarios, más que la población de China.

87 por ciento: **emisiones de gases de efecto invernadero** que se liberan en la **producción de energía**.

Extracción del litio
El litio, uno de los minerales necesarios para fabricar productos complejos como las baterías de los coches eléctricos, puede extraerse de pozas saladas en las salinas. Cuando el agua se evapora (como en el emplazamiento de arriba, en Chile), se obtienen el litio y otros minerales.

Extracción de recursos

Muchos recursos, como el carbón, el petróleo y el gas natural, se encuentran en las entrañas de la tierra o del mar. Se conocen como combustibles fósiles. Arden fácilmente y liberan mucha energía, pero también emiten nocivos gases de efecto invernadero. Su extracción puede ser complicada y peligrosa, y puede arruinar el paisaje. Las fuentes renovables inagotables, como el sol y el viento, tienen un menor impacto medioambiental.

Extracción de uranio
El uranio, que se extrae de la Tierra, se usa como combustible en centrales nucleares. El proceso no libera emisiones, pero crea residuos radiactivos muy peligrosos.
Minas de carbón
El carbón se extrae excavando minas a través de las capas de roca o perforando agujeros en el suelo, un método conocido como explotación minera a cielo abierto.
Petróleo
El petróleo está atrapado en espacios dentro de las rocas. Con plataformas petrolíferas se perfora la Tierra y se bombea hacia el exterior.
Fracturación
Se inyecta líquido a alta presión en las fisuras para extraer gas y petróleo del esquisto (una roca sedimentaria). Precisa de grandes cantidades de agua, contamina y puede provocar terremotos.

Energía

La energía es un recurso vital que se usa tanto en los hogares como en la industria, los negocios y el transporte. Utilizamos los recursos de la Tierra para satisfacer nuestra demanda de energía, que cada vez es mayor.

Hay distintos métodos para transformar los recursos de la Tierra en energía, desde quemar combustibles fósiles hasta usar la energía solar. Los recursos están repartidos de forma desigual entre los países. Algunos no solo son limitados, es decir, que acabarán agotándose, sino que son nocivos para el medio ambiente, ya que emiten altos niveles de gases de efecto invernadero a la atmósfera.

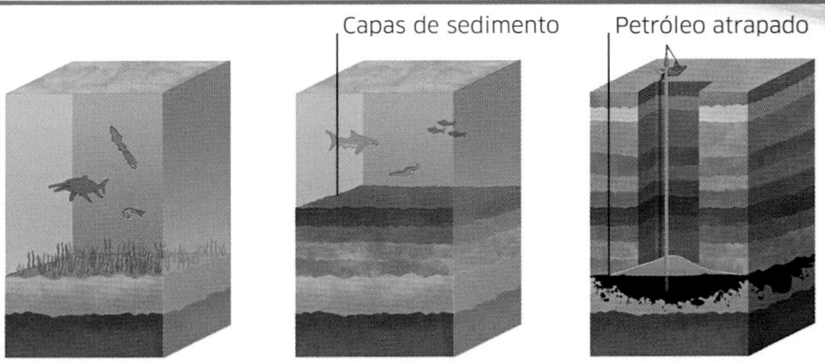
Capas de sedimento
Petróleo atrapado

Animales antiguos
Al morir los animales, sus cuerpos quedan en el lecho marino.

Se forma el petróleo
Al apilarse más capas, la presión y el calor los transforma en petróleo.

Extracción
Se puede perforar el suelo hasta llegar al combustible.

Combustibles fósiles
El carbón, el petróleo y el gas natural se conocen como combustibles fósiles, porque se han desarrollado a partir de los restos de plantas y animales muertos. A lo largo de millones de años, el plancton se descompone hasta transformarse en petróleo y gas natural, mientras que las plantas se transforman en carbón. Pero al tardar tanto en formarse, estos combustibles son limitados.

100 veces **más energía consume** una persona de los **países más ricos** del mundo que alguien de uno de los **países más pobres**.

Países como **Islandia, Paraguay y Albania** obtienen el **100 por cien** de su electricidad de **fuentes renovables.**

Presa hidroeléctrica
El agua almacenada en depósitos pasa por las turbinas de la presa y hace funcionar esta fuente renovable para producir energía.

Paneles solares
Estos grandes paneles agrupados en granjas contienen celdas que absorben la luz. Las celdas transforman la energía del sol en electricidad.

Turbinas eólicas
Las turbinas eólicas, que suelen colocarse en lugares donde soplan vientos fuertes y frecuentes, como son las colinas o la costa, disponen de grandes aspas que el viento hace girar.

Generadores
Las fuentes renovables, como las mareas, dependen a menudo de generadores. Cuando la fuerza del agua hace girar las aspas de una turbina, hace girar un generador que transforma esta energía mecánica en energía eléctrica.

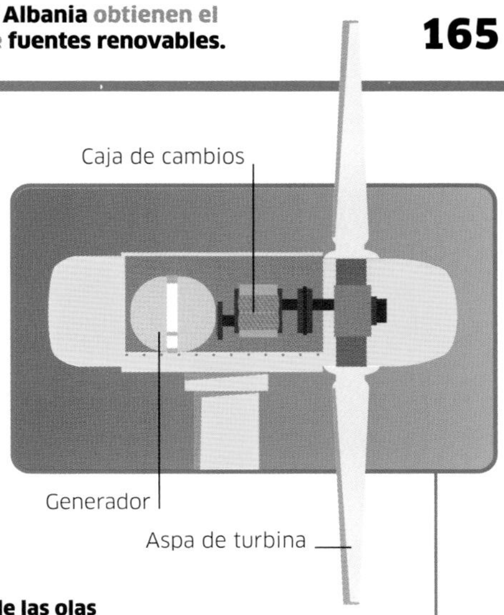

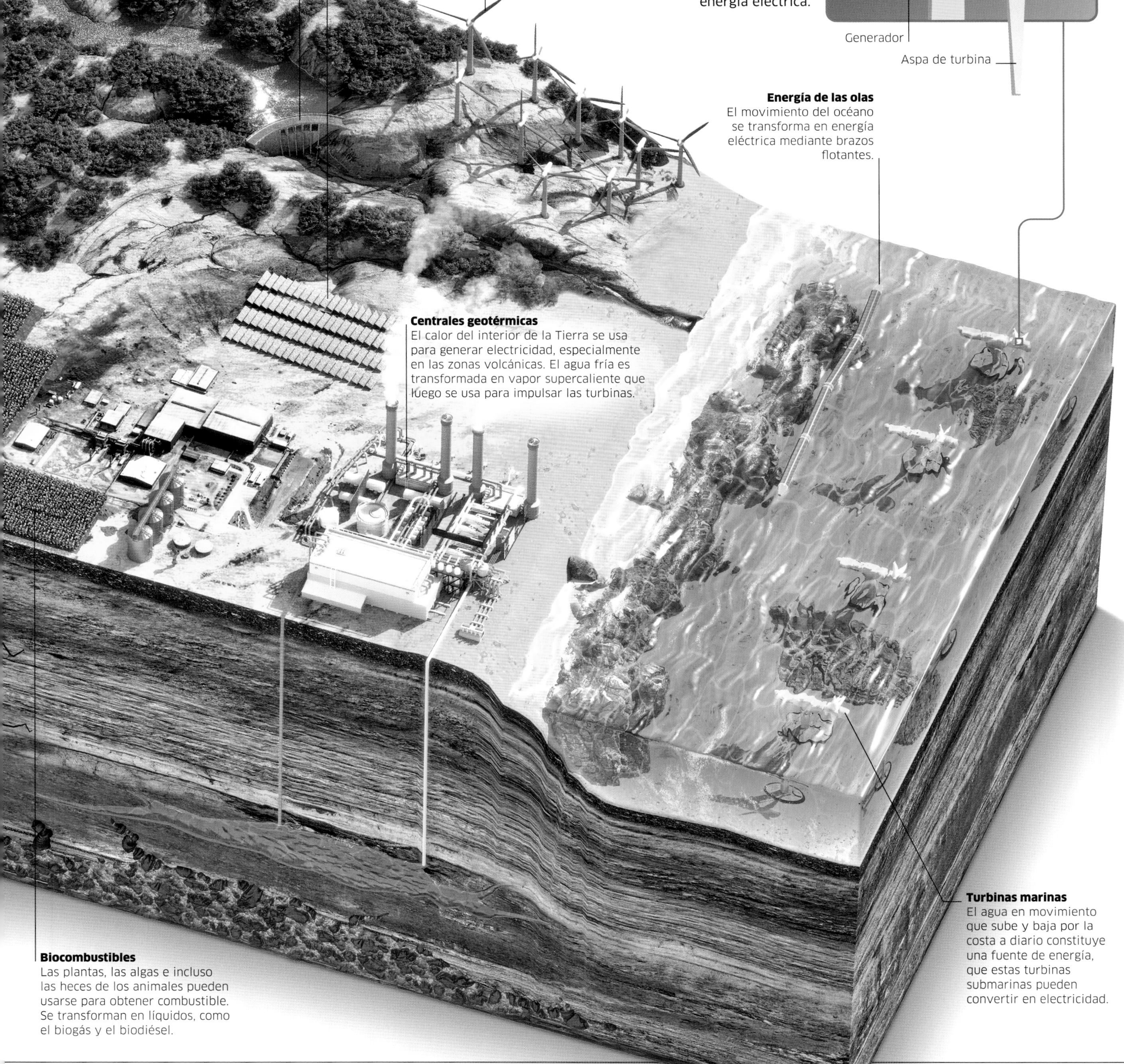

Energía de las olas
El movimiento del océano se transforma en energía eléctrica mediante brazos flotantes.

Centrales geotérmicas
El calor del interior de la Tierra se usa para generar electricidad, especialmente en las zonas volcánicas. El agua fría es transformada en vapor supercaliente que luego se usa para impulsar las turbinas.

Biocombustibles
Las plantas, las algas e incluso las heces de los animales pueden usarse para obtener combustible. Se transforman en líquidos, como el biogás y el biodiésel.

Turbinas marinas
El agua en movimiento que sube y baja por la costa a diario constituye una fuente de energía, que estas turbinas submarinas pueden convertir en electricidad.

Globalización

El mundo está cada vez más interconectado. Economía, cultura y personas nunca estuvieron tan relacionadas. Algunas empresas parecen crecer cada vez más, pero al mismo tiempo el mundo parece hacerse más pequeño.

La globalización no es algo nuevo. Los países llevan comerciando unos con otros desde hace miles de años, y el comercio global a gran escala existe desde cómo mínimo el siglo XVII. Pero actualmente el comercio es más internacional que nunca y está dominado por empresas multinacionales (con participación de dos o más países). Los avances tecnológicos permiten intercambiar ideas y conocimientos de forma instantánea. También hay quien piensa que la globalización es responsable de la creciente desigualdad y los daños medioambientales.

UN MUNDO CADA VEZ MÁS PEQUEÑO

La globalización implica que las personas pueden comprar la misma comida basura, los mismos refrescos y la misma ropa, y ver los mismos programas de televisión y las mismas películas. Eso es posible sobre todo gracias a las mejoras en el transporte y la tecnología digital de los últimos 50 años, que ha hecho que vender productos por todo el mundo resulte más barato y sencillo.

Todo el mundo en tu móvil
Muchas de las compañías más importantes son los grandes gigantes tecnológicos, cuyo negocio consiste en ayudar a que el mundo esté conectado. La compañía americana Google ha desarrollado aplicaciones que permiten a los usuarios visitar prácticamente cualquier lugar del mundo. Coches equipados con cámaras, como este en Kenia, hacen fotografías de 360 grados, que luego descargan y pueden buscarse online.

Supercontenedores
Los buques gigantes portacontenedores, de hasta 400 m de largo, han hecho que resulte mucho más fácil y barato transportar mercancías por mar. Estos buques monstruosos, que son vitales para la economía mundial actual, pueden llevar más de 20 000 contenedores. Un barco completamente cargado puede transportar unos 40 000 coches.

MODA GLOBAL

Las compañías suelen ubicar cada parte del negocio en un lugar distinto del mundo. Especialmente en la industria de la moda, las prendas suelen diseñarse, comercializarse y venderse en países de renta alta como Estados Unidos y el Reino Unido, pero se fabrican en países de renta baja, donde los trabajadores cobran menos y las materias primas son más baratas.

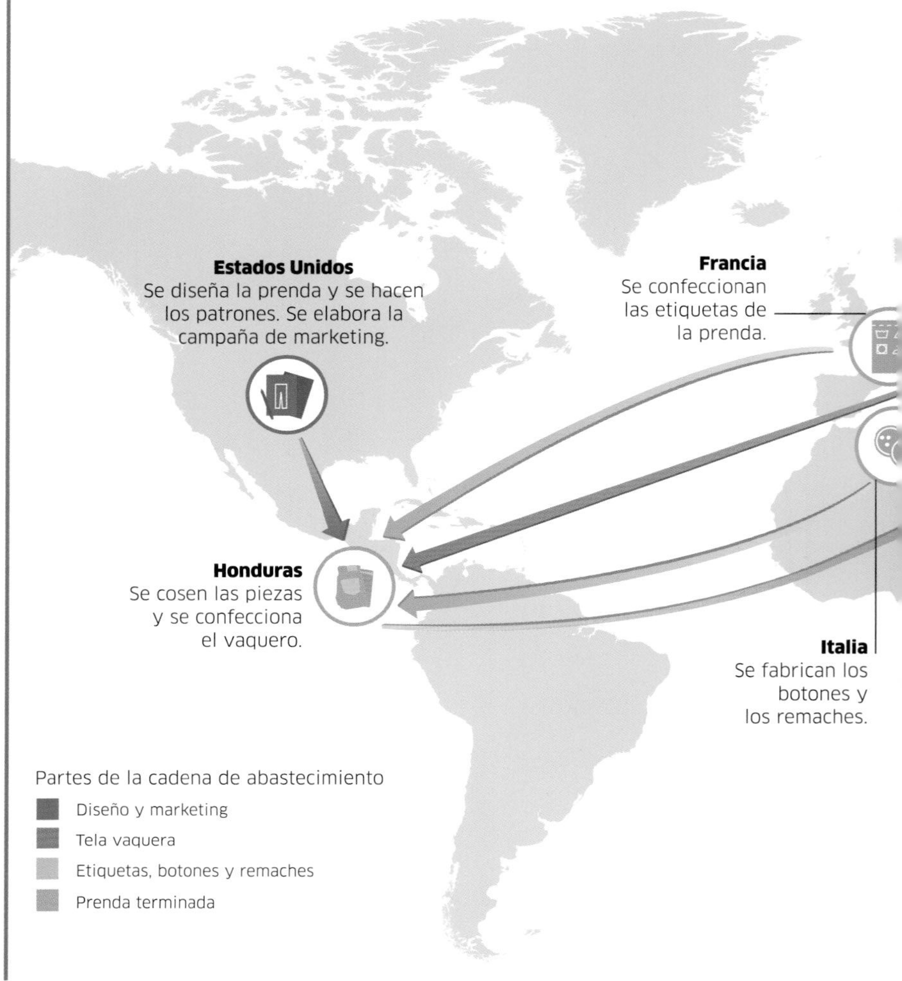
Estados Unidos
Se diseña la prenda y se hacen los patrones. Se elabora la campaña de marketing.
Francia
Se confeccionan las etiquetas de la prenda.
Honduras
Se cosen las piezas y se confecciona el vaquero.
Italia
Se fabrican los botones y los remaches.
Partes de la cadena de abastecimiento
Diseño y marketing
Tela vaquera
Etiquetas, botones y remaches
Prenda terminada

HACER QUE LO GLOBAL SEA MÁS LOCAL

Una de las consecuencias de la globalización es la menor diversidad cultural, dado que las comunidades y los mercados se diferencian menos unos de otros. Algunas empresas han encontrado una posible solución gracias a la «glocalización». Esto significa aprovechar las ventajas de una operación global, pero tratando de adaptar los productos a los gustos locales.

Piensa glocalmente
McDonald's ha adoptado el concepto «piensa globalmente, actúa localmente» con gran éxito. Sus ofertas «glocales» incluyen el «McArabia» con pan plano en los países árabes, hamburguesas teriyaki en Japón y Big Macs kosher sin queso en Israel.

38 000 Número aproximado de **restaurantes McDonald's en el mundo**, que dan trabajo a **1 millón de personas**.

805 000 km: **distancia** estimada que **viaja un smartphone** durante su fabricación.

El viaje de los vaqueros

Los pasos necesarios para fabricar un producto desde cero y hacer que llegue a las tiendas se conocen como cadena de abastecimiento. En el proceso que consiste en coger una materia prima, como el algodón, y transformarla en unos vaqueros, pueden participar hasta 10 o más países. Esta compleja secuencia tiene sentido económico para el fabricante, pero no es nada aconsejable para el medio ambiente, ya que mientras los distintos materiales cruzan el globo una y otra vez, generan emisiones y dejan una considerable huella de carbono.

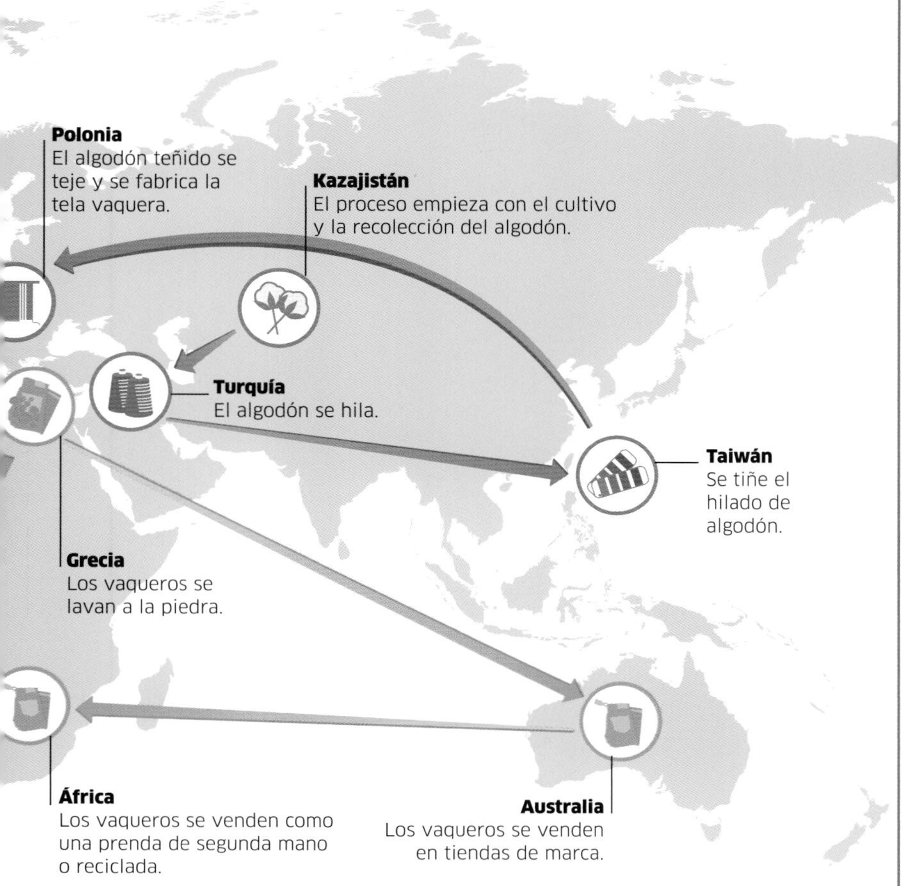
Polonia
El algodón teñido se teje y se fabrica la tela vaquera.
Kazajistán
El proceso empieza con el cultivo y la recolección del algodón.
Turquía
El algodón se hila.
Taiwán
Se tiñe el hilado de algodón.
Grecia
Los vaqueros se lavan a la piedra.
África
Los vaqueros se venden como una prenda de segunda mano o reciclada.
Australia
Los vaqueros se venden en tiendas de marca.

Moda rápida

Cada año se producen unos 80 000 millones de prendas para satisfacer la demanda de «moda rápida», es decir, ropa barata que solo se usa unas cuantas veces y luego se tira para comprar otra de nueva y que está más de moda. Para que los precios se mantengan bajos para el consumidor, las prendas se confeccionan en países en los que el coste del trabajo es barato y las normas medioambientales, mínimas.

Abandonadas en el desierto
Se estima que se desechan 92 millones de toneladas de ropa todos los años. Las prendas no deseadas a menudo terminan en vertederos de los países de renta baja. Este vertedero del desierto de Atacama, en Chile, contiene ropa de segunda mano o que no se ha vendido de Europa y Estados Unidos.

Industria sedienta

La industria de la moda usa un 2 por ciento del agua dulce del planeta. Solo la industria agrícola usa más. Al desviarse el agua para regar campos de algodón, la zona puede transformarse en un desierto, de modo que sus habitantes ya no pueden cultivar la tierra, ni pescar ni criar ganado. El mar de Aral, en el centro de Asia, ha menguado en un 90 por ciento porque los ríos que desembocaban en él se han desviado para proporcionar agua a las plantaciones de algodón.

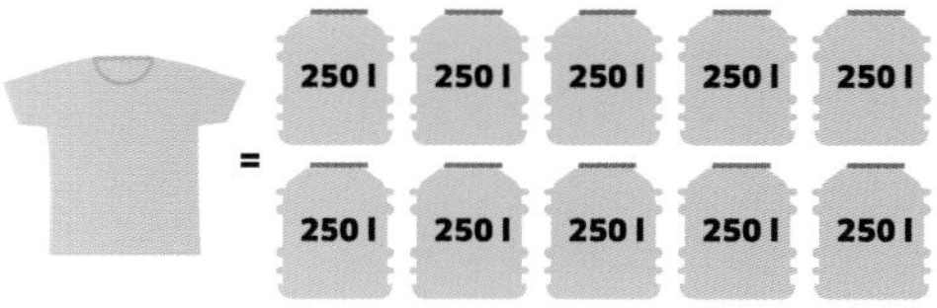
=
250 l
250 l
250 l
250 l
250 l
250 l
250 l
250 l
250 l
250 l

Camiseta de algodón
Para confeccionar una sola camiseta de algodón se usan 2500 litros de agua.

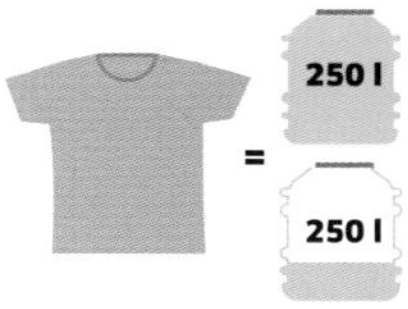
=
250 l
250 l

Camiseta de poliéster
Una camiseta de poliéster puede confeccionarse con solo 350 litros de agua. Pero el poliéster causa otros problemas medioambientales. Está compuesto de diminutas fibras plásticas que contaminan los ríos y los océanos.

DESAFÍOS DE LA GLOBALIZACIÓN

Los que critican la globalización dicen que, aunque es probable que cree más riqueza a nivel mundial, los únicos que realmente salen ganando son unas pocas multinacionales de los países de renta alta. Además, el hecho de que el mundo esté más conectado facilita la propagación descontrolada de cosas malas, como son las enfermedades infecciosas o las especies vegetales y animales invasoras.

Antiglobalización
Algunos activistas, como estos estudiantes franceses, se quejan de que la globalización implica una mayor desigualdad entre países ricos y pobres. Las empresas se pueden aprovechar de las pobres medidas medioambientales de los países de renta baja, lo que se traduce en una mayor contaminación, más desechos y el aumento de emisiones perjudiciales en estos países.

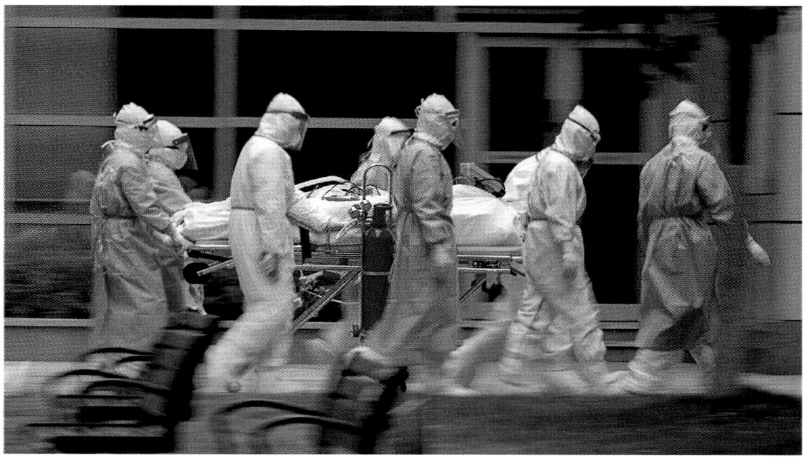

Propagación de la pandemia
Cuando el virus del COVID-19 fue identificado por primera vez en China en diciembre de 2019, el personal médico intentó impedir que se propagara. Pero en un mundo hiperconectado resultó imposible. A finales de ese mismo año, los viajeros aéreos habían llevado el COVID a cinco países vecinos. A finales de enero de 2020, 25 países estaban afectados. Y tan solo ocho semanas más tarde, 183 países informaron de que tenían focos del COVID-19.

Zona industrial

La cima nevada del monte Fuji, la montaña más alta de Japón y un volcán activo, destaca sobre las fábricas de la prefectura de Shizuoka.

Shizuoka, que forma parte de un centro manufacturero que se extiende por la costa meridional de Honshu, la principal isla de Japón, es conocida por su producción de motocicletas e instrumentos musicales. En esta región, densamente poblada, la industria contrasta drásticamente con los impresionantes elementos naturales. El icónico monte Fuji está en el Cinturón de Fuego, un zona afectada por erupciones volcánicas y terremotos frecuentes alrededor del océano Pacífico.

1000 millones de **personas** viven en lugares a **menos de 10 m sobre el nivel del mar** cuando hay **marea alta**.

La vida en la costa

Llevamos milenios viviendo junto a la costa. Pescamos para conseguir alimentos, construimos grandes puertos comerciales desde los que zarpan los barcos que surcan los océanos y disfrutamos de su belleza.

Muchas de las ciudades con mayor densidad de población están en la costa y muchas industrias clave, como el turismo, el transporte marítimo y la energía, dependen de ella. No obstante, muchos tramos corren peligro por el aumento del nivel del mar y los fenómenos meteorológicos extremos. Por ello, se buscan formas de reducir los efectos en el litoral de la erosión y las inundaciones.

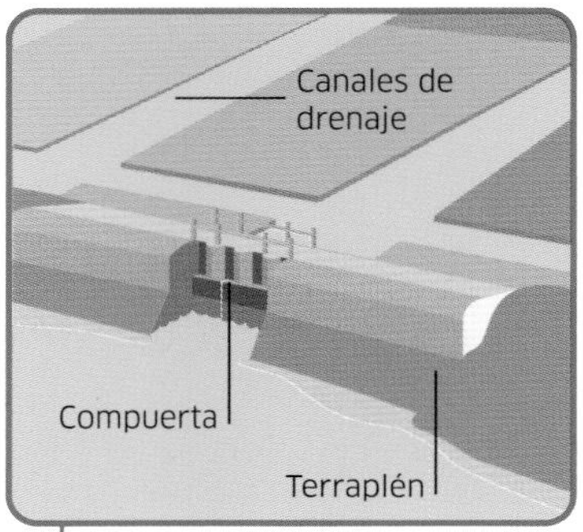

Cómo funcionan los pólders
Los pólders, construidos por primera vez en los Países Bajos, son franjas de terreno bajo rodeadas de terraplenes, que a menudo han sido ganados al mar. Mediante compuertas y extractores se drena el agua del terreno a través de una serie de canales, lo que ayuda a protegerlos de las inudaciones.

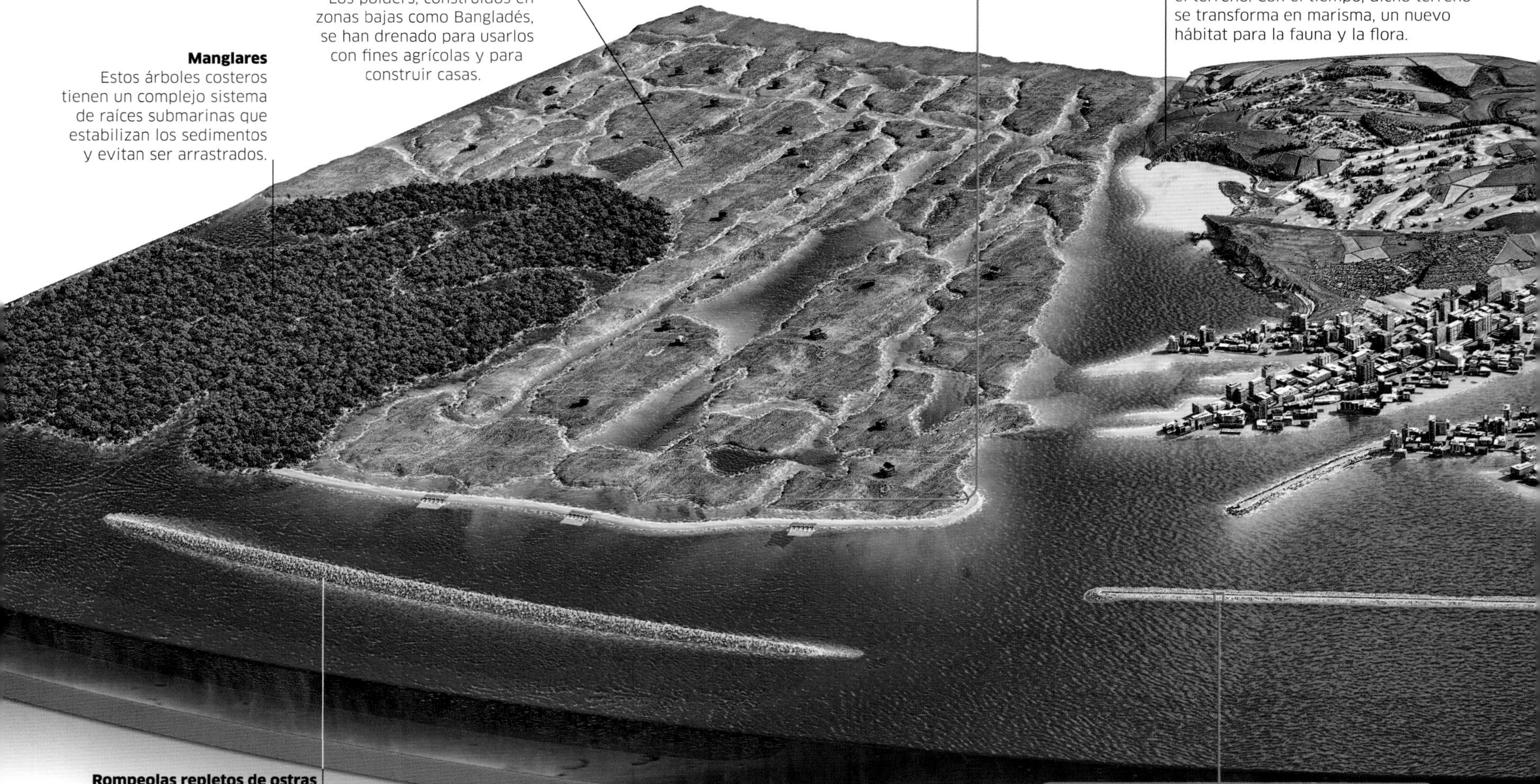

Pólders
Los pólders, construidos en zonas bajas como Bangladés, se han drenado para usarlos con fines agrícolas y para construir casas.

Manglares
Estos árboles costeros tienen un complejo sistema de raíces submarinas que estabilizan los sedimentos y evitan ser arrastrados.

Retirada controlada
En algunos casos, se quitan las defensas existentes y se deja que el mar inunde el terreno. Con el tiempo, dicho terreno se transforma en marisma, un nuevo hábitat para la fauna y la flora.

Rompeolas repletos de ostras
Estas estructuras artificiales se han convertido en un nuevo hábitat donde crecen las ostras y son una barrera protectora.

Malecones llenos de vida
Los malecones suelen ser planos y lisos, pero se puede lograr que estén en armonía con los ecosistemas naturales. Si se les incorporan características propias de los hábitats, como pozas de roca, grietas y surcos, distintas criaturas empezarán a vivir en ellos.

Ciudades hundidas

Partes de Yakarta, capital de Indonesia, se hunden a un ritmo de 25 cm al año. Es la ciudad que se hunde con más rapidez del mundo. Esto se debe a la extracción excesiva de agua subterránea, lo que baja el nivel del suelo, y al aumento del nivel del mar. Dado que el 50 por ciento de Yakarta se encuentra actualmente por debajo del nivel del mar, el gobierno ha diseñado varios proyectos para construir una nueva capital tierra adentro.

Por **cada centímetro** que sube el nivel del mar, **seis millones de personas** corren el riesgo de **sufrir una inundación costera**.

25 por ciento: proporción de los **bosques de manglares** que han **desaparecido** en los últimos **40 años**.

171

Defensas costeras

Existen distintos métodos para evitar que los asentamientos y las playas sean arrasados. Las obras pueden ser de dos tipos: de ingeniería dura, como los espigones y los malecones, o de ingeniería blanda, como las hierbas que se usan para estabilizar las dunas. Las primeras suelen ser opciones caras y temporales, que a menudo tienen un gran impacto sobre el paisaje y resultan insostenibles, mientras que las últimas usan procesos más naturales.

Hogares amenazados

Las casas en la costa de todo el mundo corren riesgo, desde esta, construida en un acantilado en Norfolk, Reino Unido, hasta grandes extensiones en países como Bangladés, donde se calcula que hasta 13,3 millones de personas podrían tener que desplazarse en 2050. Puede que el impacto de la subida del nivel del mar y el clima extremo sea mayor en los países más pobres.

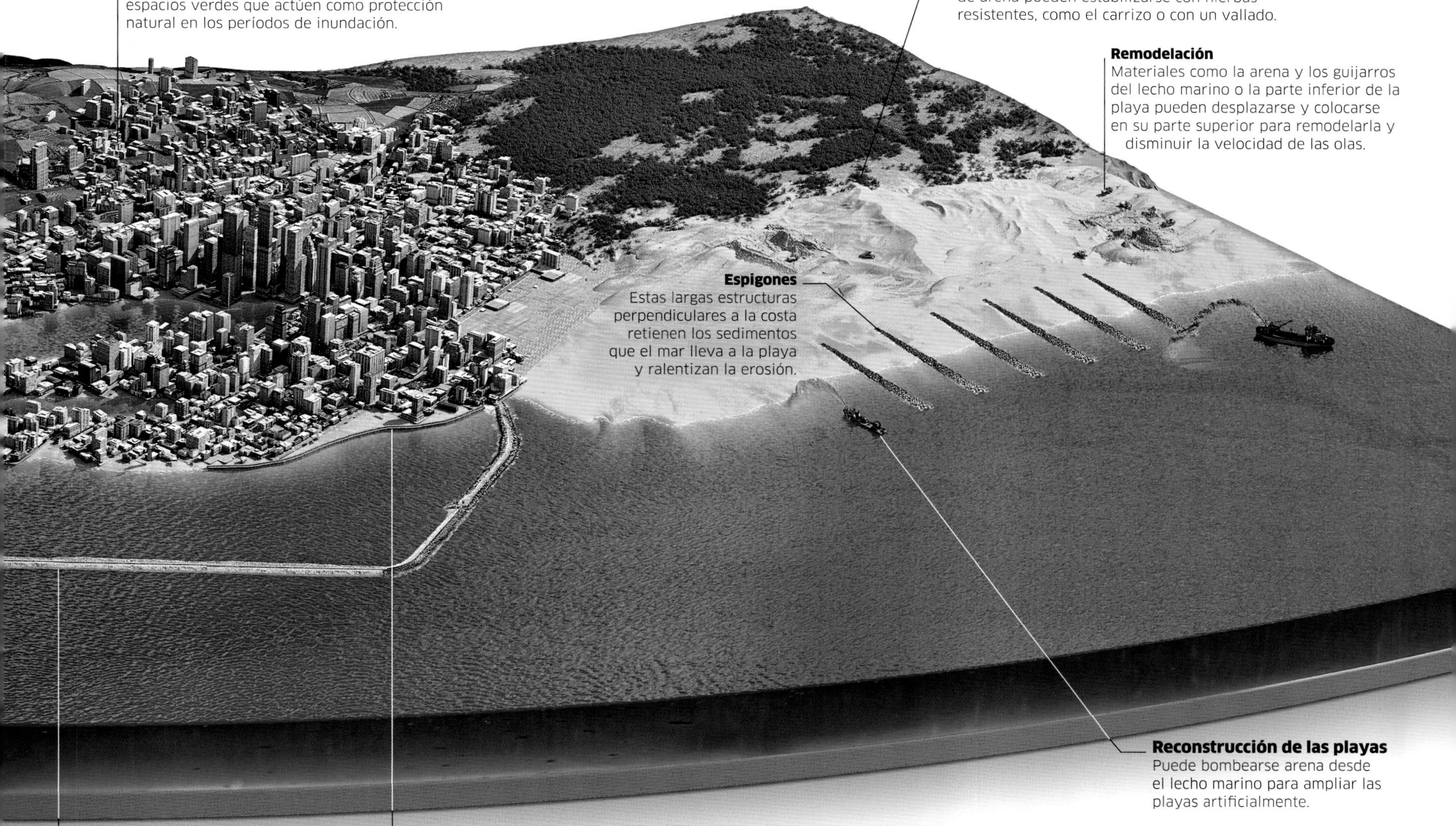

Trabajos costeros

A la gente le gusta vivir, visitar y trabajar en las zonas costeras y son muchos los que dependen de la costa para su sustento. Sectores como la pesca, el turismo y el tráfico marítimo dan trabajo a millones de personas. Pero muchos de estos empleos podrían pronto verse amenazados debido a problemas como el cambio climático y la explotación humana.

En 2019, **Oriente Medio** experimentó el **mayor crecimiento** en número de **turistas**.

Turismo

Los viajes de placer dan empleo a mucha gente en todo el mundo, pero el turismo masivo plantea serios retos a los habitantes, la economía y el entorno del lugar.

Cuando la gente visita un lugar por placer o por negocios, el dinero que se gasta en el país de destino puede ayudar a crear empleo, aumentar los ingresos y mejorar las condiciones de vida. Pero el turismo intensivo puede perjudicar o incluso destruir los hábitats del lugar. Cuando un complejo turístico se expande, aumenta la demanda de recursos como las viviendas y el agua, lo que limita dichos recursos para los residentes locales. Existe un delicado equilibrio entre los posibles beneficios del turismo y sus posibles inconvenientes.

UNA INDUSTRIA CRECIENTE

Antes de la pandemia del COVID-19, la industria turística era una de las más fuertes y prósperas del mundo. En 2019, la gente hizo más de 1400 millones de viajes turísticos internacionales alrededor del mundo y la industria en su conjunto estaba valorada en casi 1500 millones de dólares. Europa es el destino turístico más popular del mundo. En 2019 recibió 744 millones de visitantes.

Boom turístico

La Organización Mundial del Turismo (OMT), de Naciones Unidas, calcula que hace 70 años tan solo se llevaban a cabo 25 millones de viajes turísticos en el mundo. Desde entonces, la cifra se ha multiplicado por 56. Son varias las razones que explican este rápido crecimiento, entre ellas que los vuelos son más baratos y que la gente dispone de más ingresos.

Vuelos chárter
Los viajes baratos impulsaron el turismo a partir de la década de los setenta del siglo XX.

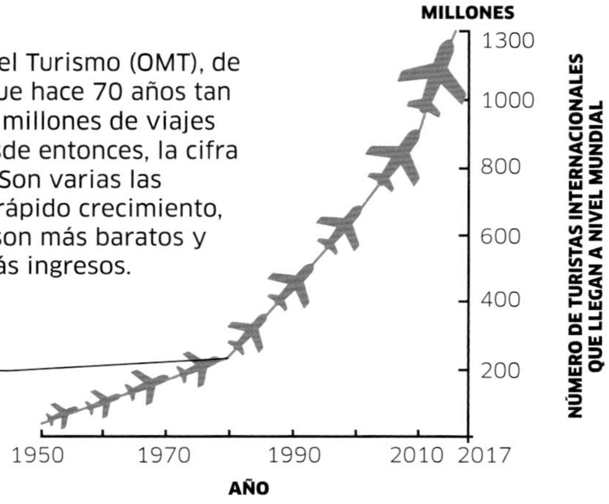

Empleo en el turismo

En 2019, 334 millones de trabajadores fueron contratados por la industria turística. Los empleos turísticos proporcionan ingresos y seguridad, pero muchas veces no son fijos, de manera que al finalizar la temporada muchos se quedan sin ingresos. El clima extremo, las guerras o acontecimientos como la pandemia del COVID-19 que interrumpen los viajes pueden arruinar la economía de aquellos lugares que dependen en gran medida del turismo, como las islas del Caribe.

TIPOS DE TURISMO

Hay distintos tipos de turismo para poder satisfacer las preferencias de todos los viajeros. Algunos optan por las vacaciones en la playa, mientras que otros prefieren las actividades al aire libre, como esquiar o hacer senderismo. Los gobiernos suelen favorecer el turismo en masa (cuando muchas personas visitan un lugar a la vez), ya que ello crea puestos de trabajo y genera más ingresos. También suele ser la forma más barata de viajar. Pero el turismo en masa puede provocar contaminación, congestión del tráfico, la desaparición del paisaje tradicional y más emisiones.

Amantes de la naturaleza

Las rutas de senderismo de montaña atraen a los entusiastas de las actividades al aire libre. En el Parque Nacional Snowdonia, en el norte de Gales, Reino Unido, el turismo ha creado más de 5000 empleos y ha supuesto un aumento de ingresos que ha impulsado la economía local. Pero el número de visitantes ha conllevado un gran deterioro medioambiental. El gran número de turistas que visitan los bellos parajes naturales pone en peligro precisamente lo que hizo que aumentara su popularidad.

Colas para llegar a la cima
Los excursionistas se apiñan en el monte Snowdon, Gales, mientras esperan para coronar la cima.

Erosión del sendero
El uso excesivo de los senderos populares puede hacer que la zona circundante con el paso del tiempo se vaya desgastando.

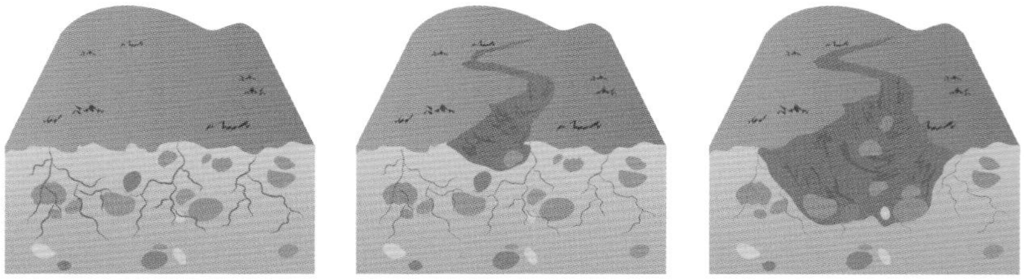

1 Sendero no usado La vegetación forma una superficie nivelada. Las raíces sujetan el suelo y hacen que este se mantenga estable.

2 Senda desgastada Las pisadas compactan el suelo y reducen la vegetación. Se forma un barranco, que acelera la erosión del suelo.

3 Barranco Los senderistas pisan las zonas que rodean el sendero donde crecen las plantas, lo que ensancha el barranco.

Playas concurridas
Las playas pueden estar abarrotadas, en especial durante las vacaciones escolares.

Turismo de playa

En verano, las zonas costeras suelen ser menos calurosas que las de interior. Mucha gente va a la playa para refrescarse en el mar y disfrutar de una gran oferta de actividades. Pero el aumento de ruido y de basura puede molestar a los residentes locales y poner en peligro la fauna y la flora, tanto en tierra firme como en el mar. En este sentido, la construcción de nuevos complejos vacacionales puede verse como algo negativo.

6 por ciento: **reducción de emisiones en 2020**, al restringirse los viajes.
50 por ciento: **turistas internacionales que visitan países europeos**.
1949 Año en que se realizó el **primer vuelo a reacción**, iniciando la **era del turismo**.
173

Impacto medioambiental

El turismo es responsable del 8-11 por ciento de las emisiones de gases de efecto invernadero. La aviación es uno de los sectores que más contaminan porque el dióxido de carbono, las estelas de vapor, las partículas de hollín y otras sustancias contaminantes que liberan los aviones atrapan el calor que irradia desde la superficie de la Tierra.

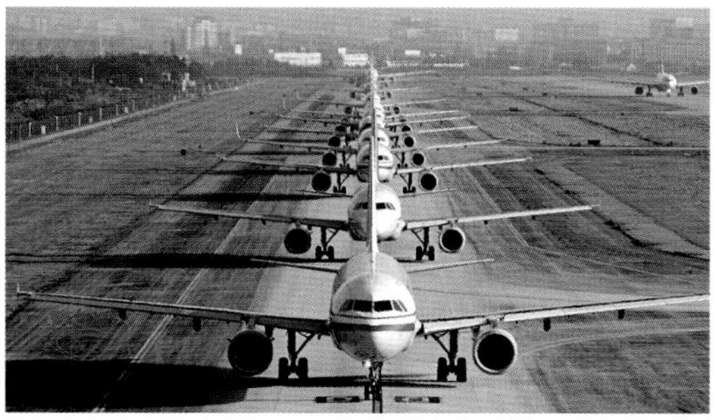

Transporte por aire
Los vuelos más baratos y frecuentes han hecho que sea más fácil viajar al extranjero, pero han aumentado de manera drástica las emisiones perjudiciales.

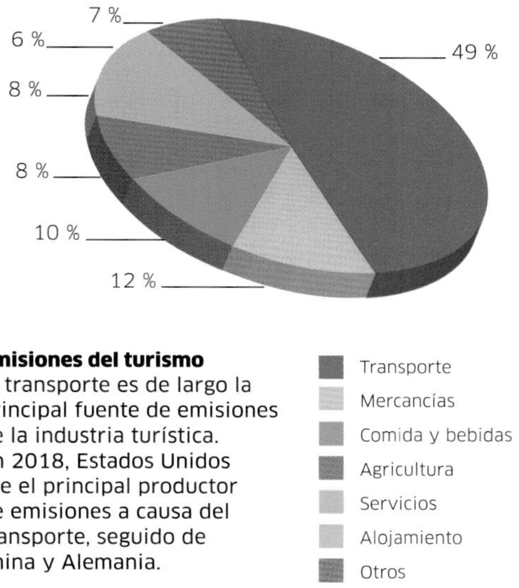

Emisiones del turismo
El transporte es de largo la principal fuente de emisiones de la industria turística. En 2018, Estados Unidos fue el principal productor de emisiones a causa del transporte, seguido de China y Alemania.

TURISMO SOSTENIBLE

Al descubrir el impacto medioambiental del turismo se han empezado a aplicar prácticas sostenibles en todas y cada una de las regiones del planeta. El turismo sostenible intenta que las actividades turísticas no alteren los ecosistemas y la biodiversidad del lugar, promueve el respeto por el entorno natural y las poblaciones autóctonas, y proporciona empleo estable a los habitantes locales.

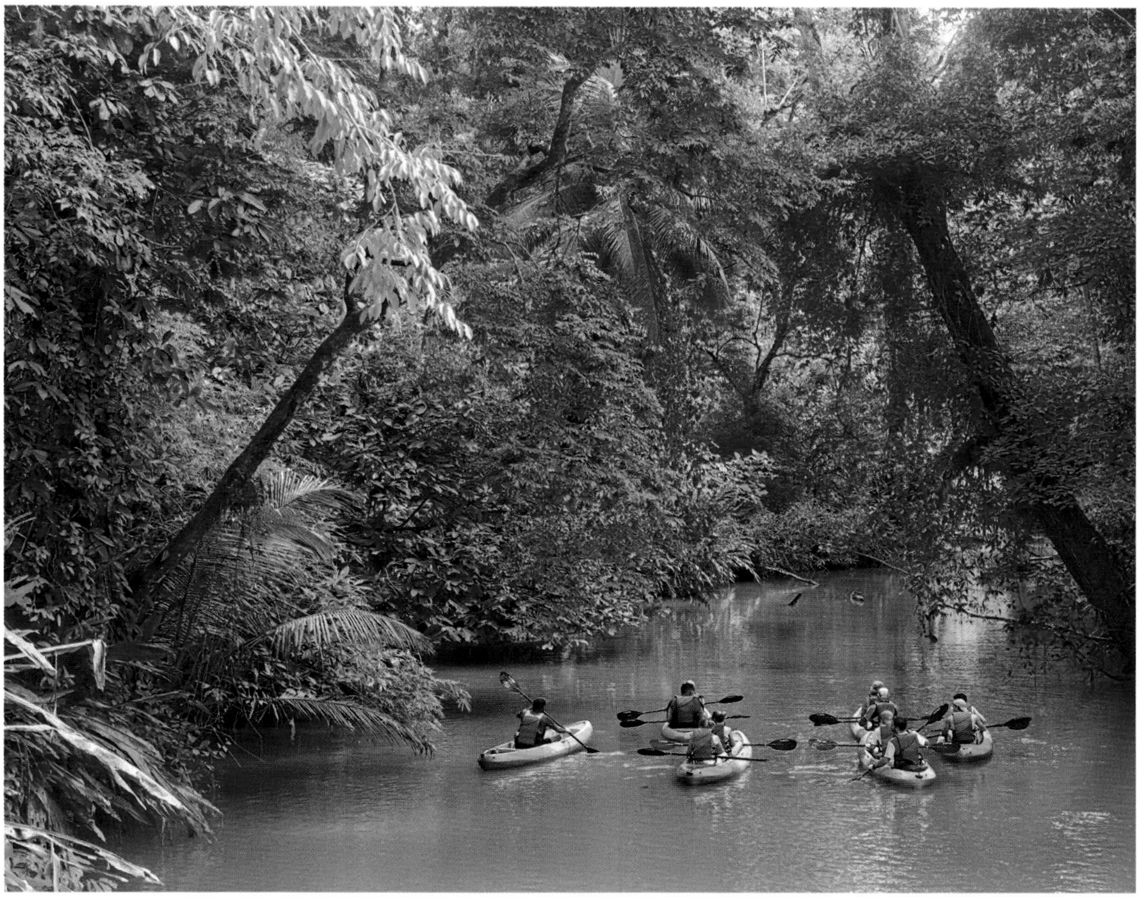

En canoa por Costa Rica
El ecoturismo intenta reducir el impacto del turismo en el entorno natural y proteger la fauna y la flora del lugar. En Costa Rica, pequeños grupos exploran la selva tropical en canoa, un método de transporte que no produce emisiones y no daña el ecosistema de la zona. El turismo puede asimismo fomentar la conservación de la vida salvaje.

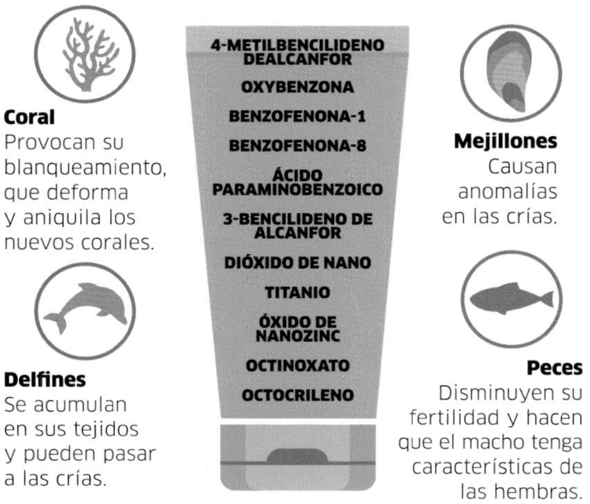

Protector solar tóxico
Cuando nos metemos en el mar, el protector solar puede acabar en el agua. Las sustancias químicas que contiene pueden ser dañinas para el coral y otras criaturas marinas.

Entornos extremos

En los últimos años, el aumento de temperaturas y el deshielo causados por el cambio climático han hecho posible llegar a destinos cuyos entornos extremos hacían que anteriormente fueran inhóspitos o inaccesibles.

Crucero por la Antártida
Desde que los casquetes polares se están derritiendo es posible visitar este paisaje helado, pero el aumento en el número de turistas podría dañar el delicado ecosistema del continente.

Turismo deportivo

Un tipo de turismo que crece mucho es el turismo deportivo o de aventura. Los turistas viajan para competir en campeonatos, y los grandes eventos deportivos atraen a miles de espectadores y son un gran impulso para las economías locales.

Golf en el desierto
El turismo deportivo puede provocar un desarrollo desmedido. Este campo de golf del desierto de Las Vegas usa los valiosos recursos hídricos para regar el césped y crear equipamientos con agua.

Contaminación

Cuando el entorno se deteriora al incorporarle algo dañino, se contamina.

La contaminación la causa la actividad humana. Afecta a todos los ámbitos, incluidos el aire, el agua y la tierra. En los últimos años, se han hecho esfuerzos para limitar su impacto. Para ello se ha tratado de controlar la cantidad de emisiones dañinas a la atmósfera, se han depurado las aguas residuales y se han reducido y reciclado los residuos sólidos. Sin embargo, el problema sigue creciendo. Los niveles altos de contaminación atmosférica son habituales en las grandes ciudades, mientras que la contaminación terrestre y marítima daña los hábitats de los animales y suponen una amenaza para la biodiversidad.

Contaminación del agua

Cuando se vierten sustancias dañinas en los ríos y los lagos o en el mar, estas contaminan el agua. Una de las principales sustancias contaminantes es el petróleo, que es tóxico y se pega al pelo y las plumas de las criaturas acuáticas, lo que hace que les cueste más flotar y mantenerse calientes.

Eutrofización

Si un exceso de sustancias ricas en nutrientes acaban en una masa de agua, pueden fomentar el rápido crecimiento de las algas, que acaban asfixiando al resto de animales y plantas acuáticas que hay en el agua.

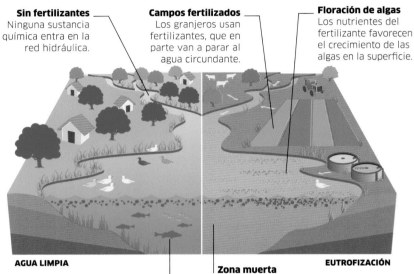

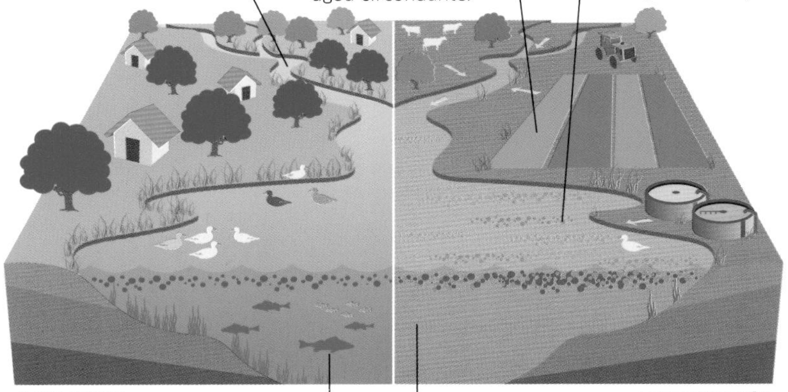
Sin fertilizantes
Ninguna sustancia química entra en la red hidráulica.
Campos fertilizados
Los granjeros usan fertilizantes, que en parte van a parar al agua circundante.
Floración de algas
Los nutrientes del fertilizante favorecen el crecimiento de las algas en la superficie.
AGUA LIMPIA
EUTROFIZACIÓN
Variedad de seres vivos
Plantas y animales prosperan en todos los niveles del sistema.
Zona muerta
Las algas cubren la superficie e impiden que la luz y el oxígeno lleguen a las plantas y los peces de las profundidades.

TIPOS DE CONTAMINACIÓN

Algunas formas de contaminación, como los residuos plásticos o el agua contaminada, son claramente visibles. La contaminación acústica y la del aire pueden ser menos obvias, pero también constituyen una amenaza para los ecosistemas cercanos. Todos los seres vivos son vulnerables a los efectos de la contaminación.

Contaminación del suelo

Cuando el plástico y otros residuos se acumulan en un lugar, como este gran vertedero de Tokio, Japón, las sustancias dañinas pueden filtrarse a la tierra. Allí, las toxinas se mezclan con los residuos químicos de las minas y las fábricas, contaminando el suelo y el agua subterránea. Eso puede intoxicar a plantas, animales y personas.

Contaminación acústica

El ruido no deseado perjudica la salud. Las fuentes de contaminación acústica incluyen el tráfico rodado y aéreo, las obras y los eventos ruidosos. En zonas cercanas a los aeropuertos, donde el ruido de los aviones que despegan y aterrizan es atronador, puede costar conciliar el sueño. En el mar, el ruido de los grandes buques puede alterar el comportamiento de los animales.

Contaminación lumínica

La luz artificial intensa ilumina el cielo nocturno y eclipsa las estrellas. Esto puede perjudicar a las tortugas recién eclosionadas, pues confunden las luces con el reflejo de la luna, y van tierra adentro en vez de hacia el mar. Las luces de la ciudad son peligrosas para las aves que migran, pues alteran sus rutas de vuelo y hacen que choquen con los edificios.

Contaminación del aire

Muchos procesos industriales, entre ellos la fabricación, el transporte y la producción de electricidad a partir de carbón, liberan gases perjudiciales, cenizas y hollín al aire. Estos gases se propagan a cientos de kilómetros, haciendo que el aire resulte irrespirable y provocando dolencias como el asma y las enfermedades cardíacas.

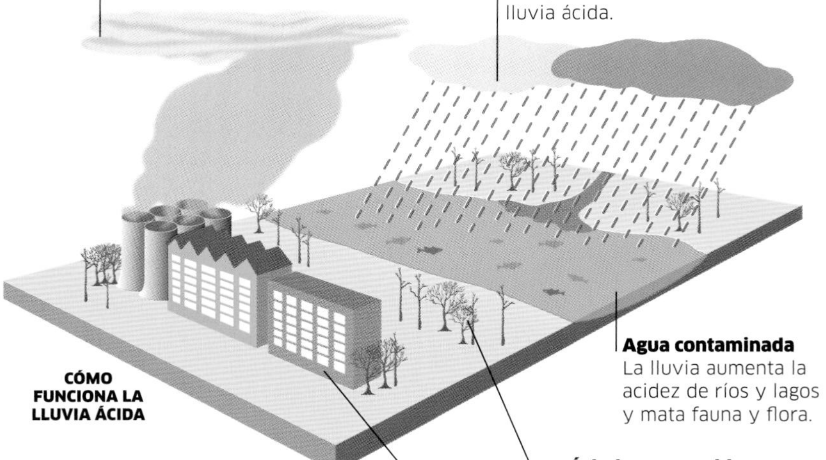
Emisiones de gas
Los gases ácidos y contaminantes suben a la atmósfera.
Nubes de lluvia ácida
Los gases se disuelven en las gotas de agua de las nubes, formando la lluvia ácida.
CÓMO FUNCIONA LA LLUVIA ÁCIDA
Agua contaminada
La lluvia aumenta la acidez de ríos y lagos y mata fauna y flora.
Árboles con problemas
La corteza de los árboles puede dañarse o destruirse.
Daños a los edificios
El ácido del agua de lluvia puede deteriorar los edificios de piedra.

Lluvia ácida

Los gases contaminantes son arrastrados por el viento y pueden acabar disueltos en las nubes. La lluvia contiene entonces ácido que puede dañar a los árboles y los animales, e incluso intoxicar los ríos.

80 por ciento: **personas** que viven bajo un cielo con **contaminación lumínica**.

El **2050**, en el mar habrá **más trozos de plástico** que peces.

7 millones de **personas** se estima que **mueren** cada año por **respirar aire contaminado**.

175

EL PROBLEMA DEL PLÁSTICO

Cada año se fabrican unos 300 millones de toneladas de plástico. Está presente prácticamente en todo aquello que usamos, pero tarda mucho tiempo en degradarse y es difícil de reciclar. Muchos productos de plástico están pensados para ser utilizados una única vez, por lo que los residuos plásticos se acumulan muy rápidamente. La contaminación por plástico se ha propagado ya por todo el planeta, desde las zonas más elevadas como el monte Everest hasta las fosas oceánicas más profundas.

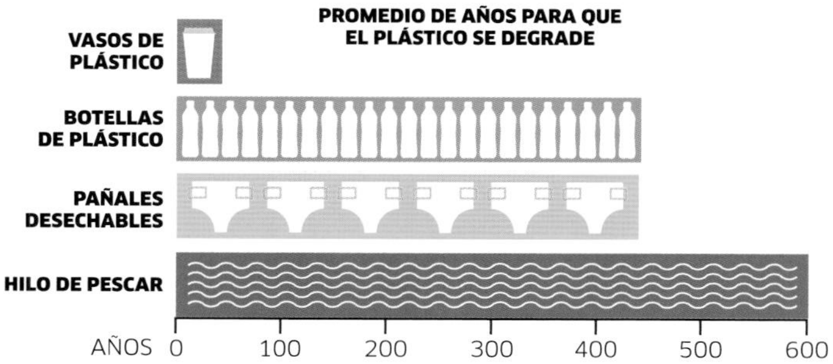

Una vida muy larga

A diferencia de los materiales orgánicos, el plástico, que está compuesto de combustibles fósiles, tarda muchos años o incluso siglos en biodegradarse (descomponerse). Un vaso de espuma plástica puede tardar 15 años en descomponerse por la acción de la luz del sol y los microbios, mientras que un hilo de pescar fuerte podría seguir intacto pasados 600 años.

El plástico en el océano

Los océanos de la Tierra son muy vulnerables a la contaminación por plástico. El plástico que termina en el mar procede de la pesca y el transporte marítimo, la escorrentía de vertidos o los envases de alimentos y bebidas. Parte del plástico crea grandes manchas de desechos. En el agua, el plástico es un peligro mortal para la vida. Los animales pueden enredarse en el hilo de pescar desechado o, como en el caso de este pulpo, quedar atrapados en algún artículo de plástico en el lecho marino.

Microplásticos

Los microplásticos son trocitos de plástico de menos de 5 mm, del tamaño de una semilla de sésamo. Se forman cuando las olas rompen trozos más grandes. Es muy probable que haya billones de partículas flotando por los océanos del mundo. Si un animal marino ingiere microplásticos, estas partículas pasan a formar parte de la cadena alimenticia, lo que significa que muchas personas comen microplásticos con regularidad a través de los alimentos.

INNOVACIÓN CONTRA LA CONTAMINACIÓN

La única solución duradera frente a los problemas causados por la contaminación pasa por evitar nuestros peores hábitos: dejar de quemar combustibles fósiles, reducir las emisiones y limitar la cantidad de plástico que usamos. Pero la tecnología y la innovación también pueden ayudar a reducir el impacto de la contaminación. Estas son algunas de las iniciativas más recientes que están ayudando a recuperar el entorno.

Sustitución de botellas

En un maratón de una gran ciudad se reparten y se tiran hasta un millón de botellas de plástico. Una posible alternativa serían las bebidas en cápsulas a base de algas. Los usuarios pueden tragarse las cápsulas sin problema, o succionar el agua y tirar la cápsula, que se descompone en un mes.

Limpieza del océano

La organización Ocean Cleanup desarrolla tecnologías para eliminar el plástico de los océanos del mundo. Uno de los métodos que se usa en la actualidad, apodado «Jenny», es una barrera flotante de 800 m de largo y en forma de U que es arrastrada por el agua por dos barcos. El plástico queda atrapado dentro de la barrera. Luego se recoge y se envía a una planta de reciclado.

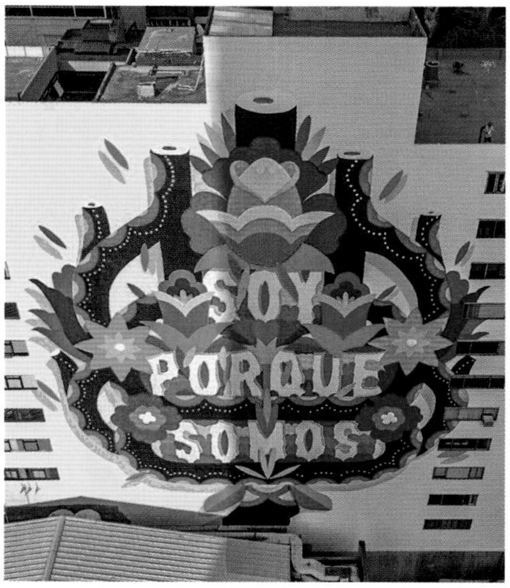

Pintura purificadora

En la ciudad de México, los artistas del proyecto Absolut Street Trees han creado murales gigantes con una pintura que purifica el entorno. Al exponerse al sol, esta pintura produce una reacción química que libera oxígeno al aire. Se estima que los murales neutralizarán una cantidad de contaminación equivalente a las emisiones producidas por 60 000 vehículos cada año.

Escuela de plástico

La organización benéfica australiana Classroom of Hope y la empresa finlandesa Block Solutions construyeron en la isla indonesia de Lombok una escuela con ecoladrillos hechos de plástico reciclado y madera. La escuela se construyó en seis días.

30 por ciento: **energía mundial** generada con **fuentes renovables** en 2021.

Construyendo el futuro

Los principales responsables del cambio climático y la destrucción del entorno son las grandes multinacionales, pero también nosotros individualmente podemos tomar medidas para contrarrestar sus efectos.

Los gobiernos de todo el mundo están abordando los problemas del planeta apoyando las nuevas tecnologías, como las turbinas eólicas y las granjas solares. Estos proyectos masivos son vitales, pero lo que hagamos como individuos es igualmente importante. Todos podemos reducir la energía que usamos, la lista de cosas que creemos que necesitamos y los residuos que generamos. Podemos comprar de forma consciente y fijarnos más en lo que compramos. Y podemos apoyar las campañas que luchan por conseguir que el mundo sea un lugar mejor y más bonito.

CONTRAATACAR

Cuando sabemos que algo está mal, es importante que protestemos. Los activistas han logrado que se abordara a fin de que cambiara. A menudo se encuentran con la oposición de las grandes empresas o incluso de los gobiernos, que tratan de que sus campañas parezcan inútiles. La historia nos demuestra, sin embargo, que los activistas muchas veces acaban venciendo y consiguiendo lo que se proponen.

Rachel Carson
La científica y escritora americana Rachel Carson (1907-1964) estudió los efectos de los pesticidas, especialmente el DDT (dicloro difenil tricloroetano) en la naturaleza. Demostró que contaminaban los arroyos y el suelo, y que una vez ingeridos por los animales, podían incorporarse a la cadena alimentaria. Escribió sobre ello en su libro *Primavera silenciosa*, y ocho años tras su muerte, el DDT se prohibió en Estados Unidos.

El movimiento Chipko
En la década de los setenta del siglo XX, al ver cómo destruían los bosques del lugar con la tala masiva de árboles, las mujeres del norte de la India decidieron proteger los árboles con su propio cuerpo. Tras varios días, los taladores se vieron obligados a ceder. La campaña se propagó y tuvo tanto éxito que, en 1980, el gobierno de la India declaró ilegal la tala de árboles allí.

Vanessa Nakate
En 2019, Vanessa Nakate inició su propia protesta en Uganda, para denunciar el desastroso impacto del cambio climático en África. Durante varios meses hizo campaña ella sola, pero poco a poco fue consiguiendo apoyo y actualmente es una ponente habitual en todos los eventos internacionales, junto con otros activistas, entre ellos Greta Thunberg.

¿QUÉ PODEMOS HACER?

Todos podemos contribuir. Basta con recordar las tres R: reducir, reutilizar y reciclar. Esto significa reducir la cantidad de energía, agua y otros recursos que usamos a diario. Significa aprovechar al máximo cualquier cosa que tengamos, si es necesario haciendo que la reparen en lugar de sustituirla sin más, y vender o donar aquello que ya no necesitamos. Y cuando ya no pueda repararse, podemos intentar reciclarlo, en lugar de dejar que contamine nuestro entorno.

Usa menos agua
En el baño se malgasta mucha agua. Para reducirla, llena una botella de plástico de agua y mete unas cuantas piedras. Ponla en la cisterna para disminuir su capacidad. Si la botella es de 1 litro, cada vez que tires de la cadena ahorrarás un litro de agua.

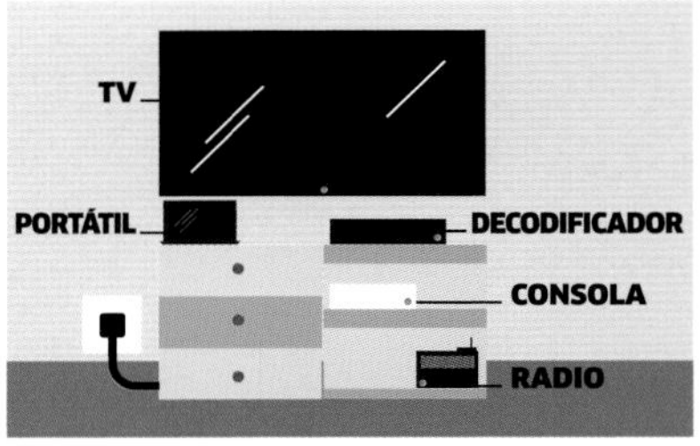

Usa menos energía
Si dejas un aparato eléctrico en modo reposo, sigue consumiendo energía. Así que si no vas a usarlo, desenchúfalo. Puedes ahorrar hasta un 16 por ciento en tu consumo de energía.

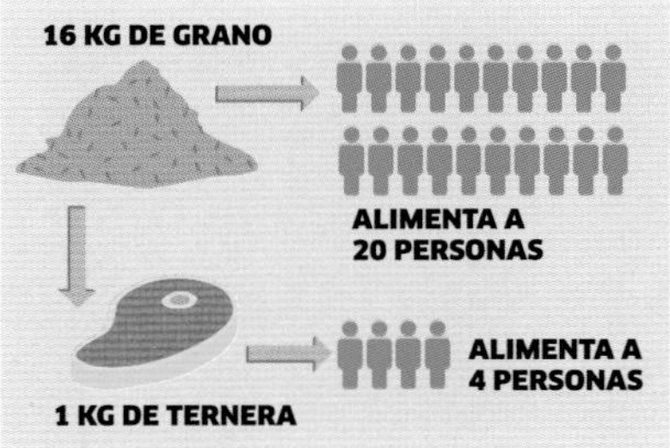

Come menos carne
Si se alimenta a una vaca con 16 kg de grano, se obtiene 1 kg de ternera, que alimenta a cuatro personas. Pero si nos comemos el grano en vez de dárselo a la vaca, con la misma cantidad alimentamos a 20 personas.

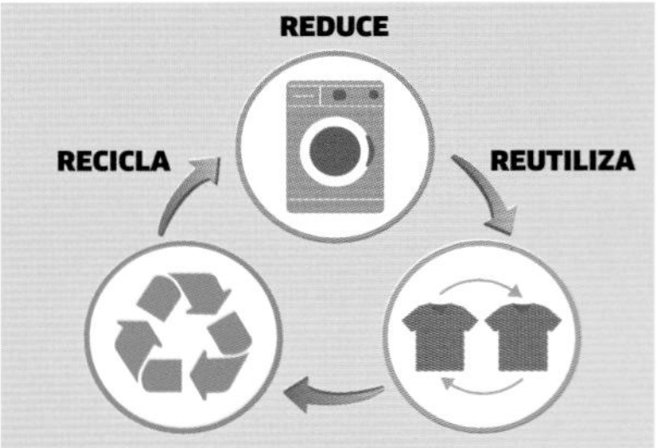

Reduce, reutiliza y recicla
La ropa dura más si la lavas con menos frecuencia. Así, además, ahorras energía. Podemos pasársela a otros cuando se nos quede pequeña y finalmente reciclar la tela cuando esté ya completamente desgastada.

EL FUTURO

A los habitantes de los países ricos no les importa mucho malgastar o tirar las cosas si tienen dinero para reemplazarlas. Pero la crisis ambiental demuestra que debemos empezar a pensar de otro modo y centrarnos en usar los recursos de la manera más eficaz posible. Las nuevas tecnologías pueden ayudar, haciendo que nuestros hogares, nuestros hábitos alimenticios e incluso el tratamiento de los residuos sean más respetuosos con el medio ambiente.

Casa inteligente

En el futuro, las casas estarán equipadas con dispositivos inteligentes que ayuden a evitar los residuos. Una nevera inteligente, por ejemplo, controla su contenido y manda actualizaciones a un teléfono móvil, para que el propietario use los alimentos antes de que se estropeen y haya que tirarlos.

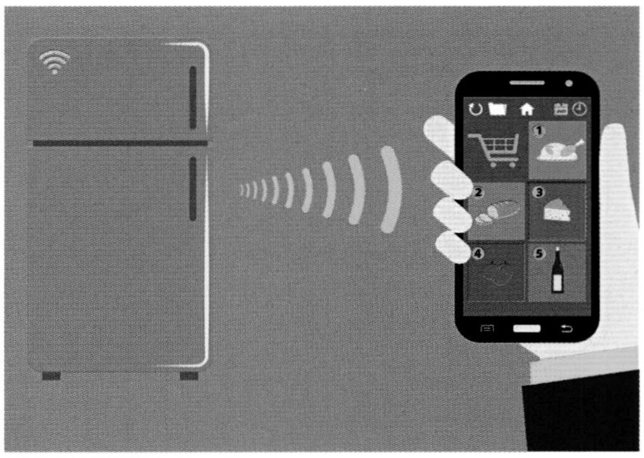

Compra con cabeza

Las cosas que compras ¿están producidas de forma que no dañen el medioambiente? Comprueba si en las etiquetas se certifica cuál es su procedencia o cómo se han confeccionado, y qué materiales se han usado y cuáles no.

Alimentos de origen marino sostenibles
Certifica que la pesquera usa poblaciones de peces sanos.

Madera ecológica
En los productos de madera busca este logotipo como signo de garantía.

Comercio justo
El logo de comercio justo certifica que se ha pagado y tratado a los productores de forma justa.

Productos con aceite de palma
Esta etiqueta certifica que el origen del aceite de palma es sostenible y responsable.

Rainforest Alliance
Escoger productos con esta etiqueta ayuda a proteger los bosques tropicales.

Libres de maltrato
Un conejito saltando certifica que el producto no ha sido testado en animales.

VIVIR DE FORMA MÁS ECOLÓGICA

Reducir la cantidad de energía que usamos puede ayudar a combatir el cambio climático. Todos podemos ayudar a reducir la energía que usamos en nuestros hogares. Podemos abrigarnos más en invierno y bajar la calefacción. Podemos mantener la casa más caliente aislándola bien y apagar las luces que no estemos usando. Podemos lavar la ropa a menos temperatura y secarla en un tendedero en vez de con la secadora.

Mejoras en las casas
Si reducimos nuestro consumo energético ahorraremos dinero, que podremos usar para pagar las mejoras que hagamos en la casa con el fin de ahorrar energía. Entre ellas la iluminación LED, el aislamiento del tejado e incluso el uso de paneles solares.

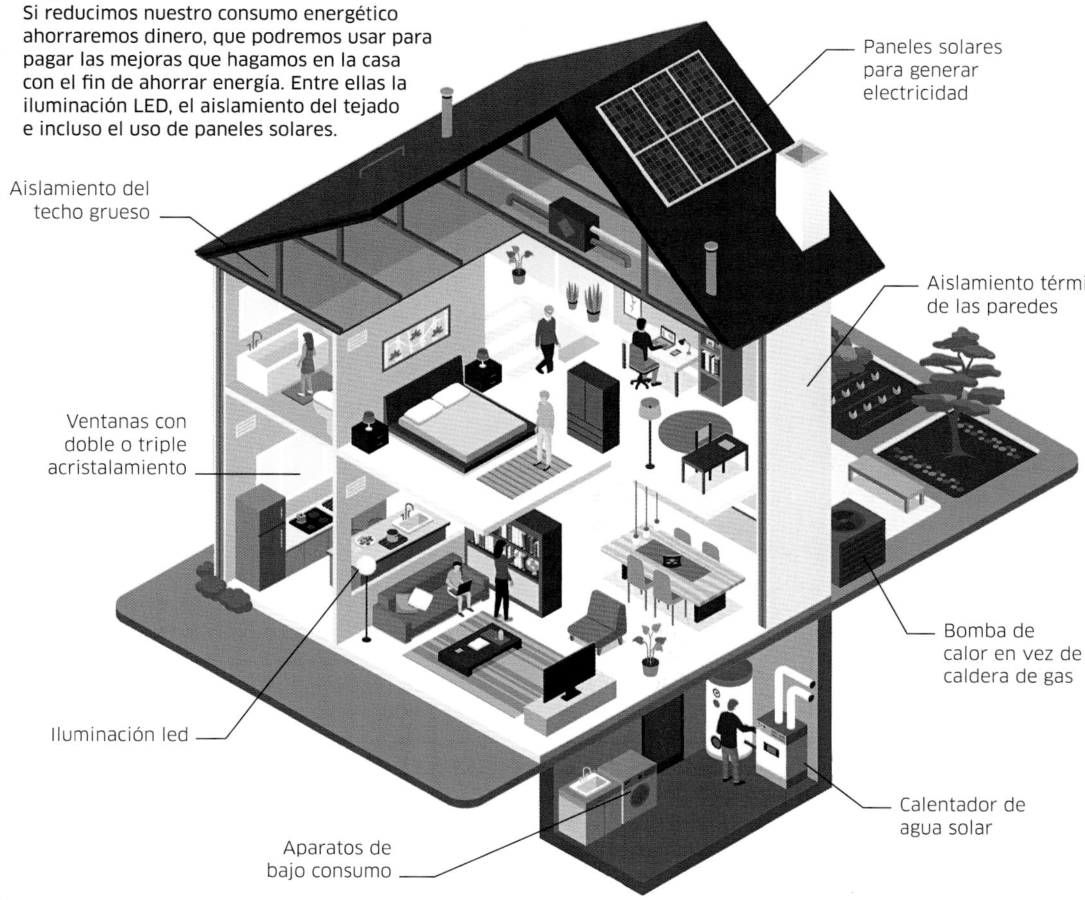
Paneles solares para generar electricidad
Aislamiento del techo grueso
Aislamiento térmico de las paredes
Ventanas con doble o triple acristalamiento
Bomba de calor en vez de caldera de gas
Iluminación led
Calentador de agua solar
Aparatos de bajo consumo

Carne artificial

Criar animales por su carne tiene un impacto sobre el medioambiente mucho mayor que producir alimentos vegetales. Los productos cárnicos artificiales, no obstante, pueden producirse en un laboratorio y generan muchos menos residuos. En el futuro podremos usar esta tecnología para producir hamburguesas y otros tipos de productos cárnicos en las fábricas.

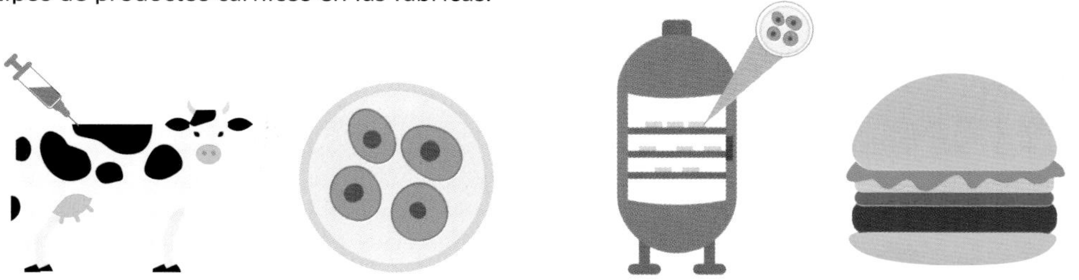

Recogida de células
Se extraen células específicas de un animal con un método indoloro. Solo se necesitan unos pocos animales, que no sufren ningún daño en el proceso.

Cultivo de células
Las células se cultivan en un laboratorio, donde se hace que se multipliquen. Se van duplicando hasta que hay suficientes para pasar a la siguiente fase de producción.

Crecimiento tisular
El cultivo de células se coloca en una máquina llamada biorreactor, donde se transforman en fibras que se parecen al tejido muscular animal, el principal tipo de carne comestible.

Creación del alimento
Finalmente, el tejido se procesa y se transforma en productos alimenticios como las hamburguesas, que normalmente se hacen con carne picada y otros ingredientes.

Eliminar el plástico

Los residuos plásticos son un gran problema mundial. Solo se recicla el 20 por ciento del plástico que usamos. El resto se tira. Pero hay nuevos métodos que tratan los residuos plásticos con sustancias químicas para transformarlos en aceites líquidos. Estos su vez se usan para fabricar otros productos, que luego se reciclan del mismo modo. Esta forma de producción que no genera residuos se conoce como economía circular.

ECONOMÍA CIRCULAR
Los residuos plásticos se recogen y se clasifican.
Con calor y sustancias químicas el plástico se transforma en aceite líquido.
El aceite líquido se refina para usarse como materia prima.
El material se añade a otras materias primas.
La combinación de materiales se usa para crear nuevos productos.
Los consumidores usan los productos y luego los tiran.

LOS CONTINENTES

Las masas de la Tierra forman siete continentes, cada uno de ellos con su propia combinación de paisajes, características geológicas, y flora y fauna. Los seres humanos han dividido seis de los continentes en países con una población y una cultura propias.

CONTINENTES Y OCÉANOS

Los continentes de la Tierra son enormes bloques de roca antigua separados por amplias extensiones de roca más joven y pesada que forman el suelo oceánico. El océano Atlántico se expande muy lentamente, mientras que el océano Pacífico se encoge, y eso poco a poco está alejando América de Europa y África.

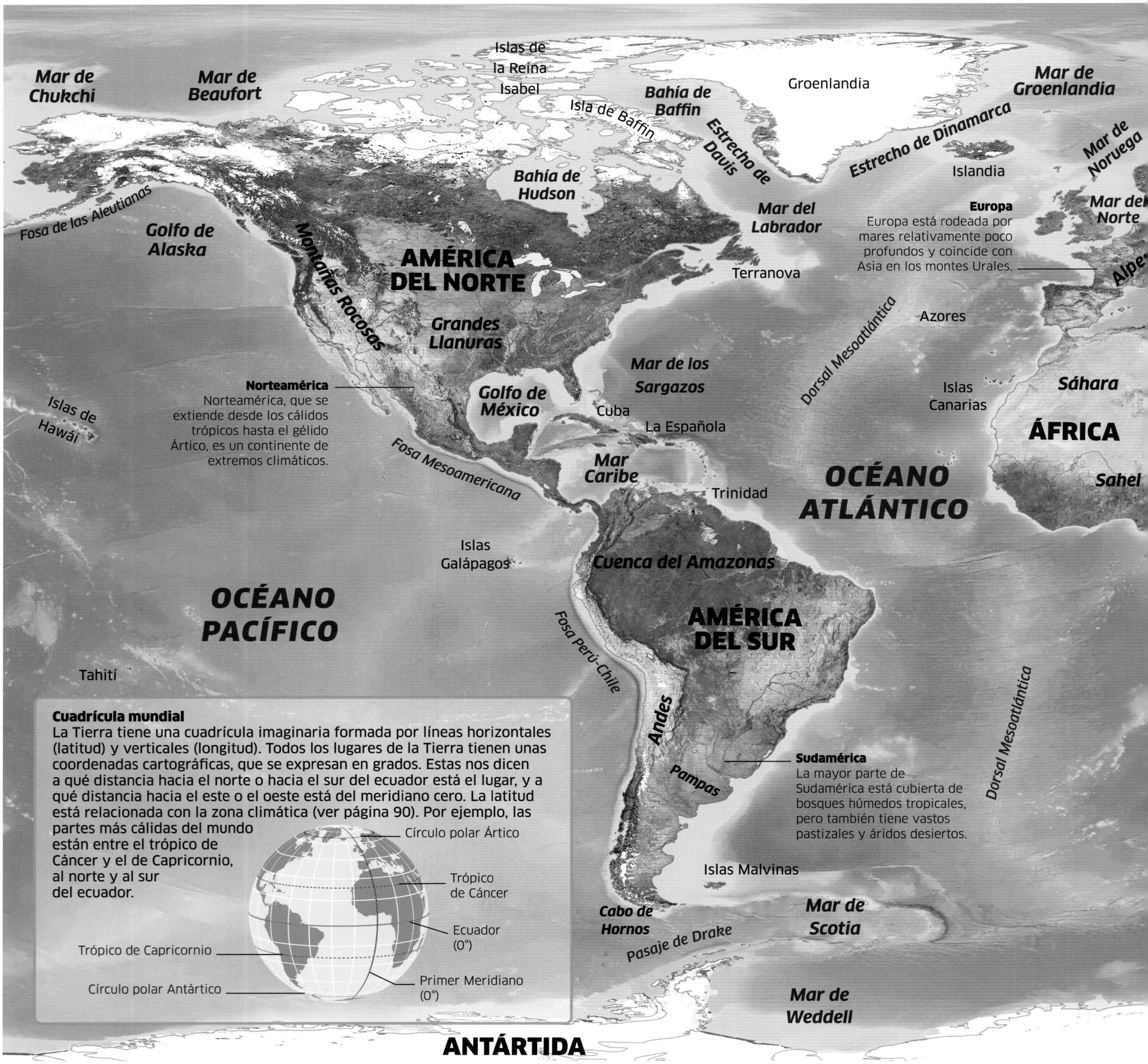

Norteamérica
Norteamérica, que se extiende desde los cálidos trópicos hasta el gélido Ártico, es un continente de extremos climáticos.

Europa
Europa está rodeada por mares relativamente poco profundos y coincide con Asia en los montes Urales.

Sudamérica
La mayor parte de Sudamérica está cubierta de bosques húmedos tropicales, pero también tiene vastos pastizales y áridos desiertos.

Cuadrícula mundial
La Tierra tiene una cuadrícula imaginaria formada por líneas horizontales (latitud) y verticales (longitud). Todos los lugares de la Tierra tienen unas coordenadas cartográficas, que se expresan en grados. Estas nos dicen a qué distancia hacia el norte o hacia el sur del ecuador está el lugar, y a qué distancia hacia el este o el oeste está del meridiano cero. La latitud está relacionada con la zona climática (ver página 90). Por ejemplo, las partes más cálidas del mundo están entre el trópico de Cáncer y el de Capricornio, al norte y al sur del ecuador.

Los 7 continentes

ocupan el 29 por ciento de la superficie de la Tierra, mientras que el mar y el agua dulce cubren el 71 por ciento.

Punto más alto y más bajo de los continentes

Los picos montañosos más altos se elevan más de 8 km sobre el nivel medio de la costa de los océanos del mundo, conocido como nivel del mar. Algunos de los puntos más bajos se encuentran por debajo del nivel del mar, pero como están separados del océano, el agua del mar no los ha inundado.

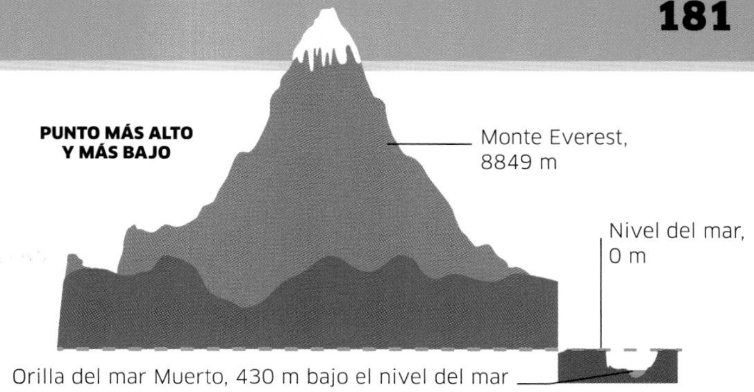

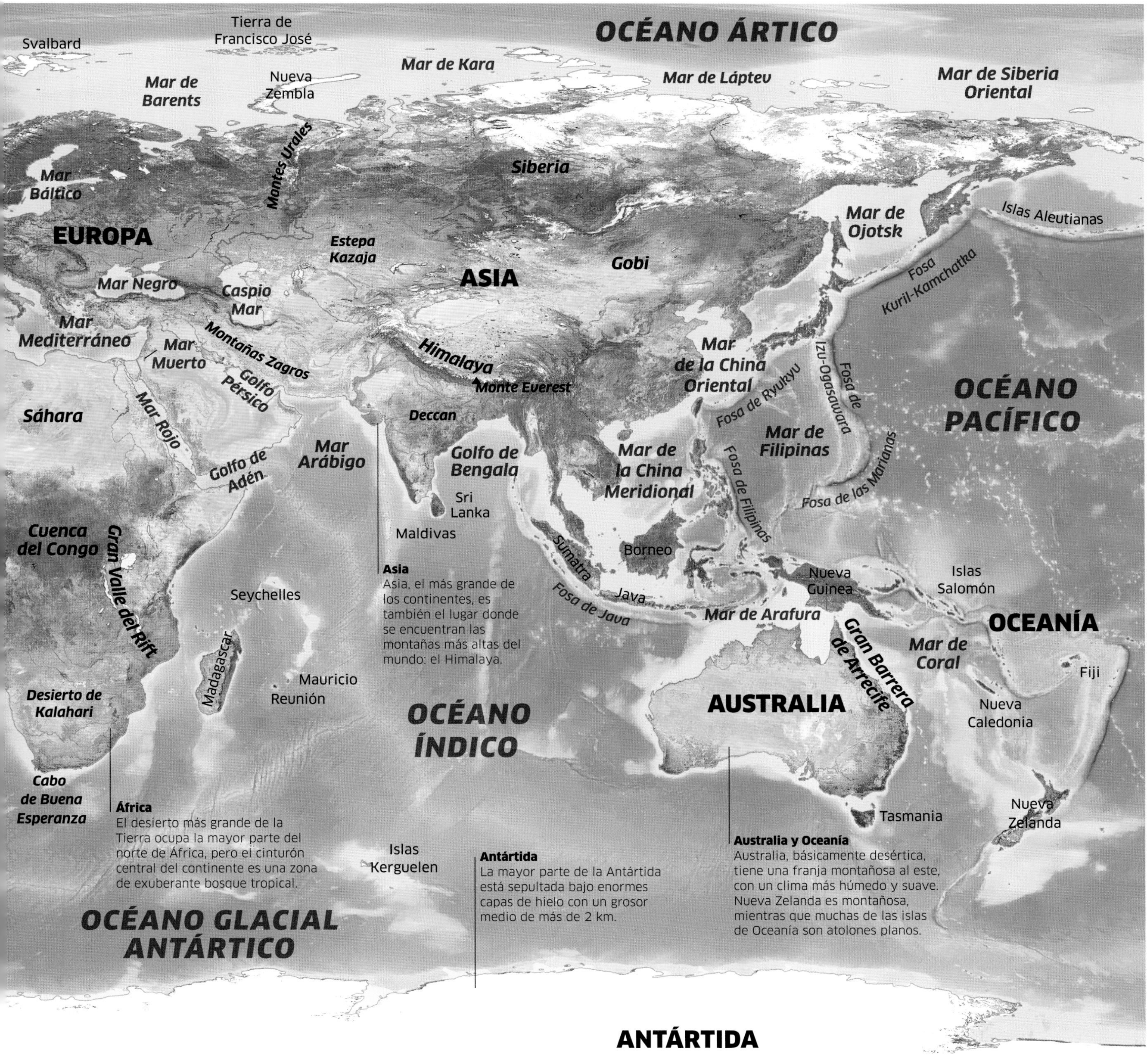

Asia
Asia, el más grande de los continentes, es también el lugar donde se encuentran las montañas más altas del mundo: el Himalaya.

África
El desierto más grande de la Tierra ocupa la mayor parte del norte de África, pero el cinturón central del continente es una zona de exuberante bosque tropical.

Antártida
La mayor parte de la Antártida está sepultada bajo enormes capas de hielo con un grosor medio de más de 2 km.

Australia y Oceanía
Australia, básicamente desértica, tiene una franja montañosa al este, con un clima más húmedo y suave. Nueva Zelanda es montañosa, mientras que muchas de las islas de Oceanía son atolones planos.

339 m: **profundidad total** del Zacatón, el **cenote más profundo** de la península de Yucatán.

Montañas Rocosas
Con sus 4800 km de norte a sur, las Montañas Rocosas dominan el lado occidental de Norteamérica. Se formaron a causa de masivos movimientos de tierra que deslizaron partes del suelo oceánico del Pacífico bajo el continente, hace entre 80 y 55 millones de años. La enorme presión estrujó y fracturó las rocas fomando escarpados picos montañosos, como el Grand Teton, que pueden observarse aquí sobresaliendo sobre las manadas de búfalos.

Monument Valley
Este majestuoso desierto del sudoeste de Estados Unidos lo formaron antiguos ríos que, a lo largo de millones de años, fueron erosionando una amplia meseta de arenisca. Los pináculos, mesas y formaciones más altos se elevan 300 m sobre el suelo de esta seca meseta.

Grandes Llanuras
Durante la edad de los dinosaurios gigantes, la región central de Norteamérica era un mar poco profundo. Actualmente es una vasta llanura abierta, que en origen estaba cubierta de praderas, pero que ahora alberga en su mayor parte tierras de cultivo. En verano abundan las tormentas eléctricas.

Socavones de Yucatán
En la península de Yucatán, México, se han formado unos socavones conocidos como cenotes, esculpidos en la roca por la acidez del agua que penetra en ella a través de la piedra caliza. Se extienden alrededor del borde de un cráter que creó un meteorito prehistórico al impactar con la Tierra (ver página 23).

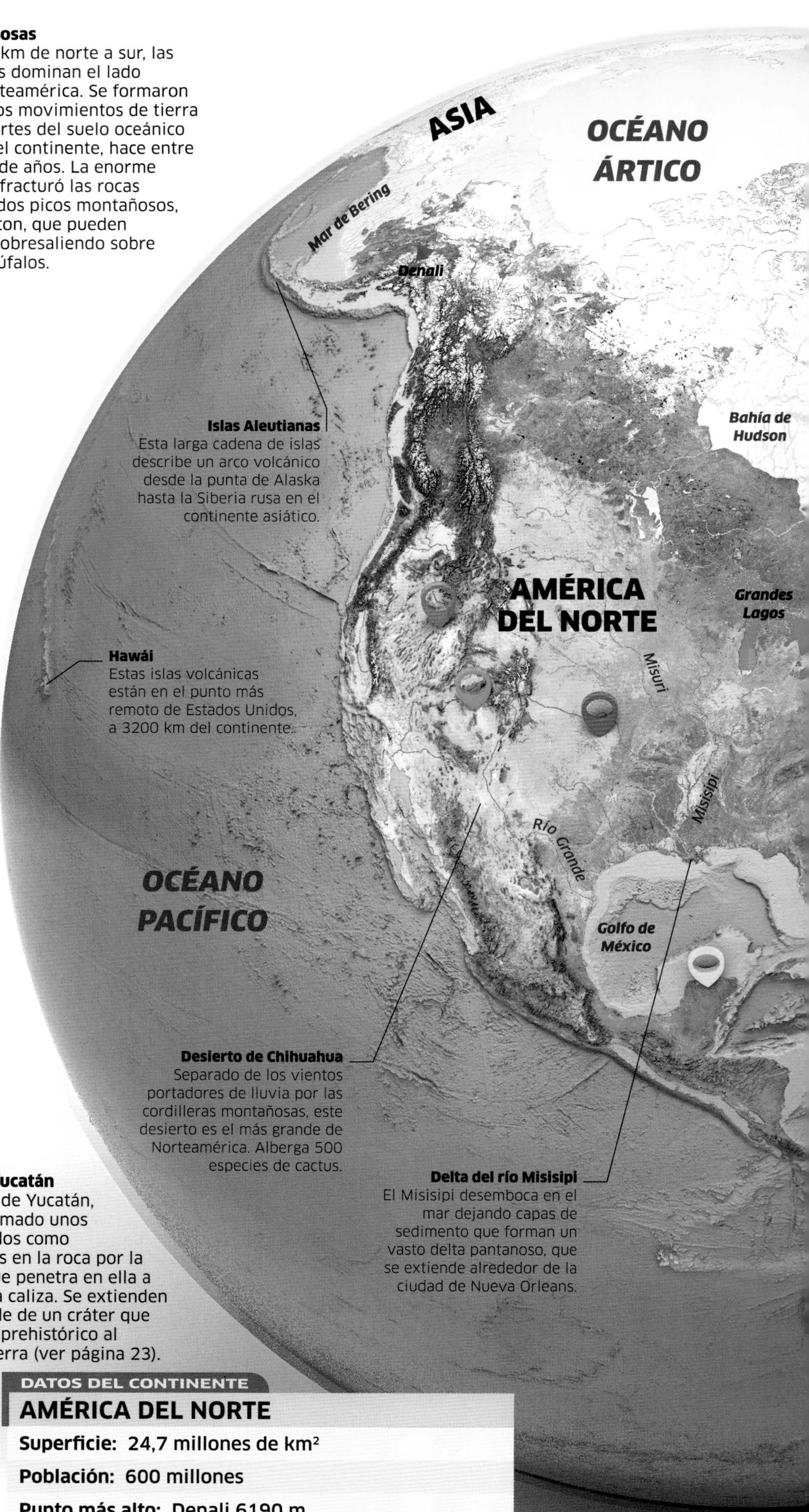

Islas Aleutianas
Esta larga cadena de islas describe un arco volcánico desde la punta de Alaska hasta la Siberia rusa en el continente asiático.

Hawái
Estas islas volcánicas están en el punto más remoto de Estados Unidos, a 3200 km del continente.

Desierto de Chihuahua
Separado de los vientos portadores de lluvia por las cordilleras montañosas, este desierto es el más grande de Norteamérica. Alberga 500 especies de cactus.

Delta del río Misisipi
El Misisipi desemboca en el mar dejando capas de sedimento que forman un vasto delta pantanoso, que se extiende alrededor de la ciudad de Nueva Orleans.

DATOS DEL CONTINENTE

AMÉRICA DEL NORTE

Superficie: 24,7 millones de km^2

Población: 600 millones

Punto más alto: Denali 6190 m

América del Norte

Situada al norte del ecuador, se extiende desde los bosques de América Central hasta las yermas regiones heladas del lejano Ártico.

Presenta varias cordilleras montañosas al oeste, en la costa del Pacífico, que se asientan sobre el Cinturón de Fuego y a veces se ven sacudidas por terremotos. Al este de las montañas predominan las grandes praderas. La tundra helada y los bosques de coníferas cubren las zonas más septentrionales, mientras que en el este las suaves colinas están cubiertas de árboles caducifolios. Al sur, los desiertos dan paso a bosques tropicales húmedos, pantanos y las islas tropicales del Caribe.

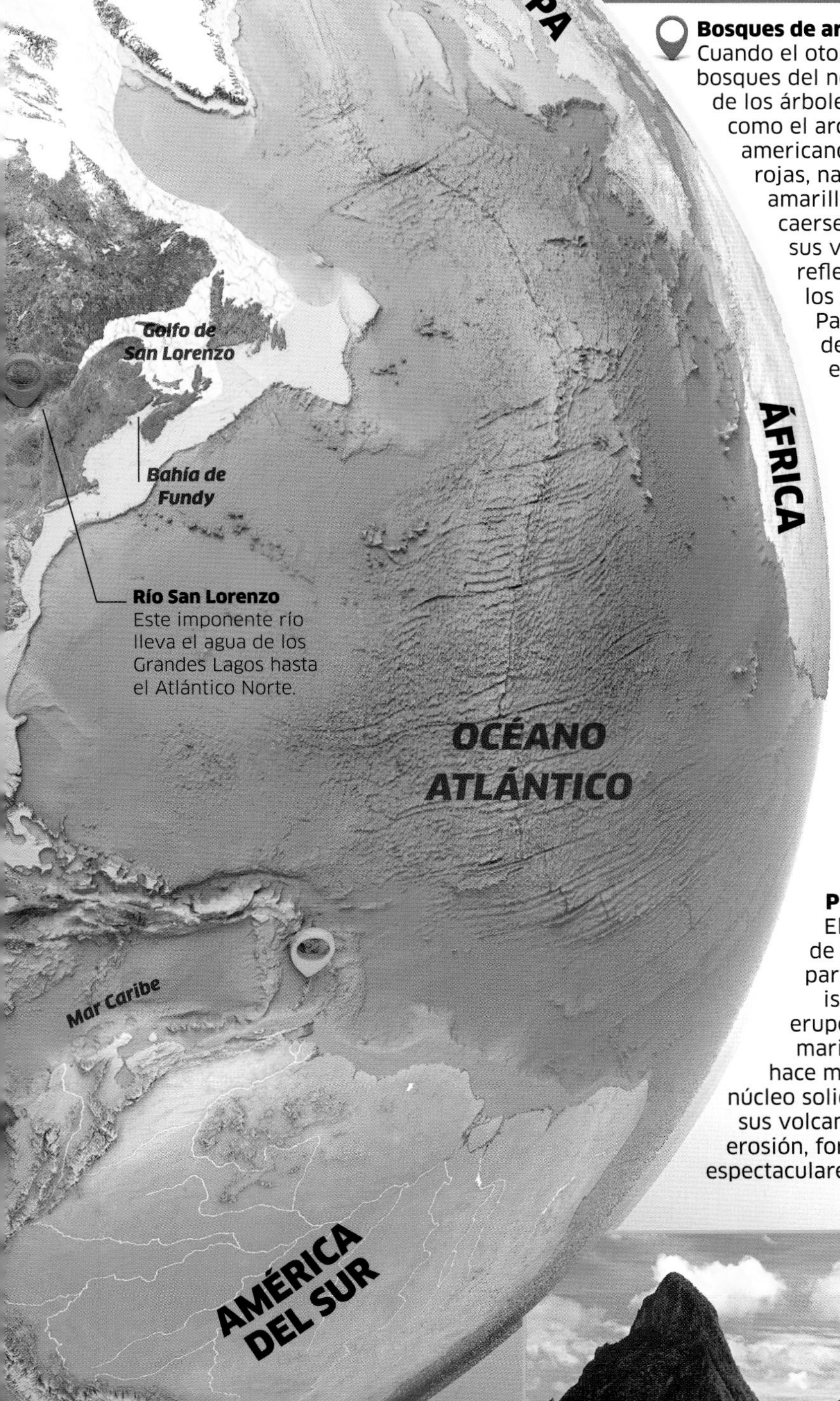

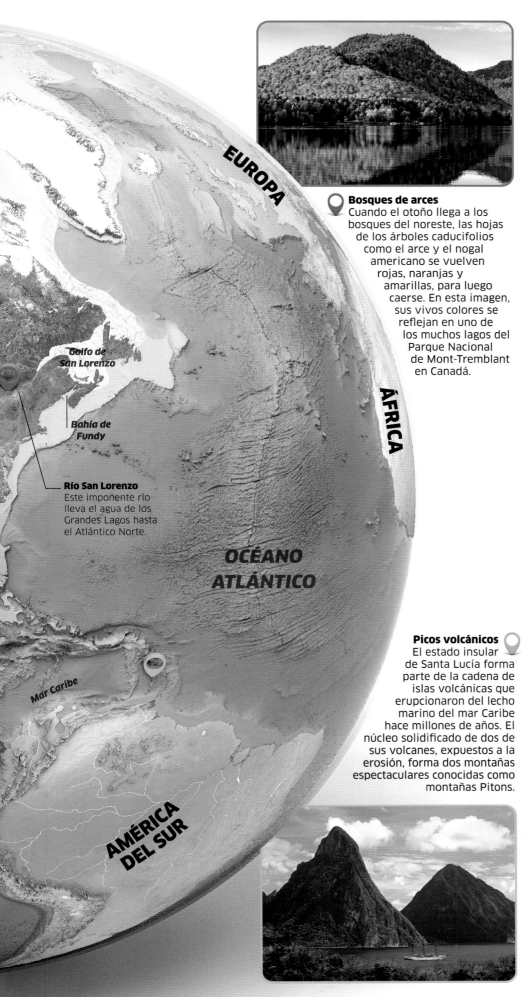

Río San Lorenzo
Este imponente río lleva el agua de los Grandes Lagos hasta el Atlántico Norte.

Bosques de arces
Cuando el otoño llega a los bosques del noreste, las hojas de los árboles caducifolios como el arce y el nogal americano se vuelven rojas, naranjas y amarillas, para luego caerse. En esta imagen, sus vivos colores se reflejan en uno de los muchos lagos del Parque Nacional de Mont-Tremblant en Canadá.

Picos volcánicos
El estado insular de Santa Lucía forma parte de la cadena de islas volcánicas que erupcionaron del lecho marino del mar Caribe hace millones de años. El núcleo solidificado de dos de sus volcanes, expuestos a la erosión, forma dos montañas espectaculares conocidas como montañas Pitons.

Proteger el entorno

Los pueblos indígenas que constituían la población original de América del Norte vivieron en contacto con la naturaleza durante miles de años. Actualmente, sus descendientes reclaman el derecho a gobernar su tierra natal, y están en primera línea en la lucha para proteger el entorno. Este grupo protesta en contra de un oleoducto que quieren construir cerca de un río en Dakota del Norte.

Huracanes destructivos

Los huracanes que se forman en el Atlántico tropical todos los años se desplazan hacia el oeste, hacia el Caribe y el golfo de México. Allí golpean con fuerza las islas y las costas, desencadenando tormentas repentinas que son como tsunamis impulsados por el viento. Esta imagen por satélite muestra al huracán Katrina dirigiéndose hacia Nueva Orleans, ciudad que arrasó en agosto de 2005.

8900 km de **extensión** tiene la **cordillera de los Andes** de norte a sur.

América del Sur

Formado por exuberantes bosques tropicales, desiertos abrasadores, vastos pastizales y montañas escarpadas, el continente alberga algunos de los paisajes más espectaculares y variados del planeta.

La mayor parte de la mitad norte de América del Sur está moldeada por el imponente río Amazonas y sus numerosos afluentes, que desaguan una vasta zona de tierras bajas rodeadas de tupido bosque tropical. El extremo occidental es muy diferente. Una enorme cordillera montañosa impide que las lluvias lleguen a las regiones del sudeste, formando la Pampa y los desiertos cercanos de la Patagonia. Situada a lo largo del Cinturón de Fuego (ver página 48), la costa oeste es una zona de terremotos y erupciones volcánicas.

Biodiversidad de la Amazonia

Los bosques tropicales de la Amazonia albergan más clases de plantas silvestres y animales salvajes que cualquier otro hábitat de la Tierra. En ellos viven al menos 16 000 especies distintas de árboles y más de 2,5 millones de especies de insectos. Esta inmensa biodiversidad es un prodigio de la naturaleza. Sus vastos recursos sin explotar, entre ellos plantas con posibles usos medicinales, hacen que esta región se vea amenazada, más allá de la amenaza que supone la tala de árboles.

Aves de vivos colores
Una de cada cinco especies de pájaros del mundo vive en los bosques tropicales de la Amazonia. Entre ellos están estos guacamayos rojos, que recogen minerales vitales de una veta (capa) de greda expuesta en la orilla del río.

Cazador escamoso
El clima cálido de la Amazonia es ideal para reptiles como la caracolera de Catesby, una serpiente que caza caracoles y babosas.

Observación de las estrellas

El desierto de Atacama, en Chile, es el desierto no polar más seco del mundo. Sus cielos despejados y libres de contaminación lumínica lo convierten en el lugar ideal para estudiar el cielo nocturno. En él hay varios observatorios, como La Silla, con distintos tipos de telescopios gigantes.

DATOS DEL CONTINENTE

AMÉRICA DEL SUR

Superficie: 17,8 millones de km²

Población: 438 millones

Punto más alto: Aconcagua 6962 m

AMÉRICA DEL NORTE
Islas Galápagos
Este grupo de islas volcánicas remotas es famoso por sus especies endémicas únicas.
OCÉANO PACÍFICO
OCÉANO GLACIAL ANTÁRTICO

Cordillera de los Andes
Los Andes, en el extremo occidental del continente, son la cordillera más larga de la Tierra. Con una altura media de 4000 m, son un hábitat desafiante para los animales. Estas llamas que están en una meseta cerca del Huayna Potosí, una montaña de Bolivia, se han adaptado para poder respirar a gran altura.

6400 km: longitud estimada del río **Amazonas**, que **compite con el Nilo** por el honor de ser el **río más largo del mundo**.

6,7 millones de km² de **superficie** tiene la enorme, **aunque cada vez más reducida**, zona cubierta por la **selva amazónica**.

Pan de Azúcar, Río
Este espectacular peñasco, que se erige sobre Río de Janeiro en Brasil, emergió cuando la roca circundante más blanda se desgastó, dejando en pie un núcleo de granito cónico.

Cabo de Hornos
Este promontorio rocoso, que forma parte del archipiélago de Tierra del Fuego, destaca sobre el paso Drake o mar de Hoces, el tempestuoso estrecho que separa América del Sur de la Antártida.

Monte Roraima
Más de 100 imponentes montañas de cima plana, llamadas tepuis, se elevan sobre los bosques tropicales del norte de América del Sur. El más alto es el monte Roraima, en Venezuela, con paredes verticales de arenisca que sobresalen por encima de las nubes. Muchas de las especies animales que viven sobre su cima no pueden encontrarse en ningún otro lugar.

Río Amazonas
El Amazonas, el río más grande del mundo, lleva hasta una quinta parte del agua fluvial del planeta. Sus aguas y sus orillas cubiertas de bosques tropicales albergan una rica variedad de especies, entre ellas el delfín del Amazonas, en la imagen.

Cataratas del Iguazú
Las cataratas del Iguazú, que descienden por grandes bloques de roca basáltica en la frontera entre Brasil y Argentina, son unas de las más espectaculares de la Tierra. Presentan unos 300 saltos, entre ellos los que forman la sección conocida como Garganta del Diablo, en la imagen.

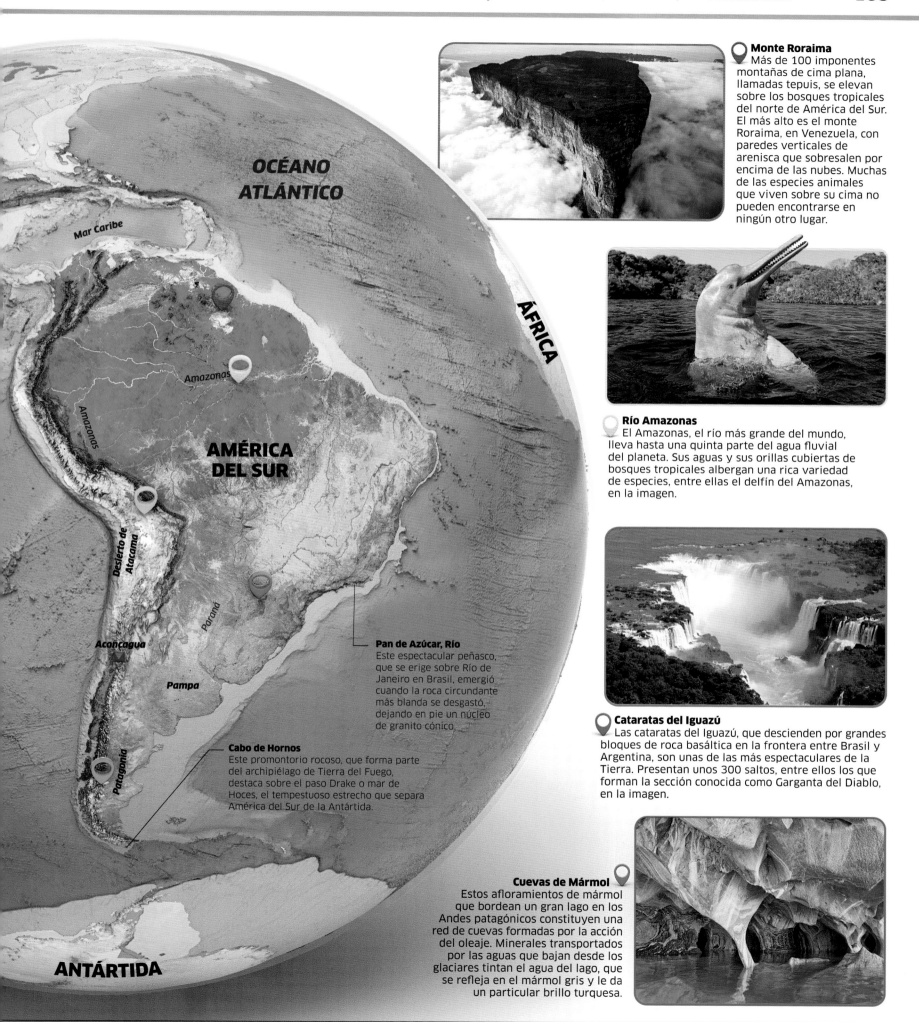

Cuevas de Mármol
Estos afloramientos de mármol que bordean un gran lago en los Andes patagónicos constituyen una red de cuevas formadas por la acción del oleaje. Minerales transportados por las aguas que bajan desde los glaciares tintan el agua del lago, que se refleja en el mármol gris y le da un particular brillo turquesa.

11 700 años han pasado **desde el final** de la **última glaciación** en Europa.

Archipiélago de Estocolmo
El litoral báltico está salpicado de islas. Casi 30 000 de ellas se agrupan al este de Estocolmo, Suecia. Durante la glaciación una placa de hielo descomunal las hundió. Cuando esta se derritió, las islas fueron poco a poco emergiendo fuera del agua, un proceso que todavía sigue en la actualidad.

Cuevas costeras
El Algarve, al sur de Portugal, es famoso por sus espectaculares formaciones rocosas. Estas cuevas costeras, creadas por las olas y la lluvia al erosionar la roca sedimentaria, forman enormes arcos que se extienden sobre las aguas poco profundas.

Matterhorn, 4478 m

Los Alpes
Esta agreste cordillera, que se formó porque la península italiana empujaba al resto de Europa hacia el norte, contiene unos 80 picos de más de 4000 m de alto, entre ellos el Matterhorn, con su característica forma piramidal.

Garganta de piedra caliza
En el sur de Francia, el río Verdon ha esculpido una impresionante garganta en el paisaje de piedra caliza. Tiene más de 24 km de largo y hasta 700 m de profundidad en algunos puntos, lo que lo convierte en el cañón de este tipo más grande de Europa.

Montes escandinavos
Esta cordillera, mucho más vieja que los Alpes, se extiende por la mayor parte de la península escandinava.

Islandia volcánica
Islandia ofrece un paisaje de roca basáltica oscura, volcanes, fuentes termales y géiseres.

Islas Británicas
Gran Bretaña, que en el pasado estuvo unida al continente europeo, se separó de él hace unos 9000 años.

Estrecho de Gibraltar
Hace más de 5 millones de años, el Mediterráneo quedó aislado del Atlántico y prácticamente se evaporó. Luego, este estrecho volvió a abrirse, conectando los dos mares, pero separando Europa de África.

El Bósforo
Este estrecho, que separa Europa de Asia, permite que el agua circule entre el mar Negro y el Mediterráneo.

DATOS DEL CONTINENTE

EUROPA

Superficie: 10,2 millones de km²

Población: 748 millones

Punto más alto: Monte Elbrús 5642 m

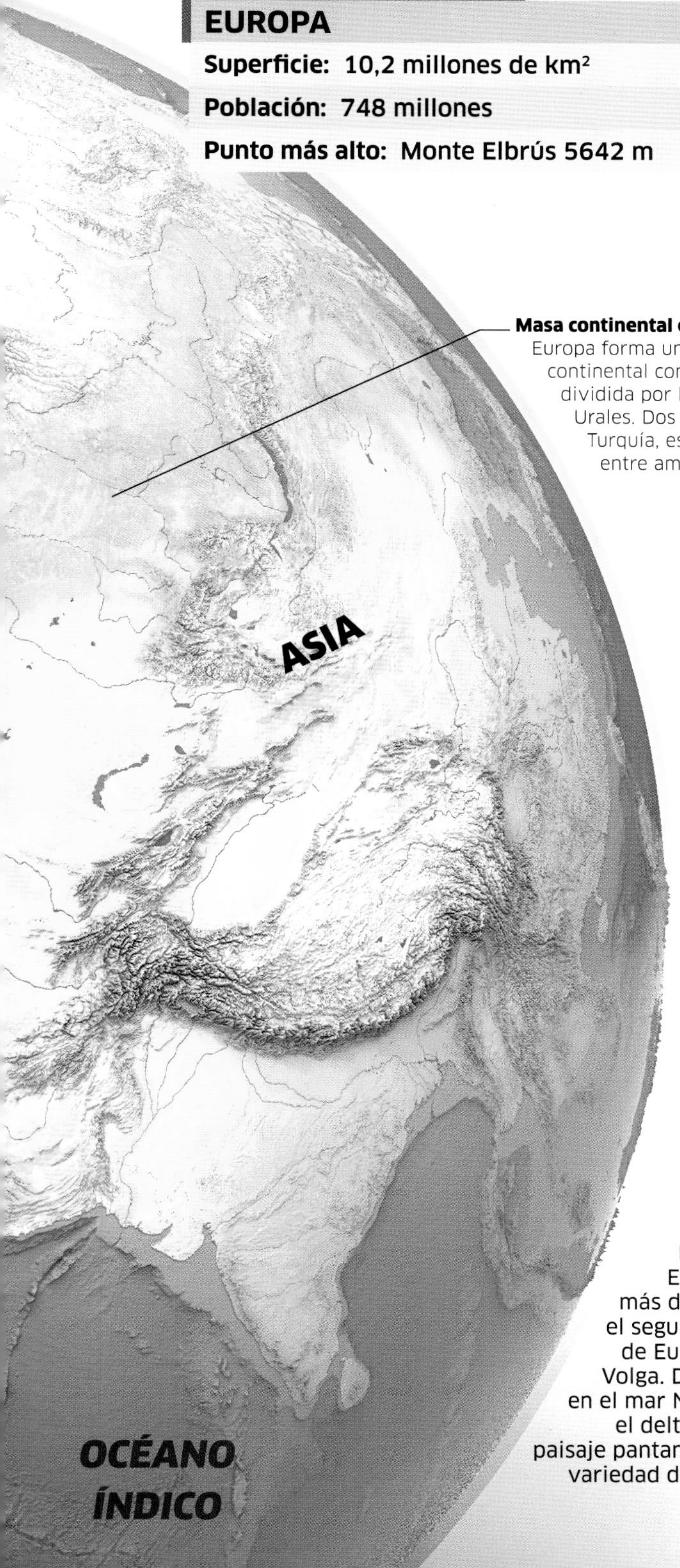

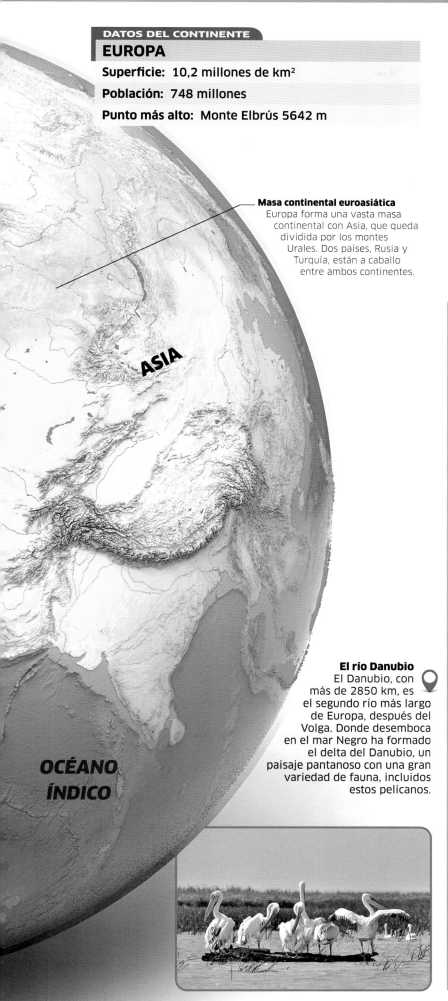

Masa continental euroasiática
Europa forma una vasta masa continental con Asia, que queda dividida por los montes Urales. Dos países, Rusia y Turquía, están a caballo entre ambos continentes.

El río Danubio
El Danubio, con más de 2850 km, es el segundo río más largo de Europa, después del Volga. Donde desemboca en el mar Negro ha formado el delta del Danubio, un paisaje pantanoso con una gran variedad de fauna, incluidos estos pelícanos.

Europa

Desde el Mediterráneo hasta las playas árticas, tiene un paisaje muy variado con montañas, ricos cultivos y planicies onduladas.

Al oeste de la gran masa continental de Eurasia, disfruta de vientos constantes que llevan aire suave y húmedo del océano Atlántico. Eso hace que la mayor parte del continente tenga un clima templado, ideal para la agricultura y la ganadería. La llanura europea, antiguamente cubierta de bosque, se extiende entre las cordilleras montañosas situadas al norte y al sur, y en la actualidad está cubierta principalmente por tierras de cultivo. A pesar de ello, Europa sigue conservando muchos espacios naturales, que dan refugio a la fauna autóctona.

Mar cerrado o interior

Europa está rodeada casi por completo de mares y océanos. Muchos de sus mares están conectados con el océano Atlántico, pero algunos están virtualmente aislados. El mar Báltico y el mar Negro tienen un menor contenido en sal que el océano, porque son muchos los ríos que desembocan en ellos. El Mediterráneo es más salado que el Atlántico porque el calor del sol hace que su agua se evapore, dejando tras de sí la sal.

Salinidad del agua
El contenido en sal del agua se mide en partes por mil (ppt). Menos de 0,5 ppt se considera agua dulce y más de 50 ppt, extremadamente salada.

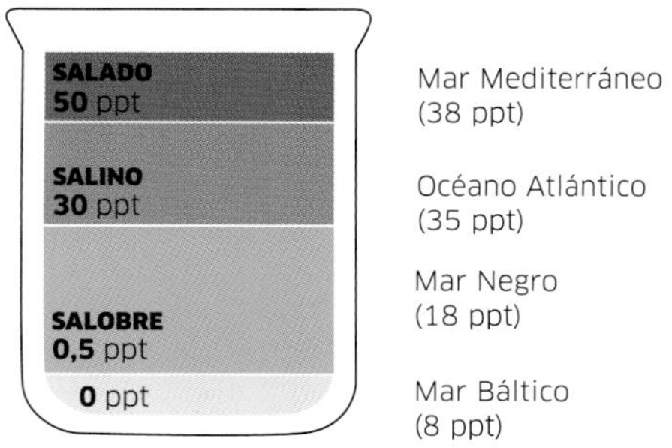

Lobos salvajes

El lobo común o europeo, antes muy abundante, fue exterminado casi por completo tras siglos de persecución. Unos pocos ejemplares sobrevivieron en el norte y el este de Europa. Desde los años ochenta del siglo XX, gracias a la protección legal ha podido regresar a sus hábitats. Actualmente, pueden verse lobos en las regiones más agrestes de Polonia, Alemania, Rumanía, Grecia, los Alpes y el norte de España, así como en Noruega, Suecia, Finlandia y Rusia.

Todo construido

Europa es una de las zonas más pobladas del mundo, con civilizaciones que se remontan a casi cuatro mil años. La densidad de población en ciertas partes resulta evidente en esta imagen nocturna por satélite de Europa, en la que se ven las luces de muchas grandes ciudades y zonas industriales.

9,2 millones de km² es la **superficie aproximada** del **desierto del Sáhara**, que es **más grande que Australia**.

África

Es un enorme continente en su mayor parte tropical con un enorme desierto, prados secos y un gran anillo central de bosque tropical húmedo. El Mediterráneo lo separa de Europa y el mar Rojo, de Asia.

Algunos países del norte de África cubren enormes tramos de desierto, en los que es imposible cultivar o criar nada y donde vive muy poca gente. Más al sur, el clima es más apropiado para la agricultura y la ganadería, aunque en muchas zonas, como el Sahel, el cambio climático está transformando los prados en desierto. Al este de los bosques están los altiplanos de Etiopía y los profundos lagos del valle del Rift, con sus espectaculares colonias de flamencos. En la parte meridional, el clima mediterráneo hace posible la rica vida vegetal de la Región Floral del Cabo. Al sur de esta región, el océano Índico se encuentra con el océano Atlántico en el cabo de las Agujas.

Revolución solar

Las zonas más secas de África tienen más horas de sol que casi cualquier otra región, por lo que son el sitio ideal para generar electricidad a partir de la luz solar. Algunos países, como Sudáfrica, Marruecos y Egipto, han construido grandes plantas de generación de energía solar. Los proyectos a pequeña escala proporcionan electricidad a zonas rurales, por ejemplo a estas farolas que funcionan con energía solar en un pueblo de Guinea.

Reservas naturales

Algunos de los grandes animales de África, que están amenazados por la caza furtiva y la pérdida de hábitats, viven relativamente seguros en las grandes reservas naturales, como la del Serengeti y el Maasai Mara. Estos prados tropicales albergan algunos de los animales más espectaculares de la Tierra, entre ellos leones, ñus, hienas, antílopes y jirafas.

Población joven

Comparado con otros continentes, África tiene una población muy joven. Como mínimo el 60 por ciento de su población tiene menos de 25 años. Ello se debe a que es habitual que tengan muchos hijos y a que en la actualidad son menos los niños que mueren a muy temprana edad. En la totalidad de África, la media de edad es de 19 años, pero varía mucho de un país a otro: en Níger es de 15 años y en Sudáfrica de 27 años.

ESCOLARES EN SOWETO, SUDÁFRICA

Desierto del Sáhara
El desierto cálido más grande del mundo cubre la mayor parte del norte de África. Buena parte es de roca árida, pero en algunas regiones gigantes dunas de arena como estas, en Marruecos, dominan el paisaje. En algunos lugares, el agua que hay debajo el suelo sale a la superficie y crea fértiles oasis.

Archipiélago de Cabo Verde
Se formó al enfriarse el magma convirtiéndose en roca ígnea. Actualmente, estas islas solo tienen dos volcanes activos.
OCÉANO ATLÁNTICO
Manglares costeros
Los manglares, que pueden crecer en el barro salado, forman tupidos bosques en la costa occidental de África. Son refugios vitales para muchas especies y protegen el litoral de la erosión.
AMÉRICA DEL SUR
OCÉANO ATLÁNTICO

Montes Drakensberg
A 3166 m sobre el nivel del mar, el pico Sentinel es una de las partes más altas de los montes Drakensberg, la cadena montañosa que rodea los altiplanos de Sudáfrica. Una capa de basalto cubre el núcleo de arenisca, mucho más antiguo, que hay debajo.

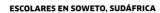

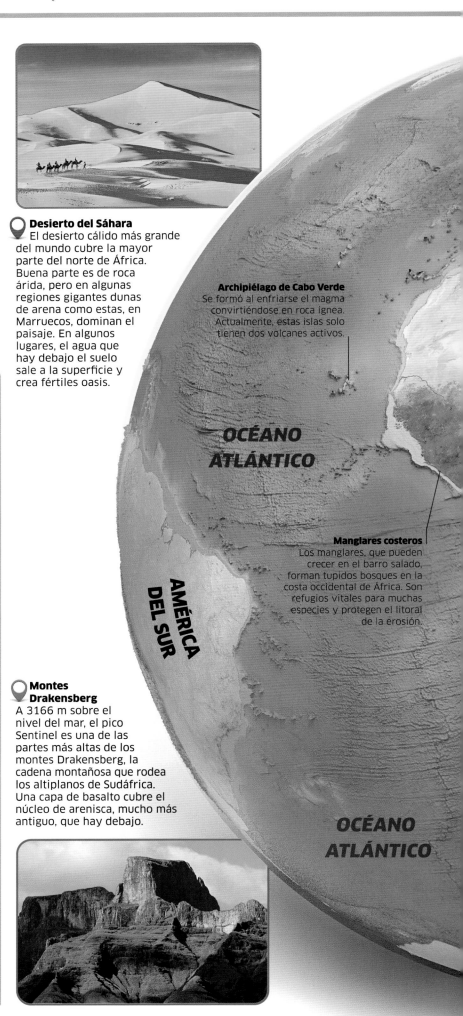

7 millones de años hace que **nuestros primeros antepasados** aparecieron en **África**, mucho antes de **evolucionar** y convertirse en **humanos modernos**.

49 °C **Temperatura más alta** registrada en Dallol, en la **depresión de Afar**.

189

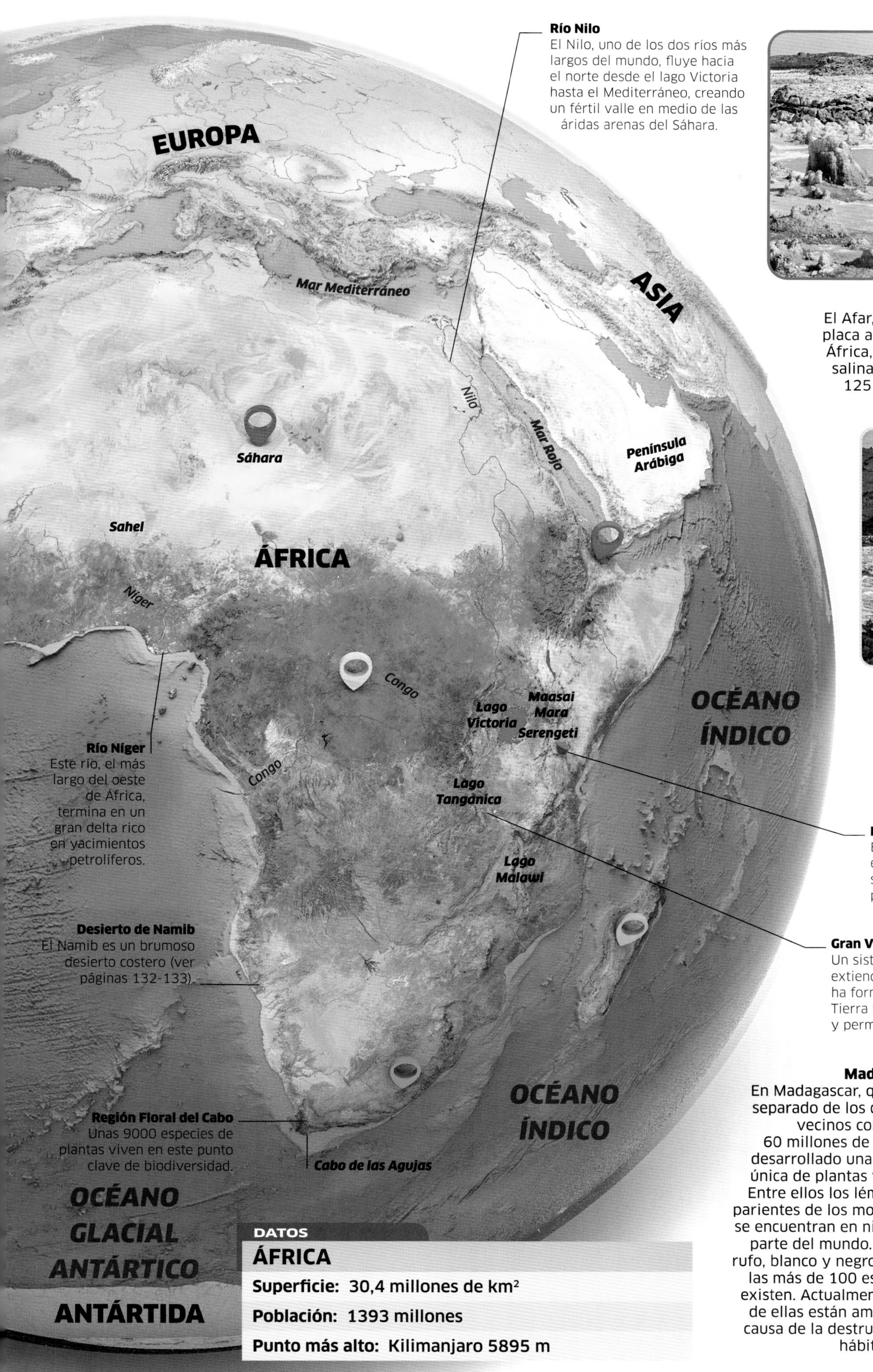

Río Nilo
El Nilo, uno de los dos ríos más largos del mundo, fluye hacia el norte desde el lago Victoria hasta el Mediterráneo, creando un fértil valle en medio de las áridas arenas del Sáhara.

Río Níger
Este río, el más largo del oeste de África, termina en un gran delta rico en yacimientos petrolíferos.

Desierto de Namib
El Namib es un brumoso desierto costero (ver páginas 132-133).

Región Floral del Cabo
Unas 9000 especies de plantas viven en este punto clave de biodiversidad.

Depresión de Afar
El Afar, que ocupa el espacio que queda allí donde la placa arábiga se está separando lentamente del este de África, es una depresión salpicada de volcanes y aguas salinas hirviendo. El cráter Dallol, en la imagen, está a 125 m sobre el nivel del mar y es uno de los lugares más cálidos de la Tierra.

Cuenca del río Congo
El agua de lluvia de los bosques tropicales de África Central va a parar al imponente río Congo. En conjunto desagua 4 millones de km² de bosque tropical húmedo, en el que viven gorilas, chimpancés y bonobos.

Monte Kilimanjaro
El Kilimanjaro, la montaña más alta de África, es un volcán inactivo. Su cima, que se eleva sobre las llanuras de Tanzania, está cubierta por glaciares en retroceso.

Gran Valle del Rift
Un sistema de lagos recorre el Gran Valle del Rift, que se extiende desde el Afar hasta el lago Malawi. Esta depresión se ha formado allí donde una de las placas de la corteza de la Tierra se está separando, haciendo que parte de ella se hunda y permitiendo que el magma erupcione y forme volcanes.

Madagascar
En Madagascar, que lleva separado de los continentes vecinos como mínimo 60 millones de años, se ha desarrollado una diversidad única de plantas y animales. Entre ellos los lémures, unos parientes de los monos que no se encuentran en ninguna otra parte del mundo. Este lémur rufo, blanco y negro, es una de las más de 100 especies que existen. Actualmente, muchas de ellas están amenazadas a causa de la destrucción de su hábitat forestal.

DATOS

ÁFRICA

Superficie: 30,4 millones de km²

Población: 1393 millones

Punto más alto: Kilimanjaro 5895 m

-67,7 °C **Temperatura más baja** registrada en la **localidad más fría** de la Tierra, **Oymyakon**, en Siberia.

Asia

Es el continente más grande, con las montañas más altas y la mayor población. Se extiende desde las costas árticas de Siberia hasta las islas tropicales de Indonesia.

A diferencia de casi todos los demás continentes, no está rodeada totalmente por el océano. Forma parte de una masa continental gigantesca junto con Europa, dividida por las cordilleras de los Urales y del Cáucaso. Incluye asimismo el Himalaya y la meseta tibetana, que se encuentra a tanta altitud que a veces se refieren a ella como el «techo del mundo». La mayor parte del interior del continente está cubierta de prados secos y desierto, mientras que en las partes más agrestes del sudeste asiático crecen exuberantes bosques tropicales. Aquí, y en amplias zonas de China, las terrazas de arrozales configuran el paisaje.

DESIERTO DE ARABIA

DESIERTO DE GOBI

Desiertos fríos y cálidos

Asia tiene vastas zonas desérticas. En el sur está el cálido desierto de Arabia, una prolongación del Sáhara. Más al noreste, el desierto de Gobi de China septentrional y Mongolia es mucho más frío y seco. En él llueve muy poco porque está separado del mar por las montañas más altas del mundo. Las noches son frías, incluso en los desiertos cálidos, porque el aire seco no retiene el calor.

Tigre siberiano

Los tigres, los felinos más grandes, solían vivir por toda Asia, desde Irán hasta Corea y desde Siberia hasta Java. Hoy solo sobreviven poblaciones dispersas en bosques remotos, la mayoría en India, pero también al norte, como en el río Amur, en el sudeste de Rusia. Estos tigres siberianos tienen que lidiar con inviernos muy fríos y nevados, pero los soportan gracias a su grueso pelaje.

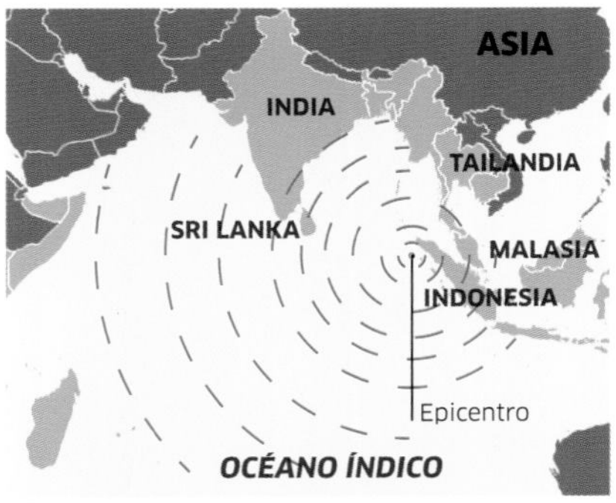

Países afectados por el tsunami de 2004

Olas mortales

Los terremotos en el suelo oceánico pueden generar enormes olas muy destructivas llamadas tsunamis. Los tsunamis han devastado zonas costeras, como las del océano Índico en 2004 y Japón en 2011. El tsunami de 2004 lo desencadenó un terremoto que se originó en el océano Índico, frente a la costa de Sumatra, Indonesia. Las enormes olas acabaron con la vida de más de 228 000 personas.

DATOS DEL CONTINENTE

ASIA	
Superficie:	44,6 millones de km²
Población:	4700 millones
Punto más alto:	Monte Everest 8849 m

Frontera natural
Al este del mar Negro, una placa de la corteza de la Tierra que sostiene la península de Arabia y Turquía se ha desplazado hacia el norte empujando a Europa y originando las montañas del Cáucaso.

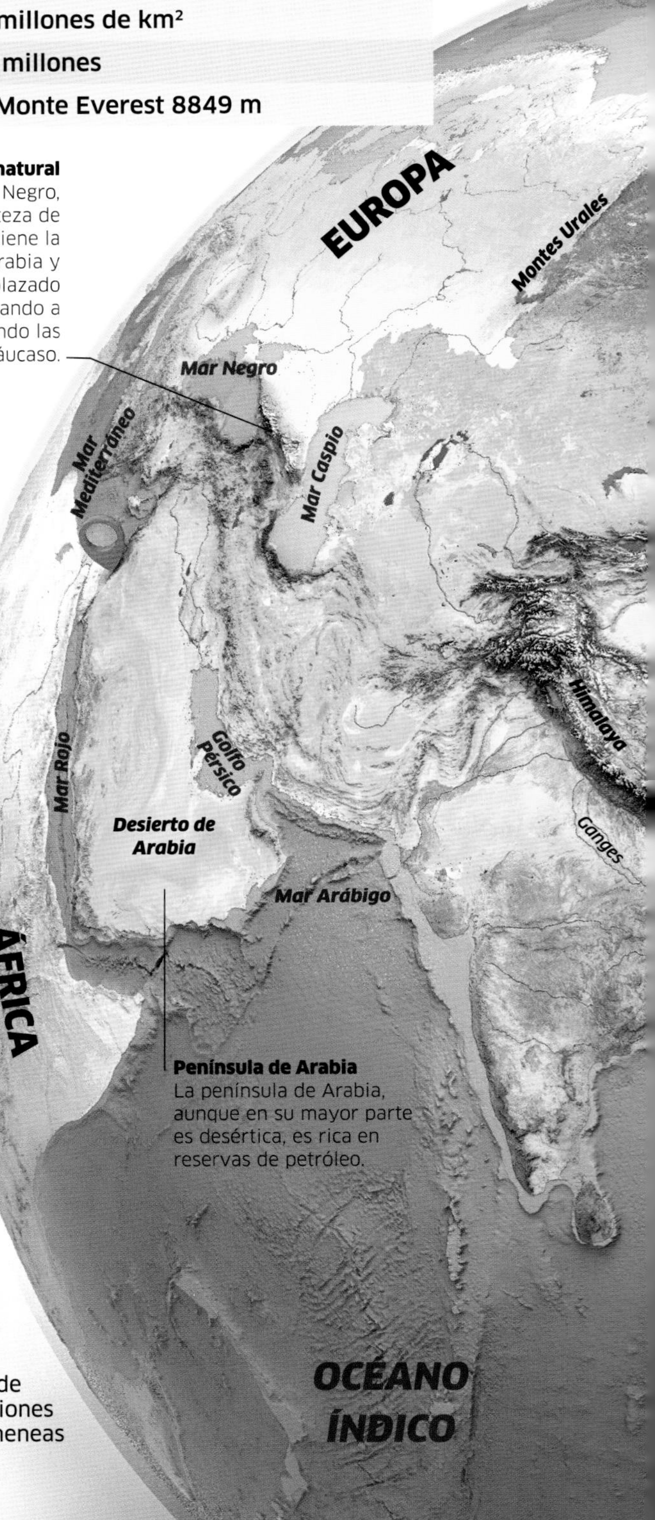

Península de Arabia
La península de Arabia, aunque en su mayor parte es desértica, es rica en reservas de petróleo.

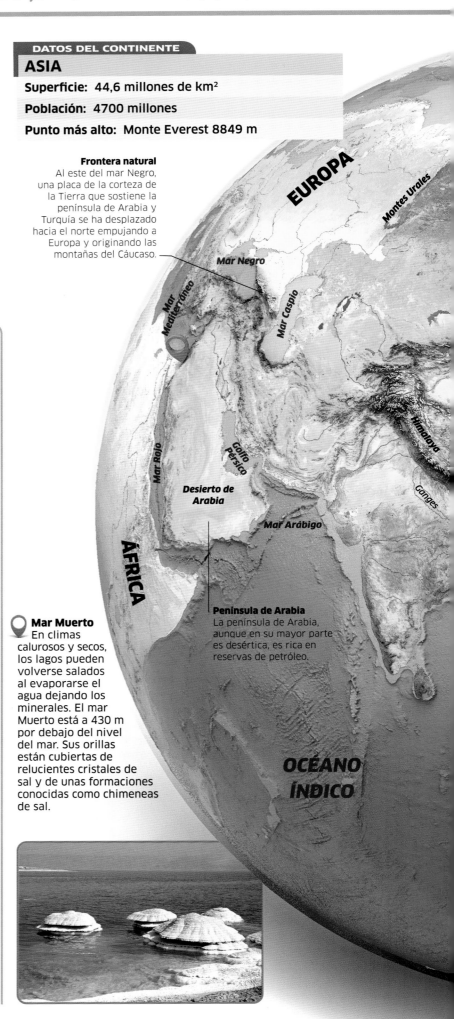

Mar Muerto
En climas calurosos y secos, los lagos pueden volverse salados al evaporarse el agua dejando los minerales. El mar Muerto está a 430 m por debajo del nivel del mar. Sus orillas están cubiertas de relucientes cristales de sal y de unas formaciones conocidas como chimeneas de sal.

4380 m es la **altitud media** sobre el nivel del mar de la **meseta tibetana**. **350** **tigres siberianos** se estima que **quedan en libertad**. **127** **volcanes** están **activos** en Indonesia. 191

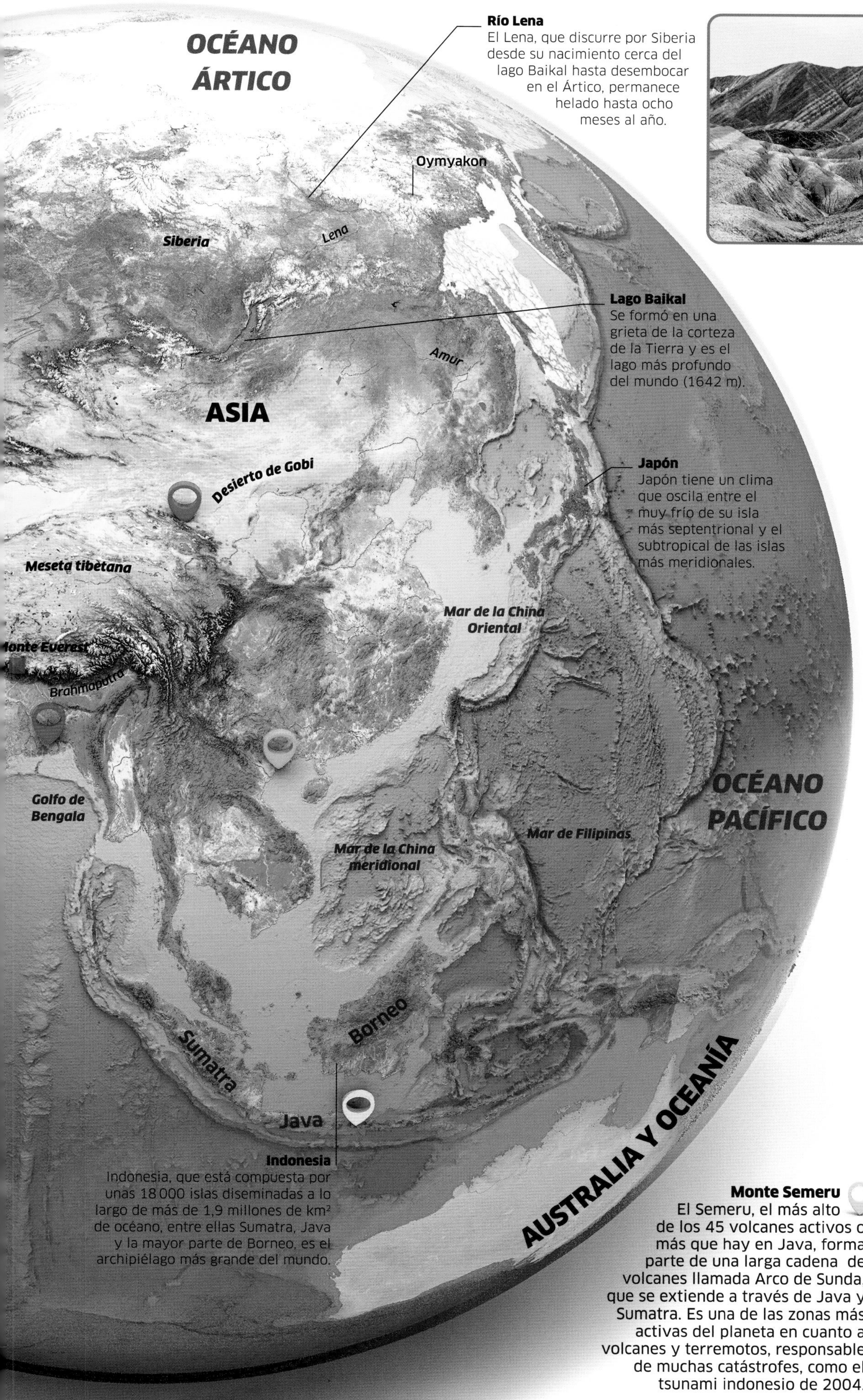

Río Lena
El Lena, que discurre por Siberia desde su nacimiento cerca del lago Baikal hasta desembocar en el Ártico, permanece helado hasta ocho meses al año.

Lago Baikal
Se formó en una grieta de la corteza de la Tierra y es el lago más profundo del mundo (1642 m).

Japón
Japón tiene un clima que oscila entre el muy frío de su isla más septentrional y el subtropical de las islas más meridionales.

Indonesia
Indonesia, que está compuesta por unas 18 000 islas diseminadas a lo largo de más de 1,9 millones de km^2 de océano, entre ellas Sumatra, Java y la mayor parte de Borneo, es el archipiélago más grande del mundo.

Zhangye Danxia
El viento y la lluvia han erosionado estas capas de arenisca de muchos colores distintos, creando este espectacular paisaje en el noroeste de China. Las capas de roca deben su color a los minerales que contienen.

Delta del Ganges
La arena y los sedimentos transportados desde el Himalaya por los ríos Ganges y Brahmaputra han creado este colosal delta fluvial en el golfo de Bengala. Sus canales pantanosos presentan tupidos bosques de manglares, con su compleja red de raíces submarinas.

Bahía de Ha Long
Esta bahía del norte de Vietnam está salpicada por más de 1600 islas de piedra caliza, que se formaron cuando la blanda roca se disolvió en el agua. La mayoría están rodeadas de bosques tropicales y muchas presentan grutas causadas por la erosión de la lluvia.

Monte Semeru
El Semeru, el más alto de los 45 volcanes activos o más que hay en Java, forma parte de una larga cadena de volcanes llamada Arco de Sunda, que se extiende a través de Java y Sumatra. Es una de las zonas más activas del planeta en cuanto a volcanes y terremotos, responsable de muchas catástrofes, como el tsunami indonesio de 2004.

Cascada de piscinas

Al oeste de Turquía, unas fuentes termales ricas en minerales cerca de Denizli han creado una espectacular cascada conocida como Pamukkale.

Las fuentes son alimentadas por la actividad volcánica, que hace que el agua caliente disuelva el carbonato de calcio de la roca. Cuando el agua entra en contacto con el aire, el carbonato de calcio se transforma en el mineral travertino. Con el tiempo, este ha formado terrazas, cada una con una piscina turquesa de agua caliente: un spa termal desde el siglo II a. C.

421 m: **profundidad del Doubtful Sound/Patea**, el más profundo de los **14 fiordos** de Nueva Zelanda.

Fauna de Nueva Guinea
Nueva Guinea y sus pequeñas islas vecinas albergan una variedad asombrosa de animales. Cubiertas en su mayor parte por bosques tropicales, tienen muchas especies endémicas, como esta ave del paraíso de Wilson.

DATOS DEL CONTINENTE

AUSTRALIA Y OCEANÍA

Superficie terrestre: 8,5 millones de km^2

Población: 43,5 millones

Punto más alto: Monte Wilhelm 4509 m

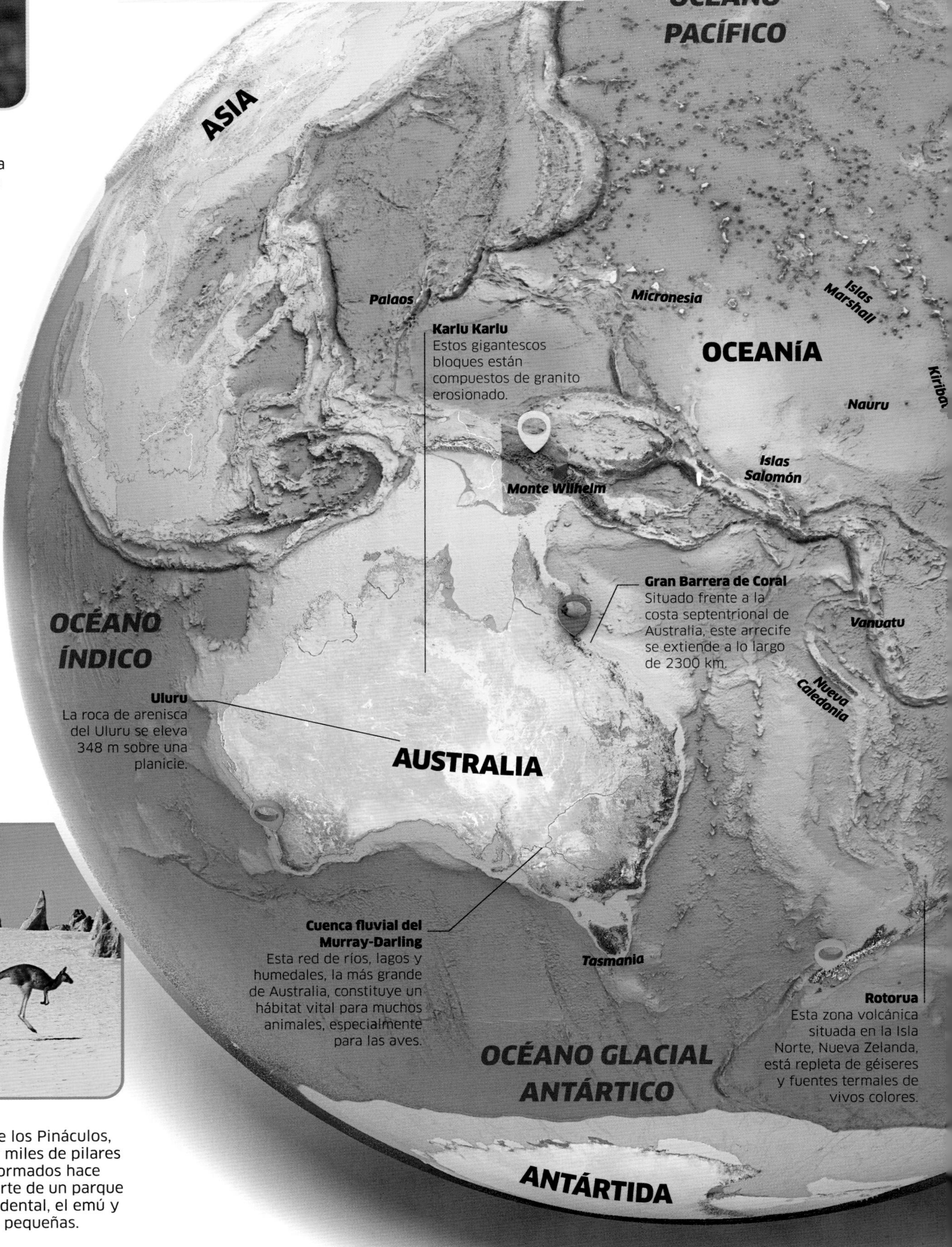
OCÉANO PACÍFICO
ASIA
Palaos
Micronesia
Islas Marshall
Karlu Karlu
Estos gigantescos bloques están compuestos de granito erosionado.
OCEANÍA
Kiriba
Nauru
Islas Salomón
Monte Wilhelm
Gran Barrera de Coral
Situado frente a la costa septentrional de Australia, este arrecife se extiende a lo largo de 2300 km.
OCÉANO ÍNDICO
Vanuatu
Nueva Caledonia
Uluru
La roca de arenisca del Uluru se eleva 348 m sobre una planicie.
AUSTRALIA
Cuenca fluvial del Murray-Darling
Esta red de ríos, lagos y humedales, la más grande de Australia, constituye un hábitat vital para muchos animales, especialmente para las aves.
Tasmania
Rotorua
Esta zona volcánica situada en la Isla Norte, Nueva Zelanda, está repleta de géiseres y fuentes termales de vivos colores.
OCÉANO GLACIAL ANTÁRTICO
ANTÁRTIDA

Bosque tropical de Queensland
Algunos de los bosques tropicales más antiguos del mundo sobreviven en el extremo noreste de Australia. La tupida y exuberante vegetación incluye muchas plantas primitivas que evolucionaron durante la era de los dinosaurios gigantes. Son el hogar de una rica y variada fauna.

Los Pináculos
Las arenas amarillentas del desierto de los Pináculos, al oeste de Australia, están salpicadas por miles de pilares de piedra caliza de hasta 3,5 m de alto. Formados hace cerca de medio millón de años, forman parte de un parque nacional donde viven el canguro gris occidental, el emú y una gran variedad de reptiles y aves más pequeñas.

344 400 km²: superficie del mar cubierta por la Gran Barrera de Coral.

60 000 años atrás: momento en que llegaron a Australia los primeros aborígenes e isleños del estrecho de Torres.

195

Australia y Oceanía

Esta región, diseminada por una vasta extensión del océano Pacífico, está compuesta por las numerosas islas coralinas de Oceanía, el desértico continente de Australia, y la más verde y húmeda Nueva Zelanda.

Australia es un enorme bloque de roca continental, que antaño estuvo unida a América del Sur y la Antártida. Casi todas las islas de Oceanía se emplazan sobre volcanes que surgieron del suelo oceánico. Estas islas rodeadas de arrecifes, la mayoría bajas y llanas, están en peligro a causa de la subida del nivel del mar provocada por el cambio climático. Al sur está Nueva Zelanda, una larga cordillera de montañas volcánicas a caballo entre dos placas tectónicas.

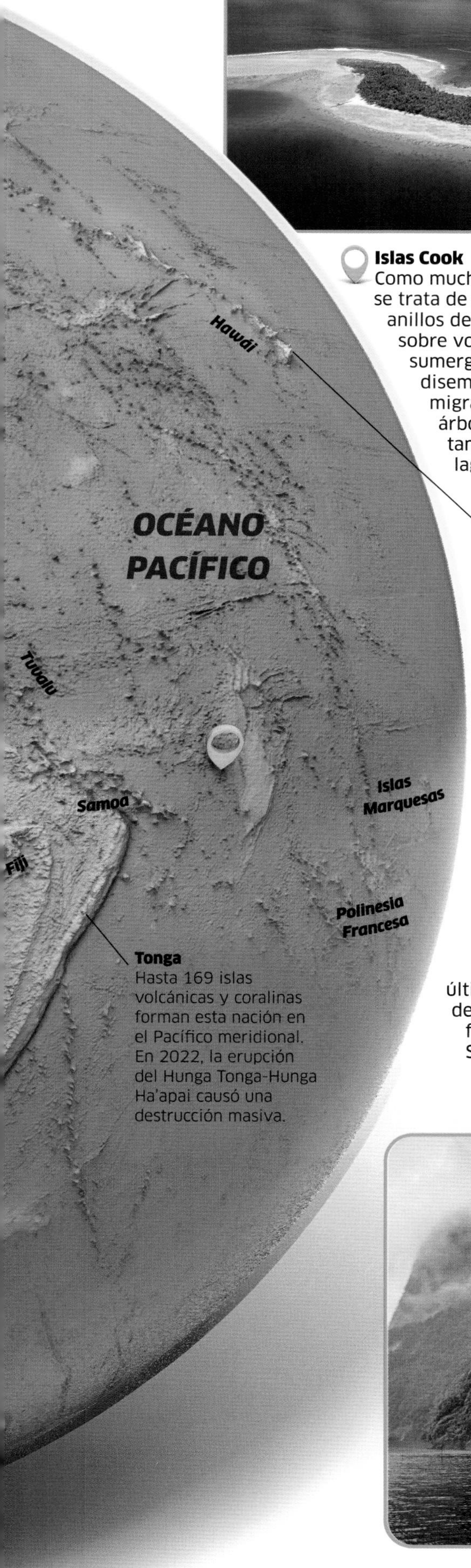

Islas Cook
Como muchas de las islas de Oceanía, se trata de atolones coralinos, es decir, anillos de coral que se han formado sobre volcanes extinguidos y sumergidos. Gracias a las semillas diseminadas por las aves marinas migratorias, en algunas crecen árboles, mientras que en otras tan solo hay arena coralina y lagunas poco profundas.

Hawái
A pesar de ser un estado de Estados Unidos, forma parte geográficamente de Oceanía. Estas islas son el extremo activo de una cadena de volcanes que se extienden por el suelo oceánico. El Mauna Kea se eleva 10 000 m desde el fondo del océano, lo que lo convierte en el volcán, y también la montaña, más alto de la Tierra.

Tonga
Hasta 169 islas volcánicas y coralinas forman esta nación en el Pacífico meridional. En 2022, la erupción del Hunga Tonga-Hunga Ha'apai causó una destrucción masiva.

Fiordos de Nueva Zelanda
Los profundos fiordos de la Isla Sur, Nueva Zelanda, los formaron los glaciares en un paisaje montañoso durante la última glaciación. Las cascadas que descienden por los acantilados del fiordo más profundo, el Doubtful Sound/Patea, constituyen una de las imágenes más imponentes de Oceanía.

Gran Barrera de Coral

La Gran Barrera de Coral de Australia es el arrecife coralino más grande del planeta. Está formado por 600 tipos de coral y en él viven unas 1625 especies de peces. Pero su futuro es incierto a causa del aumento de la temperatura del mar.

Rebosantes de vida
Allí donde el arrecife goza de buena salud y sus corales están vivos, está repleto de peces de vivos colores, como estas anthias cola de lira.

Blanqueamiento del coral
Si el agua está demasiado caliente, los corales se vuelven blancos y pueden morir, y este rico hábitat podría desaparecer.

Lugares sagrados

Los intrigantes bloques gigantes de granito de Karlu Karlu y el espectacular monolito de Uluru son tan solo dos de los muchos lugares que son considerados sagrados por los aborígenes de Australia. Tras ser ignorados y usados de forma incorrecta durante décadas, estos lugares han sido recuperados por las comunidades aborígenes locales y son hoy zonas protegidas.

KARLU KARLU BLOQUES DE GRANITO, NORTE DE AUSTRALIA

ULURU, ROCA DE ARENISCA, AUSTRALIA CENTRAL

70 **por ciento: agua dulce del mundo almacenada en forma de hielo en la Antártida.**

Iceberg tabular plano en forma de mesa

Mar de Weddell
El mar de Weddell, que ocupa una enorme bahía del continente, está cubierto en buena parte de hielo marino flotante salpicado de enormes icebergs tabulares que se han desprendido de las capas de hielo antárticas. El hielo se desplaza en sentido horario alrededor del mar de Weddell, impulsado por fuertes vientos. Las orcas, las ballenas minke y varias especies de foca sortean el hielo.

Indicador del polo Sur
Este es el polo Sur Ceremonial, que está rodeado por las banderas de los países que tienen estaciones científicas en la Antártida. No está muy lejos del indicador geográfico del polo Sur, que tiene que ser recolocado cada año para indicar la posición exacta, ya que el hielo en el que está no deja de moverse.

Barrera de hielo de Ross
La colosal barrera de hielo de Ross, en la parte de la capa antártica occidental que se extiende sobre el mar de Ross, ocupa una superficie del tamaño de Francia. Sus acantilados de hielo se elevan hasta 50 m por encima del agua y se extienden a lo largo de más de 600 km.

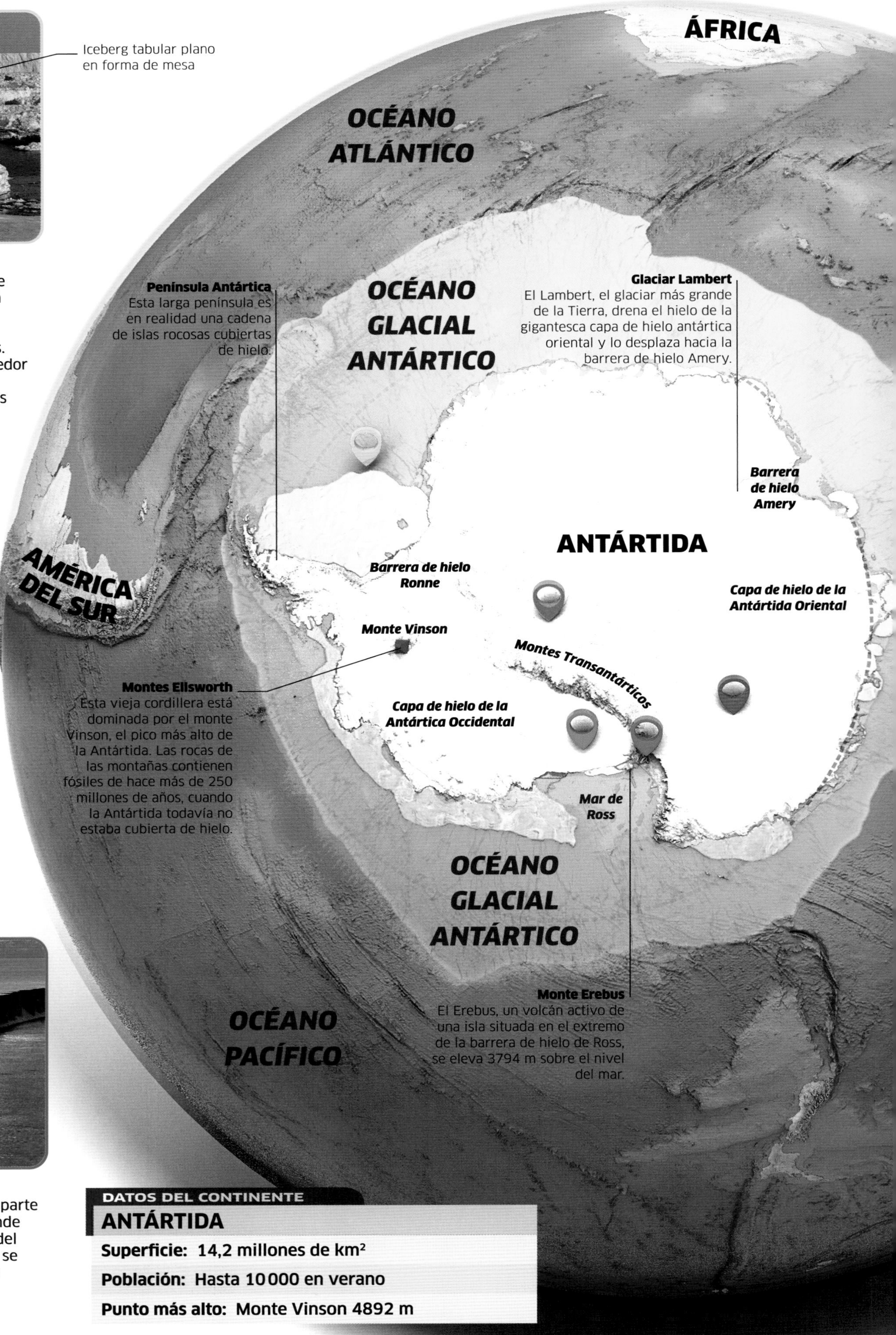

Península Antártica
Esta larga península es en realidad una cadena de islas rocosas cubiertas de hielo.

Glaciar Lambert
El Lambert, el glaciar más grande de la Tierra, drena el hielo de la gigantesca capa de hielo antártica oriental y lo desplaza hacia la barrera de hielo Amery.

Montes Ellsworth
Esta vieja cordillera está dominada por el monte Vinson, el pico más alto de la Antártida. Las rocas de las montañas contienen fósiles de hace más de 250 millones de años, cuando la Antártida todavía no estaba cubierta de hielo.

Monte Erebus
El Erebus, un volcán activo de una isla situada en el extremo de la barrera de hielo de Ross, se eleva 3794 m sobre el nivel del mar.

DATOS DEL CONTINENTE

ANTÁRTIDA

Superficie: 14,2 millones de km²

Población: Hasta 10 000 en verano

Punto más alto: Monte Vinson 4892 m

58 m **subiría el nivel del mar** globalmente si el cambio climático **derritiera la capa de hielo** de la Antártida.

-89,2 °C **Temperatura más baja registrada** en la Antártida, en la **base Vostok**, en la región oriental de la Antártida.

197

Cómo nacen los icebergs

Enormes glaciares se desprenden lentamente de las capas de hielo antárticas, alimentando las barreras de hielo que se extienden hacia el mar. Las mareas suben y bajan bajo el hielo haciendo que grandes trozos se desprendan y salgan flotando en forma de icebergs. Muchos de los icebergs son planos y tabulares, y a veces gigantescos. En 2021 se formó uno de 170 km de largo.

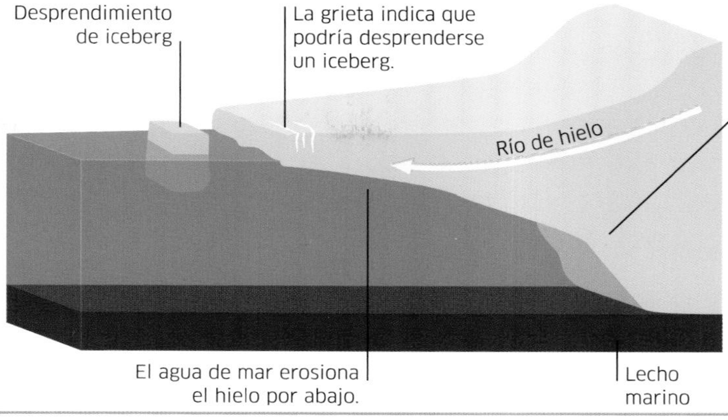

Barrera de hielo
Enormes cantidades de hielo avanzan hasta formar una barrera de hielo. Cerca de tierra firme, descansa sobre el lecho marino, pero más allá flota.

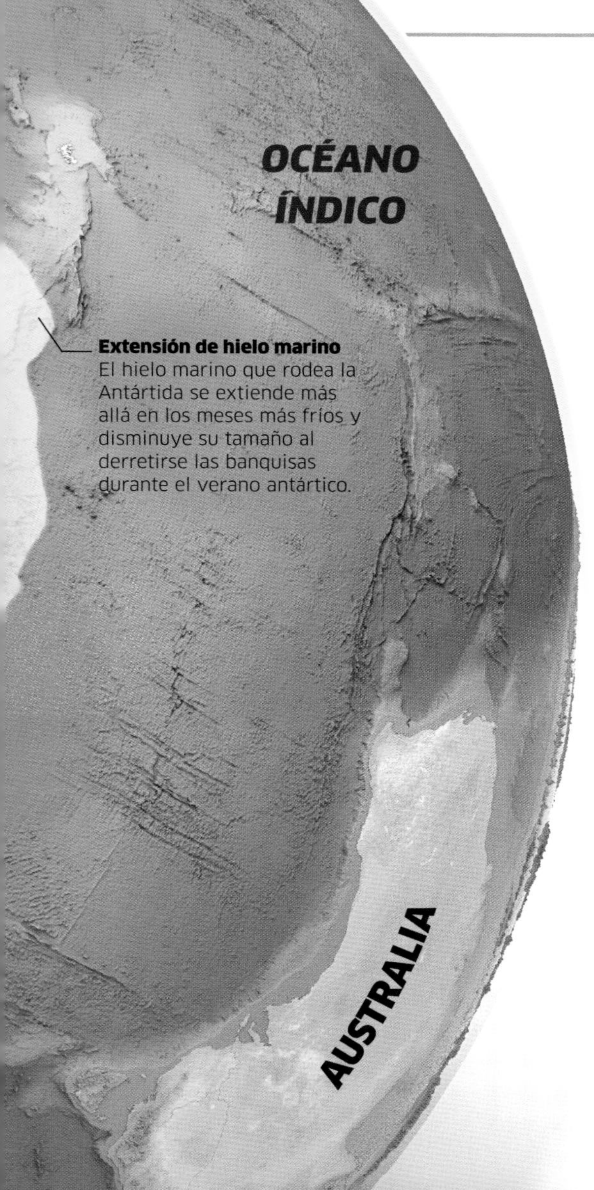

Extensión de hielo marino
El hielo marino que rodea la Antártida se extiende más allá en los meses más fríos y disminuye su tamaño al derretirse las banquisas durante el verano antártico.

Población de pingüinos

Cinco especies de pingüino se reproducen en la Antártida. Cuatro de ellas anidan en las orillas rocosas en verano, pero el pingüino emperador, en la imagen, se reproduce en el hielo marino en invierno. Así, sus crías disponen de tiempo para crecer durante los meses menos fríos y consiguen sobrevivir al invierno siguiente.

Fumarolas de hielo

Los gases calientes que salen de los volcanes antárticos derriten el hielo y la nieve para escapar a la atmósfera. Pero dichos gases incluyen vapor de agua, que se congela en contacto con el aire frío y forma chimeneas heladas alrededor de los respiraderos. Estas espectaculares fumarolas de hielo pueden alcanzar los 18 m de alto.

Antártida

El continente helado de la Antártida es el lugar más frío de toda la Tierra. Allí no hay más seres humanos que los científicos que investigan la zona. Prácticamente toda su fauna vive en las orillas del océano Glacial Antártico.

La mayor parte de la Antártida se encuentra sepultada bajo una capa enorme de hielo de hasta 4,7 km de grosor, que hace que la Antártida sea el continente más elevado de todos. Se divide en la región oriental y la región occidental, que están separadas por los montes Transantárticos. La capa de hielo se extiende hasta el mar en forma de barreras de hielo, y en invierno una vasta zona del océano alrededor de la Antártida se congela. A pesar del frío, el océano está rebosante de vida, con millones de pingüinos, focas y ballenas.

Valles secos de McMurdo
Estos inhóspitos valles forman uno de los desiertos más extremos del mundo. Cae muy poca nieve y la poca que cae se la llevan en seguida los fuertes vientos. El resultado es lo más parecido en la Tierra a las condiciones que se dan en la superficie de Marte.

Estaciones de investigación de la Antártida
En la Antártida hay más de 80 estaciones científicas de distintos países. La mayoría se usan solo en verano. La base italofrancesa Concordia, en la imagen, es una de las pocas que está ocupada en invierno, cuando queda totalmente aislada del resto del mundo.

4261 m de **profundidad** tiene el **océano Ártico** en el polo Norte.

El Ártico

El Ártico se extiende alrededor del polo Norte y es un océano estacionalmente congelado que está flanqueado por los límites septentrionales de tres continentes: Europa, Asia y América del Norte.

La región del Ártico empieza donde los bosques boreales del norte dan paso a la tundra. El paisaje está congelado la mayor parte del año, pero en el breve verano ártico, la nieve y el hielo se derriten y permiten que florezcan plantas en la capa superior del suelo. La extensión del hielo marino también cambia con las estaciones: se expande en invierno y se encoge en verano. Muchas de las personas que habitan la zona pertenecen a los inuit, los yu'pik y otros grupos indígenas, que llevan viviendo aquí miles de años.

DATOS DE LA REGIÓN

EL ÁRTICO

Superficie: 14,5 millones de km²

Población: 4 millones

Punto más alto: Monte Gunnbjørn, 3695 m

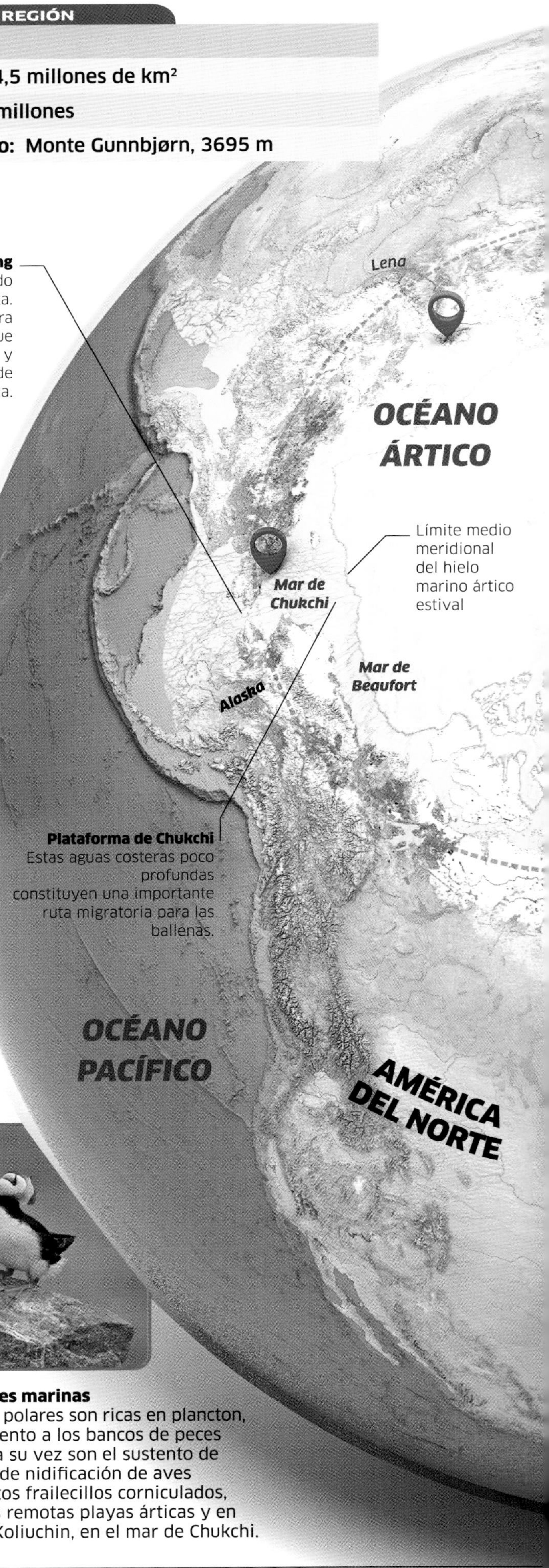

Estrecho de Bering
Este paso poco profundo separa Siberia de Alaska. Durante la glaciación era tierra firme, lo que permitió a personas y animales migrar desde Asia a Norteamérica.
Lena
OCÉANO ÁRTICO
Límite medio meridional del hielo marino ártico estival
Mar de Chukchi
Mar de Beaufort
Alaska
Plataforma de Chukchi
Estas aguas costeras poco profundas constituyen una importante ruta migratoria para las ballenas.
OCÉANO PACÍFICO
AMÉRICA DEL NORTE

Futuro sombrío

Los osos polares, que se han adaptado para poder cazar focas en el hielo del Ártico, necesitan que los mares estén helados la mayor parte del año. Pero el cambio climático está calentando el Ártico casi tres veces más rápido que el promedio mundial, así que la superficie de hielo marino se está reduciendo. En 2100, o antes, los osos no tendrán donde cazar y podrían acabar extinguiéndose.

Sol de medianoche y noche polar

En invierno el Ártico se aleja del Sol, así que la zona que queda dentro del círculo polar ártico soporta varios meses de oscuridad y temperaturas gélidas. En verano ocurre lo contrario. Hay 24 horas de luz al día, pero los rayos del sol son tan dispersos que las temperaturas siguen siendo bajas y parte del hielo nunca se derrite.

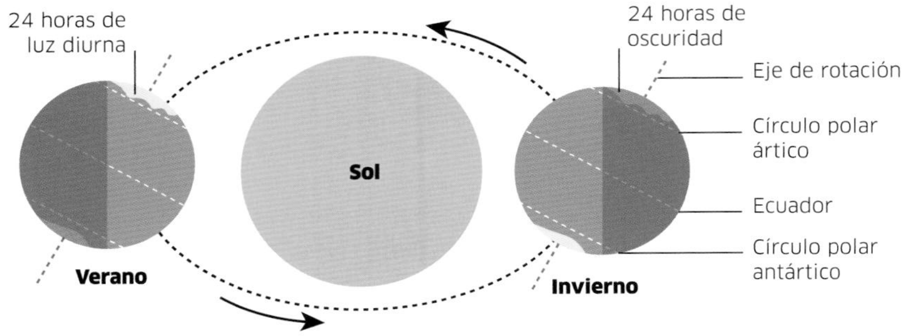

24 horas de luz diurna
24 horas de oscuridad
Eje de rotación
Círculo polar ártico
Sol
Ecuador
Círculo polar antártico
Verano
Invierno

Pasos en el Ártico

Los primeros exploradores buscaban pasos navegables entre las islas árticas y las capas de hielo. Actualmente, los rompehielos limpian las rutas marítimas costeras del océano Ártico. El cambio climático se traduce en menos hielo marino con lo que podría haber más barcos en la zona. Eso podría aumentar el riesgo de contaminar seriamente el entorno del Ártico.

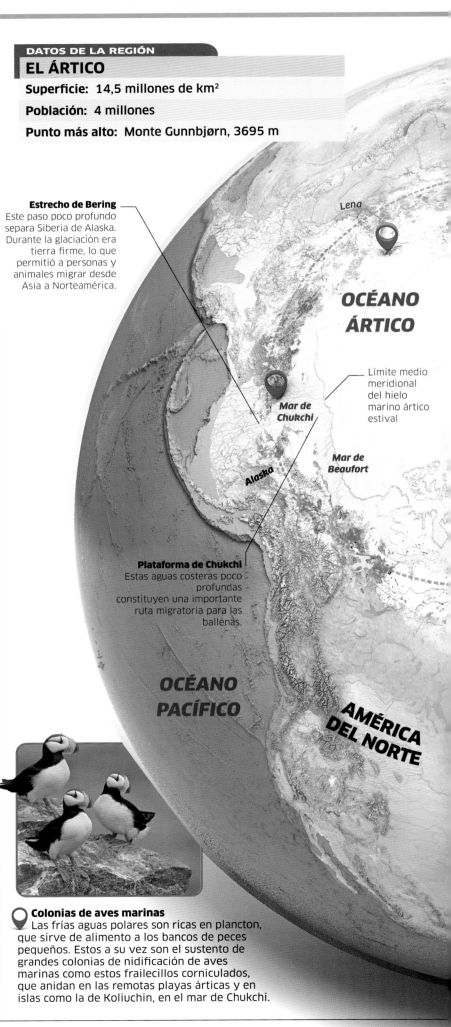

Colonias de aves marinas
Las frías aguas polares son ricas en plancton, que sirve de alimento a los bancos de peces pequeños. Estos a su vez son el sustento de grandes colonias de nidificación de aves marinas como estos frailecillos corniculados, que anidan en las remotas playas árticas y en islas como la de Koliuchin, en el mar de Chukchi.

-69,6 °C Temperatura más baja registrada en el Ártico.

2,4 m: grosor medio del hielo marino flotante en el polo Norte.

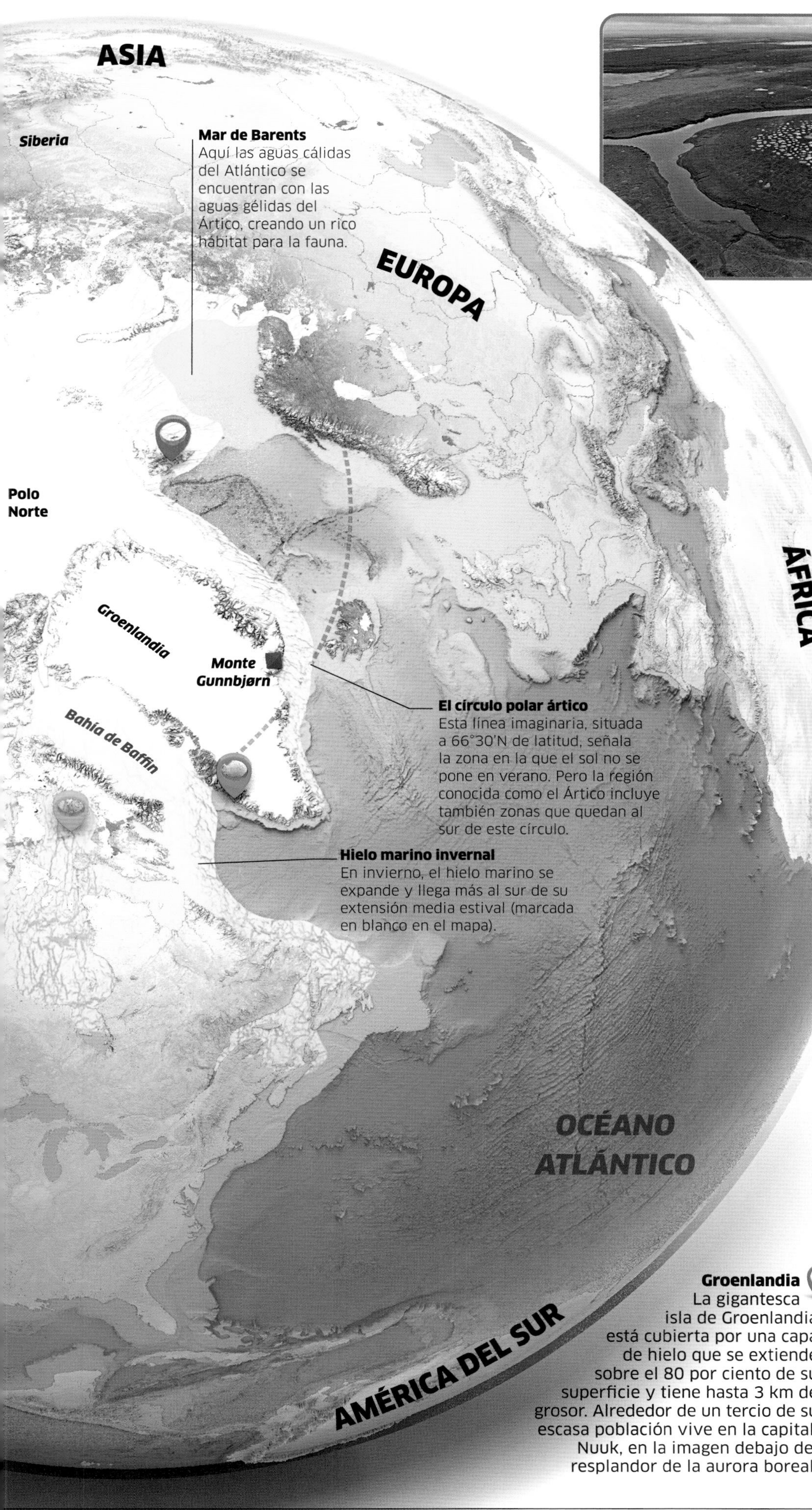

Mar de Barents
Aquí las aguas cálidas del Atlántico se encuentran con las aguas gélidas del Ártico, creando un rico hábitat para la fauna.

El círculo polar ártico
Esta línea imaginaria, situada a 66°30'N de latitud, señala la zona en la que el sol no se pone en verano. Pero la región conocida como el Ártico incluye también zonas que quedan al sur de este círculo.

Hielo marino invernal
En invierno, el hielo marino se expande y llega más al sur de su extensión media estival (marcada en blanco en el mapa).

Delta del río Lena
El río Lena, en Siberia, vierte sus aguas al océano Ártico a través de un enorme delta. Por debajo del nivel del suelo, el delta está permanentemente congelado, una condición extrema que se conoce como permafrost, pero en verano, durante unos pocos meses, la superficie se descongela formando un humedal pantanoso.

Banco Mundial de Semillas de Svalbard
Las islas gélidas de Svalbard han sido escogidas como el lugar ideal para el Banco Mundial de Semillas, un congelador en el que se almacenan millones de semillas de todo el mundo. Conservar las semillas de este modo puede evitar que muchas plantas raras se acaben extinguiendo.

Narval
El narval, una ballena dentada parecida al delfín, es claramente reconocible por el colmillo en espiral de los machos, que puede llegar a medir 3 m de largo. Los narvales cazan peces bajo el hielo flotante, pero tienen que salir a la superficie para respirar. A veces, si el hielo se forma rápidamente, pueden quedar atrapados bajo el hielo, con resultados fatales.

Groenlandia
La gigantesca isla de Groenlandia está cubierta por una capa de hielo que se extiende sobre el 80 por ciento de su superficie y tiene hasta 3 km de grosor. Alrededor de un tercio de su escasa población vive en la capital, Nuuk, en la imagen debajo del resplandor de la aurora boreal.

El país **más pequeño** del mundo es la **Ciudad del Vaticano**, con 0,44 km².

Clave continental
- América del Norte
- América del Sur
- África
- Europa
- Asia
- Australia y Oceanía

Norteamérica
Canadá y los Estados Unidos de América ocupan la mayor parte de este continente, que incluye los países de América Central y el Caribe.

Europa
Europa, el segundo continente más pequeño, está formado por 44 países.

Sudamérica
Sudamérica, mayormente tropical, está formada por 12 países, el más grande de los cuales es Brasil.

Naciones caribeñas
El mar Caribe está salpicado de islas. Muchas son naciones independientes, pero algunas están total o parcialmente gobernadas por los países que se indica entre paréntesis.

Países del mundo

Todos los continentes, excepto Australia y la Antártida, están divididos en varios países. Cada país tiene su propio gobierno, su propia cultura y su propio idioma.

Algunos de los países existen desde hace siglos, mientras que otros se han creado hace relativamente poco. La mayoría han ido evolucionando con el paso del tiempo, incorporando territorios más pequeños o dividiéndose, y muchos han cambiado de nombre como consecuencia de alguna revolución política. Las fronteras artificiales cambian, pero el mapa físico permanece.

206 millones de **personas viven en Nigeria**, el país africano con **más población**.

17 millones de km² tiene de superficie **Rusia**, el país más grande del mundo.

201

Abreviaturas de los países

BÉL.	Bélgica
BOS.-HERZ.	Bosnia-Herzegovina
CHEQUIA	Chequia (República Checa)
KOS.	Kosovo
LIECH.	Liechtenstein
LUX.	Luxemburgo
MAC. N.	Macedonia del Norte
MON.	Montenegro
PP. BB.	Países Bajos
N. Z.	Nueva Zelanda
S. M.	San Marino
ESL.	Eslovenia
E. A. U.	Emiratos Árabes Unidos
R. U.	Reino Unido
EE. UU.	Estados Unidos de América
CIUDAD VAT.	Ciudad del Vaticano

Asia
El vasto continente de Asia incluye las potencias económicas de China y Japón.

África
África está formada por 54 países, más que cualquier otro continente. Argelia es el más grande y las Seychelles el más pequeño.

Australia y Oceanía
Esta región incluye Australia, Nueva Zelanda y miles de islas mayormente tropicales, muchas de las cuales forman naciones independientes, repartidas por el océano Pacífico.

Europa
El continente de Europa está formado por muchos países relativamente pequeños, pero prósperos. Muchos pertenecen a una confederación llamada Unión Europea.

Antártida
Esta masa continental helada es un continente, pero no es un país. Está conjuntamente gobernada por más de 50 países que han firmado el Tratado de la Antártida.

Glosario

ADN
Material que se encuentra en las células de los organismos y que lleva las instrucciones sobre cómo van a ser y funcionar.

AGRICULTURA DE SUBSISTENCIA
Cultivar comida suficiente para abastecer al granjero y a su familia, no para vender.

AGUA SUBTERRÁNEA
Agua que está debajo de la superficie de la Tierra, en las rocas y el terreno.

ALTITUD
Distancia vertical entre un objeto y la superficie de la Tierra o el nivel del mar.

ANFIBIO
Animal de sangre fría y con columna vertebral que pasa parte de su vida en el agua y parte en tierra firme, como la rana.

ANTICONGELANTE
Sustancia que se usa para disminuir el punto de congelación de un líquido. Algunos animales producen anticongelante en su cuerpo para sobrevivir a temperaturas bajo cero.

AÑO LUZ
Distancia que recorre la luz en el vacío en un año.

ASTENOSFERA
Capa blanda del manto superior en la que se desplazan las placas tectónicas.

ATMÓSFERA
El aire que rodea la Tierra, que contiene gases como el nitrógeno, el oxígeno y el dióxido de carbono.

ÁTOMO
Partícula más pequeña que compone un elemento.

BACTERIAS
Organismos unicelulares microscópicos.

BIODIVERSIDAD
Variedad de seres vivos en la Tierra o en una zona concreta, que se mide por el número de especies distintas.

BIOSFERA
Parte de la Tierra en la que existe la vida.

CADUCIFOLIO
Árboles o arbustos a los que se les caen las hojas todos los años, normalmente en otoño.

CALENTAMIENTO GLOBAL
Calentamiento del clima de la Tierra.

CALIZA
Roca compuesta de carbonato de calcio, formada a partir de las conchas de animales marinos.

CAMPO MAGNÉTICO
Zona alrededor de un imán o corriente eléctrica donde se siente la fuerza magnética.

CAMUFLAJE
Habilidad de un organismo para mimetizarse con el entorno.

CAPA DE OZONO
Zona de la atmósfera que absorbe la mayor parte de los rayos dañinos del sol.

CARNÍVORO
Animal que se come otros animales.

CLIMA
Condiciones meteorológicas más comunes en una zona en un período de tiempo.

COMBUSTIBLES FÓSILES
Formados a partir de los restos de organismos prehistóricos y quemados para liberar energía; incluyen el carbón, el petróleo y el gas.

COMPUESTO
Sustancia química formada por dos o más elementos unidos.

CONDENSACIÓN
Cuando un gas se transforma en líquido.

CONTAMINANTE
Sustancia que contamina el aire, el agua o el suelo.

CONTINENTE
Una de las grandes masas continentales de la Tierra, mayormente rodeada de mar.

CORRIENTE EN CHORRO
Bandas estrechas de viento fuerte en los niveles superiores de la atmósfera.

CORTAFUEGO
Franja de terreno despejada que se usa para impedir la propagación del fuego.

CRESTA
Sección elevada de la corteza que se forma cuando dos placas tectónicas se empujan; o cadena de colinas o montañas.

CRIADERO DE ESTRELLAS
Zona de polvo y gas ubicada en el espacio donde se forman las estrellas.

CRIOSFERA
Partes de la superficie de la Tierra en las que el agua es sólida, en forma de hielo.

DENSIDAD
Cantidad de materia que ocupa un determinado volumen.

DINAMO
Dispositivo que transforma el movimiento o la energía mecánica en energía eléctrica.

DISOLUCIÓN
Acción de disolver una sustancia.

ECOSISTEMA
Comunidad de organismos vivos que interactúan entre sí y con el entorno.

ECUADOR
Círculo imaginario que rodea la Tierra por su centro, dividiéndola en el hemisferio norte y el hemisferio sur (mitades).

ELEMENTO
Sustancia simple compuesta de átomos que son todos del mismo tipo.

ELEVACIÓN
Altura de un lugar u objeto por encima del nivel del mar.

EMISIÓN
Algo que se libera al aire, como gas, calor o luz.

ENERGÍA
Combustible o electricidad que se usa para obtener calor o fuerza. Los seres vivos necesitan energía para vivir y crecer, que suelen obtener ingiriendo otros organismos o mediante la luz del sol.

ESPECIE
Grupo de seres vivos relacionados que pueden reproducirse entre sí.

ESTRELLA
Esfera masiva de plasma incandescente (gas altamente energizado) que genera energía por la fusión nuclear de su núcleo.

EVAPORACIÓN
Proceso por el cual un líquido se transforma en gas.

EVOLUCIÓN
Proceso gradual de cambio en los seres vivos entre las distintas generaciones a lo largo de millones de años.

EXTINCIÓN
Desaparición de la Tierra del último representante vivo de una especie.

FERTILIZANTE
Sustancia natural o artificial que se añade al suelo para que las plantas crezcan mejor.

FISURA
Grieta en la corteza de la Tierra allí donde dos placas tectónicas se alejan.

FÓSIL
Restos o rastros preservados de animales o plantas de una época anterior.

FOTOSÍNTESIS
Proceso en que las plantas y algunas algas usan la energía del sol para fabricar alimento a partir del dióxido de carbono y el agua.

FUENTE TERMAL
Grieta en el suelo oceánico de la que sale agua caliente rica en sustancias químicas.

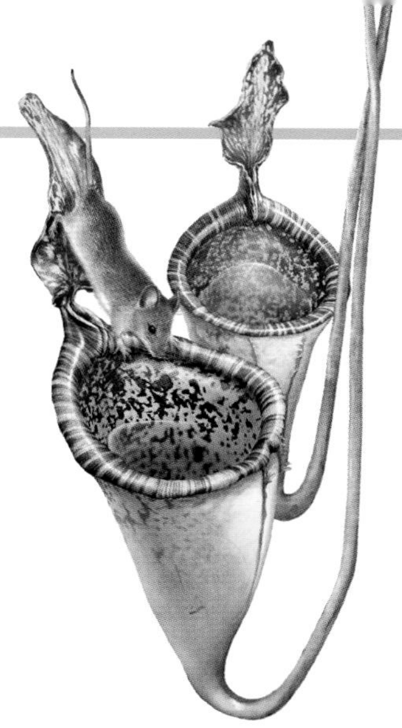

FUNDIDO
En forma líquida.

GALAXIA
Conjunto de estrellas, gas y polvo que se mantienen unidos por la gravedad.

GANADO
Animales domesticados que se usan por su lana o su piel, o como alimento o transporte.

GAS DE EFECTO INVERNADERO
Gas, como el dióxido de carbono, que atrapa el calor en la atmósfera de la Tierra.

GEN
Una de las unidades diminutas del ADN, que determina el aspecto y la función de un ser vivo.

GENOMA
Secuencia completa del ADN de un organismo.

GEOTÉRMICO
Calor interno de la Tierra.

GIRO
Patrón circular de corrientes oceánicas.

GRAVEDAD
Fuerza que atrae a un objeto hacia otro e impide que las cosas salgan flotando hacia el espacio.

HÁBITAT
Zona en la que un organismo construye su hogar de forma innata.

HERBÍVORO
Animal que se alimenta de plantas.

HIDROPONÍA
Método que consiste en cultivar plantas sin tierra, normalmente en agua.

HIDROSFERA
Cantidad total de agua que hay en un planeta, tanto por encima como por debajo de la superficie.

HONGOS
Organismo que se alimenta de materia en descomposición y se reproduce liberando esporas. Un champiñón es el fruto de un hongo, que crece sobre el suelo.

HUELLA DE CARBONO
Cantidad de gases de efecto invernadero liberados a la atmósfera por la actividad de una persona, empresa o país.

HUELLA ECOLÓGICA
Impacto de una persona o comunidad sobre el entorno, por ejemplo la cantidad de tierra o agua que usa.

LATENTE
Inactivo, como si estuviera dormido.

LATITUD
Término usado para indicar la distancia hacia el norte o hacia el sur con respecto al ecuador a la que está una ubicación.

LECHO DE ROCA
Capa de roca sólida que está bajo el suelo.

LÍMITE CONVERGENTE
Allí donde dos placas tectónicas se juntan.

LÍMITE DIVERGENTE
Allí donde dos placas tectónicas se alejan.

LÍMITE TRANSFORMANTE
Allí donde dos placas tectónicas se desplazan una junto a la otra.

LITOSFERA
Parte superior sólida del manto y la frágil corteza exterior de la Tierra.

MAGMA
Roca líquida y caliente que se encuentra debajo de la superficie de la Tierra.

MAMÍFERO
Grupo de animales de sangre caliente y con columna vertebral, cuyas hembras amamantan a sus crías con leche.

MAREJADA CICLÓNICA
Subida anormal del nivel del mar causada por una tormenta.

METANO
Gas que arde fácilmente y se usa como combustible. Es un gas de efecto invernadero.

MICROORGANISMO
Organismo diminuto que solo puede verse con la ayuda de un microscopio.

MINERAL
Sustancia natural e inorgánica. La mayoría de las rocas están compuestas de minerales.

MOLÉCULA
Grupo de átomos unidos entre sí.

MONTE SUBMARINO
Volcán submarino que no es lo bastante alto como para formar una isla.

NEBULOSA
Nube de gas o polvo en el espacio.

NUTRIENTE
Sustancia esencial para la vida, tanto para existir como para crecer.

ÓRBITA
Trayectoria descrita por un objeto, como un planeta, que gira alrededor de otro.

OXÍGENO
Gas que está presente en la atmósfera de la Tierra y es esencial para la vida.

PARÁSITO
Organismo que se alimenta de otro, llamado huésped, debilitándolo y, a veces, incluso aniquilándolo con el tiempo.

PERENNE
Plantas que tienen hojas durante todo el año.

PERMAFROST
Capa permanentemente congelada que hay debajo de la superficie de la Tierra.

PERMEABLE
Cualidad de aquellos materiales que permiten que los líquidos o los gases pasen a través de él.

PESTICIDA
Cualquier sustancia usada por los granjeros para matar o repeler a los insectos que dañan los cultivos.

PLACAS TECTÓNICAS
Piezas gigantes de corteza terrestre, que se desplazan a lo largo de millones de años.

PLATAFORMA CONTINENTAL
Extremo sumergido de un continente que se encuentra debajo de un mar costero poco profundo.

POROSO
Que tiene muchos agujeros a través de los cuales puede pasar el agua y el aire.

PRECÁMBRICO
Durante esta vasta extensión de tiempo, hace entre 4600 millones y 542 millones de años, se formaron los continentes, se desarrolló nuestra atmósfera y evolucionó la vida primitiva.

PRECIPITACIÓN
Agua que cae de las nubes al suelo, como la lluvia, la nieve, el granizo y la aguanieve.

PREHISTÓRICO
Anterior a los testimonios escritos.

PRESIÓN
Fuerza ejercida contra una zona concreta.

PUNTO CALIENTE
Punto fijo debajo de la superficie de la Tierra en el que el manto es especialmente caliente.

RIEGO
Suministrar agua al suelo para que crezcan los cultivos y las plantas.

SALINIDAD
Cantidad de sal disuelta en el agua.

SEDIMENTO
Pequeños trozos de roca, arena o barro, que se asientan formando capas, normalmente bajo el agua.

SEQUÍA
Período largo con muy poca o nada de lluvia, en el que suele haber restricciones de agua.

SOSTENIBLE
Capaz de continuar a lo largo de un período de tiempo, sin agotarse; el uso de recursos naturales de forma que no destruya el entorno.

SUBDUCCIÓN
Cuando una placa tectónica se desplaza por debajo de otra.

SUBESPECIE
Grupo más pequeño dentro de una especie que se diferencia del resto, a menudo debido al aislamiento geográfico.

SUPERCÚMULO
Grupo grande de galaxias y cúmulos de galaxias cercanos.

SUPERNOVA
Estrella gigante que explota.

VIENTOS ALISIOS
Vientos a ambos lados del ecuador que soplan desde el este o desde el oeste hacia él.

Índice

Los números de página en **negrita** remiten a las entradas principales.

A

acantilados **38-39**, 43, 203
aceite de palma 144
acreción 12
actividad humana 73, **152-153**
cambio climático 95, 96-97
ciudades **160-161**, 170-171
contaminación 174-175
extracción de la energía 164
globalización 166-167
recursos energéticos 164-165
tecnología de la comunicación 162-163
turismo 172-173
afluentes 78, 79
África 19, **188-189**
humanos primitivos 152
mapas 181, 201
placas tectónicas 36, 51
población 158
riesgo hídrico 71
sabanas 130, 142-143
agricultura 91, 152, **154-155**, 202
amenazas para los hábitats 144, 174
cambio climático 95, 97, 99
ciclo del agua 72
terrazas de arroz 156-157
ver también ganadería
agroforestería 155
agua
cascadas 72, 78, **80-81**
ciclo del agua **72-73**
consumo 176
contaminación 174
en la Tierra 33, **70-71**, 153
lagos 82-83
mares 187
océanos 86-87
ríos 78-79
vapor de 96
ver también glaciares; hielo
agua del deshielo 74, 76
agua dulce 70
biomas 116, **134-135**
lagos 83
agua salada 70
agua subterránea 70, 72, 203
aguas residuales 73
aire
contaminación 162, 174
ver también atmósfera; viento
aislamiento 177
Alemania 110-111
alimentación 121, 136
alimentarse por filtración 136
alimento
cadenas 142-143
desperdicio 99
producción 154-155
alimentos genéticamente modificados (GM) 154
almacenamiento de datos 162
Alpes 120, 186
altocúmulos 102
altoestratos 103
amatista 59
Amazonia 184, 185
biomas 117, 144
América del Norte 19, **182-183**
Dorsal Mesoatlántica 38
mapas 180, 200
poblaciones 158
riesgo hídrico 71
tiempo extremo 105, 106, 108-109, 113
América del Sur 19, **184-185**
desiertos 60-61
humedales 134-135
mapas 180, 200
placas tectónicas 36
poblaciones 158
anfibios 134, 149, 202
anillos de hadas 132
animales 8, 142-143
anfibios 134, 149
conservación 148-149
domesticación 152
fósiles 66-67
y gases de efecto invernadero 96
e incendios forestales 113
prehistóricos 20-21, 24-25, 203
ver también biomas; aves; peces; invertebrados; mamíferos; reptiles
animales que pastan 129, 130
años luz 11, 203
Antártida **196-197**
cambio climático 98
hábitats 121, 131
mapas 181, 200-201
placas tectónicas 37
turismo 173
antibióticos 154
antiglobalización 167
arañas 133
árboles 122
en bosques templados 124, 125
en hábitats fríos 120, 121
en los bosques húmedos tropicales 126, 127
peligro de extinción 146-147
ver también bosques
árboles caducifolios 124, 202
árboles perennes 124, 202
árboles retorcidos Krummholz 120
arbustal 122
archipiélagos 49, 186, 188
arcilla 60
Argentina 129, 185
arrecifes 137, 145, 195
arrecifes de coral 137, 145, 195
arroyos, subterráneos 84
Ártico 98, 121, **198-199**
tundra 117, **118-119**
asentamientos 170-171, 187
Asia 19, **190-191**
mapas 181, 201
placas tectónicas 40-41
poblaciones 158
astenosfera 34, 35, 202
asteroides 22, 23
cinturón de asteroides 15
Último Gran Bombardeo 13
atmósfera 14, 33, 70, 202
creación de 13, 18
gases de efecto invernadero 94, 96-97, 98
ver también tiempo
atolón 145
augita 58
auroras 33, 44, 199
Australia **194-195**
clima 90
incendios forestales 112-113
mapas 181, 200, 201
otoño 91
poblaciones 158
sabanas 130
tormentas 105
aves 142, 143, 149
Ártico 118, 119
costeras 136, 138-139
desierto 132, 133
durante las glaciaciones 25
en climas templados 124, 125, 128
en climas tropicales 126
humedal, de 134-135
industria aeronáutica 97

B

bacteria 19, 55, 129, 202
Banco Mundial de Semillas Svalbard 199
Bangladés 105, 159, 171
barrera del Támesis 111
barreras vegetales 155
basalto 48, 56, 64
bauxita 58
playas 136, 171, 172
presas construidas por castores 83
abejas 129, 155
Bielorrusia 124
bentos 140
Beringia 24
Big Bang **10-11**
biocombustibles 165
biodiversidad 145, 202
bioluminiscencia 141
biomas **116-117**, 142-143
amenazas para 144-145
bosques tropicales 126-127
costeros 136-137, 138-139
desiertos 131, 132-133
forestales 122-123, 124-125
humedales 134-135
oceánicos 140-141
polares 121
prados 128-129, 130
tundra ártica 118-119
zonas alpinas 120
biosfera 33, 202
Borneo 126-127
bosque mediterráneo 116, 122
bosques 116, 117, **122-123**
alpinos 120
bosques tropicales **126-127**, 184, 194
deforestación 95, 96, 144
kelp 137
manglares 137
templados **124-125**
bosques 116, 122
bosques boreales 116, 123
bosques de coníferas 117, 122, 123
bosques de kelp 137
bosques tropicales 116, 184, 194, **126-127**
bosques verticales 161
ver también jardines verticales
Brasil 130, 159, 185
brazo muerto 79
Bulgaria 82

C

Cabo de Hornos 185
calderas 48, 55, 82
caliza 57
calor, atmosférico 106, 112
cambio climático **94-95**, 198
efectos 75, **98-99**
gases de efecto invernadero **96-97**
inundación 110
riesgo hídrico 71
ver también ecologismo
campo magnético 38, **44-45**, 203
camuflaje 140, 202
Canadá 83, 113, 123, 183
cañón de escalera 81
cañón de ranura 81
cañones **62-63**, 78, 81
capa D 43
capa de ozono 97, 203
capas de la Tierra **32-33**
corteza 34-35
internas 42-43
placas tectónicas 36-37, 38-39, 203
capas del dosel 126
capas emergentes 126
carbón 164
carne artificial 177
carroñeros 143
casas ecológicas 177
casiterita 59
cataratas del Niágara 80
cataratas Victoria 80
caza furtiva 145
celda de Ferrel 92
celda de Hadley 92
celda Polar 92
ceniza volcánica 50-51, 53
Chile 60-61, 184
China 159, 191
paisajes kársticos 84-85
riesgo hídrico 71
terrazas de arroz 156-157
ciclones 105
ciclos de Milankovitch 25, 94
ciénagas 123, 134
cinabrio 59
Cinturón de Fuego 64, 168
cinturón de radiación 44
cinturones de radiación de Van Allen 44
circón 9, 59
circulación atmosférica **92-93**
cirrocúmulos 102
cirroestratos 103
cirros 103
ciudades 159, **160-161**
costeras **170-171**
clima 90-91, 202
glaciaciones 18, 24-25
cobre 58
colada 84

Colombia 90
combustibles fósiles 95, 97, 164, 202
cometas 13, 22, 23
compostar 155
compras 163, 177
concha 66
conglomerado 80
conservación **148-149**
consumidores (cadena alimenticia) 142, 143
consumo de carne 99, 176, 177
contaminación 73, 86, **174-175**
contaminación acústica 174
contaminación lumínica 174
contaminación por plástico 175, 177
continentes 32, **180-181**, 200-201, 202
  África 188-189
  Antártida 196-197
  Asia 190-191
  Australia y Oceanía 194-195
  Europa 186-187
  Norteamérica 182-183
  Pangea 18-19
  Sudamérica 184-185
coprolitos 67
cordillera de los Andes 60-61, 184
corriente del golfo 86
corrientes
  manto 42
  oceánicas 86
corrientes en chorro 93, 203
corteza 12, 13, **34-35**, 40
  corteza continental 33
  corteza oceánica 38, 43
corteza continental 33, **34-35**, 40
corteza oceánica **34-35**, 38, 40, 43
cráter de Chicxulub 22-23
cráteres 16, 22, 23
creciente fértil 91
Croacia 82
cuarcita 57
cuarzo 58
cuenca del río Congo 189
cuencas tectónicas 82
cuevas **84-85**, 185, 186
  desierto 60
  hielo 76-77
cultivos 152, 155
cumulonimbos 103
cúmulos 102

D

datación por anillos de crecimiento 9
Deadvlei 132
declive de la especie 145, 203
defensas costeras 170
deforestación 95, 96, 144
deltas 73
deportivo 173
depósitos 72, 203
desalinización 73
descomponedores 143
desembocaduras, de río 73, 79
desertificación 145
desgaste 56, 57, **60-61**, 62-63
  ver también erosión
desgaste y erosión **60-61**
desierto del Namib 132-133
desierto del Sáhara 19, 188
desiertos 116, **131**, **132-133**
  Arabia 190
  Atacama 60-61, 184
  Chihuahua 182
  Gobi 190
  Namib 132-133, 189
  Sáhara 188
  tormentas 108-109
  Valle de los Monumentos 182
  valles secos de McMurdo 197
deslizamientos 47, 82
desplazamiento continental **40-41**
diamante 31, 43, 59
dientes 66
Dinamarca 160
dinosaurios 8, 20-21, 22
  fósiles 66-67
dióxido de carbono 95, 96, 153
  huella 99, 173, 202
diques 79
disco protoplanetario 12
discontinuidad de Moho 30, 31
dispositivos inteligentes 176
diversidad cultural 166
Dorsal Mesoatlántica 36, **38-39**
dorsales oceánicas 38
drones 155
drumlins 75
dunas de arena 61, 132
dunas *ver* dunas de arena

E

eclipse 17
  lunar 17
  solar 17
ecologismo 166-167, 176-177
  amenazas 144-145, 162-163, 174-175
  conservación animal 148-149
  explotación agraria 154-155
  plantas en peligro 146-147
  población 158-159
  recurso energético 164-165, 168-169
  sostenibilidad 160-161, 170-171
  turismo 172-173
ecorregiones 117
ecosistemas **142-143**, 202
Ecuador 82
Egipto 159
El Niño 93
elementos 9, 10, 14, 202
email 163
energía de las olas 165
energía eólica 165
energía geotérmica 39, **54-55**, 165, 202
energía hidroeléctrica 165
energía mareomotriz 165
energía renovable 165
energía solar 160, 161, 165, 188
entornos extremos 132, 173
envíos 95, 96, 166
epicentro 46
erosión 57, **60-61**, 62-63
  producida por los ríos 79, 81
  sendero 172
  ver también desgaste
erosión del sendero 172
erráticos 75
escala de dureza de Mohs 58
escala modificada de Mercalli 46
Escandinavia 186
Escocia 41, 57, 138-139
Eslovenia 78
esmeralda 59
especies invasivas 145
espeleotemas 84
espigones 171
esponjas 19
esquisto 57
estación lluviosa 91
estación seca 91
estaciones 91
Estados Unidos de América 182-183
  cañones 62-63
  ciudad de Nueva York 160
  clima 90
  cordilleras montañosas 41, 56
  desiertos 57, 108-109, 182
  Everglades 79
  glaciares 75
  Grandes Lagos 83
  Hawái 49
  parques nacionales 55
  tornado Alley 106
estalactitas 84, 85
estalagmitas 84
estratocúmulos 103
estratos 102
estratosfera 33
estratovolcanes 48, 52-53
estrechos 186, 198
estrellas 10, 11, 203
estructura, de la Tierra **32-33**
estuarios 79
Etna, monte 52-53
eucariotas 8
Europa 19, **186-187**
  mapas 180, 200-201
  poblaciones 158
  tiempo extremo 105, 110-111, 113
eutrofización 174
evaporación 70, 73, 202
Everest, monte 37
exosfera 33
extinciones 153, 202

F

falla de desplazamiento de rumbo 46
falla invertida 46
fallas 46, 63
fases, de la luna 17
feldespato 58
fertilizantes 174, 202
Filipinas 159
fiordos 74, 195
fitoplancton 143
flujo piroclástico 53
formación de nubes 93, 101, **102-103**
fosa de las Marianas 37
fósiles 9, 40, **66-67**, 202
fotosíntesis 122, 203
fracturación 164
Francia 186
frentes cálidos 100
frentes fríos 100
frentes ocluidos 100
fuegos descontrolados **112-113**
fuegos forestales **112-113**
fuentes hidrotermales 141, 203
fuentes termales **54-55**
Fuji, monte 48, 168-169
fumarolas 55, 197

G

gabro 35, 56
galaxias 10, 202
galena 59
Gales 172
gargantas 78, 186
gases 70, 164
gases de efecto invernadero 94, **96-97**, 98, 203
gaviones 171
géiseres 54-55
generadores 165
geología **30-31**
giros 86, 203
glaciación Andina-Sahariana 25
glaciación Criogénica 25
glaciación Cuaternaria 25
glaciación de Karoo 25
glaciación Huroniana 24
glaciación Pongola 24
glaciaciones 18, **24-25**
glaciar de circo 74
glaciares 70, **74-75**, 97
  Antártida 196
  Islandia 76-77
globalización **166-167**
  turismo 172-173
gneis 57
Gondwana 18, 40
Gran Barrera de Coral 195
Gran Bretaña 186
  Escocia 41, 57, 138-139
  Gales 172
  Inglaterra 57, 171
  Irlanda del Norte 56
Gran Oxidación 18
Gran Valle del Rift 189
granito 34, 56
granjas submarinas 155
gravedad 17, 31, 87, 203
Groenlandia 57, 116, 199

H

hábitats 203
  ver también biomas
hábitats alpinos
  tundra 117
  zonas 120
hábitats fríos **120-122**
hábitats lénticos 134
hábitats lóticos 134

hábitats subalpinos 120
Hawái 49, 182, 195
hematita 59
hidropónicos 155, 203
hidrosfera 33, 203
hielo 70
capas 116
casquetes 70, 98
cuevas 76-77
plataformas 196, 197
hielo marino 198, 199
hierro 42
Homo sapiens 27, 152
huelgas escolares 99
huesos 66
humanos primitivos 8, 27, 152
humedales 97, 116, **134-135**
huracanes 105, 111, 183

I

icebergs 197
ilmenita 58
incendios forestales **112-113**
India 40-41, 49, 159
Indonesia 26-27, 53, 191
ciudades 159, 170
industria de la moda 95, 99, 166-167
industrialización 99, 168-169, 174
Inglaterra 57, 171
insectos 143
en hábitats extremos 118, 133
en los bosques tropicales 127
en los prados 128-129
internet 163
inundación fluvial 110
inundaciones 71, **110-111**
invertebrados 128
en los hábitats costeros 136, 137
en los hábitats oceánicos 140, 141
ver también insectos
invierno 91, 107
Irlanda del Norte 56
Islandia 38, 39, 78, 186
glaciares 76-77
islas Canarias 50-51
islas Cook 195
islas Galápagos 185
islas Kuriles 64-65
isótopos 9
Italia 52-53

J

Japón 168-169, 191
jardines verticales 160, 170
Java 190, 191
Júpiter 12, 15, 16

K

Kilimanjaro, monte 189
kimberlita 43
Krakatoa 43

L

La Niña 93
lago cintiforme 75
lago de tetera 75
lagos 70, 72, **82-83**
Baikal 82, 83, 191
biomas 134
montaña, de 75
lagos glaciales 82
lagos salados 83
lagunas 134
latitud 180, 203
Laurasia 18
Laurentia 18
lava 39, 49
lava 'A'ā 49
lava pāhoehoe 49
lecho marino 23
ver también océanos
límites convergentes 36, 202
límites divergentes 37, 202
límites transformantes 36, 203
liquen 121
líquidos 70
litio 164
litosfera 33, 34, 41, 203
llanuras 41, 182
llanuras aluviales 75, 79
lluvia 71, 93, 101, 113
e inundaciones 110
ver también precipitación
lluvia ácida 56, 174
longitud 180
Luna 14, **16-17**, 87
lutita 57, 63

M

Madagascar 127, 189
magma 39, 40, 42, 48, 203
magnetosfera 44-45
malaquita 59
Malasia 158
mamíferos 8, 142, 143, 203
conservación 148, 149
en hábitats forestales 124, 125, 126, 127
en hábitats fríos 118, 119, 121
en la ganadería 152
en los desiertos 131, 132, 133
en los hábitats oceánicos 140, 141
en los humedales 134-135
en los prados 128, 130
prehistóricos 24-25
mamuts 24, 66
mamuts lanudos 24, 66
manantiales 78, 192-193
fuentes termales **54-55**
manglares 137, 170, 188
manto 32, **42-43**
manto superior 34, 42, 43
mapas
meteorológicos 100
políticos 200-201
mar del Norte 139
mar Muerto 83, 190
marea muerta 87
marea viva 87
mareas 87
mares 187, 190, 196
Ártico 198
hábitats **136-137**, 138-139, **140-141**
marismas 70, 134
mármol 30, 57, 185
Marte 15
McDonald's 166
meandros 79
megaciudades 159
menas 58
menas metálicas 58-59
Mercurio 14
meseta tibetana 40-41
mesosfera 33
metano 97, 154, 203
meteoritos **22-23**
meteoroides 23
meteoros 23
México 22-23, 182
mica 58
microhábitats 117
microplásticos 175
microscopios 30
migración 98, 130, 152, 159
minerales **58-59**, 203
minerales preciosos 59
minerales semipreciosos 59
minería 31, 164
moluscos 148
Mongolia 128-129
montañas 181
Aconcagua 184, 186
Alpes 120, 186
Andes 60-61, 184
Apalaches 41
Caledoniana 41
Denali 182
Drakensberg 188
Elbrús 186, 187
Ellsworth 196
Erebús 196
Escandinava 186
Everest 37
Himalaya, del 40-41
Kilimanjaro 189
Rocosas 41, 182
Sugarloaf 185
Montañas Rocosas 182
monte Fuji 48, 168
montes Drakensberg 188
montículos 63
monzones 41
morrena terminal 74
movimiento Chipko 176
Mozambique 105
musgos 123

N

necton 140
Neptuno 14
nidos 130
niebla 101, 133
nieve 101
Nilo, río 189
nimboestratos 102
níquel 42
nivel del mar 19, 98, 181
amenazas para los hábitats 145
hogares amenazados 171
Noruega 74
nube (almacenamiento de datos) 162
nube embudo 107
núcleo externo 32, **42-43**, 45
núcleo interno 31, 32, **42-43**
núcleo, de la Tierra 32-33, **42-43**
Nueva Guinea 194
Nueva Zelanda 54-55, 195

O

obsidiana 48
Ocean Cleanup 175
Oceanía 181, **194-195**, 201
océano Atlántico 38-39, 180
océano Pacífico 180
Cinturón de Fuego 48
El Niño y La Niña 93
océano Tetis 40-41
placa 52
océanos **86-87**, **180-181**, 200-201
agua salada 70, 71
biomas 117, **136-137**, **140-141**
cambio climático 96, 145
contaminación por plástico 175
corrientes 32
creación de 13, 18
dorsales oceánicas 38-39
fosas 35, 37
temperaturas 71
terremotos y tsunamis 47
zonas 140-141
olas 87
olas cortadas 87
olas de calor 113
olas hinchadas 87
olas onduladas 87
olivino 43, 58
ondas P 30-31
ondas S 30-31
ondas sísmicas 30
órbita 15, 91, 94, 203
Luna 17, 87
oro 58
orogenias 41
óxido nitroso 97

P

paisaje kárstico **84-85**, 191
países **200-201**
pajitas para refrescos 84
Pakistán 82
paleontología 66
pandemia 167
pandemia del COVID-19 167, 172
Pantanal 134-135
pantanos 70, 134
parcelas 160
peces
conservación 148, 149
en hábitats de humedal 134-135
en hábitats oceánicos 121, 137, 140, 141
península arábiga 190
período Cámbrico 19-20
período Carbonífero 20-21
período Cretácico 19, 20, 66
período Cuaternario 21
período Ediacárico 20
período Jurásico 20-21
período Neógeno 21
período Ordovícico 21
período Paleógeno 21
período Pérmico 20
período Silúrico 21
período Triásico 20-21
períodos glaciales 24-25
períodos interglaciales 25, 40-41
permafrost 70, 97, 118, 119, 203
pesticidas 154, 203
petróleo 164
picos piramidales 75
piedra arenisca 57
erosión 60, 62-63, 80
formaciones 191, 194, 195
piedra caliza 57, 203
cuevas 84
erosión 62-63
formaciones 186, 191, 192
piel (fósiles) 66
pingo 119
pinturas rupestres 26-27
piscina profunda 80
pizarra 57
placa pacífica 36
placas tectónicas **36-37**, **40-41**, 203
Dorsal Mesoatlántica 38-39

terremotos y tsunamis 46-47
volcanes 48
placas tectónicas 37
placas *ver* placas tectónicas
plancton 140
planetas 11, 12, 14-15
plantas 8, 96, 143
costeras 136, 137
desierto 131, 132, 133
en bosques templados 124, 125
en la agricultura 152
en los bosques tropicales 126, 127
en los humedales 134-135
en los prados 128, 129
en peligro de extinción **146-147**
fosilizadas **66-67**
purificantes 175
plantas en peligro de extinción **146-147**
plantas medicinales 127
plataforma de hielo Ross 196
pleuston 140
plumas 66, 67
población 95, 153, **158-159**
poblaciones 158, 159
pólder 170
polinización 129
polo Norte *ver* Ártico
polo Sur *ver* Antártida
Polonia 124
polvo
desierto 60
lunar 16
tormentas 105, 108-109
Pompeya 53
Portugal 186
praderas marinas 137
prados 116, 117, 122
templados **128-129**
tropicales **130**
precipitación 91, 101, 203
ciclo del agua 72, 74, 78
ver también lluvia
presas 72, 83, 165
primavera (estación) 91, 107
productores (cadena alimenticia) 142
protector solar 173
pueblo indígena 157, 183, 195
pumita 48, 64

R

rápidos 80
rascacielos 160
reciclar 99, 161, 175, 176-177
recursos energéticos **164-165**, 176
cambio climático 97, 99
en los hogares 177
red de carreteras 162
redes sociales 163
reducción de desperdicios 99
región caribeña 36, 105, 183, 200
regiones costeras 87
ciudades **170-171**
desiertos 131
hábitats **136-137**, 138-139
regiones polares 45, 90, 91
Antártida **196-197**
Ártico **198-199**
biomas 121
días y noches 198
ver también Antártida; Ártico
regiones subtropicales 90, 91
regiones templadas 90, 91
bosques 116, **124-125**
prados 116, 128-129
regiones tropicales 90, 91
bosques 117, 122
bosques tropicales 116, **126-127**
prados 117, 130
regolito 16
relámpagos 104, 113
remodelación 171
reptiles 148
desierto 133
en los bosques tropicales 126
en los humedales 134-135
en los prados 128, 129
oceánicos 140
Revolución Industrial 95, 153
riego 154, 157, 203
rift continental 43
río Danubio 187
riolita 48, 56
ríos **78-79**, 80
africanos 80, 189
asiáticos 191, 199
australianos 194
biomas 134
ciclo del agua 70, 71, 72
desembocaduras 73, 79
europeos 110-111, 187
nacimiento 78
Norteamérica, de 62-63, 182, 183
subterráneos 84
Sudamérica, de 134, 185
valles 75, 78
rocas 9, **56-57**
erosión y desgaste 56, 57, **60-61**, 62-63
lunares 16
minerales 58-59
rocas espaciales 9, 23
rocas ígneas 16, 48, 56
rocas metamórficas 57
rocas sedimentarias 9, 56, 57
erosión 63, 85
y fósiles 66
Rodinia 18
rompeolas repletos de ostras 170
Rotorua 54-56
rubí 59
Rusia 22, 90
lago Baikal 82, 83, 191

S

sabanas 130, 142-143
salinas 133
salinidad 71, 73, 203
satélites 101, 162-163
Saturno 15
sendas de jardín 160
sequías 71, 93, 112-113
Sinabung, monte 53
sistema solar 12, **14-15**
sistemas de presión 92, 100
socavón 85, 119, 182
Sol 12, 14
y las estaciones 91
y las mareas 87
sólidos 70
sostenibilidad 177, 203
agricultura 155
ciudades **160-161**
turismo 173
subducción 35, 203
Suecia 186
suelo
bacterias en 129
e inundaciones 110, 111
en los prados 128
humedad en el 70
suelo del bosque 122
supercontenedores 166
supercontinentes 18-19
supernovas 11, 203
supervolcanes 55

T

taiga 123
Taiwán 78
tala 144
Tanzania 83
tecnología **162-163**, 166
tecnología de la comunicación **162-163**
tecnología digital 162-163
teléfonos móviles 163, 166
telescopios 11
temperatura 91, 153
tepuis 185
terminal 74
termiteros 130
termófilos 55
termosfera 33
terrazas de arroz 156-157
terremotos 30, **46-47**
terremotos submarinos *ver* tsunamis
Thela 16
Thunberg, Greta 99, 176
tiempo **90-91**, **100-101**
atmósfera 92-93
formación de nubes 93, 101, **102-103**
incendios forestales 112-113
inundación 110-111
tormentas 104-105, 108-109
tornados 106-107
ver también cambio climático
tiempo extremo 91, 98, 171
fuegos descontrolados 112-113
inundación 110-111
tormentas 105, 106-107, 108-109
Tierra **8-9**, 14-15
creación de 12-13
evolución de 18-19
Luna 14, **16-17**, 87
mapa político 200-201
tifones 105
Tonga 195
topacio 59
torbellinos 106-107
tormentas 104-105, 110
polvo 108-109
tornados 106-107
tormentas 105, 106, 113
tormentas convectivas 104
tormentas extratropicales 104
tormentas tropicales 104
tornados 105, **106-107**
tornados supercelda 106
transmisión, de datos 162
transpiración 73
transporte 95, 96, 99
globalización 166
sostenible **162-163**
transporte eléctrico 160, 161, 162-163
travertino 192
triángulo de Afar 189
troposfera 33
tsunamis 23, **47**, 190
tundra 117, **118-119**
turberas 123, 134
turismo **172-173**
turmalina 59
Turquía 192-193

U

Uganda 158, 176
Último Gran Bombardeo 13, 16, 17
Último Máximo Glacial 25
universo, creación del **10-11**
uranio 164
Urano 15
urbanización 159

V

valle en forma de V 81
valles, fluviales 75, 78
Venezuela 104, 185
Venus 14
verano 91, 107
vertedero 167
Vesubio, monte 53
viaje **172-173**
vida multicelular 8, 19
vida prehistórica **20-21**, 26-27, 203
vida unicelular 19
viento 32, 90, **92-93**
vientos alisios 93, 203
vientos predominantes 92
vientos solares 13, 45
Vietnam 191
visibilidad 90
volcanes 40, 43, **48-49**
abovedado de lava 48
calderas 48, 55, 82
ceniza 50-51, 53
conos de ceniza y carbonilla 48
en escudo 48, 49
estratovolcanes **52-53**
gases de efecto invernadero 96
géiseres y fuentes termales **54-55**
islas volcánicas 42, 64-65, 183
lagos 82
rocas 48, 56
submarinos 35
volver a la naturaleza 155
vulcanólogos 52

X-Z

xenolitos 43
zafiro 59
zona batial o de medianoche (oceánica) 141
zona crepuscular (oceánica) 141
zona fótica (oceánica) 140
zona hadal (oceánica) 141
zona intermareal 136
zona nival 120
zona ricitos de oro 14

Agradecimientos

Los editores agradecen a las siguientes personas su ayuda en la preparación de este libro: Jemma Westing, Rob Perry y Katy Jakeway por las visualizaciones; Simon Mumford por los mapas; Dan Hooke por los textos adicionales; Jenny Sich y Sam Kennedy por su asistencia editorial; Laura Barwick y Myriam Megharbi por la documentación iconográfica; Hazel Beynon por la revisión; Elizabeth Wise por el índice; y Rachel Kenny por la comprobación de datos.

Los editores agradecen a los siguientes que hayan dado el permiso para reproducir sus fotografías: (Clave: a: arriba; b: bajo/debajo; c: centro; d: derecha; e: extremo; i: izquierda; s: superior)

2 Dorling Kindersley: 123RF.com: Corey A Ford (c). **Dreamstime.com:** Dorling Kindersley: Gary Hanna / Tuktop / Dreamstime.com (si); Dorling Kindersley: Gary Hanna / Mattscott / Dreamstime.com (ca). **Shutterstock.com:** AndreAnita (c/capibara); Vadim Petrakov (bi); nounours (bc); Artur Bogacki (b); Standard store88 (cb); LUC KOHNEN (cdb); Isarat (cib); Split Second Stock (ci). **5 Dorling Kindersley:** Jason Harding /Turbosquid/xfrog/cgmood (b). **Dreamstime.com:** Dorling Kindersley: Gary Hanna / Colin Young / Dreamstime.com (ci). **8 Alamy Stock Photo:** Matthew Banks (cia); Sergey Novikov (sd). **Dorling Kindersley:** Dreamstime.com: Mark Turner (si). **9 Dorling Kindersley:** Colin Keates / Natural History Museum, Londres (sd). **naturepl.com:** Philippe Clement (cia). Science Photo Library: Martin Bond (cib); Duncan Shaw (bi). **10 Alamy Stock Photo:** Stocktrek Images, Inc. (cb). ESA: ESA and the Planck Collaboration (ci). **Millenium Simulation:** MPA / Virgo consortium (sd). **NASA:** ESA and the Hubble Heritage Team (STScI / AURA) (bd). **11 ESA:** Hubble & NASA (sd). NASA: JPL-Caltech / STScI / CXC / SAO (si). **12 ESO:** L. CALÇADA (si). **14-15 solarsystemscope.com:** creativecommons.org /licenses / by / 4.0. **15 NASA:** H. Hammel, MIT, and NASA (cd). **16 Alamy Stock Photo:** Universal Images Group North America LLC (bi). **Dorling Kindersley:** 123RF.com: Boris Stromar / astrobobo (bd). **Getty Images:** Richard Roscoe / StocktrekImages (ci). **naturepl.com:** Franco Banfi (cd). **Science Photo Library:** GREGOIRE CIRADE (cib). **16-17 Science Photo Library:** Mark Garlick (s). **17 Alamy Stock Photo:** Samuel Hess (bd). **Science Photo Library:** Eckhard Slawik (cd). **18 Science Photo Library:** Richard Bizley (si). **18-19 Dorling Kindersley:** Simon Mumford / Colorado Plateau Geosystems Inc. **19 Alamy Stock Photo:** Russotwins (si). **Science Photo Library:** CAROLINA BIOLOGICAL SUPPLY COMPANY (ca). **20 Dorling Kindersley:** 123RF.com: Corey A Ford (cda). **21 Dorling Kindersley:** James Kuether (cda). **22 Dreamstime.com:** Paura (si). **Getty Images:** Elizaveta Becker / ullstein bild (sd). **23 Alamy Stock Photo:** Susan E. Degginger (bi). **24 Shutterstock.com:** Mariusz Hajdarowicz (cd); Vac1 (bc). **24-25 Shutterstock.com:** Oleksii Liebiediev (b). **25 Shutterstock.com:** Kim dB (c); Michelle Holihan (ci); Ian Duffield (sd); Greens and Blues (cd); Rodrigo Lourezini (cib); Heliosphile (bi); L Galbraith (cb/poni). **26-27 Getty Images:** Fadil Aziz / AlcibbumPhotograph. **30 Alamy Stock Photo:** agefotostock (cib); Robbie Shone (cia). **Science Photo Library:** Alfred Pasieka (cb). **31 Alamy Stock Photo:** Greenshoots Communications (bi). **Science Photo Library:** NASA (bd). **35 Alamy Stock Photo:** NOAA (sd). **36 Getty Images:** Stocktrek Images (ca). **37 Dorling Kindersley:** iStock: ratpack223 (bd). **Shutterstock.com:** Vixit (si). **38 naturepl.com:** Franco Banfi (sd). **39 Getty Images:** Arctic-Images (sc). **naturepl.com:** Doug Perrine (bd). **40 Dorling Kindersley:** Simon Mumford / Colorado Plateau Geosystems Inc (cia). **Science Science Photo Library:** Natural History Museum, Londres (cd). **41 Alamy Stock Photo:** Zoonar GmbH (cia). Getty Images / iStock: DanielPrudek (sc); Thomas Faull (sd). **42 Alamy Stock Photo:** The Natural History Museum (sc). **43 Alamy Stock Photo:** Eric Nathan (cd). Getty Images: Richard Roscoe / StocktrekImages (si). James St. John: (bd). **44 Alamy Stock Photo:** Stuart Holroyd (bi). 46-47 Dosch Design. **48 Dorling Kindersley:** Dreamstime.com: Rob Kemp (cb); Harry Taylor / Natural History Museum, Londres (cdb). **Getty Images / iStock:** KrimKate (cd). **Shutterstock.com:** Luca Renner Photgraphy (bd). **49 Getty Images:** An Image is worth thousand words (cia); HUM Images (sd). **Science Photo Library:** Stephen & Donna O'meara (ca). **50-51 Shutterstock.com:** Emilio Morenatti / AP. **52 Alamy Stock Photo:** LOETSCHER CHLAUS (bd). **Science Photo Library:** Jeremy Bishop (si). **53 Alamy Stock Photo:** andrea federici (sd). **Dorling Kindersley:** 123RF.com: Paolo Gianfrancesco (bd). **Science Photo Library:** Martin Rietze (bi). **54 Dorling Kindersley:** Getty Images: Kirsten Boos / EyeEm (bi); iStock: rusm (si). **55 Dreamstime.com:** Dmitrii Pichugin (cd). **56 Depositphotos Inc:** rinderart (bd). **Dorling Kindersley:** iStock: benedek (bc). **57 Alamy Stock Photo:** Danita Delimont (cd). **Dorling Kindersley:** Dreamstime.com: John.59 (sc); Colin Keates / Natural History Museum, Londres (cib/mármol); Colin Keates / Natural History Museum, Londres (bc/tablilla); Colin Keates / Natural History Museum, Londres (bc/esquisto); Shutterstock: Aleksandr Pobedimskiy (cdb). **Getty Images:** Ashley Cooper (c). **Shutterstock.com:** Genevieve_Andry (si). **58 123RF.com:** gontar (ci). **Alamy Stock Photo:** Phil Degginger (cda). **Depositphotos Inc:** vvoennyy (cd). **Dorling Kindersley:** Ruth Jenkinson / HoltsGems (bi). **Dreamstime.com:** Vvoevale (cdb); Vvoevale (bd). **Shutterstock.com:** Branko Jovanovic (ca). **59 Depositphotos Inc:** Minakryn (bc). **Dorling Kindersley:** Dreamstime.com: Vlad3563 (cia); Ruth Jenkinson / HoltsGems (sc); Ruth Jenkinson / HoltsGems (sd); Ruth Jenkinson / HoltsGems (c/esmeralda); Tim Parmenter / Natural History Museum, Londres (cd); Ruth Jenkinson / HoltsGems (bi). **Dreamstime.com:** Roberto Junior (c/diamante); Ruslan Minakryn (ci); Vvoevale (cb); Björn Wylezich (cdb). **Shutterstock.com:** Bjoern Wylezich (bd). **62 Dreamstime.com:** Alex7370 (ca). **Science Photo Library:** Susumu Nishinaga (bi). **63 James St. John. 64-65 AirPano images. 66 Alamy Stock Photo:** REUTERS (si). **67 Dorling Kindersley:** James Kuether (si). **68 Dorling Kindersley:** iStock: cookelma (cd). **70 Getty Images:** PHILIPP ROHNER / 500px (cb); Marco Bottigelli (cib); SeppFriedhuber (bc); Alexandre Lamothe / EyeEm (bd); Íñigo Fdz. de Pinedo (cdb). **U.S. Geological Survey:** Howard Perlman, USGS; globeillustration by Jack Cook, Woods Hole Oceanographic Institution; y Adam Nieman, data Igor Shiklamonov (cda). **71 Alamy Stock Photo:** Science History Images (si). **74 Dorling Kindersley:** iStock: cookelma (bd). **Getty Images:** Syed Almohdzar / EyeEm (bi). **75 Alamy Stock Photo:** D. Holden Bailey (sd). **76-77 Shutterstock.com:** Kuznetsova Julia. **78 Alamy Stock Photo:** Marshall Black (sd). **Getty Images:** Viaframe (bd). **Shutterstock.com:** Ajdin Kamber (sc). **79 Depositphotos Inc:** desant7474 (cda). **Getty Images / iStock:** Jupiterimages (cia). **Getty Images:** zhouyousifang (bd). **80 Alamy Stock Photo:** Hemis (bi). **81 Getty Images:** Matteo Colombo (si). **82 Dreamstime.com:** Joachim Bago (bd). **Getty Images:** Тихомир Димитров/ 500px (bi); Maksim Ozerov (cia); Wei Hao Ho (ebi); Suthida Loedchaiyapan / EyeEm (bc). **83 Alamy Stock Photo:** Gunter Marx / HI (cd). **Getty Images:** Artur Debat (bd). **SuperStock:** John Warburton Lee (cdb). **85 Alamy Stock Photo:** Album (c). **Dorling Kindersley:** Dynamo Limited (s). **86 Caroline Power. 87 Alamy Stock Photo:** Olivier DIGOIT (bd/marejada); Tom Uhlman (ci); PaulPaladin (bd/ondas); Mesh (bd/marejadilla). **88 Alamy Stock Photo:** mauritius images GmbH (ci). **Shutterstock.com:** Kiichiro Sato / AP (cd). **90 Alamy Stock Photo:** ITPhoto (bd); Mirosław Nowaczyk (bi). **Getty Images:** Daniel Nery / EyeEm (c). **naturepl.com:** Bryan y Cherry Alexander (cd). **90-91 www.meteoblue.com. 91 Alamy Stock Photo:** Reinhold Tscherwitschke (cdb). **Getty Images:** Africanway (cd). **Getty Images / iStock:** FrankvandenBergh (ci). **Shutterstock.com:** Kiichiro Sato / AP (bd). **93 Alamy Stock Photo:** Johny (bi); RGB Ventures / SuperStock (si); Travel Pix (bd). **95 Alamy Stock Photo:** FALKENSTEINFOTO (si); Sundry Photography (cdb). **Getty Images:** BAY ISMOYO / AFP (c); mikulas1 (ci); Jewel SAMAD / AFP (cd); MR. Cole_Photographer (ecib); JW LTD (cib); bugto (cb). **97 NASA:** Goddard / Katy Mersmann (si). **98 Alamy Stock Photo:** R.M. Nunes (bi); REUTERS / Amit Dave (cib). **Getty Images:** Matteo Colombo (cdb); NurPhoto (bc); Stefan Mokrzecki (cb); Oli Scarff (bd). **99 Alamy Stock Photo:** COP21 (cdb). **Dreamstime.com:** Andreistanescu (bd). **101 123RF.com:** 123bogdan (ci). **Alamy Stock Photo:** Fairgrieve (si); Ryan McGinnis (sc). **Dorling Kindersley:** Dreamstime.com: Ilfede (sd); Dreamstime.com: Dezzor (cia). **Dreamstime.com:** Anthony Aneese Totah Jr (cda); Dezzor (s); Pozsgaig (cd). **Getty Images:** john finney photography (cdb). **Getty Images /iStock:** Spondylolithesis (cb). **104 Alamy Stock Photo:** mauritius images GmbH (cd). **105 Alamy Stock Photo:** Euan Cherry (bi); Roger Coulam (ca); REUTERS (cb); redbrickstock.com (cdb); REUTERS / Mike Hutchings (bd). **Getty Images:** DAVID L. NELSON / AFP (bc). **Getty Images / iStock:** DenisTangneyJr (cib). **NOAA:** NOAA-AOC (sd). **106-107 TurboSquid: Inc.: Dorling Kindersley / broodkovsci (sd). Dorling Kindersley:** Adam Benton / Turbosquid. **107 Shutterstock.com:** Mark Wallheiser / EPA (bc). TurboSquid: Inc.: Dorling Kindersley / Fulip; Inc.: Dorling Kindersley / Pbr Game Ready (cb); Inc.: Dorling Kindersley / Marcos Ninja (cdb); Inc.: Dorling Kindersley / zzztonycstech (cia); Inc.: Dorling Kindersley / AssetKit (cib); Inc.: Dorling Kindersley / Verbaska (bd). **108-109 Shutterstock.com:** John D Sirlin. **111 Alamy Stock Photo:** dpa picture alliance (cda). **Getty Images:** Warren Faidley (si). **113 Alamy Stock Photo:** Christina Simons (bd); Soma (sd). **Getty Images:** Justin Sullivan (sc). **114 Dorling Kindersley:** Dreamstime.com: Lunamarina (cd). **naturepl.com:** Neil Lucas (cd). **116 Alamy Stock Photo:** Phil Degginger (sc). **Getty Images:** Michele D'Amico supersky77 (cdb); Onfokus (si); Vasilis Karfis (sd); Thomas Roche (ci); Harald von Radebrecht (bi); Yannick Tylle (bc). **Getty Images / iStock:** FilippoBacci (cb). **117 Dreamstime.com:** Nadezhda Bolotina (si); Viktor Nikitin (ca). **Getty Images:** Georgette Douwma (bc); Jason Edwards (bi); Richard McManus (bd). **Shutterstock.com:** Nikolay Karasev (c). **118 Renderosity:** Ken_Gilliland (ci). **Science Photo Library:** Bernhard Edmaier (sd). **119 Getty Images:** VASILY BOGOYAVLENSKY / Stringer (cda). **120 Alamy Stock Photo:** blickwinkel (c); Brian Hartshorn (cda); Zoonar GmbH (ca); Minden Pictures (ci); Robin Weaver (cib); Minden Pictures (cb); Andrew Walmsley (bd). **Getty Images / iStock:** Adventure_Photo (sd). **121 Alamy Stock Photo:** Nature Picture Library (bd); George Ostertag (bc). **Dorling Kindersley:** Simon Mumford / NSIDC: Sea Ice Index (cia); Simon Mumford / NSIDC: Sea Ice Index (ca). **Getty Images:** John Conrad (sd); Roland Hemmi (cda); Harry M. Walker / DesignPics (cd); Danita Delimont (cdb). **122 Alamy Stock Photo:** agefotostock (bi); agefotostock (bc). **Getty Images:** Massimiliano Finzi (cd). **123 Alamy Stock Photo:** AGF Srl (s); Andreas Altenburger (cb). **Getty Images:** Ian Billenness (bd); Lars Johansson / EyeEm (cdb); Valentina Milkovics / EyeEm (bi); Sieboldianus (cib). **124 Dorling Kindersley:** 123RF.com: alein (bd); **iStockphoto.com:** DmitriyKazitsyn (si); **Dreamstime.com:** Iofoto (cia). **126 naturepl.com:** Chien Lee / Minden (bd); Neil Lucas (si). **127 Dreamstime.com:** Jayanta Chakraborty (sd). **Shutterstock.com:** Thommy TFH (cdb). **129 Getty Images:** Anton Petrus (cd). **Science Photo Library:** Steve Gschmeissner (bd). **130 Alamy Stock Photo:** Moiz Husein (cib). **Getty Images:** Ayzenstayn (c); Mitchell Krog (sc); Enn Li Photography (cd). **Getty Images / iStock:** shellgrit (bi). **131 Alamy Stock Photo:** John Cancalosi (sd). **Getty Images:** Daniel J Barr (ci); Marius Hepp / EyeEm (sc). **Shutterstock.com:** Wojciech Dziadosz (bi). **132 Alamy Stock Photo:** Stephen Barnes / Namibia (si). **Shutterstock.com:** SC Gardens (cda). **133 Alamy Stock Photo:** Martin Harvey (sd). **134 Alamy Stock Photo:** Arina Habich (sd). **Shutterstock.com:** Damsea (c); Galina Savina (cb); mariamalaya (bd); Gurkan Ozturk (ca); Danita Delimont (cda); Wildnerdpix (cda/cigüeña). **135 naturepl.com:** John Shaw (cda). **Shutterstock.com:** AndreAnita (ca/capibara); Vadim Petrakov (bi); nounours (bc); Artur Bogacki (bd); mariamalaya (c); Isarat (ci); Standard store88 (cd); LUC KOHNEN (cd/plantas acuáticas); SachinSubran (c/anaconda); Kylie Nicholson (cia); Wildnerdpix (cia/cigüeña jabiru); coolrobin2 (ca); Dimitris Timpilis (ca/espátulas alimentándose); Split Second Stock (cda/hierba); Roberto Tetsuo Okamura (cda/aves); David Watkins (ca/espátula); Dimitris Timpilis (si); Joy Sagar (esi); Vinicius Bacarin (si/vuelo); Leandro Espino (sc). **136 Getty Images:** Robert Brook (ci); M Swiet Productions (sc); Johannes Hulsch / EyeEm (sd); Javier Fernández Sánchez (c); ullstein bild (cd); Alexis Rosenfeld (bc); George Karbus Photography (bd). **137 Alamy Stock Photo:** Juniors Bildarchiv GmbH (bi); Michael Patrick O'Neill (cd); Dennis Sabo (cdb). **Getty Images:** Sirachai Arunrugstichai (bc); CR Shelare (si); Ethan Daniels / StocktrekImages (sc); Douglas Klug (sd); Georgettte Douwma (c); imageBROKER / Frank Schneider (cb); Hal Beral (bd). **138-139 naturepl.com:** SCOTLAND: The Big Picture. **140 Dorling Kindersley:** Dreamstime.com: Lunamarina (bd). **Shutterstock.com:** bluehand (cia); Neirfy (ci); Sakis Lazarides (cb); Islandjems - Jemma Craig (c); JonMilnes (ca); Laura Dts (sc); Michael Waddington (sd); magnusdeepbelow (cda); Jsegalexplore (cd/atún); Andrea Izzotti (cd/tiburón ballena); Alexey Goosev (cda/tiburón); Joe Fish Flynn (cdb); Dan Olsen (cd). **140-141 Shutterstock.com:** Fuel to your fire (s); Amanda S Walker (ca). **141 Alamy Stock Photo:** Marko Steffensen (si). **Shutterstock.com:** 3dsam79 (bi); Martin Prochazkacz (cib). **142 Alamy Stock Photo:** PhotoStock-Israel (sd). **Dreamstime.com:** Clint Austin (cda); Volodymyr Byrdyak (b); Robin Van Olderen (c); Smellme (cd). **TurboSquid:** khanir (cib). TurboSquid: Inc.: Dorling Kindersley / khanir (cib). **143 Dorling indersley:** Dreamstime.com: Michael Sheehan / Bondsza (cdb). **Dreamstime.com:** Andreanita (esd); Puntasit Choksawatdikorn (bc); Volodymyr Byrdyak (c); Javarman (cd); Volodymyr Byrdyak (ci); Marielemerle157 (c/hiena); Volodymyr Byrdyak (si); Anke Van Wyk (cia/hierba); Janina Kubik (sd/cebras); Michael Sheehan (ecd); Henryturner (c/cadáver); Isselee (sc); Znm (cia/gacela); Juni (ci/hiena); Iakov Filimonov (c/hienas); Ecophoto (ci/cuervo); Johannes Gerhardus Swanepoel (ca). **144 Alamy Stock Photo:** Worldwide Picture Library (cia). **Depositphotos Inc:** toa55 (cib). **Dorling Kindersley:** Simon Mumford / data from Global Forest Watch: GLAD Alerts Footprint (ca). **Dreamstime.com:** Fabian Plock (cda). **Shutterstock.com:** Naya Nurindra (c). **145 Alamy Stock Photo:** EggImages (cd); Tor Eigeland (sc); Morgan Trimble (bd); mauritius images GmbH (ci). **Dorling Kindersley:** Dreamstime.com: Ondřej Prosický (c). **Getty Images:** Brandi Mueller (cia). **148 Dreamstime.com:** Dorling Kindersley: Gary Hanna / Tuktop / Dreamstime.com (cia); Dorling Kindersley: Gary Hanna / Colin Young / Dreamstime.com (ca); Dorling Kindersley: Gary Hanna / Vladimir Lukovic / Dreamstime.com (ca/iguana); Dorling Kindersley: Gary Hanna / Kairi Aun / Dreamstime.com (cib); Dorling Kindersley: Gary Hanna / Pardentevamaya / Dreamstime.com (cb); Dorling Kindersley: Gary Hanna / Soren Egeberg / Dreamstime.com (bd). **149 Dreamstime.com:** Dorling Kindersley: Gary Hanna / Imogen Warren / Dreamstime.com (cia); Dorling Kindersley: Gary Hanna / Todd Lipsky / Dreamstime.com (bi); Dorling Kindersley: Gary Hanna / Mattscott / Dreamstime.com (cd). **150 Alamy Stock Photo:** MehmetO (cd); dave stamboulis (ci). **153 Alamy Stock Photo:** Bob Daemmrich (cdb). **Getty Images:** Grant Faint (cib); Monty Rakusen (ci); The Image Bank (bi); John Keeble (cd). **naturepl.com:** Michael & Patricia Fogden (bd). **154 Alamy Stock Photo:** Joerg Boethling (bi); Design Pics Inc (ci). **Getty Images / iStock:** RelaxFoto.de (bd). **154-155 plants by Xfrog, www.xfrog.com:** Luc Bianco (cda). **155 Alamy Stock Photo:** Luiz Ribeiro (sd). **Getty Images:** Alexis Rosenfeld (bd). **156-157 AirPano images. 158 Alamy Stock Photo:** agefotostock (cda); MehmetO (cd); Trevor Mogg (bd). **159 Alamy Stock Photo:** Zoonar GmbH (b). **160 Alamy Stock Photo:** Gonzales Photo (si). **Getty Images / iStock:** ferrantraite (ca). TurboSquid: Inc.: Dorling Kindersley / 3D SolidWorks (cib); Inc.: Dorling Kindersley / 3dxin (cb). **160-161 Dorling Kindersley:** Jason Harding / Turbosquid/xfrog/cgmood. TurboSquid: Inc.: Dorling Kindersley / RobertKorsantes (metro); Inc.: Dorling Kindersley / Humanoid Animations (b); Inc.: Dorling Kindersley / Good Models (ca). **161 Dreamstime.com:** Radub85 (si). TurboSquid: Inc.: Dorling Kindersley / Etractorist (bc). **162 Alamy Stock Photo:** David Wall (bd); Xinhua (ci). **162-163 Dorling Kindersley:** 123RF.com: Kittipong Jirasukhanont (sc). **163 Alamy Stock Photo:** Arterra Picture Library (bi); Sipa US (cda); Thamrongpat Theerathammakorn (cdb). **Dorling Kindersley:** Dreamstime.com: Diana Rich / Talshiar (cia/GPS); Lauren Quinn (cia); Dreamstime.com: Robert Davies (ca). **Getty Images / iStock:** MicrovOne (cb). **Getty Images:** Peathegee Inc (bd). **164 Getty Images:** Cristóbal Olivares / Bloomberg (si). **166 Alamy Stock Photo:** Britpix (bi). **Getty Images:** New York Daily News Archive (bd). **Shutterstock.com:** Kristof Kovacs (ci). **167 Alamy Stock Photo:** dpa picture alliance (sd); Xinhua (bd); Rob Matthews (bi). **168-169 Shutterstock.com:** Sakarin Sawasdinaka. **170 Alamy Stock Photo:** Reynold Sumayku (bi). Living Seawalls: Alex Goad (bd). **170-171 CGTrader:** lafleurstudio (c). **171 Alamy Stock Photo:** An Solas Óir (sd). **Dreamstime.com:** Christopher Elwell (bd). **172 Alamy Stock Photo:** LowePhoto (cda); Oso Media (bd). **173 Alamy Stock Photo:** David Lichtneker (bc); Sipa US (bd); dave stamboulis (sd). **Getty Images:** Jingying Zhao (cia). **174 Alamy Stock Photo:** David Ball (c); Antony Nettle (cib); Mathias Rhode (bi). **175 Airlite:** (cdb). **Alamy Stock Photo:** Andrey Nekrasov (sc). **Block Solutions Oy:** Kristoffer Trondsen (bd). **Getty Images:** Charlie Crowhurst (cib). **Getty Images / iStock:** pcess609 (cda). **The Ocean Cleanup:** (bi). **176 Dorling Kindersley:** CBS Photo Archive (ci). **Getty Images:** Matteo Rossetti / Archivio Matteo Rossetti / Mondadori Portfolio (bc); Bhawan Singh / The India Today Group (bi). **Shutterstock.com:** Dejan Popovic (bd). **177 FSC / Forest Stewardship Council:** (sc). Leaping Bunny: (c). **Marine Stewardship Council:** (si). **Roundtable on Sustainable Palm Oil:** (ca). **Shutterstock.com:** elenabsl (sd). The Rainforest Alliance. **The Fairtrade Foundation:** (cia). **178 Alamy Stock Photo:** Avalon.red (cd). **Dorling Kindersley:** Dreamstime.com: David Havel (c). **182 Alamy Stock Photo:** Alpineguide (bi). **Getty Images:** DEA / W. BUSS / Contributor (cia); Matt Anderson Photography (si); Laura Hedien (cib). **183 Alamy Stock Photo:** Louis-Michel DESERT (si). **Getty Images:** philippe giraud (bi); Aydin Palabiyikoglu / Anadolu Agency (cd). **Getty Images / iStock:** Stocktrek Images (bd). **184 Alamy Stock Photo:** Nature Picture Library (c); Pep Roig (bd). **Getty Images:** MARTIN BERNETTI / AFP (bi). **naturepl.com:** Nick Garbutt (ci). **185 Alamy Stock Photo:** Martin Harvey (sc); John Michaels (cdb); dave stamboulis (bd). naturepl.com: Brandon Cole (cda). **186 Alamy Stock Photo:** Arterra Picture Library (bc); Johner Images (ci); BIOSPHOTO (cia); LOETSCHER CHLAUS (cd). **187 Alamy Stock Photo:** blickwinkel (cb). **Dorling Kindersley:** Simon Mumford / data courtesy Marc Imhoff / NASA GSFC / Christopher Elvidge / NOAA NGDC. Imagen de Craig Mayhew and Robert Simmon / NASA GSFC (bd). **Dreamstime.com:** Gusa Mihai Cristian (bc). **188 Alamy Stock Photo:** Mike Goldwater (c); Jan Wlodarczyk (sd). **Dorling Kindersley:** iStockphoto.com: Marek Stefunko (cib). **Dreamstime.com:** Ecophoto (bd); Michael Turner (bi). **189 Dorling Kindersley:** Dreamstime.com: David Havel (bd); iStock: guenterguni (sd). **Getty Images / iStock:** guenterguni (cd). **190 Alamy Stock Photo:** Jochen Tack (cia); Tierfotoagentur (cb); Rosanne Tackaberry (bd). **Getty Images:** Timothy Allen (ca). **191 Alamy Stock Photo:** Avalon.red (bd); robertharding (cdb). **Dorling Kindersley:** Dreamstime.com: Dqran96 (sd); iStockphoto.com: Damocean (cda). **192-193 Shutterstock.com:** Serkanyalcinkaya. **194 Alamy Stock Photo:** Garey Lennox (ci). **Dreamstime.com:** Rafael Ben Ari (bi). **naturepl.com:** Tim Laman (si). **195 Alamy Stock Photo:** Galaxiid (si); Ingo Oeland (cdb). **Getty Images:** Steve Gisselman (bi); Lucas Schifres / Uluru-Kata Tjuta National Park (bd). **naturepl.com:** Gary Bell / Oceanwide / Minden (c); Gary Bell / Oceanwide / Minden (cd). **196 Alamy Stock Photo:** Andy Myatt (bi); RP Images (ci). Robert Harding Picture Library: Michael Nolan (si). **197 Alamy Stock Photo:** Cavan Images (cda); Jeffrey Miller (bi). **naturepl.com:** Klein & Hubert (ca). **Science Photo Library:** KARIM AGABI / EURELIOS (bd). **198 Dorling Kindersley:** 123RF.com: Juan Gil Raga (c). **Getty Images / iStock:** SeppFriedhuber (bc). **naturepl.com:** Jenny E. Ross (cdb). **199 Alamy Stock Photo:** Øyvind Breyholtz (cda); Minden Pictures (cd). **Getty Images:** Carlo Lukassen (bd). **Science Photo Library:** Bernhard Edmaier (sc)

Imágenes de la cubierta:
Resto de las imágenes: © Dorling Kindersley